LARRIE D. FERREIRO

〔美〕拉里 · 费雷罗——著
李立丰——译

友军

法国救星、西班牙援兵与美国独立战争的胜利

AMERICAN INDEPENDENCE *AND THE* MEN *OF* FRANCE & SPAIN WHO SAVED IT

BROTHERS AT ARMS

北京大学出版社
PEKING UNIVERSITY PRESS

献给我的家人，米尔纳(Mirna)、

加布里埃尔(Gabriel)以及马塞尔(Marcel)：

这个美国家庭，和这个国家一样

皆拜法、西人民所赐

目　录

插画列表*

---

* 列表中标示的页码为英文原著页码,即本书边码。

135. 伯纳多·德·加维斯(*Bernardo de Gálvez, 1746—1786*),据称由马里亚诺·萨尔瓦多·莫拉(Mariano Salvador Maella)1784 年绘制,布面油画。哈雅－加维斯家族(Family of De Haya-Gálvez)所有,由西班牙马拉加“伯纳多·德·加维斯协会”(the Asociación Bernardo de Gálvez)慷慨提供。

140. 路易·勒贝格·普莱斯尔·杜波泰尔(*Louis Lebègue de Presle Duportail, 1743—1802*),推测由查尔斯·威尔逊·皮尔于 1781 年至 1784 年绘制,布面油画。国家独立历史公园慷慨提供。

152. 冯·施托伊本男爵弗雷德里克·威廉·奥古塔斯(*Frédérick William Augustus, Baron von Steuben, 1730—1794*),由查尔斯·威尔逊·皮尔 1781 年至 1782 年绘制,布面油画。国家独立历史公园慷慨提供。

173. 德斯坦伯爵夏尔－亨利(*Charles-Henri, Comte d'Estaing*, 1729—1794),弗朗索瓦·萨布莱特(François Sablet)绘制,后由夏尔－埃蒂安·戈谢(Charles-Étienne Gaucher)刻版。法国国家图书馆(Bibliothèque nationale de France)“照片与版画部”(Département estampes et photographie)收藏。

184. 路易·科尔多巴－科尔多巴(*Luis de Córdova y Córdova, 1706 —1796*),无名氏绘于十八世纪,布面油画。马德里海军博物馆 (Museo Naval Madrid)收藏。

205. 索克罗侯爵何塞·索拉诺－博特(*José Solano y Bote, Marqués del Socorro, 1726—1806*),无名氏绘于十八世纪,布面油画。马德里海军博物馆收藏。

220. 罗尚博伯爵让－巴普蒂斯特－杜纳坦·维缪尔(*Jean-Baptiste－Donatien de Vimeur, Comte de Rochambeau, 1725—1807*),约瑟夫－德赛尔·考特(Joseph-Désiré Court)绘于十八世纪,布面油画。美国国家肖像画廊 (National Portrait Gallery)收藏,纽约“艺术资源库”提供。

238. 德·格拉斯伯爵弗朗索瓦－约瑟夫·保罗(*François Joseph Paul, Comte de Grasse, 1722—1788*),让－巴普蒂斯特·莫塞思(Jean-Baptiste Mauzaisse) 1842 年绘制。巴黎大皇宫 (Grand Palais)收藏,纽约“艺术资源库”提供。

255.《占领彭萨科拉:1781 年 5 月 8 日,炸毁女王多面堡的军火库》(*The Caputre of Pensacola: Explosion of Queen's Redoubt Magazine*, May *8, 1781*),伯托克斯·劳桑(Berteaux Lausan)1784 年(存疑)绘制,后由尼古拉斯·庞塞(Nicolas Ponce)刻版。美国国会图书馆“善本及典藏部”(Rare Book and Special Collections Divison)

收藏。

262.《1781 年 9 月 5 日，弗吉尼亚角海战/切萨皮克海战》(*Battle of the Virginia Capes* [*Battle of the Chesapeake*], *September 5, 1781*)，V. 兹韦格[V. Zveg，即弗拉基米尔·兹韦金特佐夫(Vladimir Zvegintzov)]1969 年绘制，布面油画。美国海军历史与遗产司令部“海军艺术特藏”(Navy Art Collection, Naval History and Heritage Command)收藏。

270.《1781 年 9 月 28 日至 10 月 19 日，约克镇包围战》(*Siege of Yorktown, September 28-October 19, 1781*)，奥古斯特·库德(Auguste Couder)绘制，让-马蒂亚斯·方丹(Jean-Mathias Fontaine)刻版。米莱姆及艾拉·瓦拉赫基金会艺术、印刷品及版画部捐赠，纽约公立图书馆收藏。

290.《1782 年 9 月 13 日，直布罗陀山地堡垒包围战》(*Siege of the Mountain Fortress of Gibraltar, September 13, 1782*)，约翰·马丁·威尔(Johann Martin Will)约 1782 年刻版。布朗大学图书馆“安·布朗军事馆藏”(The Anne S. K. Brown Military Collection)收藏。

333.《1824 年 10 月 19 日，拉法耶特将军在约克镇战役胜利纪念大会上》(*General Lafayette at the Anniversary of the Battle of York Town, October 19, 1824*)，阿里·谢弗(Ary Scheffer) 1824 年至 1834 年间绘制，威廉·拉塞尔·伯奇(William Russell Birch)铜板雕刻。经华盛顿特区“辛辛那提协会”授权使用。

序言　永世不忘

不仅仅是一份“独立之宣言”（Declaration of Independence），也是我们需要仰仗法国（以及西班牙）之宣言。

1776 年仲夏的一天，北美独立运动时值临盆前的阵痛期，身在费 xv
城的托马斯·杰斐逊（Thomas Jefferson）亲自执笔，开始草拟致法国国王路易十六（Louis XVI）及西班牙国王卡洛斯三世（Carlos III）的重要公文。第二届大陆会议（Second Continental Congress）希望借此让高举战火的北美殖民地获得法、西两国驰援。北美殖民地对英用兵一年有余，但战局堪忧。大陆军刚刚在加拿大及长岛等地遭遇惨败，并从纽约城狼狈溃逃，“城头变幻大王旗”，现在那里已是英军将领威廉·豪（William Howe）的盘踞之地。如若不将英国宿敌——法、西两国——拉到自己这边，出兵干预，北美殖民地无论如何都无法压倒兵力占优、海陆并进的英国大军而打赢这场独立战争。

独立革命之火种，几年之前便已悄然四布。到了 1763 年，随着英国在“七年战争”（Seven Years' War）中成功压制法、西等敌对势力，伦敦方面旋即开始针对北美殖民地加征各种苛捐杂税，并设立诸多出口限制，旨在提高保护费的价码，而北美人民对此颇有微词，认为自己未能像正常英国人那般被赋予对上述问题的发言权。北美人民的抗争
行动愈演愈烈，最终打响了“莱克星顿的枪声”，并相继引发“邦克山之 xvi

战”以及“波士顿之围”。即便到了这个时候,大多数北美居民依然幻想着能够与英方议和。1776年伊始,英王乔治三世(King George III)悍然拒绝了殖民地民众的和平诉求,直接将北美殖民地的举动定性为反叛行径,并雇佣来自黑森–卡塞尔(Hesse-Kassel)、黑森–哈瑙(Hesse-Hanau),以及布伦瑞克(Brunswick)等日耳曼邦国的成建制兵团,予以镇压。大陆会议代表面对来势汹汹的“黑森佣兵”(Hessian Mercenaires),尤为焦虑,开始酝酿彻底摆脱英国统治,“宣布殖民地成为一个独立的主权国家”。北美各殖民地纷纷派遣代表参与大陆会议,要求“立即摆脱英国的桎梏”,不再继续效忠英王。一年前爆发的这场本意迫使母国承认自身应有权利的武装冲突,如今已经演变为一场谋求独立的全面战争。

问题在于,这个新诞之国,尚在嗷嗷待哺之际,便开始通过武力反抗英国统治。这就好像叛逆的少年一文不名便愤而离家。北美方面,完全没有海军不说,火炮也少得可怜,衣衫褴褛的陆军,或者说民兵,连现代战争最基本的物资——火药——都捉襟见肘。“邦克山之战”偃旗息鼓后不久,本杰明·富兰克林(Benjamin Franklin)就曾坦言:“每名大陆军士兵所装备的火药量,尚不够打响五枪。全世界都一头雾水,搞不清楚为什么我们很少开炮。理由很简单,实在负担不起。”总而言之,此时的北美殖民地,迫切希望法国与西班牙能够直接介入,毕竟,只有这两个国家有能力直接对英开战,并将英国舰队引入大洋,挫其锐气,让北美沿海地区摆脱重压,获得喘息之机。

虽然北美独立战争刚一打响,法、西两国便开始了秘密支援,但事实证明,对如此规模的高烈度战争而言,此前的援助实属杯水车薪。既然路易十六及卡洛斯三世都不好在这场英国内战中明确表态而选边站队,北美殖民地已然别无他法,只能宣布自己也是对抗法、西二者之公敌的独立国家。出自杰斐逊之手的这份文件,清楚无误地写明,

“我们这些联合起来的殖民地现在是——而且按公理也应该是——独立自由的国家”，其实这是在迫切地请求法、西两国与北美大陆的人民并肩作战。这份文件后来于7月4日在第二届大陆会议上得到批准，成为后人所熟知的《独立宣言》，然而，在某种程度上，这更是一份“需要仰仗法国（以及西班牙）之宣言”。

《常识》

如今，美国所庆祝的独立纪念日7月4日，多少有托伪之嫌。与《独立宣言》有关的经典话语一般可以表述如下：对英国持续通过有失公允之恶法，横征暴敛苛捐杂税，以及不赋予殖民地人民适当代表权的行径，北美各殖民地已忍无可忍。第二届大陆会议经过投票，决定用书面文件的方式，向英王乔治三世说明独立之义理，向全世界宣告北美殖民地扯旗造反的正当性。但《独立宣言》背后的真相，却另有他意。这位英王，早就对此信息心知肚明，正如他于1775年10月告知议会的那样，这场叛乱显然是“要缔造一个独立王国”。这份文件的真正目的，甚至都不是以独立大业将北美各殖民地团结在一起，毕竟各殖民地已经指示各自派驻大陆会议的代表，准备“散伙”公投。相反，发布《独立宣言》的目的，旨在向法国及西班牙寻求支援。 xvii

通过正式文件宣告国家独立，这一做法前所未闻。长久以来，希望摆脱他国统治的一方，根本不会用笔头夸夸其谈，千言万语比不上一枪一弹。此前不久发生的例子，便是1755年科西嘉共和国（Corsican Republic）从热那亚共和国（Republic of Genoa）独立出来的事件。科西嘉领导人巴斯夸·帕欧里（Pasquale Paoli）并未印发什么宣言，而是直接宣布独立，并组建了政府。对此，北美殖民地当然比谁都清楚，他们甚至还将宾夕法尼亚的一个小镇命名为“帕欧里”，以示致敬，而此地后来也成为对英血战的修罗场。在此之前,荷兰共和国(Dutch Republic)在争取从西班牙独立出来的八十年鏖战过程中,除了一份被称为《誓绝法案》(Act of Abjuration)的文件之外,再无其他任何书面声明。而《誓绝法案》也只不过是宣布放弃效忠西班牙国王,算不得一个新国家的独立宣言。

尽管在宣告国家主权方面可谓史无前例,但《独立宣言》却绝对算不上北美人民首份旨在加速战争进程的檄文。作为一项发端自英国
xviii 的法律惯习,宣言一直都在国家层面(乃至国际关系中)被用来表达制定者的意图,或者宣告新政策的制定。宣言的起草,绝非单纯地昭告天下或留档备查,而是需要字斟句酌,以期影响特定受众,从而达成特定目标。例如,面对英国1774年借由《强制法令》(Coercive Acts,又称《不可容忍法令》)对马萨诸塞所施加的严苛经济惩罚措施,第一届大陆会议就通过了诸多宣言与决议,还有致英国及其他英属殖民地的公开信,甚至撰写了呈交英王的请愿书,意在鼓动新一届英国议会对北美殖民地的诉求能够采取更加温和的态度,同时呼吁英王直接行使否决权,以改变上述恶意满满的敌视立法。

随着改变立法或议会态度的尝试无果而终,到了1775年,冲突变得一触即发。第二届大陆会议认为,责任完全应由英国议会及英王麾下诸大臣承担,遂指定了一个三人委员会,其中就包括托马斯·杰斐逊,并由其负责撰写《采取武力之理由及必要性宣言》(Declaration of the Causes and Necessity of Taking Up Arms),该宣言旨在说明北美殖民地人民为什么坚信必须通过战争捍卫自由,同时还要表明寻求双方和解的最终目标。尽管宣言起草者声称,此举意在“向世界发出最崇高之正义吁求”,但显而易见,宣言苗头直指乔治三世,目的还是望其改弦更张,让手下的大臣通过“合理的条款”与殖民地进行协商,唯此才能避免“内战之惨祸”。但这一诉求以及与其同时发出的《橄榄枝请愿

书》(Olive Branch Petition),遭到英王乔治三世的断然拒绝。等到1775 年岁末,北美殖民地的政治气氛陷入战和两难的绝境,和谈显然已不再是选项,但问题在于,他们全然看不到通往成功独立的可行道路。

1776 年伊始,终于打破僵局的,并非当时在宾州议会的辩论过程中挥斥方遒的诸多智者,而是一位名不见经传,并几近破产,一年前才刚刚从伦敦迁居费城的报人——托马斯·潘恩(Thomas Paine)。只花了很短的时间,潘恩就从茶坊酒肆的街谈巷议间准确把握了为某些政治人物私下腹诽的明确结论:迄今为止,大陆会议所发表的所有决议或申告,无一不令局势更加恶化。造成殖民地种种不幸遭遇的罪魁祸首,就是乔治三世本人,而非其手下的什么大臣或者英国议会。因此,无论如何祈求英王,都于事无补,只有完全脱离英国,而非委屈求和, xix
才是确保北美荣景之通途。如此冷静、明晰的逻辑推演,还让潘恩得出了第二个结论:独立,只能通过武力手段才能实现。而这必须仰仗法国与西班牙鼎力相助。如愿与否,完全取决于北美殖民地能不能以书面形式宣布自己作为一个主权国家,从英国完全独立。

在彼时政治圈内相当活跃的本杰明·拉什(Benjamin Rush)医生的大力协助下,潘恩出版了一本只有四十六页,名为《常识》(*Common Sense*)[1]的小册子,阐明了自己的上述观点,并为北美争取脱英独立指明了进路。费城的书摊,于 1776 年 1 月 10 日开始销售此书,而这一天,也恰恰是乔治三世将北美地区的反抗运动斥为“要缔造一个独立王国”的消息传到费城之日。潘恩的时机选择可谓天衣无缝:他所鼓吹的独立,在几个星期之前还是那么不可思议,但却无心插柳,偏巧得到了英王与其观点如出一辙之谴责的“大力帮衬”。这本小册子流传

---

① 国内译本可参见〔美〕托马斯·潘恩:《常识》,何实译,华夏出版社 2004 年版。——译者注全书脚注无特别注明的,均为译者注。以下不再逐一标明。

甚广，不出数月，独立，已经成为殖民地民众公开讨论的话题。

《常识》一书开篇便提出，理想政体中，公民应有权自治，并进一步解释了为什么英国的君主独裁及贵族体制与上述治理方式背道而驰。潘恩提醒，英国距离北美足有三千英里之遥，且对这里的问题一无兴趣二无了解，继续与其捆绑在一起，只能让北美遭受更多“伤害与苦难”。接下来，他写下的这段话振聋发聩，从新罕布什尔到佐治亚的北美大地，庙堂之高、江湖之远，都响彻着“所有正确的或合理的事情都在为分离作辩护，被杀死的人的鲜血和造化的哭泣声在呼喊：现在是分手的时候了（TIS TIME TO PART）”！①

《常识》一书结尾还强调，宣布独立与确保从法、西两国获得援助，存在直接关联：

> 只有公开地和断然地宣布独立，才能很快地解决我们的问题。
>
> 第一，按照国际惯例，当任何两国交战时，由不参加争端的其他一些国家出面调停，并提出缔结和约的预备条款。但只要北美大陆的人们还自称为英国的臣民，任何国家不论它对我们怀着多大的好感，都不能以调停的身份帮助我们。因此，在目前的情况下，我们可能会永远争执下去。
>
> 第二，有人认为法国或西班牙会帮助我们。如果我们只打算利用这种帮助来弥补裂痕，巩固英国与北美大陆的关系，这种想法是极不合理的……
>
> 第三，只要我们还自以为是英国的臣民，我们在外国的心目中就必然被视为是“反叛者”……
>
> 第四，如果我们发表一个宣言，把它分送给各国宫廷……这

① 这段翻译，参考了〔美〕托马斯·潘恩：《常识》，何实译，华夏出版社2004年版，第39页。

> 样一个请愿书，对这个大陆来说，比运载一船请愿书到英国去，定能产生更好的效果。
>
> 我们目前带有英国臣民的名分，在国外既不能被人接纳，也不被人承认，各国宫廷的惯例是对我们不利的，这种情况将永远持续，直到我们通过独立而与其他国家并列为止。①

对读者而言，潘恩主张直接求助于法、西两国的路线图设计，根本无需赘述，因为所有人都和潘恩一样，深谙这两个国家与英国之间的多年矛盾。这种不睦在“七年战争”中进一步恶化，这场由法、英两国于 1754 年在北美地区率先开打的大规模争端，迅速将欧洲主要国家席卷在内。到了 1763 年战争结束时，法国被迫将加拿大割让给英国，西班牙则忍痛挥别佛罗里达，从而彻底丢掉了墨西哥湾的控制权。北美人民当然知道，这两个国家一直在伺机报复，以雪割地求和之辱，而北美大陆燃起的星星战火，无疑为其提供了久待未至的绝佳良机。

宣布独立并作为主权国家登上世界舞台

《常识》一书，让北美人民群情激昂，就好像给众人通了“电”一般的雷霆一击。这个词，早已因为坊间对本杰明 · 富兰克林所进行“引电实验”的街谈巷议而被大众熟知。此时，富兰克林也刚刚结束自己在伦敦为殖民地福祉奔走呼号的十年旅居生涯，返回费城。如果说 xxi
1776 年 1 月之前，所有人谈论的还是调停议和，现在，腔调已经变成分离独立。北美大陆，无论南北东西，报纸无不充斥着呼吁独立的声音。对此，殖民地当局显然不能充耳不闻。同年 2 月至 3 月，南卡罗来纳

① 上述内容参考了〔美〕托马斯 · 潘恩：《常识》，何实译，华夏出版社 2004 年版，第 77—78 页的相关内容。

修改宪法，宣布“不再依附王权”。进入4月，弗吉尼亚下辖的夏洛特县通过一项地方决议案，拒绝任何议和的动议。5月，大陆会议向所有殖民地发出指令，事实上要求其改组当地倾向议和的政府，用主张独立的新政府取而代之。5月底，约翰·亚当斯(John Adams)曾提到，“‘独立’宛如怒涛激流般冲涤身心，无时无刻、无处不在”。

这些同样发给各殖民地与会代表的信函，清楚无误地表明，信函的作者完全接受潘恩提出的宣布独立与获得法、西支援之间的必然关系。作为最先接纳这一论调的前瞻者，理查德·亨利·李(Richard Henry Lee)这位出身北美最具影响力家族的弗吉尼亚籍与会代表，早在《常识》出版之前，就受胞弟阿瑟·李(Arthur Lee)启发，萌生了这一想法。阿瑟曾作为殖民地代表，和本杰明·富兰克林一道旅英，1774年返回北美后，向自己的哥哥表示，对英开战，“如果战事拖延或战事升级，北美或许便要指望(欧洲列强)才能获得拯救”。1776年4月，乔治·华盛顿(George Washington)的侄子约翰·华盛顿(John Washington)致理查德·亨利·李的信函，想必进一步强化了后者的上述信念：“我的意见十分明确，除非公开宣布独立，否则根本无法获得外援。”同样是在4月，李返回威廉斯堡，向同为弗吉尼亚乡党的帕特里克·亨利(Patrick Henry)阐明了自己的立场，他认为大陆会议必须立即将独立纳入议事日程，唯此才能“通过与有意愿、有能力的欧洲强国合纵连横，化解迫在眉睫的危机……如果继续臣服于英国，就不会得到任何一个欧洲国家的礼遇，遑论开展贸易了”。

同一时期，各殖民地与会代表被要求就独立问题投票表决。弗吉尼亚下辖的坎伯兰县指示其选派的代表“宣布独立并寻求外援”，而北卡罗来纳则要求自己的代表“与其他殖民地代表在宣布独立、寻求外国盟友方面达成共识”。进入5月，“弗吉尼亚大国民议会”(The Virginia Convention)一致通过决议，指示其代表“宣布各殖民地作为一个整体，成为独立国家……并对任何旨在寻求适当且必要外国同盟的措施，无条件同意”。各殖民地政府对其派驻大陆会议代表所作出的 xxii
上述指令，显然呼应了潘恩的倡议。大家都认识到，宣布独立，已经成为获得法国及西班牙援助的唯一选择。

随着独立运动渐成气候，甚至连平素对任何外国干涉均戒备三分的马萨诸塞代表约翰·亚当斯，也不得不承认：

> 我们将不得不考虑宣布独立的必要性问题，现在，我们所肩负的使命，应当是草拟向外国列强——特别是法国与西班牙——提出的联盟条约……在我们承认自己为主权独立之国家，并与列强平起平坐之前，尚不能奢望受其承认。现在，我方亟需火炮枪弹、被服给养乃至燧石火镰。

到了6月初，理查德·亨利·李已经做好万全之策，准备响应弗吉尼亚大国民会议的指令，公开呼吁大陆会议宣布独立。作为对约翰·亚当斯所提主张的一种呼应，他曾经向一位弗吉尼亚大地主解释，“虽然之前并非备选，但目前独立已是必然，除寻求外国同盟之外，别无他法”。他在6月2日星期日这天，写下了上述文字。接下来的一周，想必他都在字斟句酌，考虑如何通过一组决议案，让大陆会议行动起来。6月7日，周五，上午10点，大陆会议代表照例集会，讨论备受关注的战报，以及一个颇接地气的世俗问题，即如何对一位货物遭到大陆海军查没的商人作出补偿。11点左右，理查德·亨利·李要求发言，并依次提出了三项相互关联的决议案，供全体代表研议：

> 北美各殖民地现在是——而且按公理也应该是——独立自由的国家；对英国王室效忠的全部义务，与英国之间一切政治联系，已全部断绝，而且必须断绝。
>
> 这完全取决于能否采取行之有效的措施，与外国缔结联盟。

xxiii 应将此作为一项邦联计划加以准备,并提交各殖民地讨论及批准。

虽然上述决议案得到了约翰·亚当斯的附议,但大陆会议决定,将其推迟至次日再行研议。周六及周一,大陆会议两度对上述三项动议开展辩论。尽管新英格兰地区及南部殖民地的代表大多持支持态度,但大西洋沿岸中部殖民地的与会代表却主张暂缓独立。他们质疑,考虑到法国及西班牙在北美所拥有的战略利益,这两个国家可能根本就不会对北美殖民地施以援手,甚至提出,法国有可能与英国勾兑,共谋瓜分北美。不过,决议的支持者——如托马斯·杰斐逊的相关记录所显示那样——积极鼓吹"宣布独立,本身即符合欧洲人的微妙行事风格,可确保欧洲列强与我为友",在祈求法国及西班牙等国提供援助方面,时不我待,不容浪费机会。双方各抒己见,你来我往,一直无法达成共识。

大陆会议并未就上述有关独立的决议案贸然投票表决,而是决定在7月1日之前持续开展辩论,同时责成一个委员会,起草一份供大陆会议表决所用的宣言文本。对第二项及第三项决议案,大陆会议也指定专门委员会,一个负责起草与法国的标准条约,另外一个负责起草邦联协议,以解决一旦宣布独立,十三个前殖民地转变为州的问题。三个委员会中,负责邦联条约的委员会规模最大,每个殖民地都选派代表参加。因为人多嘴杂,直到十八个月后的1777年11月,该委员会才拿出了《邦联和永久联合条例》(Articles of Confederation and Perpetual Union)。值得一提的是,这一条例直到1781年才最终得到全部十三个州的批准。负责起草对法标准条约文本的委员只有五人,由约翰·亚当斯牵头负责。亚当斯坚持,标准条约只能以商业考量出发,而不能包括任何政治或军事同盟色彩,从而避免"未来卷入欧洲战事"。严格依据上述原则构建的标准条约文本,于7月18日出炉,并于9月17日在大陆会议上获得通过。一个月之后,本杰明·富兰克林就将怀揣亚当斯起草的标准条约,启程远赴法兰西,寻求本国所亟需的支援。

负责起草《独立宣言》的五人委员会同样由约翰·亚当斯牵头,但 xxiv
实际执笔的任务,却落在了托马斯·杰斐逊的肩上。作为一位卓有建树的写手,杰斐逊当时已经着手与弗吉尼亚政治家詹姆斯·麦迪逊(James Madison)及乔治·梅森(George Mason)一道,为即将诞生的弗吉尼亚州撰写宪法及权利法案。杰斐逊下笔如飞,在参考上述种种法律文件的基础上,短短数日便拿出了初稿。他先将文稿送交富兰克林及亚当斯,二人稍加润色,遂提交全体委员进行讨论,耗时约两个星期。当时,大陆会议早已敲定了这个新生国家的名号。1776年6月24日,会议主席约翰·汉考克(John Hancock)在委任一名法国志愿者安托万·菲利克斯·韦伯特(Aotoine Félix Wuibert)担任大陆军军官时,官方首次启用了"美利坚合众国"(United States)这一名称。

6月28日,修正后的宣言草案提交至大陆会议。彼时,大西洋沿岸中心区域那几个殖民地已经改变主意,授权其代表支持独立,同时赞成将独立作为获得外援的方式。7月2日,采纳理查德·亨利·李建议的动议被提交给大陆会议,经过两天的辩论及修改,7月4日周四这天,最终文本获得通过。当晚,宽幅的宣言文本便被制版,赶印出的二百余份副本被分头送至各殖民地及大陆军司令部。大陆会议迫切希望路易十六及卡洛斯三世能够尽快读到宣言的焦灼心情,存在事实佐证:周末结束后的首个工作日,7月8日星期一,他们就将《独立宣言》的副本装上了前往法国的班轮,同时指示当时北美殖民地派驻巴黎商谈军火采购事宜的代表——康涅狄格商人希拉斯·迪恩(Silas Deane)——"刻不容缓地将宣言呈交法国王室,并将其副本转呈其他欧洲王室"。

尽管理查德·亨利·李的决议案，以及提交之后大陆会议对其进行的辩论——如杰斐逊本人笔记明确展现那样——都将《独立宣言》与祈求外援紧密联系在一起，但《独立宣言》文本中，却对法国或西班牙只字未提。即便在宣言开始部分，杰斐逊也只是将这份文件的唯一理由，解释为“出于对人类舆论的尊重”，以此为己方的所作所为提出解释。此类表述，和《采取武力之理由及必要性宣言》一样，刻意模糊宣告独立的真实动因，以混淆视听。即便大陆会议心心念念的是求助
xxv 于路易十六及卡洛斯三世，但杰斐逊挥毫写就《独立宣言》时，在他心里，这些欧洲君主的名字极可能被抛到了九霄云外。他所思所想，尽是些启蒙思想家的崇高情感——洛克（Locke）提倡的自然权利、伏尔泰（Voltaire）论述的反抗压迫，以及孟德斯鸠（Montesquieu）鼓吹的民主与自由——并试图为独立运动寻求正当性。任何对外国势力的乞怜，显然都会辱没其倾情写就的伟大宣言；相反，这份文件本身就足以成为寻求援助的敲门砖。

因此，《独立宣言》是时代的产物。在为模糊本意而公开致歉后，杰斐逊提高了调门，堂而皇之地宣告，“我们认为下述真理是不言而喻的：人人生而平等，造物主赋予他们若干不可让与的权利，其中包括生存权、自由权和追求幸福的权利。为了保障这些权利，人们才在他们中间建立政府，而政府的正当权力，则是经被统治者同意授予的”。接下来，他开始细数英国君主并未遵守上述理念，大到伤害、掠夺北美殖民地，小到阻挠司法以及劫掠绑架等罪行，不一而足。杰斐逊并没有把责任完全推到英国公众身上，而是表示“同我交战者，就是敌人；同我和好者，即为朋友”。借由宣布本国已经跻身于这个世界的主权国家之列，杰斐逊提醒美国的潜在盟友，“作为一个独立自由的国家，我们完全有权宣战、缔和、结盟、通商，以及采取独立国家可采取的一切行动”。

在《独立宣言》的末尾，杰斐逊精心楔入了一段路易十六及卡洛斯三世可能会尤为关注的文字："我们坚定地信赖神明上帝的保佑，同时以我们的生命、财产和神圣的名誉彼此宣誓来支持这一宣言。"换句话说，为了成为一个独立的主权国家，我们将不计代价，赢得抗英战争。但如果缺乏军事联盟，显然未来无以为继。现在，请慨施援手。

大西洋另一侧，法国与西班牙都在权衡利弊。就在十三年前，他们灾难性地输掉了与英国的那场战争，同时也失去了贸易范围、殖民地乃至影响力。站到扯起叛旗的北美一侧，重新对英作战，固然可能一雪前耻，但是，也有可能跌入万劫不复的深渊。

第一章　走向战争

1763年2月10日。夜幕降临，天气暖得出奇。一辆吱呀作响的马车，载着一位法国官员和一位西班牙官员，沿着巴黎左岸的圣多米尼克街徐徐前行。经过鳞次栉比的恢宏建筑后，马车驶进一座圆形拱门，穿越一户造型简约但不失高贵的“私人大宅”（Hôtel particulier）[①]双重门禁，在前庭缓缓停稳。两名官员依次下车，向右转向正门入口，走过几个蓝白相间墙纸装饰的“英式风格”房间，最后步入红毯铺地的礼宾厅。室内高悬一幅肖像，却并非路易十六，而是英王乔治三世。只踱过这短短的几步，两人便已脱离惬意的法兰西，事实上迈入了不列颠的领地。 3

两名访客，分别是法国外交大臣普拉林公爵恺撒·加百列·舒瓦瑟尔（César Gabriel de Choiseul, duc de Praslin），以及西班牙驻法大使巴勃罗·杰罗尼莫·格里马尔迪-帕拉维西尼（Pablo Jerónimo Grimaldi y Pallavicini）。两人身处的雄伟建筑，乃是第四代贝德福德公爵约翰·罗素（John Russell, Duke of Bedford）的私邸，亦即事实上的英国大使馆。因为痛风复发，罗素坐着接待了两位造访的客人。五个月前，他作为特命全权大臣——事实上的驻法大使——来到巴黎，与法和谈。这三位即将共同签署的停战协定，会正式给这场旷日持久的拉锯战画上句号。战火不仅让英、法、西三国深陷其中，更波及大多数欧洲

① “私人大宅”（Hôtel particulier），一般是指带有前庭后院的独立建筑，大多分布于欧洲都市地区，为身份地位的象征。

国家，甚至远在印度及北美的殖民地亦被悉数吞噬。

4 这场后世所称的“七年战争”，始于1754年法国军队与英国军队在俄亥俄河谷爆发的武装冲突。随后不到两年，战事便蔓延至欧洲大部，乃至世界各地。1759年，战局急转直下，英国海军及陆军相继节节取胜，最终击溃了法、西两国舰队，并将两国在加拿大、加勒比地区甚至亚洲的据点一一收入囊中。

到了1762年，法、西两国已走投无路，只好求和。普拉林公爵负责代表法国参与和谈，西班牙则应法国外交大臣的要求，派格里马尔迪出马。此前，法国人在和西班牙的协商过程中，发现格里马尔迪“具备惊人的天赋，能够在与对手保持友好关系的同时，进行高难度的政治协商”。英国方面则选派了家资巨富的贝德福德公爵作为和谈代表，其广博的人脉及一贯主张和平的立场，被认为可以赢得法国方面的信任。三人性格迥异。普拉林公爵“敏感、事必躬亲……态度生冷、性格保守、拒人千里……毫无风度可言”。与此形成鲜明对比的是，出生在意大利的格里马尔迪，给当时正在“欧洲壮游”（Grand Tour of Europe）[1]的英国历史学家爱德华·吉本（Edward Gibbon）留下了深刻的印象——后者尝言，这位乐于倾听的社交名流“每周都举行舞会，且布置得华丽典雅，礼数周全，妙不可言”（事实上，就在停战协定签署的前夜，各国外交家还在参加格里马尔迪举办的盛大晚会，活动一直持续到次日上午十点）。对贝德福德公爵，吉本印象不深，并声称其“堂皇的举止与贪婪的内心，使之沦为巴黎人的笑柄”。但在法国外交大臣眼中，贝德福德公爵却“人品极好、礼贤下士、动机端正、诚心议和”。

---

[1] “壮游”（Grand Tour），源自法语 Le Grand Tour，是指自文艺复兴时期以后，欧洲贵族子弟进行的一种欧洲传统的旅行，后来也扩展到中欧、意大利、西班牙富有的平民阶层，尤其盛行于十八世纪的英国，留下了丰富的文字记述。

虽然贝德福德公爵"诚心议和",但却在执行政府意志方面分毫不让。他有这样做的本钱。毕竟,无论从里子也好,面子也罢,英国都占据着绝对上风。经过数月艰苦协商,三人拟订的条约文本承认了英国的优势地位,并将世界秩序作出了倾向英国的调整。即便已经开始进行细节协商,贝德福德公爵依然坚持按照伦敦的时尚标准装饰自己的府邸,从纹饰繁复的银质餐具,到全巴黎第一座抽水马桶,不一而足。从英国驻法大使的角度来看,这样做绝对算不上"张扬无度、穷奢极欲",而是一种政治姿态。2 月 10 日,当普拉林公爵及格里马尔迪迈进 5
贝德福德公爵府邸的门槛,四周充斥着的伦敦风情,无时无刻不在提醒两人,他们现在进入了一个由英国人主导的全新世界。

"七年战争"与全球争端

"七年战争"跟这些阅历颇丰的资深外交家此前所经历的任何一场争端相比,都不尽相同。1625 年以降,差不多每十年,欧洲就会爆发涉及法、西、英等强国的战争。尽管引发战事的导火索,或者在于竞逐海上贸易控制权,或者就是赤裸裸的领土争夺,但归根结底,都可以追溯至人们所熟知的所谓"权力平衡"体系。十八世纪的百科全书,将其界定为"当代政治所使用的一种平衡机制,各国借此互相钳制,确保没有任何一国独自坐大而有能力发动侵略,主导欧洲"。换句话说,一旦出现了某个强国(如英国),其他相对较弱的国家(如法国及西班牙),就会走到一起结成联盟,以制衡英国。随着权力平衡关系的不断变化,历次战争中的敌友角色,转换得也相当频繁。

此前的一个半世纪,变化不定的盟友间爆发的战争各有胜负,从未有哪一方取得过决定性的胜利,进而维持了欧洲各国权力的微妙平衡,成功阻止了任何一国独自称霸这片大陆。在连绵的战事中,影响最大的,莫过于从 1701 年一直持续至 1714 年的西班牙王位继承战争。1700 年,哈布斯堡王朝的西班牙国王卡洛斯二世(Carlos II)去世,身后未能留下任何子嗣。此前,卡洛斯二世曾撰写遗诏,将王位传给自己的侄孙、法国波旁王朝的王储之子,即后人所称的腓力五世(Felipe V de Borbón)。此举引发英国、荷兰及奥地利等国结成联盟,共同反对法国与西班牙,以争夺西班牙王室控制权。最后,法、西两国还是成功走到一起,并使得西班牙与法国波旁王朝而非受到英国支持的奥地利哈布斯堡王朝结成联盟。也正是因为这样,西班牙失去了在地中海的两个重要据点——梅诺卡岛及直布罗陀——但并未丢掉在北美及菲律宾的丰饶属地。随后,奥地利王位继承战争打响,并一直从 1740 年持
6 续至 1748 年,敌我双方阵营大致未变,战局同样胶着,胜负交织,战至最后,结果和开战前的局面并无太大差别。据称,法王路易十五(Louis XV)曾表示,要将法国占领的所有土地拱手奉还,“他要像一位国王而不是一名商人那样,缔造和平”。

“七年战争”其实持续了差不多九年,起因正在于之前的冲突并未打破既有的权力格局,特别是围绕北美殖民地的势力范围划分。1508 年,西班牙率先在欧洲列强中出手,于波多黎各设立永久北美殖民地,紧接着又于 1535 年设立新西班牙总督区,最终将现在的墨西哥、美国佛罗里达州以及美国西部大多数地区悉数收入囊中。法国不甘其后,于 1534 年设立新法兰西总督区,但直到 1608 年及 1686 年,才分别于加拿大及路易斯安那设立永久殖民地。英国于 1607 年在詹姆士敦设立殖民地,到 1733 年已经发展出十三块殖民地,势力范围一路从东海岸扩展至阿巴拉契亚山脉一线。经过两个世纪的持续拓殖,最终,上述三国之间,以及各自与世世代代生活的土地遭到殖民掠夺而被迫反抗的北美土著之间的战争,变得不可避免。

直接引发“七年战争”的导火索,是围绕俄亥俄河谷展开的所有

权之争,这一划界问题,因为法英两国殖民地此前急于结束奥地利王位继承战争,一度遭到搁置,悬而未决。虽然这里是易洛魁人(Iroquois)的传统领地,但在法国人看来,此地却是联通路易斯安那及加拿大两块殖民地的天然走廊。英国人则认为自己的殖民范围可以顺理成章地扩展至此,以便将这片沃土出售给潜在的农户或投机商。

1748年,弗吉尼亚大种植园主劳伦斯·华盛顿(Lawrence Washington)及奥古斯汀·华盛顿(Augustine Washington)兄弟成立了弗吉尼亚俄亥俄公司(The Ohio Company of Virginia),希望能够从英属殖民地向西扩张中分得一杯羹。该公司的大股东、时任弗吉尼亚副总督罗伯特·丁威迪(Robert Dinwiddie)大笔一挥,将俄亥俄河谷的五十万英亩土地批给了本公司。1752年,弗吉尼亚俄亥俄公司与当地的易洛魁人达成协议,获得通过该地的路权,同时还争取到在俄亥俄河的两条上游河流——阿勒格尼河(Allegheny)和莫农加希拉河(Monongahela)——交汇处的三角地修建极具战略意义的要塞的授权。唯一的问题就是,丁威迪的死敌、新法兰西殖民地总督杜凯那侯爵米开朗琪(Michel-Ange, Marquis de Duquesne)也虎视眈眈,琢磨在同一地点修建要塞。

为了掌握这一地区的控制权,杜凯那与丁威迪都开始向本方驻扎
在那里的部队频发军令,火药味也愈见浓厚。从法国发来的命令,要 7
求杜凯那阻止英国人,想办法“让其无法在此地开展贸易,甚至可以没收他们的商品,摧毁他们的据点”。当杜凯那下令修建一系列要塞以防止英国人依葫芦画瓢时,丁威迪发来通牒,要求法方后撤。这次,他派出的信使是弗吉尼亚俄亥俄公司的一名新人——劳伦斯·华盛顿及奥古斯汀·华盛顿同父异母的弟弟、时年二十一岁的乔治·华盛顿。在弗吉尼亚民兵中官拜少校的乔治·华盛顿,率领一个小分队,顶着严冬的寒风穿越原野,抵达位于伊利湖畔的勒波夫堡(Fort Le

Boeuf)。当地法军统领打发华盛顿捎回简短的口信,“本人自认为没有服从阁下的义务”。

1754 年伊始,已经被拔擢为新成立的“弗吉尼亚民团”(Virginia Regiment)中校的乔治·华盛顿再度受丁威迪委派,支援此前被调至阿勒格尼河和莫农加希拉河交汇处修筑军事要塞的俄亥俄公司员工。结果华盛顿很快就了解到,这些人早已遭法军驱离,后者在那里已经构筑起了坚固工事——杜凯那堡。但华盛顿从丁威迪那里得到的命令再清楚不过,“如果遭遇抵抗,就抓活的,或者当场击毙,彻底消灭”。华盛顿下定决心,伏击四处搜寻本方部队的法军先遣队。5 月28 日,在一些易洛魁勇士的帮助下,华盛顿手下的士兵潜入法军营地,用了不到一刻钟,就将法军全部击毙、打伤或俘虏,最后只有一名法军侥幸脱逃。

这场“朱蒙威尔峡谷之战”(Battle of Jumonville Glen),被后世称为“七年战争”的导火索,同时也为北美独立战争埋下了星星火种。但在当时,想必华盛顿本人并未预计到“七年战争”会波及全球,更未想见自己日后会成为独立战争的伟大领袖。他可能一门心思盘算如何尽快折回距离最近的尼斯特堡(Fort Necessity),做好准备,抵挡法军必然发起的反扑。到了 7 月 4 日,因为敌我力量对比悬殊,华盛顿(此时已升为上校)被迫投降,狼狈地返回弗吉尼亚。同年夏天晚些时候,此次交战的消息传回欧洲。英、法两国各自调兵遣将,并派出舰队,以补充本方在北美殖民地的军力。1000 名英国士兵在爱德华·布雷多克(Edward Braddock)将军的统领下,进驻俄亥俄河谷地区,与此同时,约 3600 名法军抵达加拿大。此后发生的一系列边境摩擦,最终演变为英、法两大欧洲强权之间的一场大战。

8 法国之所以铁了心要捍卫自己的新法兰西殖民地,与其说为了这里的经济利益,不如说出于欧洲地缘政治的考量。比起在法属加勒比诸岛——圣多曼格（Saint-Domingue，即现在的海地）[①]、格林纳达（Grenada）、圣文森特（Saint Vincent）、马提尼克（Martinique）以及瓜德罗普（Guadeloupe）——种植制糖作物所带来的丰厚收益，法国在加拿大的兽皮贸易及鳕鱼捕捞收益相形见绌。该地区的种植期过短，产出的粮食勉强可以维持当地人的生存，根本无力供给突然新增加的大规模法国远征军。法国试图向下打通入海口的努力，最大的战略支撑点即位于新斯科舍的海军基地路易斯堡（Louisbourg），这也是当时北美地区耗资最大的海军基地之一。在那位敏锐把握社会律动、以辩才著称的法国作家伏尔泰看来，加拿大只不过是"冰封之一隅"，根本不值得法国人持续不断地大规模投资开发。

然而，新法兰西却可以被用来作为筹码，平衡英国在这一地区以南所拥有的大片富庶殖民地，让欧洲的盟国以及对手都认识到自己的分量。一旦丢失此地，法国政府认为，就会动摇法国在欧洲的地位，甚至危及国家安全。同样，英国政府也认为，需要扼制法国在北美咄咄逼人的进攻势头，从而在欧陆诸强面前展示自己的力量。

时至1756年，很明显，伦敦和巴黎都认识到，此前在北美地区秘而不宣的搏杀，已经发展到迫使法国对英王乔治二世保护下的日耳曼邦国汉诺威下手的程度，因为拿下这里就可以用来和英国交换在北美的殖民地。为此所开展的外交努力，在后来又被称为"外交革命""伙伴交换"，或者更为诗意的表述——"四对方舞"（Stately Quadrille，原意是频繁交换舞伴的一种宫廷舞蹈）。此前两场王位继承战争中结成 9
的同盟关系，很快便崩解并重新洗牌。1756年，英国与宿仇普鲁士签订保护汉诺威的合约，借此，普鲁士获得英国的帮助，对抗新近崛起的

① 该区域位于伊斯帕尼奥拉岛西部，法国殖民时期旧称"Saint-Domingue"，中译名杂乱不一。本书依据《世界地名翻译大辞典》（中国对外翻译出版公司2008年1月版），译为"圣多曼格"。——编注

俄国。数月后，法国波旁王朝也与传统死敌奥地利哈布斯堡王朝结盟，两军合力，剑指汉诺威。同时，奥地利得到法国的帮助，意图夺回此前因败给普鲁士而被迫放弃的西里西亚矿区。新同盟关系成型后，法国一举拿下英国五十年前从西班牙手里夺取的梅诺卡岛。1756 年 5 月，英国向法国正式宣战。6 月，法国“礼尚往来”，对英宣战。此时，这场已经将战火引向全球的大战，事实上由两个部分构成，前者主要由英、法两国在殖民地及远海大洋进行，后者则发生于欧洲大陆，主要在普鲁士及奥地利之间展开。

英法彼此宣战后数周不到，欧洲战区的枪声率先打响。战争伊始，法国军队打败普英联军，一举拿下汉诺威大部，这让英王乔治二世懊恼不已。同时，奥地利也如愿夺回了西里西亚重镇布雷斯劳。随着战事的深入推进，普鲁士发现自己需要面对的敌人，不仅包括法国和奥地利，还有瑞典以及俄国。危局之下，普鲁士国王腓特烈二世（Friedrich II）再次展现了高超的政治智慧。他锐意改革，而这一时期的普鲁士，后来被称为“寓民于军，而非寓军于民”。在其铁血统治下，普鲁士社会高度军事化——兵民比例高达一比十四。相比之下，英国与法国的兵民比例仅为一比一百左右。普鲁士军人训练有素，每年至少接受三个月以上的军事操练，在战场上表现出的行动之精准、军纪之严明，无出其右。“七年战争”中，普鲁士再次力克强敌，保住了西里西亚大部，与奥地利渐成拉锯之势。

与此形成鲜明对比的是，英法大战中，英国最终取得了绝对的压倒性优势，尽管法国在战争初期曾有所斩获。1757 年，法国成功击退了英国对路易斯堡发起的总攻，在纽约尚普兰湖南端的战略要地构筑起了卡里永堡（Fort Carillon），并将英国方面在数英里之外的乔治湖畔砌筑的威廉·亨利堡（Fort William Henry）夷为平地。同年，英国新
10 政府上台，由第一代纽卡斯尔公爵托马斯·佩勒姆－霍利斯（Thomas

Pelham-Holles, Duke of Newcastle)担任首相,并兼任第一财政大臣;第一代查塔姆伯爵老威廉·皮特(William Pitt, Earl of Chatham)则担任“负责南方部的国务大臣”(Secretary of state for the Southern Department)[①],成为当时英国国防事务(特别是对北美殖民地政策)的实际负责人。就具体战争行为而言,皮特负责运筹帷幄,纽卡斯尔公爵则负责军费粮秣。

皮特确信,必须与敌方短兵相接。最初,他下令针对法国的港口、船坞等发动了一系列突袭行动(两栖作战),但大多无果而终。直到1758年攻占法军在加拿大的重要基地路易斯堡,同时突袭法属西非蓄奴地屡屡得手后,英国才取得了对法作战的优势。英国海军疯狂拿捕法国战舰及商船,几乎将法国有经验的高阶水手消耗殆尽。在北美,英军也开始逐渐收复失地,将前两年丢掉的殖民地一一夺了回来。英国还成功地与雷纳佩族[Lenape,又称特拉华族(Delaware)]、肖尼族(Shawnee)以及其他北美土著部落达成协议,促使其放弃继续在俄亥俄河谷支持法军。在陆军准将约翰·福布斯(John Forbes)率领下,英军和大量殖民地民兵(包括乔治·华盛顿少校率领的弗吉尼亚第一民团),立即抓住时机,乘虚而入,向杜凯那堡发动猛攻。寡不敌众的法军被迫在撤退前将堡垒炸毁。英军在废墟原址兴建起皮特要塞(Fort Pitt),此地与周围的聚居地并称为皮特斯堡(Pittsborough),即后来的匹兹堡(Pittsburgh),以此纪念皮特这位推动此战的政坛巨子。

1759年,被伦敦定义为“奇迹迭出的一年”;而对法国来说,却是“不堪回首的恐怖之年”——此后四年英国取得的一连串胜利,严重削

---

① “负责南方部的国务大臣”,是指在1782年之前,英国内阁一度设两位国务大臣,分别负责北方部与南方部。二者以负责地域划分,南方部负责范围更大,包括英格兰南部、威尔士、爱尔兰以及其在北美的殖民地,同时还负责与欧洲天主教国家及穆斯林国家的关系事宜;而北方部国务大臣仅负责英格兰北部、苏格兰以及与欧洲北部新教国家的关系事宜。1782年,南方部改组成为外交部,北方部改组为内政部。

弱法国在全世界的势力范围，并注定了其在北美的最终命运。在加勒比地区，英国海军控制了瓜德罗普；随后马提尼克、格林纳达也纷纷易主。一路往北，法国在俄亥俄河谷的要塞也像多米诺骨牌般一一倒掉。英国还在东部夺取了卡里永堡并加以重建，重新命名为提康德罗加堡（Fort Ticonderoga）。占领路易斯堡后，英军完成了对新法兰西首府魁北克城的合围之势。经过在城外的亚伯拉罕平原十五分钟的激烈对决，英法两军主将——詹姆斯·沃尔夫与蒙特卡姆侯爵路易·约瑟夫——双双战死疆场，魁北克城随即易主。翌年，蒙特利尔亦陷入英军之手。自此，新法兰西灰飞烟灭，加拿大这片土地被划入英国势力范围。

接二连三遭遇令人触目惊心的惨败后，法国一改此前的策略，放
11 弃外围作战，决定对英国本土发动倾力一击。这个点子出自舒瓦瑟尔公爵艾蒂安·弗朗索瓦（Étienne-François, Duc de Choiseul）——普拉林公爵年轻但更有权势的堂弟。1758 年，曾在军界及外交界供职的舒瓦瑟尔被任命为国务大臣，负责外交事务。但路易十五需要的显然不仅仅是一位能够帮助自己应付战时危局的国务大臣。他亟需一位首相。五短身材、面色红润的舒瓦瑟尔一脸孩子气，但这遮掩不住他在政治上的精明以及对工作的极度热忱。他虽然没有名分，却实际上挑起了这一重担。

和对手威廉·皮特一样，舒瓦瑟尔笃信，御敌之道，唯有直捣黄龙。他计划趁英国本土兵力空虚，利用其沿岸滩涂发动两栖登陆作战，一箭双雕，既牵制英国在欧洲开展的军事行动，同时又动摇投资者的信心，削弱英国通过金融市场筹措军费的能力。很快，法国在大西洋一侧便建造了三百多艘运输船，足以将四万余名法军跨海运至英国港口普利茅斯登陆。还有一部分法军将被运往苏格兰，以作佯动。不幸的是，在英军对勒阿弗尔发动的一场奇袭中，这些运输船损失大半。随后，在布列塔尼半岛附近的“基伯龙湾海战”（Battle of Quiberon Bay）

中，法军护航舰队几乎全军覆没。这两次挫败，让法国入侵英国的计划彻底成为泡影。法属印度（French India）同样噩耗不断，法国位于本地治理（Pondicherry）的殖民地遭到英国东印度公司下辖武装力量的占领及掠夺。

舒瓦瑟尔很快便在料理自己负责的外交事务的同时，扮演起陆军大臣的角色。但在尝试跟英国协商和谈搁浅后，法国旋即转向西班牙寻求结盟。西班牙国王卡洛斯三世是路易十五的堂弟，二人均为波旁王朝的直系后裔。法国与西班牙曾于1733年及1743年两度缔结《波旁家族协定》（Bourbon Family Compacts），承诺为了阻止英国独大，法、西两国应在战时承担彼此支持及协助的义务。现在，法、西两国君主及其权臣确信，英国正在威胁欧洲的战略平衡，有必要对这一趋势加以遏制，并重新恢复原有秩序。马德里方面派出杰罗尼莫·格里马尔迪对法协商，最终于1761年8月15日与舒瓦瑟尔签订《第三次波旁家族协定》。两国商定，如果翌年英、法两国和谈无果，西班牙就须对英
宣战。如果因此引发战争，法国承诺支持西班牙。然而，这大体也只 12
是嘴上说说，理由很简单：法国舰队遭到英国海军围歼，两国战舰数量对比已经跌至一比十。

缔结《第三次波旁家族协定》的消息被泄露给英国方面，虽然纽卡斯尔公爵对发动另一场战役心有余悸，但最终英方依然于1762年1月对西班牙宣战。此举正中西班牙下怀。西班牙觊觎英国盟友葡萄牙已久，后者的兵力不足西班牙一半。然而，葡萄牙权臣、头脑灵光的首相第一代庞巴尔侯爵塞巴斯蒂昂·何塞·卡瓦略-梅洛（Sebastião José de Carvalho e Melo, 1st Marquis of Pombal）早已请求英国出兵，并携英自重，一举在“西葡战争”（Guerra Fantástica）中挫败西班牙军队。舒瓦瑟尔当时还计划对英发动联合两栖作战，但因为法、西两国舰队无法协同，无疾而终。同年岁末，压倒骆驼的最后一根稻草终于出现。

英军攻占马尼拉和哈瓦那。特别是哈瓦那的陷落堪称灾难,这颗“西班牙皇冠上的明珠”,之前被鼓吹为加勒比地区“城防坚实、固若金汤”的重要港口,建造的战舰数量甚至超越西班牙本土。西班牙贸然决定参与“七年战争”所导致的一连串惨败,使其在后续和谈过程中不得不陷入处处被动的尴尬境地。

《1763 年巴黎和约》

发动战争的人,未必是在停战协约上签字的人。1762 年,舒瓦瑟尔除了担任陆军大臣职务之外,又开始协理海军部事务;而他的堂兄,同样曾在军界及外交界颇为活跃的普拉林,此时已成为法国新任外交大臣,两人政见相同。他们需要面对的一大威胁,就是法国舰队士气低迷,状态岌岌可危,舰只大多被锁死在港口,动弹不得,同时现金捉襟见肘,不得不靠出卖储备物资才能勉强维持收支相抵。已经丢掉了加拿大,而加勒比地区、非洲及亚洲的其他法属殖民地也都危在旦夕。“既然我们不懂得怎样打仗,”舒瓦瑟尔私下承认,“就必须议和”。

另一方面,确保英国取得辉煌胜利的中流砥柱——皮特以及纽卡斯尔公爵——都面临下台的命运。1760 年,乔治二世去世,其孙继位,
13 即乔治三世。这位时年二十一岁的年轻国王,虽然与自己的祖父生前关系密切,但仍然对政府做了大幅改组,指派长期担任自己导师的布特伯爵约翰·斯图尔特(John Stuart, Earl of Bute)出任英国首相。布特伯爵的和谈意愿,跟之前皮特求战的欲望同样强烈。布特上任后烧的几把火中,就包括与法国互派外交使节,借此确保和谈步入正轨。在布特眼中,人脉甚广、位尊言重的贝德福德公爵乃是英方特使的不二之选。尽管和谈大部分都需要在巴黎进行,但普拉林公爵依然选派了尼韦内公爵路易·曼西尼-马扎里尼(Louis Mancini-Mazarini, Duc

de Nivernais)出访英国。9 月,贝德福德公爵和尼韦内公爵在各自到任前,于法国加莱进行了会晤。

各方都心知肚明,法、西两国必须为终结战事付出巨大的领土让步。尽管布特深知为了避免和谈在最后关头功亏一篑,英国方面必须就和约条款内容表现出宽宏大度的姿态,但根据尼韦内从伦敦发回的密报,英国首先依然受到来自皮特旧党的巨大压力,在诸如永久抑制法国海军等方面无法让步太多。在枫丹白露宫进行的早期和谈陷入僵局,西班牙代表格里马尔迪被英方所提出的西班牙应完全放弃墨西哥湾控制权的主张惊得目瞪口呆,表示无法接受。舒瓦瑟尔对此火冒三丈,“西班牙国王到底想战想和?”他要求法国驻西班牙大使欧森侯爵皮埃尔 · 保罗(Pierre Paul, Marquis d'Ossun)向西班牙方面明确表态,“必须接受上述条款”,否则就继续打下去。舒瓦瑟尔强调,“没有中间选项”。10 月,随着哈瓦那陷落的消息传来,僵局破解,法王路易十五承诺,将法属路易斯安那让给卡洛斯三世,以弥补西班牙在和谈过程中遭受的领土损失,而后者则可以此为据点,至少保留对墨西哥湾的部分控制权。几乎输光赌注的西班牙国王借坡下驴,利用法国的提议挽回颜面,态度终于缓和。11 月 3 日,普拉林公爵、格里马尔迪以及贝德福德公爵分别代表法、西、英三国在枫丹白露宫草签和约。同一天,在背着贝德福德公爵的情况下,普拉林公爵和格里马尔迪又签署了一份密约,将路易斯安那的控制权转交西班牙。

1762 年 11 月至 1763 年 2 月,三人就协议最终文本展开密集磋商。
将加拿大、阿卡迪亚、新斯科舍割让给英国,法国对此痛入骨髓。就这
样,在北美,法国几乎被扫地出门。好在法国总算保住了圣劳伦斯湾和
纽芬兰外海的渔权,同时力争圣皮埃尔和密克隆群岛这片贫瘠偏远之地
的管辖权,以在此处理及干燥渔获。这对法国的战略价值远胜于一隅给 14
养补充基地。长久以来,法国海军所面临的最大难题,便是人力资源的

匮乏。而这里训练出的渔夫,约占法国海军士兵总数三分之一。

英国方面,虽然将主要蔗糖产地(如马提尼克和瓜德罗普)划归法国,但依然控制着格林纳达以及圣文森特。同时,英国还将法国传统的非洲贸易据点一一拔除,只留下了位于现在塞内加尔境内的戈雷岛,供法国用于黑奴贸易。法属印度的殖民地范围也急剧缩水,只剩下屈指可数的几个贸易中转站,其中规模最大者便是本地治理这个美丽的白色市镇;两年后,法国人又对这里进行了重建。法国方面还将梅诺卡岛的管辖权拱手让给英国。

英国方面"慷慨地"将马尼拉归还西班牙,但条件是后者用波多黎各或佛罗里达其中之一赎回哈瓦那。因为波多黎各对西班牙而言太过重要,英国最终得到的是佛罗里达。对此,一位英国政客嗤之以鼻,称"那里就是不宜人居的穷乡僻壤"。与此同时,西班牙还认可英国在中美洲危地马拉都督区的洪都拉斯地区享有伐木权。反观欧洲的局势,多少又陷入到了开战前的状态。西班牙从葡萄牙撤回了自己的驻军,普鲁士和奥地利也分别从对方境内撤军,并各自签订了终战和约。

作为最终休止符的《1763 年巴黎和约》,在贝德福德公爵看来,"成功的程度远超预期","其中并不包括任何有违本人指示的内容"。欧洲势力版图表面上看丝毫未变,但却暗潮汹涌,结构性的变革已经彻底改变了这里的政治格局。尽管英国几乎失去了所有欧洲大陆的盟友,但这些都不再重要。毕竟,英国已经在全球角力的过程中占据了压倒性优势。北美大部分殖民地悉数落入英国手中。散布全球的英属殖民地间的贸易畅行无阻。历史上首次,英国如同后来脍炙人口的歌剧中所言,真真切切地实现了"率土之滨,莫非王臣"(Rule the Waves)①。正因如

① 这句话的原型为十九世纪英国著名剧作家威廉·吉尔伯特(William S. Gilbert)与作曲家亚瑟·沙利文(Arthur Sullivan)在二人 1882 合作的歌剧《艾俄兰斯》(Iolanthe,又名《贵族与仙女》)第二幕中的一句著名歌词,"When Britain really ruled the waves",本译文采取了意译的方式,特此说明。

此,2 月 10 日晚间,普拉林公爵、格里马尔迪以及贝德福德公爵最终签订和约的地点,并非凡尔赛宫的某处厅堂,而是一间彻头彻尾的英式宅邸。

和约签订的消息传到伦敦,举国欢庆。绿园(Green Park)上演了盛大的焰火秀。多少令人感到吃惊的是,法国和西班牙也各自在巴黎市政厅前广场以及马德里丽池公园举行了焰火表演,以示庆贺。在奥地利王位继承战争结束后,法国人就创制出了“没有什么比和平更愚 15
蠢”这种说法,以表达对洒尽热血却一无所获的揶揄。现在,意识到输掉的不仅是“冰封之一隅”的法国人,普遍的感觉却是,即便今后必须生活在欧洲新霸主的阴影下,但好歹又可以过上正常的日子了。

波旁王朝的复仇大计

法国社会的确看似回归了正常,物价与贸易很快就恢复到战前的水平。游人如织,穿梭于英吉利海峡两岸。“七年战争”期间,年轻贵族青年前往欧洲大陆(以法国、意大利为主要目的地)研修欧洲文化、历史与艺术的壮游之旅被迫中止。1762 年,战事告一段落后,很多生活优渥的绅士,如前文提到的爱德华·吉本,甚至没有等到和约的最终签署,便迫不及待重拾此种旧习。然而,迥异于战前在欧洲大陆游乐时一掷千金的豪奢做法,战后的欧洲壮游者显然收敛了不少。在《环游法国绅士指南》(*Gentleman's Guide, in His Tour through France*)一书中,作者提醒壮游者,“在这个自然之敌国的花销用度,绝不可超越维系大英子民体面品性所需程度之一分一毫”。

战争结束,还反向催生出法国人对一切与英国沾边的事物的狂热追捧,进而出现了从法国到英国的所谓“反向壮游”。“盎格鲁热”(Anglomania)成为流行语,以此指代巴黎街头突然出现的英伦风尚,法国戏剧中出现的英国生活场景。甚至兴起用英国范式的园艺设计改造四平八稳、一成不变的法国皇家园林。一时间,伦敦城内,法国游客纷至沓来,以至于某位英国贵族如此抱怨,“伦敦到处都是法国人”。法国人眼中的伦敦,像极了后世美国人“觐见”的巴黎,对他们而言,这都是可以让自己大开眼界之地。作家兼哲学家让-雅克·卢梭(Jean-Jacques Rousseau)此时正沉浸在英国园艺学的世界中,科学家杰罗姆·拉朗德(Jérôme Lalande)及夏尔-马利·拉·康达民(Charles Marie de La Condamine)则热衷于跟英国著名作家塞缪尔·约翰逊(Samuel Johnson)等人餐会。而约翰逊将最近出现的所谓“盎格鲁热”归因于刚刚结束的这场战争,“我们用拳头教会了这些家伙如何对我们表示适当的尊敬……法国人任意妄为的国民性,需要时不时教训两下”。

16 当然,并非所有法国访客都认同自己需要“时不时教训两下”,更不是为了来此接受这样的文化洗礼。《1763 年巴黎和约》墨迹未干,法国军官的身影就已经出现于英国南部各地。无疑,他们希望能够以游客的身份为掩护,在不引人注目的情况下,秘密收集英国海军以及潜在的登陆作战地点的各种情报。他们都不过是凡尔赛宫及马德里当局偷偷谋划入侵英国这一战略的棋子。法、西两国希望能够从上一次失败中汲取教训,以求再战获胜。

特别是舒瓦瑟尔,自从上任伊始,便下定决心入侵英国。1759 年,因为法国海军无力抗衡英国舰队,他的第一次尝试以搁浅告终。1762 年,他的第二次尝试又告失败,问题出在法、西两国舰队无法协同。第三次尝试前,舒瓦瑟尔告诉自己,这一次的情况非比寻常。随着多年盟友格里马尔迪返回西班牙就任卡洛斯三世的首相,舒瓦瑟尔开始与其共同谋划波旁王朝的复仇大计,核心便是对英国本土发动登陆作战。获胜的关键在于法、西两国的海军,理由非常简单,英国海岸线虽然被英国舰队围成铁桶一般,但这个岛屿内部的兵力相当空虚,保留下来的少数正规军和民兵也较为分散。只要能够顺利登陆,拿下英国便易如反掌。

舒瓦瑟尔与格里马尔迪深知,重建两国海军,打造一支可以与英国舰队抗衡的可靠突击力量,仍需时日。因此,他们决定双管齐下——一方面大肆进行情报收集;另一方面积极筹建一支高效、统一的波旁舰队。同时,还需要想办法虚张声势,让英国相信自己致力于维护和平的态度。

当然,作为另外一方的英国政府也不是傻子。接替贝德福德公爵担任驻法大使的赫特福德伯爵收到的首份指令便有如下内容:

> 你方需持续不断地报告法国在增强该国军力方面采取的任何举措,特别是有关增强海军军力方面的情报……毫无疑问,对方会表现出强烈爱好和平且将坚决遵从目前和约的姿态,以此来 17
> "招待"你。但不难想象,法国及西班牙王室,不可能不图谋卧薪尝胆,等待时机收复失地、重现荣景。目前他们距离践行这一图谋的实力还有一段距离,无论如何,静观其变,密切监视对方一举一动,殊为符合我方利益。

于是,在英方的密切监视下,法国间谍深入英国境内,刺探海军情报,收集未来登陆作战所需信息。1764 年,舒瓦瑟尔派遣当时还是年轻人的海军军校学员德奥瑞森伯爵亨利·福尔奎(Henri Fulque, Comte d'Oraison)潜入英军朴茨茅斯及普利茅斯海军基地,以及泰晤士河造船厂等地。"一切都禁止对平民及外国人开放,"福尔奎多少有些吹嘘地报告称,"但我用实际行动证明,他们的防备绝非无懈可击。"他在报告中列明了英方在建以及维修的战舰数量及种类。同时,他还发现英国正在进行一项发明革新,此举如果成功,可能会让英军舰队在未来的海战中如虎添翼。

德奥瑞森伯爵"参观"英方船坞之际,其他军事间谍正在英国乡野间游荡，窥伺合适的登陆地点及进攻路线。一位供职于法国方面的苏格兰籍军官让-夏尔-阿道夫·格兰特·布莱尔芬迪（Jean-Charles-Adolphe Grant de Blairfindy）颇具历史敏感性地建议将肯特作为登陆地点：这里是恺撒大帝当年在多佛登陆落败后，最终成功登陆并征服不列颠的福地。另外一位军官皮埃尔-弗朗索瓦·贝维尔（Pierre François de Béville）则建议直接攻打朴茨茅斯，这样便可一举瘫痪英军舰队，之后再挥师伦敦。

舒瓦瑟尔此时并不知道，还有另外一批法国间谍，同样正在不列颠各地寻觅理想的登陆地点。之所以连这位消息最为灵通的法国大臣都被蒙在鼓里，是因为这批间谍隶属于路易十五秘密组建的外交网络，即“国王的密使”（Secret du Roi）。法国国王于二十多年前建立起这一秘密组织，最初的目的是为了帮助自己的堂弟孔蒂亲王路易·弗朗索瓦（Louis François I, Prince of Conti）当上波兰国王。为此，路易十五绕过外交大臣，直接将密令下达至法国驻瑞典、波兰以及奥斯曼帝国的大使，以期获得上述国家对此事的政治支持。尽管上述暗箱操作最终未能将孔蒂亲王顺利拱上波兰王位，但路易十五没有就此放弃秘
18 密外交网络，反而有所扩大，使其可以在外交大臣不知情的前提下，向超过二十多个国家的法国派驻大使及外交人员下达密令，为自己收集情报。由此，法国外交实质上存在两套人马，其中一套系统受制于负责外交的国务秘书，另外一套则完全唯国王马首是瞻。而法国驻外大使及外交人员，经常会收到来自凡尔赛宫大相径庭的矛盾指示，这个时候，事情便完全依赖于忠诚度存疑的秘密外交网络了。事实证明，国王组建的这套秘密外交系统对法国整体而言极具腐蚀性，甚至会产生颠覆性后果。

夏尔-弗朗索瓦·德·布洛依（Charles-François de Broglie）这位“七年战争”期间的法国将领以及现驻英国的外交官，是路易十五最为

倚重的秘密外交机关成员。德·布洛依(发音为 de Broy,其所代表的意大利家族名号,意为“密谋”)非常清楚,《1736 年巴黎和约》签订后,法国驻英大使尼韦内公爵就将从伦敦返国,他的位子将由另外一位秘密外交机关成员,署理大使职务的德翁骑士夏尔·德·博蒙(Charles de Beaumont, Chevalier d'Éon,下文简称德翁)继任。德·布洛依跟舒瓦瑟尔一样,一心想着有朝一日能够进攻英国。他所负责的谍报工作需要在法国驻英使馆内开展相关活动。路易十五批准了这一计划,另一方面,又将舒瓦瑟尔彻底排除在外。

德·布洛依派出麾下担任海军工程师的路易–弗朗索瓦·卡莱·拉·罗基尔(Louis-François Carlet de La Rozière)前往英国,负责调动其个人组建的间谍网及花钱收买的英国线人,绘制备选登陆点的地形图。拉·罗基尔绘制的地图不仅涵盖超过一百多英里的海岸线,还包括由此进军伦敦的路线图。这张地图最终被提交给德翁。进攻英国的图谋被严格保密,预防英国得到风声并以此作为打击法国的借口。为此,德翁亲自保存所有往来信函的同时,还努力融入英国贵族阶层,频繁在法国驻英大使馆举办穷奢极欲的社交舞会。饶有趣味的是,这个时候,德翁开始频繁以女装形象示人。对其愈发怪异的举止,德·布洛依熟视无睹,依旧努力推动路易十五将犯英计划付诸实现。在法国王室方面三年未能有所动作后,1768 年,德·布洛依最终获得批准,向舒瓦瑟尔和盘托出全部底细,并将自己手下这支大费周章组建起来的情报队伍割爱让贤。舒瓦瑟尔很快便将布洛依的计划为己所用。

进攻计划的起始阶段——情报收集——尚未完成,第二阶段(也
就是缔造一支高效、统一的波旁舰队的计划)便已付诸实施。1763 年 19
伊始,法国共有四十七条风帆战列舰(可以排成一列对敌作战的大型战舰),而西班牙此类战舰的数量仅为三十七艘。“七年战争”之后,法

国的财政已捉襟见肘,债台高筑,借款利息高达六分。起初,舒瓦瑟尔在很大程度上沿用了战时奉行的“捐资造舰”策略。法国公民、集镇乃至城市,都被鼓励为法国的造舰计划提供资金支持。七年间法国所建造的三十艘新舰中,以此方式建成的就超过一半。后来成为法军旗舰的巨舰——即拥有九十门舰炮的“巴黎城号”(Ville de Paris)——就是以提供资金支持的这座城市命名的。在此方面,西班牙的速度较慢,相同时间仅仅造出了八艘战舰。

舒瓦瑟尔和格里马尔迪都认为,单纯依靠造出更多舰船的方法无法击败英国海军,毕竟波旁舰队的表现难如人意。比利牛斯山脉两侧的这两个国家决定彻底重建各自的海军。在和堂兄普拉林公爵交换官位而重新出任外交大臣之前,舒瓦瑟尔于 1765 年发布了一道影响相当深远的海军训令,理顺了海军管理机构,强制推行标准化的“船级”(Rates)规定,从而确保战船在规格及种类上的一贯性,以便能够作为整体进行调遣及作战。同时,他还下令成立世界上首个专业造船公司,专职适用科学方法设计、建造战舰,力求让法国的舰船质量压倒英国制造。通过理顺管理机制、实现舰船标准化、协调舰队等做法,舒瓦瑟尔期待可以在不显著增加成本的情况下,打造一支更有效率的海军。

另一方面,格里马尔迪的任务,是打造能够匹配法国海军的西班牙舰队,从而实现联合行动。这意味着不仅需要引入法国的科学技术,还需要引入法国的专业技巧。1765 年,格里马尔迪请求舒瓦瑟尔派遣法国工程师驰援西班牙,以帮助后者在舰船质量和铸炮技术方面追赶法国。对西班牙方面提出的第一个请求,舒瓦瑟尔派出了一位名叫让-弗朗索瓦·戈蒂埃(Jean-François Gautier)的工程师,由其负责西班牙的所有舰船建造工作。戈蒂埃旋即摒弃了过时而老派的西班牙传统舰船建造理念。以加装七十四门舰炮的“圣·胡安-内波穆塞诺号”(San Juan Nepomuceno)为发端,戈蒂埃开始主持建造吨位更轻、速度更快的法式战舰,从设计到施工均严格遵从了舒瓦瑟尔的海军训 20
令。这位法国人相当精准地把握住了格里马尔迪的意图:“我的使命,就是确保法国及西班牙能够在未来结成一支联合舰队”。

同样是在1765年,就西班牙方面提出的第二项请求,舒瓦瑟尔派遣瑞士籍火炮工程师让·马蒂兹(Jean Martiz)前往西班牙,负责建设铸造厂,并移植法国的实心铸造及钻孔技术,以提升火炮的威力及精度。马蒂兹遵照法国最新的火炮尺寸、口径标准,用落点更为准确、射程更远的舰炮取代了老式西班牙舰炮。风帆、桅杆以及火炮的改变,意味着新一代西班牙战舰可以和法国战列舰一样进行调遣及作战。至此,《1763年巴黎和约》签订后不过数年,法、西两国在筹划对英作战方面已经取得了一定进展,并且正在逐渐营建起一支保证本方达成所愿的强大舰队。

1767年,法、西两国达成合意,准备动用由一百四十艘战列舰(法国八十艘,西班牙六十艘)组成的联合舰队发动突然袭击,对阵英国海军的一百二十艘战舰。联合舰队主力将会为一支规模相对较小的登陆舰队提供护航,由后者在朴茨茅斯及萨塞克斯海岸开展登陆,以彻底摧毁英国海军在此方向的基础设施,使之海上优势无以为继。如果因为缺乏对伦敦发起总攻的力量而终止入侵,势必会让欧洲各国感到担心,从而动摇法国与其盟国的稳定关系。相反,法国的部队可虚晃一枪,佯攻苏格兰,而西班牙部队则趁机在直布罗陀登陆,目标是收复前些年丢掉的这块战略要地。

舒瓦瑟尔将自己的宏图伟略以备忘录的形式上呈路易十五。他提醒国王,1755年,法国曾在北美遭遇英国的进攻,这个国家想把法国从欧洲大陆彻底抹去。《1763年巴黎和约》实乃奇耻大辱。未来和平也遥不可及:“英国对您的权威、您的国家公然宣战,她也将始终成为您的仇敌”。因此，法国必须做好准备，向英国重新宣战。战争的目标，并非消灭英国，而仅仅是为了恢复欧洲的势力均衡。法国并不打算在欧洲大陆与英国开战——这样做会破坏稳定——而是希望削弱
21 英国的海上主导地位。法国的全部外交政策都应当服从于上述目标，一方面强化与欧洲盟友的关系（以西班牙为首），另一方面静待良机，削弱英国在世界舞台上的影响力。

在备忘录的末尾，这位法国大臣坚持认为，英国必然遭到削弱，直接原因并非法、西两国的进攻，而是“七年战争”结束后英国在北美殖民地所推行的殖民政策所致。以一种逆天的精准性，舒瓦瑟尔预测，“唯有北美革命，才能将英国打回原形，使其陷入颓势，从而不再对欧洲构成威胁”。尽管他同时也表示忧虑，认为“我们可能看不到这一天了，北美独立的道路还相当漫长”。他的堂兄普拉林公爵也就《1763年巴黎和约》的缔结表达了类似看法：“这样的和平，对英国的一家独大而言，堪称划时代事件。但英国的实力绝对不会静止不变；她必然将或盛或衰……现在她所占据的地盘，终会将其拖向没落。总有一天，她的殖民地——变得强大起来，从而脱离伦敦，成为一个独立的国家。”尽管这两个人认定北美独立革命终将爆发，彻底颠覆高处不胜寒的英国，但他们俩也都断言此事不会在近期发生。无论如何，他们决定派遣两位军官以及一位苏格兰红酒贩子前往北美，切实感受英国在其殖民地的政策情况，并负责向他们反馈独立革命的种子是否已经萌芽。

逡巡北美殖民地的法国间谍

法国派往北美殖民地的首位特工、海军中尉弗朗索瓦·萨尔波斯·蓬勒鲁瓦·博略（François de Sarrebourse de Pontleroy de Beaulieu）

于1764年在费城上岸。之后，他与一位美国商人签约，担任往来于新
英格兰地区至北美大陆大西洋沿岸中部地区的货船船长。凭借这一
身份，他可以在神不知鬼不觉的情况下，绘制高精度地图，掌握各主要
港口的水深，还可以和其他商贩广泛接触，通过交谈刺探北美地区的
人心所向。蓬勒鲁瓦抵达北美时，恰逢获胜后的欢欣鼓舞逐步被渐渐
萌生的不安所蚕食。历史学者经常从向好的角度解读约翰·夏伊
(John Shy)所下的著名论断："1763年的北美民众在英国化方面达到
顶峰。"此时，法国的威胁彻底消除，西进扩张的步伐似乎永远不会停 22
歇。英国控制了主要海运航线，意味着殖民地的贸易量将日益激增。

1763年6月，消息传来，一个印第安部落联盟，在渥太华族领袖庞蒂亚克的带领下，开始进攻英国在西部边疆地区构建的要塞，以反抗英国殖民者的高压政策。这是首次向北美殖民者发出明确信号：他们在这片大陆上绝对不可以毫无顾忌地恣意妄为。这场后世所称的"庞蒂亚克战争"，促使英国政府颁行了《1763年皇家宣言》(Royal Proclamation of 1763)，以稳定北美大陆秩序。借此，英国建构起魁北克、东佛罗里达、西佛罗里达以及格林纳达等殖民地，同时以阿巴拉契亚山脉一线为北美最早的十三个殖民地划定了西部疆界。根据英国政府的本意，通过宣言划定的这条界限以西的土地，将交给印第安土著，英国人不得在此建立居住地。这显然让俄亥俄公司，以及乔治·华盛顿刚刚组建的密西西比土地公司(Mississippi Land Company)等土地投机商陷入了危机。

第二个勒紧殖民地民众裤腰带的举措，就是增税。在此之前，英国长久以来对北美殖民地奉行所谓"放手不管"的策略，这种无视反而有益的做法，背后的理念是限制越少，殖民地就会越繁荣，并因此让英国整体获益。1763年，英国本土居民的人均税负为26先令(约合现在的200美元)，而同时期北美殖民地的人均税负仅为1先令。对外国

人适用的进口关税及贸易限制措施,几乎不适用于北美地区。从波士顿到查尔斯顿,北美殖民地商人可以十分顺遂地与西班牙、荷兰等国及其在加勒比地区的殖民地进行贸易。但“七年战争”累积下来的巨额债务(单纯支付利息就需要耗去英国财政收入的百分之四十)迫使英国政府改变主意。伦敦的大臣们如今的主张是,既然这场战争主要是为了保护北美殖民地的利益,那么被保护者就应当承担这笔防务费用,其中也包括在北美驻扎英军产生的所有花费。

一个多世纪以来,英国一直在想方设法防止自己的殖民地与其他欧洲列强进行直接贸易,办法就是制定了一系列航海法令,课征关税,限制外国商业活动。其中最新出台的便是《1764 年北美关税法案》
23 (American Duties Act of 1764),这很快便被北美殖民地人民戏谑为《糖税法》(Sugar Act)。名义上,该法主要目的在于遏制走私行为,同时降低殖民地进口商向英属加勒比种植园进口蔗糖及糖蜜所需支付的关税。因为北美商人之前从未缴纳过此类赋税,伴随着税务征收的严格化,以及反走私力度的加大,《糖税法》事实上增加了税赋程度,并压低了贸易规模。与此同时,英国议会通过了《货币法案》(Currency Act),紧缩对殖民地的纸币供应,而殖民地因为金银币等硬通货供给不足,对纸币的需求持续增加。上述两个法案共同作用,造成了货币短缺,让殖民地遭遇到的战后萧条雪上加霜。

尽管北美殖民地承受着经济上的阵痛,蓬勒鲁瓦的报告依然认为这里欣欣向荣,“沃野千里,遍地良港,且恰逢战后的婴儿潮”。他也注意到,北美人民对《糖税法》多有抱怨,特别是英国的征税船突然插足此前被忽视的北美与加勒比地区的贸易活动。他们迫切希望摆脱此类截断自己财路的商贸限制措施。同时,北美人民认为,既然法国人已经被彻底从这片土地赶走,英国人提供的保护也变得不再重要。北美人民桀骜不驯,自认为早晚有一天要扯起逆旗,和母国(即英国)分道扬镳。他们还认为，英国也应该认识到，将法国人从加拿大赶走，事实上反倒加速了北美的独立进程。

很快，北美殖民地人民便意识到，《糖税法》仅仅是更为苛刻措施的预热或序曲而已。1765 年伊始，英国议会通过《印花税法》(Stamp Act)和《驻营条例》(Quartering Act)，旨在为英国驻扎在北美的约一万名英军提供其认为必要保护所需的军费。如果说《糖税法》引发北美人民群情激愤，那么这两部法案则直接导致革命。表面上看，这两部法案貌似并不苛刻。《印花税法》对法律文书、杂志报纸合理征税，而这仅对律师及印刷业者这部分群体产生影响。《驻营条例》则事实上未将私宅列入征收范围，仅仅规定英军可以使用空屋驻军。但北美人民不满之处在于，他们认为英国议会无权对自己征税(《驻营条例》也被视为一种税法)，毕竟议会中并无殖民地代表。早在 1750 年，波士顿牧师约翰·梅修(John Mayhew)便提出了“没有代表权，就不得征税”(No Taxation without Representation)的口号。同时，北美人民还认为，即便派出代表参加远在三千英里之外的英国议会，也没有什么实 24
际意义，唯有自己选出代表组建的议会，才有权征税，同时决定如何分配财政收入。一般认为，英国议会试图通过《印花税法》与《驻营条例》规避殖民地代议机构，并为将来继续在缺乏殖民地代表参与或同意的情况下征收其他赋税大开方便之门。波士顿代理总督托马斯·哈钦森及负责印花税征收的商人安德鲁·奥利弗官邸遭到焚毁，纽波特和费城等地也都爆发了反抗征税的街头骚乱。

1765 年 5 月，作为弗吉尼亚立法机构的弗吉尼亚议会(House of Burgesses)在威廉斯堡集会，投票否决了《印花税法》。年轻的代表帕特里克·亨利主导发布了一系列声明，即《〈印花税法〉决议》，宣称只有各殖民地立法机关，而不是英国议会，才有权对殖民地开征赋税。他在弗吉尼亚议会所发表的上述演讲，被视为堪比布鲁图直面恺撒或者克伦威尔处死英王查理一世的举动，其中所表达的情绪，在很多议员看来，已经越过了叛国的红线。

亲身感受了帕特里克·亨利那番极具煽动性演讲的目击者中，就包括苏格兰人查理·默里（Charles Murray），一家总部位于伦敦的红酒公司北美区代理。1765 年伊始，他借道法属加勒比在查尔斯顿登陆北美。一路前往纽约的过程中，默里不时停下脚步，成桶地向诸如乔治·华盛顿等北美名流兜售自己代理的严选佳酿——“马德拉酒”（Madeira）。同时，他非常积极地收集情报，并将自己对北美殖民地情况的记录送回法国政府。从这些交替使用英语和法语的记录中，无法得知默里为什么以及如何担任法国间谍。或许，跟很多苏格兰籍天主教徒一样，默里作为土生土长的“詹姆斯党人”（Jacobite），支持法兰西甚于“不可靠的英格兰”。但记录的内容的确反映出无论老幼，北美人民普遍对《印花税法》颇多愤怨，不满情绪随处可见。默里反映，帕特里克·亨利曾说到，他所发表的长篇抨击，“必须被归因于自己所在意的北美地区的民主权益正面临关乎存亡的巨大危机”。默里在安纳波利斯遇到的一位据称依然效忠英国的律师，也宣称“将亲自拿起武器捍卫自己的民主与财产”。毫无疑问，舒瓦瑟尔看到了默里的上述报告，而当听说一群弗吉尼亚酒客曾吐露“如果局势每况愈下，我们就向法国人求助”时，他想必也被深深触动了吧。

《印花税法》最终并未在英国议会获得通过——考虑到殖民地人
25 民对此强烈反感，法案最终于 1766 年遭到废止。与此同时，英国议会通过了《公告法》（Declaratory Act），宣称自己具有超越殖民地立法机构的权力，可以在殖民地征收赋税。随后几年，英国议会又通过了让殖民地人民感觉如芒刺在背的《汤森德税法》（Townshend Acts）。这部法律以推动该法的英国财政大臣汤森德命名，旨在对殖民地进口的玻璃、铅、油漆、纸张以及最重要的茶等商品征税。所有这些商品，当时还只能由英国本土制造和供应。对自身生计与权利不断遭到英方侵犯的局面,殖民地人民咬牙切齿。尽管这次反应并非如反对《印花税法》那般激烈,但民间对英国王室的不满正在逐渐累积。

法国派遣的特工再次第一时间报告了北美人民的反应。约翰·德·卡尔布(Johann de Kalb)这位生于巴伐利亚的军官,因为在德·布洛依麾下参与“七年战争”有功,获得了标志法国爵位的“德”(de)这一名讳。在德·布洛依看来,德·卡尔布虽然并非秘密外交机关的一分子,但他具备得天独厚的特工资质:聪明、果敢、有语言天赋。1767年,德·布洛依向舒瓦瑟尔建议,派遣德·卡尔布专程前往北美,“确认北美殖民地人民对英国之看法,以及若其有意与伦敦决裂,开战和 26
自卫的能力究竟如何”。

德·卡尔布于1768年1月抵达北美,随后从费城一路到波士顿,开展了为期四个月的调查,以评估北美殖民地人民的革命热情。然而,这一次气氛降至冰点,恰似德·卡尔布刚抵达美洲便遭遇的寒霜——他所搭载的航船,在行将驶抵斯塔滕岛时沉入大海。跟三年前帕特里克·亨利所代表的狂热爱国热情不同,德·卡尔布的所见所闻更多体现出的是一种逆来顺受。返回法国后,他向舒瓦瑟尔报告,的确,殖民地人民对《汤森德税法》深感不满,对驻扎在各个市镇的

《德·卡尔布男爵约翰》(1721—1780)
生前由查尔斯·威尔逊·皮尔绘制,布面油画

英国士兵痛恨无比,对于因货币供应不足、贸易限制繁苛所造成的收益微薄更是心有不甘。所有这一切很可能会引发暴动。“毫无疑问,有朝一日,这片土地终将解放,”但德·卡尔布的预计可能会让舒瓦瑟尔感到失望,“前提是,殖民地人口超过英国本土。”要满足这样的条件,显然尚需时日。更糟糕的是,在德·卡尔布看来,由法国领导北美独立的可能性微乎其微。即便北美殖民地根本没有海军可言,可怜的武备也不足以对抗英国,“但他们永远不会接受任何外援,尤其是来自法国的帮助,北美人始终对法国心存戒备,担心后者践踏自己的自由。因此,他们宁愿暂时在英国议会面前低头”。

舒瓦瑟尔满心期待听到由法国领导的独立革命迫在眉睫的消息,显然对德·卡尔布的报告无法释怀,在后者返回法国后很长时间都拒绝接见,同时对德·卡尔布念兹在兹的进阶提拔予以断然否决。毕竟,德·卡尔布的报告与舒瓦瑟尔长期酝酿的北美独立抗争愿景背道而驰,甚至跟之前派遣的其他特工所反映的情况也出入甚大。然而,德·卡尔布所报告的才是真正的北美民心所向,对此,其他法国特工或者没有注意,或者有意无视。即便大部分殖民地居民对变本加厉的苛捐杂税和贸易限制深恶痛绝,但他们依然以大英帝国子民为荣,笃信目前的矛盾纯属“家务事”,寄希望通过平等协商妥善解决。在北美殖民地,对国家的所谓忠贞,可不像欧洲那样举国一致。即便是深谙欧洲政局门道的舒瓦瑟尔,也才刚刚认识到北美这盘棋的波诡云谲。

北美殖民地的西班牙“观察员”

27 随着《1763 年巴黎和约》的效果日益显现,围绕北美殖民地的政治角力变得愈发复杂化。广袤领土易主,栖息于此的大量英裔、法裔及西裔居民生活同样需要重新安顿。从1763年,一直到北美独立战争打响前夜,北美殖民地始终呈现出流动的趋势。来自欧洲全境的移民纷至沓来——英国、爱尔兰以及日耳曼诸邦国——吸引他们的,是这里的土地、资源乃至相对的安宁平和。诸如乔治·华盛顿这样的大地主,频频向英国政府施压,希望能够开放西部边境以便拓殖。而英政府的反应则是同意将殖民地的边界越过《1763年皇家宣言》划定的红线,不断靠近密西西比河沿岸,进一步蚕食印第安土著的传统领地。

在北美南部地区,英国试图增加佛罗里达殖民地的企图宣告落空。西班牙将佛罗里达割让给英国后,这里被分成了两部分,即所谓东佛罗里达(主要包括佛罗里达半岛,首府定于圣奥古斯汀)以及西佛罗里达(从今天的潘汉德尔到密西西比河一线,首府定于彭萨科拉)。尽管英国方面允许西班牙裔居民继续在此生活,并可信奉天主教,但他们当中的大多数人还是选择南迁至墨西哥及古巴等地。英国政府希望通过提供土地等方式吸引新移民,以期扩垦戍边,防卫西班牙殖民地。但最终移民至上述两地的人口,分别只有数千人而已。

和佛罗里达不同,生活在加拿大的法裔居民并未选择离开,而是决定留下来接受英国的治理,尽管他们所信奉的天主教与英国确定的官方宗教之间龃龉不断。然而,也有一小部分加拿大人选择搬往路易斯安那,而这一迁徙活动,从"七年战争"爆发后阿卡迪亚人被赶走,便已渐渐开始。作为西班牙殖民地的路易斯安那,首府位于新奥尔良,地域广袤,面积超过英国在北美的十三个殖民地面积总和两倍有余。当时刚刚担任此地省督的安东尼奥·乌略亚(Antonio de Ulloa),将法国移民视为抗击英国人挺进密西西比河一线的坚强壁垒,因此为其大开方便之门,提供运输服务,同时赋予地权。圣路易斯这个法国城市,正是借此才得以在西班牙殖民地内拔地而起。

英国占据佛罗里达并且持续向西挺进,剑指密西西比河,对控制 28

这一区域的西班牙来说,无疑构成了战略威胁。在马德里,首相杰罗尼莫·格里马尔迪和他的法国搭档舒瓦瑟尔一样,依赖自己在北美地区布置的情报网,掌握这片土地上的风吹草动。但是,让他更为关注的,并非酝酿北美独立革命,而是时刻提防新奥尔良及路易斯安那殖民地遭遇突袭。之所以如此关注,部分原因在于西班牙治理下的路易斯安那政治积弊颇深,秩序脆弱异常。以至于西班牙派驻此地的首任省督乌略亚——与其说他是一位治理者,不如说是一位科学家——在1768年一场公开反抗西班牙当局的暴乱中被赶下台。继任省督是出生于爱尔兰的亚历杭德罗·奥雷利(Alejandro O'Reilly),在他铁腕镇压下,暴乱平息。直到1770年,新任省督路易斯·昂萨加-阿梅萨加(Luis de Unzaga y Amezaga)统治下的这片西属殖民地才终于出现了稳定的迹象。

昂萨加的顶头上司是古巴都督安东尼奥·马利亚·巴卡雷利-乌苏阿(Antonio María de Bucareli y Ursúa),此人负责北加勒比及墨西哥湾地区军政事务。两人合力,建构起一整套监控系统——参与其中的并非训练有素的职业特工,而是渔民、商人、神父等所有进出英属殖民地时不会被人关注的普通人,由其负责报告英国方面的港口、要塞、兵营乃至舰队的活动情况。相关消息被报送至新奥尔良及哈瓦那,再进一步汇总整理,呈送马德里,从而帮助西班牙在《1763年巴黎和约》签订后的十年左右时间内,逐渐形成对英国谨慎相待的中立政策。

古巴的捕鱼船队,后来成为特别重要的情报收集来源,以及传递情报的得力渠道。这些渔民不仅能够观察、追踪整个加勒比乃至墨西哥湾地区英国海军的活动情况,更能在英属殖民地安插的观察哨之间传递消息,其中就包括一小群在东佛罗里达负责监视圣奥古斯汀动态的西班牙神父。同时,古巴的商人经常前往彭萨科拉等地做买卖,以此为巴卡雷利带回英方在墨西哥湾兴建堡垒要塞的最新进展。

昂萨加还密切关注英方在密西西比河沿岸大兴土木的情况。导致大量定居者西迁至俄亥俄及密西西比河谷的原因有二:其一,《1763年皇家宣言》名存实亡,事实上为定居者提供了可以一路向西的空间;其二,受到了当时流传甚广、读者甚多的《密西西比欧洲定居点之现状》(*The Present State of the European Settlements on the Mississippi*)的影响,这本1770年出版的小册子描绘了一幅绚丽无比的北美西部生活 29
愿景。很快,大篷车与平底船便载着一个又一个家庭,从远方一路跋涉至纳齐兹以及巴吞鲁日等地。

1770年爆发的一场政治危机差点引发全面战争,这也对昂萨加所建构的情报网提出了更高的要求。当时,英国和西班牙都在位于南大西洋的福克兰群岛拥有少量定居点。根据马德里方面做出的指令,时任布宜诺斯艾利斯省督派遣一支大规模两栖作战力量登陆,以清除英国在此的驻军。两国摩拳擦掌准备开战。马德里警告各个海外属地,一方面严防英方对其发动突袭,另一方面不得采取任何导致局势恶化的行动。同时,格里马尔迪还向法国求援,要求后者根据《波旁家族协定》提供协助。尽管舒瓦瑟尔(此时再度出任法国外交大臣)含糊以对,但路易十五却对西班牙方面的要求一口回绝。翌年,西班牙方面取消了军事行动,同时回避了主权争端,促使这场危机得以化解。

即便通过打探并未发现英国方面因为福克兰群岛争端而在密西西比河流域有所动作,昂萨加依然决定派遣法国商人让·苏里莱(Jean Surriret,此人同时还参与西班牙民兵组织)从附近的巴吞鲁日出发前往纽约,以核实坊间传闻北部地区英军重新部署的消息。他担心此举是英军发动进攻的前奏。苏里莱于1772年抵达纽约,并了解到,北美地区英军总司令托马斯·盖奇(Thomas Gage)的确从加拿大等地调兵,但目的是加强纽约、波士顿以及费城等地的城防。此举并非针对西班牙,而是旨在应对《汤森德税法》通过后导致的民怨动荡。事实上，该法已经引发过所谓1770年“波士顿大屠杀”(Boston Massacre)，当时，英军向一群平民开枪，致五人死亡。尽管情报网反馈的消息让昂萨加及马德里的大臣们吃了定心丸，但他们依然对越来越多的英军士兵及战舰开拔前往北美这一事态保持密切关注。

富兰克林与帝国心脏

1768年，德·卡尔布看到的北美殖民地，还基本臣服于英国统治。到了1774年，局势急转直下，独立战争迫在眉睫。尽管英国议会大体
30 上放弃了《汤森德税法》，但坚持对茶征税，并通过1773年《茶税法》(Tea Act)对此加以强化。1773年12月，波士顿抗议者实施了被当代人称为“波士顿倾茶事件”的抗议活动，将东印度公司的茶叶倒入了波士顿港。此举一出，大西洋两岸哗然。伦敦方面，在英国议会中代表各殖民地利益活动的北美代表们(如南卡罗来纳代表拉尔夫·艾泽德、马萨诸塞代表阿瑟·李等人)处境变得岌岌可危，本杰明·富兰克林所面临的情况同样不容乐观。在过去的十七年当中，他一直代表宾夕法尼亚、马萨诸塞以及其他几个北美殖民地在英国开展活动，《印花税法》最终无果而终，与其关系莫大。1774年1月末的一天，他应召出席枢密院听证，为将托马斯·哈钦森及安德鲁·奥利弗从马萨诸塞当局免职的动议辩护。身着一身优雅的曼彻斯特产天鹅绒礼服，富兰克林在老朋友爱德华·班克罗夫特(Edward Bancroft)的陪伴下，步入位于白厅宫、人称“帝国心脏”的枢密院。结果，富兰克林发现，自己被叫来，并不是要提供所谓辩护，而是作为意在蛊惑北美人民反抗英国合法治理的秘密集团首脑，接受各方批判。面对以小时计的非难责备，富兰克林一直隐忍不发，几乎未吐一言，最终拂袖而去。就在一天前，他还坚信自己正在逐渐说服英国议会“接受双方的分歧”。如今，富兰

克林比谁都清楚，自己遭受的这些人身攻击，代表着英国议会方面某种根深蒂固的执念，而这是无论如何都无法消除的。

反之，英国议会认为，作出让步也于事无补。对日益动荡的殖民地局势，英国于 1774 年出台了《强制法案》(Coercive Acts)，其中规定的条款包括终止波士顿港的贸易功能、剥夺马萨诸塞所有自治权能，以及要求英军进驻这一地区的所有城镇。英国政府还命令盖奇，必须采取措施落实《强制法案》，镇压一切公开反叛活动。同时，英国方面坚信法国不会干涉英属殖民地的内部事务，毕竟在福克兰群岛冲突期间，法国并未选择支持西班牙。北美各殖民地方面则各自选派代表，于 1774 年 9 月齐聚费城，召开第一届大陆会议，共商对策。此外，各个殖民地也纷纷开始组建、训练民兵，以应对未来可能爆发的冲突。

法国方面，江山代有才人出，在《1763 年巴黎和约》上签字的人，已经无法在台面上目睹北美独立战争大幕的徐徐拉开。舒瓦瑟尔在
福克兰群岛冲突期间的蹩脚表现，让路易十五彻底对他失去信心，很 31
快被雪藏。一起走下权位神坛的还有他的堂兄普拉林公爵。同样一去不复返的是二人在长达十余年时间内对法国外交及海军事务大权的掌控。法国对英国的复仇策略，也被更为和缓的绥靖政策所取代。法国海军重建进程出现放缓的迹象，进攻英国本土的计划更是被束之高阁。这一危机同样动摇了《波旁家族协定》的根基，使得西班牙开始反思过于依赖法国的政策。

1774 年，就在北美局势一触即发之际，路易十五去世，他的孙子路易十六继位。这位年仅十九岁的年轻国王，尽管在父亲过世后就与祖父路易十五过从甚密，但在掌权后便开始大刀阔斧改革政府。在过去二十五年间处于失势状态的前任海军大臣莫尔帕伯爵让-弗雷德里克·菲利波(Jean-Frédéric Phélypeaux, Comte de Maurepas)受命出任首相。当路易十六从德·布洛依处了解到秘密外交机关的存在后，立即

决定将其废止,并且把全部外交职权移交给自己新委任的外交大臣韦尔热讷伯爵夏尔·格拉维耶,当然,这位外交大臣本人也曾经是秘密外交机关的成员。不幸的是,还有一名秘密外交机关成员——德翁——依然继续执行着入侵英国这一已被腰斩的计划,且在伦敦处于无人控制的妄为状态。如果伦敦获知上述计划,必将悍然发动法国新任国王不希望见到也无力承受的一场大战。而万一上述担心不幸变为现实,路易十六及韦尔热讷谋划的解决德翁难题之策,便是让法国直接参与北美独立战争。

第二章　鸿商巨贾

1774 年爆发的北美革命,并不是英国政府首次面对臣民造反。一个代际[1]之前,詹姆斯党人曾于 1745 年扯起逆旗,试图推翻英国王室,推举苏格兰籍王位觊觎者查理·爱德华·斯图尔特(Charles Edward Stuart)登上英国王位。很快这场叛乱便随着残暴血腥的"卡洛登战役"(Battle of Culloden)戛然而止,七千詹姆斯党人中有超过三分之一战死、受伤或被俘。这一次,英国当局同样希望通过雷厉风行、痛下杀手的方式执行《强制法案》,分化孤立率先造反的马萨诸塞殖民地,借此杀鸡骇猴,预防革命烽火遍地开花。 32

不过,此举产生的效果适得其反。其他的殖民地,因为担心类似的行为可能会轮到自己,纷纷暗地支持马萨诸塞,同时以召开第一届大陆会议的方式向世人宣告,他们将统一起来抵抗英国这个共同敌人。与会代表虽然相信北美未来依然属于英国,但现在只能暂时自求多福。代表们认为《强制法案》缺乏正当性,并准备了一系列陈情状呈交英王乔治三世。他们还咬紧牙关,批准武装本地民兵的计划,借此抵抗《强制法案》,同时宣布暂停与英国及其加勒比地区殖民地开展贸易,从而给英国制造经济压力。1774 年 10 月,在纷纷离开费城之际,代表们相互约定,如果相关陈情被置之不理,他们就将于翌年 5 月再

① "代际"(Generations),又被称之为"人类世代",一般是指生物学意义上大致同一时期出生的人类群体。各国世代幅度多有不同,且随着时代发展,有延长的趋势,但总体上大致维持在二十五年至三十年的区间内。

次集会。

33 招募、组织、装备民兵的工作,交由各殖民地内设的安全委员会(Committees of Safety)以及供给委员会(Committees of Supplies)全权负责。很快,局势变得一清二楚,找人加入民兵是一回事,为其提供枪械弹药却是另外一回事。在北美殖民地,个人手中的火器种类繁杂,口径不一。其中,一些枪械属于“七年战争”期间英军装备的滑膛火枪(基本上属于点七五口径的陆上制式步枪,又称“褐筒枪”),还有一些是只适用于小规模狩猎活动的轻型鸟枪,只有在阿巴拉契亚山脉沿线的边境地带,才装备有少量精度高但射速慢的来复枪。制式的不统一,给步兵联队携行适当型号的弹药以及枪械备件等后勤供应造成了严重困扰。例如,宾夕法尼亚殖民地的安全委员会发现,需要为一支步兵联队提供七种不同制式的武器弹药。

更有甚者,很多参加殖民地民兵组织的志愿者抵达营地时两手空空,并未携带任何枪械。虽然当时殖民地至少半数以上的有产者拥有枪支,但很多民兵选择将枪支留在家中用于狩猎,或者用于保护家人的安全。例如,尽管新英格兰地区的相关统计显示超过四分之三的民兵自行携带了武器,但具体比例差别很大。新罕布什尔地区的某些民兵组织报告,一个团中,平均每四人才拥有一支火枪及一磅枪药,这仅够一人开十五枪左右。尽管和民兵相比,成建制的团在训练时不需要使用太多枪支,但在练习射击时无疑需要消耗大量弹药。而战时弹药的消耗量更会出现急剧上升。另外,枪械势必会出现丢失、被缴、损坏、修理等多种状态,这就意味着每一位民兵需要同时配备多支枪械。对这一缺口,安全委员会及供给委员会必须想办法加以弥补。

这些委员会非常清楚,自己并无能力如此迅速地武装起一支民兵力量。1774 年,英国枢密院宣布禁令,不允许向殖民地出口任何枪械、弹药以及被服装备。与此同时,在殖民地,因为英国殖民政府采取愈发严格的收缴政策，导致无法对本地的武器弹药储备下手。1774 年 9 月，马萨诸塞总督托马斯·盖奇下令，将储藏在波士顿近郊萨默塞特军火库中的枪支弹药悉数搬走。数月之后，弗吉尼亚总督邓莫尔伯爵约翰·默里(John Murray, Lord of Dunmore)针对威廉斯堡军火库采取了类似的预防措施。

对殖民地民兵而言，自产的火器供应同样极不稳定。为北美土地 34
上生活着的 200 余万人服务的制枪工匠仅有 1500 人至 3000 人，而这些人当中还有相当一部分并不支持北美独立。一个典型的制枪作坊，通常情况下子承父业，加上几名学徒，依靠简单的手制工具完成刻、铸、锻、焊、钻及最后的零部件组装，满打满算一年也只能生产出五到十支枪。至于其他类型的武器制造产业，更是根本不存在。所有的殖民地，都没有火炮制造厂，同时也没有一间工坊能够生产出最为重要的军需物资——火药。

缺枪少弹的北美民兵必须面对的是装备精良的英国军队，一个多世纪以来，军械委员会(Board of Ordnance)以及伦敦、伯明翰等地的大量武器制造企业都在为其提供良好的装备保障。该委员会为火枪的各个部件——枪锁、弹匣、药筒、枪筒、扳机以及撞针——设计出了一整套规格标准(即所谓“陆上制式”)。上述部件分别由专人负责组织大批量标准化生产，然后再由专门负责的工厂将零部件加以组装，制造出一件完整的武器。标准化，意味着一个建制单位，如一个联队，使用的弹药型号完全相同，同时会有大量的通用零部件(尽管还达不到完全互换互用的程度)。专业化还催生出大规模的工业化生产。仅伯明翰一地的武器出口数量便颇为惊人，年均出口火枪十五万支。军械委员会建立的若干铸炮厂及火药厂每年出产火药数百吨。对这个现代国家的工业制造能力，殖民地的各个安全委员会及供给委员会显然望尘莫及。

北美殖民地制造业蹒跚学步的劣势,与英国的商业政策只是部分有关。商业本位主义并不是说殖民地只能提供原料,而宗主国负责成品的精加工。英国法律并不禁止殖民地创办制造业,更没有禁止殖民地生产的产品出口。英国政府更为看重的其实是纺织品贸易——英国制造的此类产品向殖民地出口越多,英国王室拿到的税收便越多。相反,殖民地制造业举步维艰,要因在于技工匮乏,同时不具备兴建工厂、购买原料的原始资本。

35 北美无法在兴办制造业方面募集足够资本的原因,并非贫困。相反,在下决心反抗英国经济独裁统治的前夜,北美社会各个阶层相较于英国更为富裕,年均家庭收入达到了 78 英镑,而同时期英国家庭的年均收入仅为 50 英镑(分别约合现在的 12000 美元及 7500 美元)。事实上,这个时候的北美,要比世界上绝大多数国家都更为富庶,这一点,也可以通过包括欧洲各国在内的移民大量涌入加以证明。英国及欧洲的游客,往往对北美地区的普遍富足印象深刻,而在这些游客的家乡,贫富分化现象显得十分突出。德·卡尔布在 1768 年赶赴北美探查独立革命准备情况,他返回欧洲后,就曾公开慨叹,"那里的人从未遭遇过所谓灾荒或歉收"。而在大西洋这边,这类情形司空见惯。

殖民地商人并未将自己积累的资本投入制造业,而是用于购买、交易大宗原料。尽管北美特别是新英格兰地区的渔业资源颇为丰富,但土地依然是北美地区最为重要的商品及财富来源。殖民地种植园主通过培育烟草、燃料等赚钱的作物出口,而其出产的面粉、谷物之多,亦可支持方兴未艾的国际贸易。在北美居民中,土地以及所对应的财富分配得较为平均,因此并未出现如欧洲那般依赖土地的贵族阶层。对阶层划分颇为敏感的英国贵族亚当·戈登曾放下身段公开承认,北美"人人有产,人人有知"。定居纽约并在此从事种植业的法国贵族克雷沃克尔则如此热忱地描述北美人民对待财富的态度:"我所说的财富,并非金银,此类金属,我们为数不多。我所说的财富,是指界限分明的土地、牲畜、广厦、华服,以及对此深以为然的越来越多的移民。”

诚如克雷沃克尔所言,北美地区的金银,无论从矿产储备,还是从
铸造货币的角度来说,并不充盈。这里没有铸币工厂,为数不多的珍
贵英国铸币——先令、克朗、几尼——都购自大洋彼岸的宗主国。相
反,北美殖民地在商贸结算过程中大量使用西班牙钱币。西属秘鲁总
督区出产的银币,在十八世纪的北美流通甚广。西班牙那种被称为 36
“八比索”的银元,就占到其中一半,这种银质货币可以通过切割、消磨
等方式分解为较小的规格及币值。无论是空间狭小的商肆,还是规模
庞大的码头中心柜台,都必定设有专门盛放不同币值西班牙钱币的抽
屉。除此之外,法国、荷兰以及葡萄牙的钱币也可合法流通。商人都
会携带官方印制的货币兑换表及一架天平,以称量银币净重。借此,
无论是西班牙银元、法国埃居(Écu)还是荷兰 2.5 盾大银币(Rijks-
daalder,下文简称大银币),均可互兑互换。即便铸币种类繁多,但殖
民地同样广泛使用纸币,因为很多商人希望将硬通货留着用于对外
贸易。

欧洲商人率先提供武器弹药

为北美民兵即后来的大陆军提供武备的终极解决方案,来自中间商,而非制造者。他们使用原材料及硬通货从海外购入枪械、弹药及其他军备给养。独立战争爆发前,北美地区种植出来的农作物不仅可以养活这一方水土,还能每年出口 600 万蒲式耳谷物(约占其年产量的四分之一),为殖民地换回硬通货及工业制成品。一个世纪以来,北美水手们一直都在违反《航海条例》(Navigation Acts),想办法逃过英

国海军、缉私船以及海关官员的耳目，偷偷将此类物品走私到北美。理论上来讲，北美商船用小麦和鳕鱼交换西班牙的红酒和丝织品后，首先需要将易货所得在英国卸载以计算关税，结清后才能启程横跨大西洋。特定种植物，尤其是烟草，明令不得销售外国，必须交付英国，供其转卖他国牟取暴利。茶叶当然也只能销售给英国。

当然，北美商人有时会规避上述限制，在阿姆斯特丹、南特、毕尔巴鄂这些欧洲港口开展直接贸易。对此，所在地的英国使节除了向当地政府提出抗议外，别无他法。更多情况下，北美商人会选择更为短
37 平快的路线，在西印度群岛（如法属圣多曼格以及马提尼克等地）进行货物的装载卸运。尤为值得一提的是荷属小岛圣尤斯特歇斯，当时俨然已成为欧洲各国违禁品的汇聚之地。而当这些商船返回北美时，可以轻而易举地避开英国海关，纽约殖民地副总督卡德瓦拉德·科尔登（Cadwallader Colden）曾这样解释，这些人“不会在本港（纽约港）锚泊，而是充分利用河网纵横的地理优势，在一段距离之外的某处湾岸停靠，并用小船将违禁品分装上岸”。这套久经考验的走私网络，显然非常适合将枪支弹药运入北美。

经年累月，北美人在所有海外港口都逐渐结交出可靠的代理商，并由其负责合法或非法商品的贸易活动。在纽约仍是荷兰殖民地的时候，阿姆斯特丹及圣尤斯特歇斯等地，诸如罗伯特·克罗姆林（Robert Crommelin）、威廉·哈德逊（William Hudshon）以及艾萨克·冯·戴姆（Issac van Dam）等商社就已经开始与这里的商人进行贸易，并建立起牢固的伙伴关系。位于法国港口南特，主要从事商品及黑奴贸易的蒙陶图音（Montaudouin）这家公司，在1772年法国大饥荒期间，由于从费城购入大量米面而立下奇功。在西班牙北部巴斯克地区的港口毕尔巴鄂，卡萨·约瑟夫·加多奎·希约斯（Casa Joseph Gardoqui e hijos）这家公司早在1741年便开始跟马萨诸塞州的商人从事渔获贸易，

用西班牙产品换取北美出产的盐鳕鱼、烟草及大米。这些外国商人（有时还被称为中间商）虽然表面上大多态度中立，但一般都对北美人民遭受英国压迫的处境深表同情。后来事实证明，恰恰是这些人，成为从 1774 年开始的武器走私活动的重要环节。同时，他们背后的政府，虽然宣称反对非法走私活动，但也对此睁一只眼闭一只眼。

在 1774 年夏秋之交，第一届大陆会议尚未画上句号，各安全委员会及供给委员会并未成形，北美商人就已经开始使用硬通货或者剩余农产品，从欧洲及西印度群岛大量购入武器弹药。英国派驻殖民地官员向伦敦报告，满载违禁武器弹药的货船熟门熟路地从阿姆斯特丹到圣尤斯特歇斯，再到北美各殖民地，船上的抽屉夹层乃至茶叶桶中，塞的却是枪弹火药。英国也向荷兰共和国提出交涉，要求其禁止违禁品贸易。荷兰方面官样文章，承诺停止“此种危险的运输活动”。但不幸的是，荷兰对本国商人几无控制力可言。而这些人对走私贸易所带来 38
的巨额利润食髓知味。在阿姆斯特丹，100 磅火药仅值 18 大银币，但在圣尤斯特歇斯转手便可售到 100 大银币。甚至连亲英的荷兰执政奥兰治王子威廉五世（William V, Prince of Orange）这位乔治三世的表兄，也向英国大使坦言，阿姆斯特丹的商人为了赚钱，甚至会出售军火给包围这座城市的敌人。

阿姆斯特丹商人的确会向北美人民贩卖武器弹药，但却不会自产自销。他们只是一个发端自赞丹、列日等制造枢纽，经由阿姆斯特丹、南特、毕尔巴鄂及圣尤斯特歇斯等中转站，最终联通北美的巨大产业链条中的一环。尽管荷兰共和国的制造业并非出口为导向，但赞丹、泽兰等地却以出产最高质量的火药闻名于世，这种火药爆发力强，绝无哑火可能，因此供不应求。数月后，当北美客户开始求购火药时，荷兰的工厂即便日夜赶工，也无法及时供货。对外国客户的订单，交货时间经常需要延后六个星期甚至更久。

克罗姆林、哈德逊以及冯·戴姆等荷兰商家经手转售给北美客户的火器,实际上产自位于现在比利时东部,与荷兰共和国划界而治的列日。这里两翼为奥地利帝国的松散属地奥属尼德兰(Austrian Netherlands)包夹。列日及奥属尼德兰都公开宣布保持中立,这实际上意味着其可以向冲突双方供应武器。和伯明翰类似,列日的武器生产商也延揽了诸如让-克劳·尼奎特(Jean-Claude Nicquet)、让·戈斯文(Jean Gosvin)等专门人才,采取零部件集中生产、成品统一组装的工业化模式,使其制式化火器(一支完整的步枪加上一柄刺刀)的年产量达到了二十万至三十万件套。其中绝大部分采用的是法国制式的点六九口径。

独立战争打响的第一年,北美地区进口的主要就是列日出产的步枪。随着武器需求与日俱增,荷兰商人和他们的代理人频频造访列日,海量订购武器。在第一批北美商船抵达后不到一年,列日市长便宣称,“我们的贸易伙伴,无论大小,都在为我们的市民提供工作机会;
39 整条大街上到处都是装箱待运的步枪”。很多运往荷兰港口的步枪,被盖上了“为了自由”(Pro Libertate)的字样,清楚无误地标明了其最终的目的地就是北美殖民地。这些武器弹药或者通过平底船,借由默兹河运至北海,或者经由陆路途经奥属尼德兰抵达鲁汶,再由这里通过运河转运至阿姆斯特丹。最终,这些武器被秘密装上驶向北美的货船。

随着北美购买武器弹药的需求愈演愈烈,英国海军开始逐渐收紧阿姆斯特丹周边的各条航道。商人们则随机应变,设法将军火运往其他欧洲港口,继而秘密装船运往北美。很快,里斯本和南特等地便成为热门之选,这里多年以来一直为圣多曼格及巴西的法国及葡萄牙种植园亟需的黑奴贩卖活动提供军火。奴隶贩卖活动血腥暴力,每年都需要消耗产自列日及其他武器制造中心的大量枪支弹药,而其中相当一部分又是直接以奴隶为一般等价物进行交易。因为武器交易数量庞大，运输船舶众多，可以十分容易地将发往北美的武器弹药混入其间。在南特，蒙陶图音公司以其与北美费城等地的传统商贸网络为掩护，私下运输武器；而这个家族企业对出海货船的命名方式，诸如“让-雅克号”（纪念卢梭）、“社会契约号”（致敬卢梭的代表作《社会契约论》）等，无一不彰显出对北美独立运动正义性的启蒙主义认知。

在所有向北美输出违禁武器的欧洲港口中，毕尔巴鄂得以位列其中，最令人感到惊诧。毕竟，这里传统上主要交易的是羊毛、纺织品，特别是鳕鱼——伊比利亚半岛雷打不动的主菜咸鳕鱼的必备原料。这种鳕鱼主要产自位于法属纽芬兰殖民地的圣皮埃尔和密克隆群岛，以及位于马萨诸塞殖民地的马布尔黑德及萨勒姆。随着盖奇强推《强制法案》而点燃北美革命之火后，这条默默无闻的航路迅速化身为独立战争早期最为重要的欧美武器运输通道，其中流砥柱，则非卡萨·约瑟夫·加多奎·西约斯公司莫属。

约瑟夫·加多奎-麦泽塔（Joseph Gardoqui y Mezeta）于1726年在毕尔巴鄂创建了这家公司，创业伊始便和英国建立起紧密的商业联系。他的儿子迭戈·马里亚·德·加多奎-阿里奎巴（Diego Maria de Gardoqui y Arriqusibar）于1735年诞生。作为八个孩子中的老四，他从小便得到悉心栽培，以期来日继承家业。1749年，年仅十四岁的迭戈 40
就被送到伦敦巨商乔治·海利（George Hayley）身边做了五年学徒，此人正是日后亚历山大·汉密尔顿（Alexander Hamilton）及约翰·汉考克从事进出口投机生意的幕后金主。在逐渐摸索国际贸易门道的同时，迭戈·加多奎也逐渐养成了足以让举止粗鲁的伦敦东区商人汗颜的英伦做派。当学徒时，迭戈抓住机缘，结识了海利的妻弟约翰·威尔克斯（John Wilkes），这位立场激进的报人凭借自己反政府的呼号跻身英国议会，并在后来借此大力支持北美独立。

《迭戈·马里亚·德·加多奎-阿里奎巴》
(1735—1798)
微型画

1761年,父亲去世后,迭戈·加多奎子承父业,同时开始在毕尔巴鄂市政当局崭露头角。他一直与马萨诸塞商人,特别是马布尔黑德商人杰里迈亚·李、艾尔布里奇·格里以及塞勒姆商人约翰·卡波特等所谓新英格兰“鳕鱼贵族”们过从甚密。如果说家资颇丰的卡波特在当时算是“富翁”的话,加多奎堪称当之无愧的“富豪”,其家族资产用现在的币值计价,高达五百亿美元。当然,无论卡波特还是加多奎积累的财富,多少有不干净的成分。例如,1771年至1773年,他们就精心筹划了将面粉从费城经西班牙再折返运至哈瓦那的航线,借此将数以千计的丝巾手绢从西班牙走私至塞勒姆。

英国颁行的《强制法案》,特别是停止波士顿港贸易功能的《波士顿港法案》,对商人阶层造成严重冲击。正因如此,1774年10月,在一个名为康科德的小镇,麻省议会(Massachusetts Provincial Congress)得以创建。领导人由波士顿商人约翰·汉考克以及雄辩家塞缪尔·亚当斯(Samuel Adams)担任,杰里迈亚·李及艾尔布里奇·格里负责筹建供给委员会。麻省议会下令组建民兵组织,其中包括少量精壮的“快速响应力量”——因为他们会在得到通知后一分钟内做好战斗准备,又被称为“瞬息民兵”(Minutemen)。供给委员会则负责为其提供

火炮、步枪及弹药。当然，在盖奇看来，麻省议会此举无异于创设独立
政府，这不仅使他认识到殖民地造反已不可避免，更让他坚信必须像
1745 年扑灭詹姆斯党人叛乱那样，痛下狠手，从快从重予以残酷镇压。
于是，他开始强化扼守波士顿湾咽喉地区的武备，并公然大肆操练英
军。这个时候已经开始自称“爱国者”，并且将支持英王的人鄙视为 41
“保皇党”(Loyalists)的北美革命派，注意到了英军的种种迹象，于是想
方设法武装自己。麻省议会呼吁，对镇上还没有被充分武装的“瞬息
民兵”，尽快“提供可靠的火器、刺刀、弹带、背包、三十发药筒及铅弹”。
当然，这一切还需要供给委员会加以落实。

1774 年 11 月，杰里迈亚·李亲笔致信，向自己的老伙计迭戈·加多奎请求提供武器弹药。1775 年 2 月，加多奎回复称，尽管这一要求性质特别，但他还是想办法找到并能够向北美方面发送本来为西班牙军队制造的三百支步枪及所配刺刀。他同时承诺，如果冲突持续，可以“继续效劳”。走私丝绸手绢是一回事，偷运步枪可是完全不同的另一回事。当时，西班牙还处于中立状态，尽管西班牙政府明显知晓其与北美之间的武器走私活动，但加多奎这样做，显然冒着失去与英国之间利益丰厚的贸易机会的巨大风险。他之所以这样做，想必是在成长岁月里受到乔治·海利及约翰·威尔克斯耳濡目染的熏陶，养成了同情北美人民正义事业的缘故。

1775 年 7 月，加多奎运送武器的货船已经抵达马萨诸塞，供给委 42
员会很快便将武器下发至殖民地各处。驻扎马萨诸塞的大陆军花名
册显示，在新年到来之前，“新的西班牙武器”便已配发步兵。毫无疑
问，这批武器随后便将投入实战，因为北美独立的枪声在迟疑了数月
后，此时终于打响。

美方购买武器弹药的能力遭遇危机

北美独立的揭幕战，源于争夺弹药产生的一场武装冲突，而北美独立武装首场败绩，也源于弹药匮乏。就在北美爱国者们向欧洲求助武器弹药的同时，托马斯·盖奇也派出特使赶赴伦敦，请求政府指示如何扑灭近在眼前的北美反叛。负责殖民地事务的国务秘书、二代达特茅斯公爵威廉·莱格（William Legge）在征求时任英国首相诺斯勋爵的意见之后，致信盖奇，“以暴制暴”，对所谓麻省议会的领袖（特别是约翰·汉考克及塞缪尔·亚当斯）应予逮捕，并以叛国之罪名审判。1774年4月14日，达特茅斯公爵的信函被送达盖奇位于波士顿的司令部，后者随即采取行动，准备将北美革命扼杀于萌芽。

4月18日晚，盖奇派出大股部队，根据保皇党人线报，前往麻省议会所在地康科德镇，清缴隐匿在那里的“大量弹药给养”。而北美革命者也提前知悉达特茅斯公爵密信以及盖奇计划清缴的风声，早已将大部分弹药以及汉考克和亚当斯转移到了安全之所。北美民兵齐聚从波士顿到康科德的必经之路莱克星顿，并于4月19日破晓与英国步兵首次发生武装冲突。北美方面阵亡八人，英军则继续挺进。抵达康科德后，英军发现本方寡不敌众，在人数及战术方面处于优势的北美部队（包括“瞬息民兵”）很快便将这群“红衫军”[1]击溃，迫使其一路退回波士顿。

新英格兰地区的爱国者齐聚波士顿，将这座城市及近郊团团围
43 住。到了6月，波士顿四周驻扎的民兵达到15000人，虽然此时由威廉·豪、亨利·克林顿（Henry Clinton）以及约翰·伯戈因（John Bur-

① 所谓“红衫军”，指代当时穿着红色军服的英军。

goyne)等英军将领率领的援军正渡海而来。手上只有6500人堪用的盖奇和其他几位英军将领商定，派兵夺取临近的多切斯特、查尔斯顿等地，以期突围。掌握英军计划的北美爱国者则调兵遣将，强化查尔斯顿半岛布里德山(Breed Hill)及相邻的邦克山两处高地的防守。6月17日，豪率领的英军跨过波士顿港，向固守布里德山的北美民兵发起总攻——尽管这场战役后来是被称为"邦克山之战"。英军连攻三次，死伤两倍于北美民兵，血流成河。最终，北美方面火药用尽，不得不退至剑桥一线。

尽管历经一年的精心准备，无论是直通圣尤斯特歇斯、阿姆斯特丹以及其他港口的"火药邮轮"，还是奇袭英军火药库而精心囤积下来的弹药，在邦克山一役中依然不堪重用。通过诸如迁走萨默塞特军火库储藏弹药等手段，英军断绝了殖民地人民接触此类物资的机会。同时，英国海军事实上切断了从欧洲向北美运输军火的航路，封锁了各个港口，并频繁在加勒比海巡逻。

随后，第二届大陆会议在费城召开之际，便拨出专款购买武器弹药，以提供给大陆军新任总司令乔治·华盛顿。在积极备战的同时，大陆会议也面临媾和的巨大压力。在枢密院受辱后一年，本杰明·富兰克林于1775年3月从伦敦返回北美，并加入大陆会议。在动身返美前，他还曾最后尝试过帮助诺斯勋爵起草议和草案，旨在承认北美有权自行征收赋税。这显然距离北美人民主导财政支出权限的要求相去甚远。现在，大陆会议准备再一次努力争取和平，派出理查德·佩恩(Richard Penn)携带《橄榄枝请愿书》前往伦敦，请求英王能够与北美"达成这一协议"，争取让冲突最终得到和平解决。

就在佩恩忙于《橄榄枝请愿书》之际，华盛顿也抵达波士顿，此时"邦克山之战"结束不过数周。他很快便了解到，火药储备较此前汇报的情况更糟，算起来，马萨诸塞殖民地全境掌握在民兵手中的火药不

44 过三十八桶(Barrels)①,每人平均不足半磅。“将军闻听此言,深感错愕,半晌不语”,约翰·沙利文准将曾这样记载。北美人民闻风而动。华盛顿要求罗得岛及马萨诸塞殖民地装备更多的武装巡逻船,以拿捕、扣押载有武器弹药的英国货船。而大陆会议则通过决议,鼓励本地硝石(火药主要原料)的生产,号召各殖民地投产火药。同时马萨诸塞还通过一项决议,禁止不必要的火药消耗,要求居民不到万不得已,不可向飞禽走兽或其他目标开枪射击。

这些穷极之策显然根本无法满足华盛顿为一支两万人军队提供足够武器弹药的要求——据他估计,这至少需要四百桶火药——更别说为士兵补充匮乏的步枪、毛毯、制服、帐篷以及其他军备物资了。与此相比,殖民地更为重视的是从海外购入弹药,正是在这个背景下,毕尔巴鄂作为重要航运枢纽的价值开始凸显。1775 年 7 月,领导马萨诸塞供给委员会的艾尔布里奇·格里,再次要求加多奎提供“质量上乘的手枪和火药”。同时他也承认,北美独立大业“皆仰仗外国友人”——比如加多奎——“将来为我们提供各种军事装备”。值得一提的是,即便北美买家的支付能力日渐枯竭,西班牙商人依然继续为其提供军火。

北美方面在支付进口武器费用方面陷入危机的原因在于,手里的钱很快便花光了。1775 年 4 月战争打响时,殖民地的纸币储备为 2200 万,但硬通货方面却只有 600 万。第二届大陆会议因为无权征税,只能依靠大量印发缺乏硬通货支撑的纸币度日,以至于对其保持友好态度的外国势力都不再接受用纸币购买军火;而北美的硬通货储备正面临枯竭。与此同时,可用于出口换取军备的剩余农产品,也缩水八成以上,原因包括诸多方面:成年男性奔赴战场造成农业劳动力短缺;大

① “桶”(Barrels),历史上的英制度量单位,在指代固体货物时,一般约等于一百九十六磅,约合八十九公斤。

陆军和民兵吃喝用度花费甚大；特别是英国舰队封锁了北美港口，切断了对外航线。随着冲突扩大，选择加入大陆军参战的革命者人数激增。显然，北美商人从市面上购买武器支持战争的努力，很快便将无 45
以为继。简而言之，北美需要法国、西班牙等国家的直接援助，而这在当时看来还遥不可及。幸运的是，在很多北美人士还没有认识到这一点之前，一位法国商人（同时也是一位剧作家）早已洞悉其中的玄机。

博马舍与法国秘密支持北美

“七年战争”结束后的十年间，德翁因为诽谤法国驻英大使，担心返回法国后遭到逮捕，只好一直流亡伦敦，生活困窘。但德翁手上握有法国曾打算入侵英国的秘密计划，如果此事泄露，势必引发弥天大祸。德翁以此为要挟，换得继续滞留英国首都从事谍报工作的机会，向由德·布洛依领导的秘密外交机关提供情资。德翁经常款待包括约翰·威尔克斯在内的英国贵族，而每年12000里弗尔（Livres）的津贴——约折合如今币值80000美元——根本无从支持他穷奢极欲的生活方式。其中一项重要支出，就是用于购买女装。毕竟，到1771年，德翁已经让很多相信，“他”其实是女儿身，只是后来为了从军才以男装示人。伦敦地下赌局就德翁真实性别的投注金额就高达60000英镑。

1774年5月，路易十六登基继位，旋即裁撤秘密外交机关。之后不久，他便指令德·布洛依以及外交大臣韦尔热讷，设法清除德翁可能泄露秘密入侵英国的计划这一重大威胁。他们想出的解决方案直截了当：跟韦尔热讷一样坚信德翁为女性的法王，批准他返回法国，并承诺让他终生享有津贴，条件是德翁必须交出手里掌握的秘密文件。虽然特使数次向其面呈上述提议，均遭到德翁的断然回绝。他宣称自

己为服务法国欠下了高达200万的外债,因此,除了法王应允的相关
46 条件外,法国方面还应替他向债权人偿还上述债务。一直僵持的局面,最终被一位同样具备戏剧天分的商人成功打破。

1732年,皮埃尔-奥古斯汀·加隆(Pierre-Augustin Caron)出生于巴黎的一个钟表匠家庭,在苦心修行后,年仅二十二岁便成为“服侍国王的御用表匠”。借此良机,他与一位富有的寡妇成婚,后来承继她的封地,并顺势将自己的名字也改为带有贵族特征的皮埃尔-奥古斯汀·加隆·博马舍。聪明、睿智、颇具音乐天赋的博马舍,在法国政经两界交游广泛。

1764年,“七年战争”结束后不久,约瑟夫·巴利士-杜维尼(Joseph Pâris-Duverney)、雅克·杜纳坦·勒·雷·肖蒙(Jacques-Donatien Le Ray de Chaumont)等法国金融家组成的财团,选派博马舍前往马德里,与西班牙政府协商,申请获得向加勒比群岛及路易斯安那地区提供黑奴及农产品的专属经营权合同。博马舍在西班牙首都逗留一年之久,一方面积极参与跟西班牙方面的专营权谈判,另一方面醉心于
47 西班牙的文学与文化。在巴黎一样,他依靠自身魅力赢得了马德里政经圈子的认同。这一过程中,他还得到了家族旧友福恩克莱拉伯爵夫人玛丽亚·特蕾莎·帕提诺(María Teresa Patiño, Condesa de Fuenclara)的大力协助。这位贵妇经常在位于马德里丽池公园附近霍塔莱萨大街的自家私宅举办文艺沙龙,想必她亲眼目睹过一年前因为《1763年巴黎和约》签订而在丽池公园释放的炫目焰火。

博马舍受到和自己交流的西班牙国王卡洛斯三世及其权臣格里马尔迪启发,开始将专属合同与法西两国的政治结合起来。让法国外交大臣舒瓦瑟尔及法国驻西班牙大使欧森侯爵深感不安的是,博马舍将法国在专属合同中的定位,不仅表现为一种有利可图的商业活动,而且还同巩固《波旁家族协定》,协力对付英国这个公敌联系起来。不

《皮埃尔－奥古斯汀·加隆·博马舍》
(1732—1799)
让－马克·纳蒂埃绘制,布面油画

过,负责西班牙海外事务的“印度委员会”(Council of the Indies)看法不尽相同。他们将专营权交给了卡迪兹黑奴公司(La Compañía Gaditana de Negros),而这家公司的股东之一,便是后来在北美独立战争中发挥重要作用的胡安·米拉雷斯(Juan de Miralles)。

博马舍返回法国时,虽然没有拿回专营权合同,但收获了可供自己毕生享用的政界人脉及文学灵感。最初,他选择从后者入手,创作了《塞维利亚的理发师》(*The Barber of Seville*)这部以西班牙为背景,描写三角恋关系的戏剧作品,其中不屈不挠的“费加罗”(Figaro)这一角色,日后更是让博马舍蜚声海外。同时,他还忙于跟威胁要让其倾家荡产的杜维尼家族后人打官司。后者于 1773 年指控博马舍贪污腐败，并让其锒铛入狱达四个月之久。但是，博马舍针锋相对的反戈一击赢得了社会公众的支持，也和曾把自己投入监狱的巴黎警长安托万·雷蒙·加百列·沙丁（Antoine Raymond Gabriel de Sartine）结下了一段“最不可能”的深厚友谊。

沙丁一定是相中了这位曾一度沦为自己阶下囚的家伙所具有的卓越才能——在 1774 年，他嘱托博马舍赶往伦敦，秘密解决夏尔·莫兰德（Charles de Morande）诽谤路易十五情妇并以此实施敲诈勒索的麻烦。博马舍不出手则已，一出手便成功封住了莫兰德的大嘴巴，给法国王室挽回了面子。就在他返回巴黎后不久，路易十五驾崩，路易十六继位。此时俨然已成为法国王室眼中大英雄的博马舍，听闻与德翁的谈判长期僵持的消息后，立马看破了其中的玄机。“德翁的诡计，”博马舍致信沙丁，“是欺骗那些想抓住他的人，将 200 万巨款放进
48 自己口袋，之后继续滞留伦敦”。言下之意是，对付德翁这种“戏精”，只能像他自己这样的剧作家才能胜任。刚被提名担任海军大臣的沙丁立即将这一信息通报给正为德翁的麻烦头疼不已的韦尔热讷及路易十六。数月后，博马舍便重返伦敦，与德翁协商，让其交出秘密文件。

1775 年夏秋之际，博马舍六次往返伦敦与凡尔赛宫之间，最终于 11 月与德翁达成最终协议。后者交出塞满秘密文件的铁质保险柜，法国王室则承诺允许他返回法国，条件是必须身着女装，且永世不得穿军服。此时，博马舍几乎已经无法再从事此类“秘密”旅行了——随着《塞维利亚的理发师》在巴黎和伦敦引发轰动，他成了英吉利海峡两岸妇孺皆知的红人。

在 9 月份造访伦敦时，博马舍偶然遇到了刚刚携带《橄榄枝请愿书》从北美远道而来的理查德·佩恩，此前佩恩和马萨诸塞驻英代表阿瑟·李一道拜会达特茅斯公爵，但陈情未果。返回凡尔赛宫后，博

马舍联系韦尔热讷，告知自己从佩恩处了解到“北美之局势”。“邦克山之战”证明，“北美人民宁折不弯”。博马舍继续表示，现在约有 40000 北美民兵围困波士顿，还有 40000 左右民兵分散在殖民地各处——真实数字约为 20000——从而确保农不弃田、工不离厂。80000 北美民兵都是之前因为英军封锁而丧失生计的渔民出身（事实上这些人只是未经任何军事训练的农民而已）。这种说辞彰显出高超的剧情铺陈技巧，显然，在实现用法国军火换取北美农产品之前，博马舍已经做出了两步铺垫，从而确保自己的想法不会因战时农人短缺受到影响。

韦尔热讷也正在思索如何将“北美的局势”作为制衡手段，牵制英军主力，避免其卷入西班牙与葡萄牙在南美一触即发的军事冲突。因此，韦尔热讷在 10 月份命令博马舍返回伦敦解决德翁事件时，明显还带有让他重新恢复与北美方面的联系，以确定法国如何援助北美等事宜的动机。博马舍求助老友——伦敦新任市长，同时兼任英国议会议员的约翰·威尔克斯——让他把自己引荐给阿瑟·李。1775 年 10 月 49
25 日，威尔克斯在自家官邸“庄园大屋”（Manor House）举办晚宴。席间，受邀出席的博马舍和李接上了头。晚宴的时机非常敏感，翌日，英王将在英国议会发表声明，将北美人民的行动定性为一场旨在独立的叛乱。因此，毫无疑问，博马舍和李一定曾进行过相当热络的交流。晚宴次日，威尔克斯又与同为英国议会议员的乔治·海利饮宴，因为二人都公开反对英国议会试图在“美洲殖民地全境设置强制权力”的做法。威尔克斯极有可能处心积虑地安排了这次会面。尽管这两位是否有可能通过私人关系了解到海利曾经的跟班——迭戈·加多奎——早已开始向北美贩运步枪的消息尚待考证，但毫无疑问，二人显然可以通过英国驻西班牙大使的密报而洞悉此事。威尔克斯撮合博马舍与李会面，实际上开始推动由法国和西班牙政府——而非仅凭商人——直接武装北美。

博马舍和李都算不上法国或北美殖民地的官方代表，但两人都明显认为自己可以说服己方政府达成相关军火交易。两人策划了一份详尽的协议，用北美出产的烟草这种高价值经济作物交换法国生产的火药。这份协议的重中之重，乃是设立一个皮包公司，借此掩饰资金来源。1776 年 1 月，博马舍直接向路易十六面陈了上述建议。他主张由法国政府拨付 100 万里弗尔，供名为罗德里戈 · 霍塔莱兹公司（Roderigue Hortalez and Company）的机构使用，同时获得授权，使用这一公司名称、印信开展经济活动。使用这笔钱，以每磅 1/4 里弗尔的价格向法国厂商购买火药，再以每磅火药 1 里弗尔的市场价值跟北美方面交换烟草，借此可以让政府投资获得三倍收益。“这项计划的好处在于，”这位曾两度濒于破产的人建议，“可以兼具里子和面子两个方面的效果，从而使得陛下拨出的这 100 万，让北美方面感觉像是收到了 900 万资助一样。”跟他十年前在西班牙时如出一辙，博马舍试图将政治和生意绑在一起。

至于博马舍为什么选择“罗德里戈 · 霍塔莱兹”这个名字，至今仍
50 然成迷。“罗德里戈”或许指代西班牙中世纪英雄罗德里戈 · 迪亚斯 · “席德” · 康皮多（Rodrigo Díaz “El Cid” Campeador），而“霍塔莱兹”则几乎肯定源自福恩克莱拉伯爵夫人在霍塔莱萨大街的私宅，博马舍曾在这里的文化沙龙度过很多美好时光。至于这家公司为什么会使用西班牙名称，并非秘不可宣。博马舍所做的仅仅是遵从了他在加隆家族图书馆中翻到的一本当时颇为流行的商业入门书《完美商人》（*Le Parfait Négociant*）中的建议，法国商人使用西班牙名头，可以借此切入利益丰厚的西印度群岛生意圈。除此之外，博马舍还刚刚被提名成为卡迪兹黑奴公司董事会成员，他由此开辟了从法西两国政府获得对北美独立大业之支持的更大空间。

其实早在博马舍的提议上呈法王之前，韦尔热讷便已对这个点子全面掌握，并建议法王最好保持谨慎。他在自己的报告中开宗明义，现在一切有关北美危机的情报，全都是道听途说。韦尔热讷认为，在采取正式行动之前，应当让早已安排到位的特工提供更为可靠的情况说明。这些秘密情报员，皆由十年前曾慧眼识珠拔擢德·卡尔布的情报大师德·布洛依亲自挑选。而德·布洛伊相中的人，正是其亲族故旧朱利安－亚历山大·阿卡迪·邦沃勒尔－卢瓦约特（Julien-Alexandre Achard de Bonvouloir et Loyauté）。这位自小因意外导致残疾并毁容的年轻人，曾在圣多曼格自愿从军。1775 年 7 月，在借道伦敦返回法国前，他曾从上至下遍访北美各殖民地。尽管英语不佳，但这并不妨碍邦沃勒尔在费城等地的交游，他甚至亲眼目睹了围攻波士顿。貌似德·布洛依了解到邦沃勒尔已抵达伦敦的消息，并想办法将其介绍给法国驻英大使基尼公爵阿德里安–路易（Adrien-Louis），后者反过来向韦尔热讷建议选派邦沃勒尔再次前往北美打探情况。韦尔热讷很快照准，同时指示邦沃勒尔不得以官方特使的身份开展活动，更不得向北美方面透露法国政府的态度或看法，而只能“忠实记录事件经过以及北美民众的相关民意”。乔装打扮为奥属尼德兰商人的邦沃勒尔 1775 年 10 月搭乘“迷人的贝茜号”（Charming Betsy）启程，并在三个月漫长航行后，于同年圣诞节前十天抵达费城。

邦沃勒尔这次返回北美，适逢战火从波士顿及其近郊四下蔓延。本尼迪克特·阿诺德（Benedict Arnold）、伊桑·艾伦（Ethan Allen）率领下的北美民兵，浴血奋战，攻陷位于纽约的提康德罗加堡。甚至连 51
炮兵上校亨利·诺克斯（Henry Knox）也正率领缴获自英军的大炮，跋涉在大雪覆盖的新英格兰冰原，驰援波士顿。同时，阿诺德及理查德·蒙哥马利（Richard Montgomery）兵分两路，攻入加拿大，借此打破英国人存在所谓安全之所的幻想，激励讲法语的加拿大人参战帮助北美独立。尽管成立了两个加拿大团与北美民兵并肩作战,但这些魁北克人对曾经也是英王子民的北美民兵心存芥蒂,而且不认为自己可以通过参战捞取到什么好处。虽然蒙哥马利攻下了蒙特利尔,但进入12月份,两路联军攻打魁北克城的战役以失利告终。蒙哥马利战死,阿诺德重伤,群龙无首的北美民兵对魁北克城的包围名存实亡,并于翌年春败退。

第二届大陆会议需要面对来自伦敦的文攻武吓。英王乔治三世已于夏初明确指出,"殖民地公然宣称叛乱"。他于10月26日在英国议会发表讲话后,驳回了北美方面提出的《橄榄枝请愿书》。就在前一天,威尔克斯刚刚介绍博马舍与李结识,并宣称这场正在进行的冲突"目的显然是建构一个独立王国"。紧接着,英国议会通过了《北美贸易禁止法案》(American Prohibitory Act)。这一海禁法案实际等同于宣战。面对来势汹汹的英军屠戮,各个殖民地供给委员会能够提供的抵抗火力实在不足。为此,大陆会议专门设立了秘密贸易委员会(Secret Committee of Trade),最初由金融家托马斯·威灵格(Thomas Willing)领衔,后来又转由威灵格的生意伙伴罗伯特·莫里斯(Robert Morris)担纲,组织各个殖民地的商人为民兵提供武器弹药。在与他们签订首批合同的人中,就包括来自南特的皮埃尔·佩南特(Pierre Penet)以及伊曼纽尔·普利亚尼(Emmanuel de Pliarne)。这两位商人带领一艘满载火药的货船,一路经过海地角(Cap-Haïtien)、圣多曼格、普罗维登斯,最终抵达罗得岛。随后,两人来到费城,与秘密贸易委员会签订和约,以威灵格与莫里斯(Willing & Morris)商社作为其北美区代理,向美方交付15000支火枪。

11月29日,就在邦沃勒尔如及时雨般御海而来的两周前,大陆会议刚好组建名称颇为令人费解的秘密通信委员会(Committee of Secret Correspondence),"专职负责与在英国、爱尔兰及世界其他地方的我方朋友进行联络”。如果说秘密贸易委员会主要与商人个体打交道,那么秘密通信委员会显然成为接受来自法西两国政府直接援助的对口机关。后者的五名成员,包括本杰明·富兰克林及代表纽约的约翰·杰伊(John Jay),在位于“木匠厅”(Carpenters’ Hall)二楼一处平时闲人莫入的房间,夜会邦沃勒尔。他们发现,与邦沃勒尔同行的,还有在富兰克林组建的图书馆公司(Library Company)担任图书管理员的弗朗西斯·戴蒙(Francis Daymon)。这位出身法国的北美移民在邦沃勒尔首次造访北美时便与其结识,此次前来居间充当口译。约翰·杰伊后来形容,邦沃勒尔是一位“跛脚的年长绅士”,尽管杰伊自己要比这位时年二十四岁的青年还年长四岁。本次会商及后续两次对谈过程,无一例外均选在夜间。邦沃勒尔向诸位与自己密会的人保证,如果需要武器、弹药或者军饷,只要跟法国政府开口,“便可悉数获得”。他们用以牛奶为原料的密写药水,将上述要求写在一封普普通通的商业信函空白处,直送基尼公爵——只有后者才知道,“上述字迹用油灯烘烤后便可显形”。由于基尼公爵刚刚才被召回巴黎,他最后的使命,便是将这封密报呈交韦尔热讷。 52

邦沃勒尔在报告伊始,便指出北美人民“斗志昂扬、意志坚决、领导卓越,非常有机会在这场冲突中取胜”。不过,邦沃勒尔同时指出,“北美如想取胜,尚需三项至关重要的条件:训练有素的海军、充足的给养及军费”。尽管北美方面最初要求使用商品同法国交换军需物资,但富兰克林等人承认,本方实力和英国相差悬殊。“在他们看来,如果没有海上强国的支持,北美根本无法自卫,而现今世界上能够提供这种帮助的,非法西两国莫属。”北美方面希望了解,“向法国方面派遣使团”以直接请求支援的做法,是否合适。法国方面的答复是,“这样做实属鲁莽,甚至会招致祸害,毕竟对法国所发生的一切,英国心知肚明,反之亦然”。最终,在了解到获得法国援助的关键,全系于能否让法国领导人体察北美将独立战争进行到底的决心后，这些北美各殖民地的代表非常笃定邦沃勒尔能够理解他们的决心："他们不惜让自己的城市化为瓦砾、让自己的家园焚于战火……他们一致表示将不惜
53 代价争取最终的胜利与自由，他们歃血为盟、团结奋战、宁死不屈。"就在托马斯·杰斐逊正襟危坐，提笔撰写《独立宣言》的六个月之前，北美人民事实上就已经向外国势力保证，自己将为争取自由之伟大事业，赌上身家性命、财富名声。

秘密通信委员会早已广发英雄帖，积极争取海外支援，其中就包括身在海牙的瑞士学者夏尔·杜马斯（Charles Dumas）。北美方面恳请其考察"能够向北美提供相关援助，或有意结盟的若干欧洲王室的态度"。此外接到请求的，也包括阿瑟·李。当然，秘密通信委员会此时并不知道，李已开始与博马舍研议如何获得法国支援。同时，尽管邦沃勒尔警告向法国派遣使节的做法可能有害无益，委员会依然于1776年3月2日指派康涅狄格商人兼大陆会议代表希拉斯·迪恩动身赴法，向韦尔热讷直接提出申请。此行的直接目标，旨在从法国方面获得"足以装备25000名士兵的军械被服"，以及100门火炮，全部赊账。迪恩还受命向韦尔热讷通报，法方将很快见证北美"从英国完全独立。同时，北美方面认为与法国方面发展友好关系极为符合自身利益，并将在此方面深耕不辍"。六天后，迪恩从北美动身，这个时候的他，对自己即将在凡尔赛宫经历的一切还一无所知。

凡尔赛宫方面对邦沃勒尔的报告颇感兴趣。这份报告于2月27日和博马舍提交的一份名为"战，还是和"的信笺几乎同时送达。后者开宗明义，"英美之间这场举世闻名的争端，很快便将重新划分世界版图，改变既有的欧洲政局，从而迫使列强不得不谨慎检讨北美独立对自身带来的影响究竟是利是弊"。博马舍明确指出，"法国必须支持北美"，如若不然，英美都有可能对法国生产蔗糖的南方诸岛下手，最终

迫使国王陛下“不得不开启一场注定一无所获的战争”。博马舍表示，“除非能够不惜代价地防止英美媾和，否则法国方面毫无安全可言。而实现这一目标的唯一办法，便是为北美提供支持，使其能够与英国分庭抗礼”。最后，他还附上了阿瑟·李的承诺，北美方面将与法国方面签订秘密商业条约，以换取后者提供的援助。当然，事实上李并无任何权力这样做。

此时，韦尔热讷从派驻伦敦及费城的密探那里获得了两份殊为关键的情报，使其坚信：首先，北美地区的叛乱势必削弱英国；其次，北美 54
决意一战。根据上述报告可以肯定，英国军队将因这场冲突被长期牵制在北美地区，无暇分兵驰援正在与西班牙发生冲突的盟友葡萄牙，从而将冲突升级为一场席卷欧洲的全面战争，而这才是当时法西两国王室最为关注的问题。这位法国大臣遂下定决心接受博马舍提出的建议，为北美提供资金，以拖住英国。只不过，他的做法较之博马舍的建议更为彻底：法国将和西班牙一道，成为罗德里戈·霍塔莱兹公司的幕后支持者。

1776 年 3 月 1 日，就在迪恩登船赴法的前一天，韦尔热讷致信格里马尔迪，择要说明了准备联合西班牙共同支持北美的想法。对此，格里马尔迪随即表示支持，同时提出，“应当想好万全之策，避免因此惹祸上身”。他建议，最好以商业方式推进。韦尔热讷随后将自己的建议提交给路易十六的内阁讨论，后者对此也并无太大异议，只是和格里马尔迪一样，认为“援助必须打着商业的幌子，使其看起来纯属商业性质，以便我们在任何时候都能对此矢口否认，并全身而退”。在征得各方对罗德里戈·霍塔莱兹公司计划表示同意的基础上，法王下令注资，并向马德里方面发出注资的通知。1776 年，博马舍签署了一纸收据，上书“兹收悉[法国王室财物总管]杜维尔(Duvergier)奉韦尔热讷伯爵拨付之款项，总计 100 万里弗尔”。数周后，西班牙方面拨付的

100 万也顺利到账。就这样,依靠约合今天 10 亿美元的资金,罗德里戈·霍塔莱兹公司走上正轨,开门营业。

博马舍摇身一变,成为经营活动的核心。他最初的五六名手下非亲即故,全部来自报业或戏剧业,而非金融或银行业出身。更有甚者,他的秘书让-巴普蒂斯特-拉扎尔·德文雍·弗朗西(Jean-Baptiste-Lazare Théveneau de Francy),居然是曾成功被博马舍封口,现在已经彼此关系莫逆的勒索者夏尔·莫兰德的弟弟。博马舍选中巴黎繁华地段玛黑区的"荷兰大使大宅"(Hôtel des Ambassadeurs de Hollande)作为公司的办公地,这是一幢位于老圣殿街 47 号的三层联排建筑。其中,顶楼为博马舍的寓所,其余则用于办公。诚如其名字所反映的那样,这幢建筑曾是荷兰大使的府邸,此去经年,积累了不少珍贵的艺术
55 藏品。在一楼办公的簿记员只消抬头,便可仰视由曾为凡尔赛宫绘制壁画的同一批工匠们手绘的华丽穹顶。但博马舍本人并未在如此斑斓炫目的环境中多加流连。他马不停蹄地奔走于敦刻尔克、勒阿弗尔、罗什福尔以及南特等港口,寻找愿意运货去北美的船主。他还造访波尔多,在名为"号角城堡"(Château Trompette)的破落要塞找到了可以运往北美的 500 桶火药。

博马舍并未忘记自己在伦敦的老伙计阿瑟·李。两人一直通过密码、暗语就军火交易问题进行交流。6 月初,博马舍致信"马里·约翰斯顿"(Mary Johnston)——阿瑟·李的化名——告知后者将有一艘货船满载火药给养驶往弗朗索瓦角(Cap-Français),即海地角。"你方务必派出满载上好弗吉尼亚产烟草的货船前往接应",博马舍坚称。毕竟此前已经将罗德里戈·霍塔莱兹公司必须赚钱的口号打了出去,现在,他确实担心北美的这些家伙让自己入不敷出。"马里·约翰斯顿"果然反对用烟草交换火药的主意,回复称"我建议我的'朋友们'[指代大陆会议代表],'刺激品'[指代烟草]的运输较为困难,因此,

我们必将竭尽全力，但不保证能够立即给予你方直接回报”。李错误地认为罗德里戈·霍塔莱兹公司并非一家真正的贸易公司，而只是法国政府的遮羞布，故在信中宣称“你我所做绝非生意，而是更为波澜壮阔的政治活动”。显然，博马舍对李的担心绝非杞人忧天，这个家伙现在就开始食言，撕毁他本来无权缔结的协约。而博马舍很快再次发现，越权行事乃是北美人士的共同特征——因为希拉斯·迪恩已经抵达法国。

1776 年 6 月，博马舍在波尔多与刚刚从北美赶赴法国的迪恩有过一次会面，但当时博马舍只是将其视为一位来自百慕大的普通商人。两个人都不知道对方来到这里的目的是为北美寻找军火，因此擦肩而过，彼此并未过分留意。当博马舍在废弃的“号角城堡”挖地三尺寻找火药时，迪恩也在向他认为能够帮助自己有所收获的人写信求援。本杰明·富兰克林曾建议迪恩联系自己的朋友，同时也是北美独立事业坚定支持者的资深医师雅克·巴伯-杜宝(Jacques Barbeu-Dubourg)。富兰克林还建议迪恩跟自己在伦敦的老友爱德华·班克罗夫特取得 56
联系。对这位受到富兰克林力荐，并且曾经在康涅狄格当过本人学生的班克罗夫特，迪恩潜意识便已十分信任。但他和自己的伙伴并不知道，虽然如迪恩一样真诚，但班克罗夫特对北美独立这件事较为反感，并将暗中破坏。

7 月 6 日，迪恩抵达巴黎，英国间谍如影随形。当时担任驻法大使的斯托蒙特子爵大卫·默里(David Murray, Viscount Stormont)依托大使馆，在法国建立了一个间谍网——如邦沃勒尔曾警告过的那样——并将收集到的情报上报给威廉·艾登(William Eden)。迪恩很快与班克罗夫特及巴伯-杜宝见面，后者警告迪恩小心间谍，但仍同意在下周安排其拜会韦尔热讷。7 月 2 日，这两个人待在前堂，迪恩则进入后室，拜会法国外交大臣，在场的还有大臣的一等秘书康拉德·亚历山大·杰勒德(Conrad Alexandre Gérard),并由其居间翻译。迪恩强调,北美处于宣布独立的紧急关头——他尚不知道,一个星期前,北美已经宣布独立——因此亟需与法国建构贸易上的伙伴关系。他“此行的任务,就是大量购买法国军事物资……对此,本来应当通过汇兑交易,但考虑到船期以及缺乏硬通货,因此只能赊购”。韦尔热讷同意在不受任何干扰阻挠的情况下与北美开展贸易,同时告知迪恩,将来有任何需要,可直接与杰勒德联系。起身告退时,迪恩坚信,自己开了个好头。

巴伯-杜宝满心想着由自己出任联系北美与法国的核心代表,但让他感到吃惊的是,韦尔热讷要求博马舍负责联系迪恩。这位剧作家用法语致信迪恩,虽然常年往返不列颠,但其所掌握的英文词汇还仅仅局限在《费加罗的婚礼》中的“该死的”(Goddam)等只言片语。声称因为担心遭到间谍刺探故而绝对不讲英语的迪恩,被博马舍形容为“法国最安静的人,他从不对任何法国人说话超过六个字”。然而,就在班克罗夫特充当翻译的首次会晤后,二人一见如故,建立起了良好的互信关系。博马舍此前准确察觉到阿瑟·李不仅缺乏北美方面的授权,而且还根本不考虑未来支付货款的问题,但这次他发现迪恩得到了北美大陆会议的授权,同时还信誓旦旦地承诺将会为商品买单。而迪恩则对缺乏商业头脑的巴伯-杜宝倍感失望,在他看来,博马舍
57 才是得到法国政府充分支持、具有信用的供货商。事实上,当博马舍于8月份致信大陆会议,承诺向其提供火炮、弹药及步枪时,迪恩还附上了一份便签,保证了博马舍所言、所写、所为皆代表法国政府。而这句无心之言,后来将让博马舍付出巨大代价。

随着身处伦敦的阿瑟·李彻底出局,迪恩开始和博马舍商讨向北美方面提供大量战争物资的合同细节。最初,两人商定,博马舍提供货物,迪恩提供运输船队,但随着8月19日北美宣布独立的消息传到

巴黎,他们认识到,在可预见的将来,由迪恩提供船舶的可能性变得微乎其微。博马舍开始和在圣艾蒂安经营家族军火制造生意长达三十余年的让-约瑟夫·卡里尔·孟修(Jean-Joseph Carrier de Monthieu)接触,商讨由其提供军火及运输船舶等事宜。向法国人乞求大量步枪及火炮的北美人生逢其时,法国军队恰好换装,被重量更轻的制式装备所淘汰的大批陈旧武器正愁无处可去。这些武器虽然仍堪使用,但已无法满足法国的战略需求,而现在它们终于可以去到那片在第二届大陆会议上对未来战略走向依然争论不休的土地,觅得最终归宿。

法国的单兵携行武器,分别在位于法国北部的沙勒维尔、莫伯日,以及靠近里昂的圣埃蒂安三处地点生产、制造。其中,规模最大的,当属后者。这里跟伯明翰以及列日类似,充斥着大量个体枪支作坊,熔炉烟囱林立,无时无刻不在向四面八方喷吐着黑色的煤烟。这里每年出产的 20 万支步枪,尽管时不时也会升级改造,但基本上都沿用了标准的点六九口径。在迪恩抵达这里的前一年,最为常见的步枪当属 M1763 及 M1766 两种型号(M 代表枪支定型量产的年份)。马蒂兹家族位于里昂、斯特拉斯堡以及杜埃的铸造厂,凭借自身先进的实体浇铸技术及钻孔技术生产陆军制式火炮,其中最为常见的型号,当属由让-弗洛朗·瓦利埃(Jean - Florent de Vallière)主持设计的 M1732 式及 M1740 式这类装填四磅火药的火炮。此型火炮主要用来满足"七年 58
战争"中强调集中火力消灭密集队形的敌军这一战术目的。

战后,新一代法军工程师对法军屡战屡败揪心不已,主张大量换装重量轻、方便机动部署且射速更高的新一代武器。并在让-巴普蒂斯特·瓦奎特·格里博瓦尔(Jean-Baptiste Vaquette de Gribeauval)的统领负责下,建构起一整套生产体系,制造出轻型制式化武器——M1774 式及 M1777 式步枪。另外,菲利普·夏尔·让·巴普蒂斯特·特朗森·杜·寇德雷(Philippe Charles Jean Baptiste Tronson du

Coudray)则专门为适用上述新型武器研议出了一套全新的军事理论。因为新式武器的采购数量巨大，法国必须想办法处理掉手中的老式武器。孟修早已下手，以折扣价从法国军火库中采购依然堪用的老式步枪，在自己位于南特的仓库中大量囤积。但火炮的问题依然迟迟未能得到解决。1776 年 9 月，法国陆军大臣派遣寇德雷走访法国境内各处军火库，遴选可供出口西班牙或北美的多余火炮。

9 月 18 日，寇德雷还在路上奔波之际，迪恩、孟修正与博马舍把酒言欢。席间众人围绕将 1600 吨法军剩余的步枪、火炮及其他军事补给运送至北美的合同细节展开商讨。马修负责从位于南特的让·佩莱迪尔–都铎尔(Jean Pelletier-Dudoyer)航运公司租用八艘货船，此前，马修也经常使用该公司货船向法属殖民地及其他黑奴贩运港口运送军火。根据博马舍的要求，迪恩同时决定，请求熟悉相关武器使用的法国军官随船押送武器赴美。尽管这样做并未得到大陆会议的具体授权，但显然不会束缚迪恩的手脚。很快，十余名法国军官便做好了登上博马舍安排的货船的一切准备。

10 月 15 日，迪恩与罗德里戈·霍塔莱兹公司及孟修签订合同，后者同意于 11 月向北美运送首批军火。订单与汇票如雪片般从老圣殿街 47 号发往法国各地。博马舍直接从孟修处购买步枪。至于火炮，寇德雷及法国陆军大臣同意，将搜罗出的所有剩余火炮悉数运往北美。虽然这些火炮本身纯属赠送，但运费却相当于购买步枪的总价
59 款。仅仅用了数周，上述订单便开始兑现，大量物资陆续装船。大陆会议为此需要支付的货款达到了 32 万里弗尔(约折合现价 2 亿美元)，如果跳票，将全部由迪恩承担。这种可能的确存在，毕竟根据从"北美合众殖民地"(United Colonies of North America)——迪恩在合同中所使用的称呼——传来的最新消息，威廉·豪率领的英军在长岛之战中击溃乔治·华盛顿麾下的大陆军，并把英军司令部设在了纽

约城。

最终，一切似乎都如同博马舍撰写的脚本般展开，罗德里戈·霍塔莱兹公司俨然成为北美的救世主，但随即衍生出的一系列问题，很快便将这场单出头变成了拉场戏。从一开始，博马舍便建议迪恩，毕竟初来乍到，人生地不熟，因此最好别向除自己之外的其他卖方购买火炮及其他军事物资。虽然法语蹩脚，但作为商人，迪恩显然不会在一棵树上吊死，心甘情愿在这份排他合同上将自己拴住。更何况，同样不接受军火市场垄断理念的韦尔热讷早已给迪恩指出了另外一条购买军火的明路。这次的卖家正是博马舍的前老板、当时的法国航运大亨肖蒙。他与法国海军大臣沙丁私交甚笃，从后者手里拿到了为马提尼克、圣多曼格等殖民地提供给养，以及为法军驻印度舰队提供金融服务等“油水”满溢的合同，财富陡增。迪恩在积极与博马舍接触的同时，也面晤肖蒙。后者同意北美方面以未来用烟草支付为条件赊销50吨硝石、200吨火药以及大量装药12磅的铜铸火炮。尽管博马舍经常向韦尔热讷大声抱怨这位半路杀出的竞争对手，但肖蒙凭借自身雄厚的财力及其在军工界深厚的人脉关系，很快便将自己昔日的弟子甩在了身后。

接踵而来的第二个问题，出现在班克罗夫特介绍迪恩与博马特首次会晤后返回伦敦之际。班克罗夫特的朋友保罗·温特沃斯(Paul-Wentworth)向他透露，甚至连首相诺斯都对其在巴黎滞留期间的活动表示关注，英方派出的跟踪迪恩的间谍报告了班克罗夫特曾前后奔波参与此事。温特沃斯本人也是艾登所组建的秘密谍报网成员，知悉此事后，建议自己的朋友将功补过，利用这一契机为英国服务。反观班克罗夫特，无论对分裂大英帝国，还是未来英法之间的冲突——迪恩拉法助美的做法必然导致的结果——均较为反感。毕竟长期以来，他 60
都在和本杰明·富兰克林一道，致力避免上述结果的发生。因此，他同意向英方提供情报。1777 年返回巴黎后，班克罗夫特使用密写药水及密码偷偷记录各方的往来通信、手令以及相关对话内容，并用日益复杂的手法将其传递给斯托蒙特子爵手下的信使——其中就包括将放有情报的瓶子密封后藏入杜乐丽花园南广场一株黄杨木树洞里，每周四晚九点半后由专人提取这类见不得光的做法。借此，英国的大臣们可能领先于大陆会议数周，便已知悉协商的具体内容以及货物装船的日期等关键情报。然而，因为担心引发战争，英国海军很少利用截获的上述情报查扣法国的商船。

第三个问题在于，导致博马舍秘密外泄的，不仅仅包括温特沃斯和班克罗夫特，他本人在此方面也颇为“擅长”。1776 年 11 月及 12 月，随着最初的三艘商船[即“安菲特里忒号”(Amphitrite)、“水星号”(Mercure)及“塞纳河号”(Seine)]在勒阿弗尔及南特港整装待发，军需补给品也开始从法国各地源源而至。从孟修位于南特的仓库运来了 16000 支 M1763 及 M1766 等老式步枪，整整装了 536 箱。从斯特拉斯堡、杜埃及梅斯运来了经过寇德雷精挑细选的 21 座 M1732 式及 173 座 M1740 式火炮，全部配备了砖红色的炮车，和英国铅灰色的炮车相比，精致许多。所有这些装备都必须逆流莱茵河而上，再转运至法国海岸一带。20000 发弹丸则由小船分载，顺索姆河而下。从色当调配了 24000 磅火药，从凡尔赛运来 53 桶硫磺。除此之外还有不计其数的帐篷、麻布、工兵锹、战斧。在勒阿弗尔，上述物资全部选在夜间偷偷装载上船，以避人耳目。

就在博马舍监督装船的过程中，勒阿弗尔的一家剧院前来邀约，要求其帮助将《塞维利亚的理发师》搬上舞台。很快，博马舍的戏剧即将公演以及他正在负责装船货发北美的消息不胫而走，甚至穿越英吉利海峡，刊登在了《伦敦纪事报》(*London Chronicle*)。显然，《塞维利亚的理发师》副标题“防不胜防”(*The Useless Precaution*)，同样可以适用于罗德里戈·霍塔莱兹公司这个听起来颇具西班牙风情的名称,试图隐瞒资金来源以及夜半时分鬼鬼祟祟装船等种种行径,根本骗不了明眼人,至少骗不了斯托蒙特子爵。“我实在搞不懂一无资产、二无信用的博马舍,从哪里搞到300万里弗尔之巨款资助北美叛军,唯一的解释就是这个宫廷[暗指法国政府]投入血本,参与了此次投机行为。”他 61
对负责南方部的国务大臣韦茅斯子爵托马斯·希恩(Thomas Thynne, Viscount Weymouth)如是说。后者遂向韦尔热讷提出警告,必须查扣上述船舶并予以卸载,否则英国可能会对法宣战。尚未做好迎战准备的法国,只有照办。

两艘船在勒阿弗尔忙着卸货的同时(第三条船“安菲特里忒号”还是想办法扬帆出海了),本杰明·富兰克林如他所体验过的闪电那般,迅速窜访巴黎。10月份,他在两名孙子的陪同下,悄无声息地离开费城,登上由林伯特·维克斯(Lambert Wickes)担任船长的单桅战舰“复仇者号”(Reprisal)。沿途拿捕了两艘英国商船后,12月初,维克斯将富兰克林安全送抵布列塔尼。在南特停留期间,富兰克林密会自己的生意伙伴皮埃尔·佩南特,后者当时仍然想办法履行和秘密贸易委员会签订的提供15000支步枪的合同。富兰克林到访法国首都的消息后来不胫而走,当他最终于12月21日抵达巴黎下榻的旅馆时,门前早已华盖云集,聚满了前来致意的宾客。领头者正是富兰克林的老友巴伯-杜宝。事实上,富兰克林此次赴法的起因,便是巴伯-杜宝致信大陆会议,表达了法国帮助北美人民的意愿。或许,当时他手里正紧攥着自己刚刚收到的来自大陆会议的回信,上面简明扼要地道出了富兰克林此行的使命:“我们只企盼得到老天及法国的拯救”(We look only to heaven and France for succor)。

西班牙在西线对北美给予暗中支持

如果说有“老天”存在，那么这一定是在指西班牙。因为除了加多奎发往新英格兰的物资[10万枚火帽、45000磅铅弹以及1000张西班牙军毯（此时“安菲特里忒号”还在港口装货）]之外，西班牙早已大开方便之门，帮助北美军队在西线击退英军发起的进攻。作为北美军队扼守西线的据点，皮特要塞地势险要，但也意味着这里缺乏翻越阿巴拉契亚山脉的便捷通道，加上英军的围困，北美方面很难为驻守于此的军队提供弹药及后期补给。北美南部战区司令官查尔斯·李（Charles Lee）少将派遣特使，携带密信及部分纸币从皮特要塞突围赶
62 往新奥尔良，请求西属路易斯安那省督路易·昂萨加同意，建构以新奥尔良为基地，通过密西西比河及俄亥俄河，向皮特要塞运送给养的新生命线。

1776年8月，代表团与爱尔兰裔大商人、威灵格与莫里斯商社在新奥尔良的代理人奥利弗·波洛克（Oliver Pollock）会面。由波洛克居间翻译，代表团团长乔治·吉布森（George Gibson）上尉向西班牙总督请求军援，并承诺美方将支持西班牙收复佛罗里达的想法。路易·昂萨加对佛罗里达事宜未予置评，但同意通过波洛克这个中间商向北美提供10000磅火药。其中绝大多数，都将在威廉·林恩（William Linn）中尉的带领下，赶在第二年春季攻势打响前用平底驳船运至皮特要塞。吉布森本人则同意佯装被捕数周，以堵上英国方面的口实。10月，昂萨加将吉布森释放，后者搭乘波洛克的一艘单桅帆船“凯瑟琳女士号”（Lady Catherine），押送1000磅亟需的火药返回费城，同时带回了波洛克写给生意伙伴莫里斯以及大陆会议的一份亲笔信，表示“谨向这片除了生命以外赋予本人一切的土地，效犬马之劳”。莫里斯当

然对此表示赞同,于是,波洛克摇身一变,成为北美方面在西属路易斯安那地区的官方代理人。无心插柳,波洛克写给莫里斯的收据,要比他个人在历史上有名得多:起初,波洛克使用 PS 作为“比索”(Pesos)的缩写;1778 年,他又将这一缩写进一步简化为 $,用以指代北美货币单位,这也成为莫里斯乃至后世美国人通用的做法。

昂萨加向西班牙政府详细汇报了吉布森此行的目的,以及北美方面支持西班牙收复佛罗里达的建议。同时送达马德里的其他报告,则描述了北美人民在邦克山一战中所表现出来的超人勇气,这些报告帮助西班牙对这场不断升级的冲突预设了政策基调。格里马尔迪一直在寻找既不依赖法国商人及军需物资又能支持北美叛军的办法,和韦尔热讷一样,格里马尔迪同样需要在费城安插眼线,类似于邦沃勒尔那种,从而帮助自己作出决断。之前安插的让·苏里莱,早已被昂萨加踢走,对此,即便位居首辅的格里马尔迪,也奈何不了这位省督。但幸运的是,有权控制这些封疆大吏的新任印度事务大臣何塞·德·加维斯–加拉多(José de Gálvez y Gallardo),同样将北美独立视为自己的头等要务。

两人一拍即合,同意将古巴及路易斯安那作为情报收集、积极防 63
卫的第一线。在格里马尔迪的建议下,何塞·德·加维斯吩咐昂萨加,以考察面粉进口为理由,向费城派出新任观察员。这个名义颇为可信,过去的几年间,古巴和路易斯安那连年大旱,又遭遇飓风袭击,导致到手的粮食化为乌有,西班牙殖民地不得不首次向北美的粮商敞开市场。昂萨加选中了出身新奥尔良巨贾之家的图坦特·博雷加德(Toutant Beauregard),后者于 1776 年秋抵达费城,拜会了某位名讳现不可考的北美高层人士。他回来报告称,美国方面态度坚决,誓要赢得这场独立战争。

诸如此类的报告,让西班牙国王卡洛斯三世和他手下的大臣们相信，哈瓦那及新奥尔良的西班牙商人们可以像罗德里戈·霍塔莱兹公司那样用于向北美抗英志士提供军需物资，遂下达了北美命令。1777年1月，位于拉科鲁尼亚的西班牙海军司令部批准向哈瓦那运输弹药及其他军需物资，并在那里进行囤积包装，转运至新奥尔良。此时，何塞·德·加维斯用自己的侄子伯纳多·德·加维斯（Bernardo de Gálvez）取代昂萨加出任路易斯安那省督。1777年5月，首批物资终于运抵新奥尔良，正好赶上皮特要塞再次请求西班牙方面提供物资。考虑到英国领事的眼色，伯纳多·德·加维斯宣布，准备将储存在西班牙皇家仓库内的剩余物资进行“拍卖”，中标的博雷加德家族则将这批物资，包括10000磅火药及300支步枪，悉数用船运抵皮特要塞。从此，西班牙商人根据伯纳多·德·加维斯的指挥，在波洛克等人提供的资金帮助下，向北美方面提供了大量弹药、被服以及药品，特别是可以抗御当时肆虐横行的疟疾的贵重药品——产自秘鲁的奎宁。事实证明，这些物资成为帮助北美军队在西线作战中抗击英军的救命稻草。

博马舍的军援帮助北美军队赢得“萨拉托加之战”

就在新奥尔良的商业网络逐渐成形之际，罗德里戈·霍塔莱兹公
64 司的经营却每况愈下。其实，在首批三艘货船启航之前，博马舍便已将手里的资金耗尽，采购的货物成本与运费的总和大大超越了公司的注册资本。1776年10月，以一种近似绝望的情绪，博马舍给韦尔热纳和格里马尔迪写了一份长信，宣称自己已经在采购军需物资方面花费了500万里弗尔，并要求立即为他补充超出已经预付的200万里弗尔的差额部分。看到这份账单后，法西两国王室均目瞪口呆。格里马尔迪回复称，卡洛斯三世不会继续投资；法国国王则要求韦尔热纳“立即

终止与这个把我们当傻子一样玩弄于股掌的人进行合作”。此时,对于自己作为北美主要武器提供商的身份即将画上句号的事态进展,博马舍还一无所知。

就在博马舍争取更多投资的同时,北美方面派出的首位外交使节正在争取法国方面的承认。1776 年 9 月,由于巴伯 – 杜宝的来信表示法国有意帮助北美,费城方面大受鼓舞,大陆会议提名本杰明·富兰克林、希拉斯·迪恩以及阿瑟·李作为官方代表出访法国,商讨通商条约,以提请法国对北美开放贸易,并承认后者是一个主权独立的国家。在此之前,迪恩和李从北美政府所获得的官方授权内容与职权含糊不清,随着富兰克林的到来,这三位代表得到了大陆会议的明确全权授权。对于被富兰克林紧急召回巴黎的李来说,自己的使命便是解决罗德里戈·霍塔莱兹公司运营过程中出现的诸多问题。

12 月 28 日,就在富兰克林抵达法国的一周后,这三位使节首次拜会韦尔热讷,商讨缔结条约事宜。富兰克林随身携带了约翰·亚当斯起草的协议计划,而这份计划已经在 9 月份的大陆会议上获得原则通过。条约草案完全被限定在商贸性质方面,本身并未谈及任何有关政治或军事同盟的问题。条约内容主要包括关税平等、战时保护中立船舶、货物安全,以及各自开放港口,确保航行自由等。韦尔热讷则保证,法国方面将认真考虑北美方面的签约请求,尽管他实际上采取拖字诀,在未来的一年中根本不会作出任何决定。翌日,实际上为了保密,天黑之后,这三位北美代表又在位于路易十五广场(今日协和广场)北侧、气势恢宏的夸斯兰大宅 (Hôtel de Coislin)拜会了寓居此处的西班牙驻法大使阿兰达伯爵佩德罗·巴勃罗·阿巴卡·波利阿(Pedro Pablo Abarca de Bolea, Coude de Aranda)。因为存在语言障碍,双方并未深入交谈。几次会晤后,他们清楚地认识到,阿兰达伯爵无 65
法代表西班牙政府向他们提供任何保证。自此,北美方面便开始集中注意力于争取法国政府方面的支持。

在后续的几个月当中,这三位北美代表的胃口越来越大,不仅希望与法国缔结通商条约,还希望能够从法国国王那里直接获得武器弹药甚至战舰。但他们并不知道,此时韦尔热讷正忙于协调法国与西班牙的微妙关系,从而避免与葡萄牙爆发一场灾难性的战争。在这个关键时刻,任何帮助北美的举动都将让此事前功尽弃,甚至可能会开启对英作战的祸端,对此,无论法国还是西班牙,都并未做好准备。韦尔热讷婉拒了北美代表所提出的上述请求,但为了缓和局势,同意向北美方面提供 200 万里弗尔借款,并预付四分之一作为定金。一个月后,他们又想办法从法国"包税人"(即代表政府向农民征收赋税的私营商业组织)处得到了另外一笔 200 万里弗尔贷款,约定以北美出产的烟草偿还。仅用了几周,富兰克林便和自己的同志一道,为蹒跚学步的祖国争取到了总值约合今天 20 亿美元的信用贷款。

1777 年的前几个月,这三位北美特使的住所门庭若市,前来拜访者络绎不绝。其中一些是希望能够赴美参战的法国军官,更多的则是不放过任何一场战争,希望通过提供军需补给从中渔利的投机者。现在的情况非常清楚,博马舍已经失去了韦尔热讷的信任,北美方面亟需信得过的中间人代表自己与法国政府交涉,同时与法国商界打交道。乍看起来,似乎可以用皮埃尔·佩南特以及伊曼纽尔·普利亚尼来填补这一空白。普利亚尼留在北美负责扩大商机,而佩南特专责法国方面的合同事宜。克服了起步阶段遇到的若干问题后,这两位从圣埃蒂安搞到了 15000 支步枪,履行了之前与北美秘密贸易委员会签订的和约;其中装载发给罗伯特·莫里斯的 2500 支步枪的"莫里斯号"货船,在特拉华外海被英军击沉,但船上的货物被英勇的水手抢救了出来。其他秘密贸易委员会订购的武器,则相对顺利地交付给罗得岛商人约翰·布朗,此人后来也成为他们的代理人之一。取代了之前所设立的安全及军需委员会的“马萨诸塞战争委员会”(Massachusetts Board of War)继续选定佩南特及普利亚尼作为主要武器供应商,即便他们所提供的一些步枪在测试射击过程中出现了炸膛的现象。然而,在韦尔热讷眼中,佩南特只是“若干不惜代价想要发财致富的投机者 66
之一”,因此即便他不停致信身在巴黎的北美代表,依然未能得到任何一纸合约。

应征者过多,同时资质大多缺乏可信度的并生难题,在富兰克林受邀搬入法国金融家肖蒙位于通往凡尔赛主路附近帕西村(Village of Passy)的瓦伦蒂诺大宅(Hôtel de Valentinois)后,迎刃而解。为了处理生意,迪恩暂住在夸斯兰大宅二楼的寓所,与阿兰达伯爵比邻而居。但不到数月,他便在富兰克林接受肖蒙邀约后,搬过来与这位垂垂老矣的政治家同住。肖蒙买下这处宅院的目的,是“用来让大陆会议的全权特使们重享自由,避免在巴黎受到各方人士的‘围追堵截’”。在特使们下榻期间,他本人将不惜屈尊扮演看门人的角色,无论从具体还是抽象层面。除了让这些北美客人免受涌上门来祈求升官发财者的骚扰之外,这样一种安排同样也让客人享受了久违的安全感,终于可以暂时摆脱斯托蒙特子爵手下无处不在的间谍了。刚刚成为鳏夫不久的富兰克林,以及随后不久便丧偶的迪恩,在这桩占地十八英亩的花园豪宅中,受到了肖蒙四位可人千金的悉心照顾——旅居法国期间,他们竟然在瓦伦蒂诺大宅有了宾至如归的感觉。

韦尔热讷私下对肖蒙十分信任,与此类似,北美特使,特别是负责审阅大部分物资购买合同的迪恩,也很快对其深信不疑。常年的商海沉浮,让肖蒙十分了解哪些公司值得信赖,对此,他也向北美客人开诚布公。例如,在他的指导下,北美方面将生产25000件大陆军制服的合同,交给了萨巴蒂尔·德斯普莱斯位于蒙特利埃的纺织工厂组织生产,并聘请了另外一位纺织业者约翰·霍尔克(John Holker)担任质量监理。这批制服被细致周道地用不同颜色缝制——青色、褐色、红色、灰色,以及湛蓝色——以区别部队各分支,这批军服通过博马舍及其他航运业者在1777年岁末运抵北美,最终于1778年运至新英格兰地区。同样,为了解决购买物资的资金缺口,肖蒙将富兰克林引荐给自己的长期生意伙伴,同样居住在帕西村的邻居,银行家鲁道夫-费尔迪南·格兰德(Rodolphe-Ferdinand Grand)。作为将生意从阿姆斯特丹一路扩展至加的斯(Cadiz)的瑞士银行家后裔,格兰德现在的身份是总部位于阿姆斯特丹,在航运保险及法国政府债券方面耕耘颇深的
67 霍尼卡·菲泽奥克斯银行(Horneca, Fizeaux et Compagnie)的巴黎区代理,同时长期担任韦尔热讷的线人,因此很快便博得富兰克林的信任。即便后来罗伯特·莫里斯及其他北美特使纷纷表示强烈抗议,但富兰克林依然从未让其他欧洲银行染指大陆会议在欧洲的金融业务。

北美特使希望能够得到额外的援助,但并不希望依赖法国居中介绍。在阿兰达的鼓励下,阿瑟·李于1777年2月动身前往马德里,除了寻求物质帮助之外,他还想说服西班牙与北美结盟。西班牙政府当时宣称在英美冲突中保持中立,不希望接下李这个烫手的山芋,于是,当格里马尔迪接到线报,李已启程动身后,立即要求当时身在马德里的迭戈·加多奎致信李,告诉其最好不要造访西班牙首都。幸运的是,李在位于比利牛斯山和马德里中间的布尔戈斯接到了这封静候多时的重要信笺。信中指示李在此等候加多奎和格里马尔迪,“毕竟在马德里这样的‘小地方’,想不被人发现几乎是一件不可能的事情,你一定会被间谍盯上”。信中并未道明如此冷遇的另外一大要因。格里马尔迪当时面临下野,接班者是第一代佛罗里达布兰卡伯爵何塞·莫尼诺-雷东多,此人将如何对待北美这个新独立国家,态度尚不明朗。

作为在任的最后举措(尽管从技术角度而言,他当时业已下台),格里马尔迪于3月4日至6日接见了李,加多奎担任翻译。李要求西

班牙正式承认北美独立，但格里马尔迪解释称，对西班牙以及法国而言，现在都未准备好与英国开战，这与李从韦尔热讷处听到的说辞类似。相反，西班牙也希望采取和法国类似的策略，直接向北美提供秘密援助，而加多奎这位毕尔巴鄂商人可以居间协调。格里马尔迪指示李——他对加多奎走私或运输军需品到新奥尔良的行为一无所知——未来如有需求，可与加多奎直接联系。之前的走私行为需要加多奎自己投资、自担风险（尽管貌似西班牙政府对此也一清二楚），但现在他却可以直接动用西班牙国库来支付货款，购买军备，而这些开销，将来可以用弗吉尼亚出产的“上好烟草”抵账。在回家的路上，加多奎便开始向当时西班牙军事工业重镇普拉圣西亚订购被服弹药。68
工厂赶工生产 11000 双军鞋、18000 条军毯以及 30000 套军服供北美大陆军使用。同时，西班牙皇家兵工厂生产出 1000 支 M1757 式步枪（点六九口径）以及 20 万磅硝石，发往临近的毕尔巴鄂等待装船。在达成协议后不到一个月，这些物资就装上六艘货船，身在新英格兰的艾尔布里奇·格里则是收货方。但是，随着北美独立战争进入白热化，多国组成的补给网络能否满足前方需求，尚不得而知。

当李开始动身凯旋，返回巴黎之际，1777 年 4 月，他从加多奎处获知，华盛顿所率领的军队，于 1776 年 12 月 26 日在特伦顿击败英军，一周后，又在普林斯顿取胜。这些都是北美人民迫切渴望的大捷。1776 年也因此很有可能成为北美独立的关键之年，但从这一年的年初开始，北美军队曾连战连败。亨利·诺克斯成功地将从提康德罗加堡缴获的大炮拖拽到了波士顿城外，居高临下，迫使英军将领豪于同年 3 月将部队撤至哈利法克斯。但到了 7 月，英国军队经过在斯塔滕岛的休整后卷土重来，进犯纽约。从 8 月份打响的长岛之战开始，豪率领英军逐步肃清了守卫纽约及近郊的大陆军，迫使后者往西北方向败退。紧接着，英军接连夺下了华盛顿堡（Fort Washington）、李堡（Fort

Lee)以及怀特平原(White Plains)。面对穷追不舍的查尔斯·康沃利斯(Charles Cornwallis)将军,华盛顿贯彻所谓“邮差战”,即后人所说的“费边战术”(Fabian Strategy)。这一战术得名自罗马将领昆图斯·费边·马克西穆斯(Quintus Fabius Maximus)。马克西穆斯一贯秉持避免与优势敌人正面冲突的理念,而是采取游击战术。华盛顿稳扎稳打,逐步撤出新泽西,并于12月7日渡过特拉华河,进入宾夕法尼亚。冬日的严寒使得大陆军中的逃兵与日俱增,情势危急,以至于托马斯·潘恩在《北美的危机》(*American Crisis*)这本小册子所收录的第一篇檄文中大声疾呼,“现在是考验人们灵魂的关键时刻”。

12月26日,就在潘恩的檄文发表三天后,华盛顿突然改变此前奉行的费边战术,集中兵力渡过特拉华河,给予英军回马枪。在“特伦顿之战”(Battle of Trenton)中,北美军队奇袭黑森佣兵的军营,以仅牺牲十余人的代价,俘获敌军上千人。1月3日,华盛顿指挥军队,避开康
69 沃利斯大军在特伦顿的锋芒,转而袭击对手在普林斯顿的后翼,并在英国援军抵达前迅速撤出战斗。尽管上述行动从军事专业层面来看规模都不算大,却极大提升了华盛顿在军中的声望,鼓舞了北美人民的士气。

这两次战斗也证明,法国、西班牙以及荷兰商人所提供的武器弹药,对于提升北美军队的战斗力开始发挥积极作用。到了1776年岁末,至少上万支步枪以及约100万磅火药被运抵北美,而在战争刚刚打响时,经常是每四名北美民兵共用一支步枪,每人配发的子弹也只有十五发左右。到了“特伦顿之战”时,北美大陆军士兵每人都配发了步枪,备弹六十发。尽管对当时大陆军及北美民兵所配发的武器缺乏准确的档案记录,但现代考古学调查通过发掘普林斯顿古战场发现,其中约半数为法国、西班牙及列日等地所制造的点六九口径步枪,其余半数则为英军制式的点七五口径以及北美地区自行制造的步枪及

来复枪。在独立战争初期的这些作战行动中,荷兰出产的火药,法国、西班牙及列日出产的步枪,虽然没有帮助北美军队赢得战争,但肯定帮助后者避免了一败涂地的命运。

对英国来说,特伦顿及普林斯顿的微小败绩不足以动摇将北美军队分割包围、各个击破的宏图大计。1777 年伊始,取代达特茅斯公爵出任英国负责殖民地事务的国务秘书乔治·杰曼(George Germain),与其手下的将领威廉·豪及约翰·伯戈因研议了两线作战、分头合击的战略,借此将北美独立运动的核心区域——新英格兰——与其他殖民地切割开来。豪率领麾下军队,乘坐超过 200 艘运输船从纽约南下,直捣费城,然后挥师北上,越过纽约城,夺取哈德逊河谷。与此同时,伯戈因则从蒙特利尔率军南进,拔掉尚普兰湖一线的北美要塞,然后顺哈德逊河而下,与豪在阿尔巴尼会师,从而将北美沿哈德逊河一分为二。在此基础上,英军将分别压缩这两块区域,彻底扼杀两者相互支持的希望。

1777 年入夏之前,英国都在忙于将部队及军备部署到位。8 月底,豪所率领的军队在马里兰的埃尔克河登陆,一路向北挺进,直指北 70
美首都。9 月 11 日,英军在“布兰迪万之战”(Battle of Brandywine)中击败华盛顿所辖军队,两周后又在“帕欧里之战”(Battle of Paoli)围歼安东尼·韦恩(Anthony Wayne)率领的美军。9 月 26 日,英军涌入费城,迫使大陆会议逃至100 英里之外的宾夕法尼亚约克镇。即便10 月 4 日,华盛顿在“日耳曼敦之战”(Battle of Germantown)发动绝对反击,也未能撼动豪半步。在北部方面,伯戈因于 6 月末起兵,沿尚普兰湖南下,直扑提康德罗加堡,并于 7 月 2 日发起进攻。他麾下的 8000 精兵将 3000 北美军队包围得水泄不通,后者由菲利普·斯凯勒(Philip Schuyler)率领,并被告知尽可能死守这一战略要地。英国炮兵占领要塞附近高地,迫使战地司令官阿瑟·圣·莱尔(Arthur Saint Laire)不得不白天组织撤退以挽救自己的部队。伯戈因在得知豪不会在短时间内率兵沿哈德逊河谷北上的情况下，将目标锁定在阿尔巴尼，希望能够在那里建立冬季营地，等待春天后再发起攻势。8 月中旬，他开始率部沿公路向阿尔巴尼行军，而这一行军路线，势必路过被称为萨拉托加的小村庄。

就在杰曼、豪及伯戈因筹划攻势之际，博马舍的货船正驶向北美，船上运送的正是作战亟需的后勤补给及经验丰富的志愿军。因为在勒阿弗尔装载的食物不足，“安菲特里忒号”不得不折回布列塔尼半岛的洛里昂补充，并于 1 月 25 日再次扬帆出海。博马舍租用的另外一艘货船“水星号”也于数日后离开南特港，驶往新英格兰。“塞纳河号”紧随其后，目的地被设定为西印度群岛。截至 3 月底，随着另外两条船完成装载驶离港口，罗德里戈 · 霍塔莱兹公司租用的五条船舶已于 1777 年春悉数出海，上面满载的武器、被服及军械足以装备一支 30000 人的军队。同时，博马舍租用的庞大船队，包括各种类型船舶 40 余艘，已经在法国各个港口整装待发。

“水星号”在历经 40 多天的海上航行后，率先抵达北美，并于 1777 年 3 月 17 日周一在位于新罕布什尔的朴茨茅斯港下锚。船上装载了 12000 支步枪、1000 桶火药，以及大量军毯及布匹。负责接货的是身为大陆会议代表的当地航运业代理人约翰 · 兰登(John Langdon)。翘首以盼的军需物资终于运到的消息很快传开，各方开始激烈争夺：新罕布什尔要求分得 2000 支步枪，康涅狄格提出分得 3000 支，马萨诸塞
71 胃口最大，一张嘴便是 5000 条枪及 300 桶火药。约翰 · 兰登很快便一一满足了上述要求。但是，乔治 · 华盛顿担心，将如此大量的武器集中配属于沿海地区，此举具有巨大风险(“敌军一定会将所到之处的任何军火悉数销毁”)，同时，新泽西、纽约等相对靠近内陆的地区面临严重的武器短缺。华盛顿遂下令约翰 · 兰登将剩余的步枪及弹药运往

马萨诸塞，存放在斯普林菲尔德新建的一处兵工厂。

4月20日，“安菲特里忒号”抵达朴茨茅斯，船上装载了6600支步枪、52门火炮、33000枚炮弹弹丸，以及工兵锹、战斧、帐篷等物资。这一次，兰登二话不说便将枪炮发往斯普林菲尔德的兵工厂，并于6月最终送达。这样做的部分原因在于，上述武器在法国被装运上船前没来得及修理维护，很多步枪的枪机、弹簧等部件因为常年存放而失效或毁损，或在运输过程中遭到破坏。斯普林菲尔德的兵工厂很快便将上述武器修缮如初，确保可以投入实战。同时，北美地区诸如《波士顿新闻报》(*Boston Gazette*)、《宾夕法尼亚消息报》(*Pennsylvania Packet*)等报纸纷纷刊文，声称大量“贵重”货物从法国远道运来。尽管海外军购的消息甚嚣尘上了两年有余，但这一次实实在在来自法国如此规模的支持，的确给因为连战连败而士气低落的北美打了一剂强心针。

英美双方都在提康德罗加堡一战及后续交锋中战至筋疲力尽。北美军队将手里的全部火炮都丢在了身后，对此，斯凯勒手下的炮兵军官埃比尼泽·史蒂文斯(Ebenezer Stevens)曾多有怨言。幸运的是，斯凯勒早已向斯普林菲尔德的兵工厂提出要求，将更多火炮运往前线。就在提康德罗加堡战情趋于白热化之际，牛拽马拉的22门火炮(其中10门正是“安菲特里忒号”从法国运来，填装四磅火药的M1740式火炮)正向扼守哈德逊河口的皮克斯基尔堡艰难跋涉。这些火炮将在这里装船逆流而上，运往阿尔巴尼，再从那里送至斯凯勒的营地。炮队最终于7月26日抵达萨拉托加以南数英里的斯蒂尔沃特，并进入阵地。

英军的给养也岌岌可危。8月初，伯戈因命令1200名黑森佣兵及英国军队袭击北美军队位于现今佛蒙特州境内的补给点本宁顿。而在这里孤军奋战的，只有新罕布什尔民兵。如果在博马舍的军援尚未运抵之前，毫无疑问，这种抵抗根本无从谈起。1777年伊始，因为缺枪 72

少弹，新罕布什尔民兵的战斗力下降了40%。但现在的情况大不相同，凭借法国提供的上千条枪，新罕布什尔民兵负责人约翰·斯塔克(John Stark)仅用六天便征募并装备起了全副武装的两个旅(约1500人)。8月16日，双方在本宁顿以西数英里处接火。斯塔克指挥的民兵将黑森佣兵和英军分割包围，毙伤超过1000名敌军，缴获大量枪炮弹药。伯戈因的战力虽然减损不少，但仍坚持向阿尔巴尼挺进，对北美方面继续构成威胁。

“本宁顿之战”迟滞但并未彻底阻止伯戈因的军队前进，此时大陆会议已经下定决心，临阵换帅，撤掉斯凯勒。8月19日，曾在英军中服役，并参加过奥地利王位继承战争以及“七年战争”的霍雷肖·盖茨(Horatio Gates)少将接任大陆军北线作战负责人。身为大陆军的副司令，盖茨十分关注手上是否具备充分的兵源给养以应对迫在眉睫的血战。对盖茨的要求，华盛顿全力支持。从盖茨的司令部中，要求拨付弹药、被服、给养的号令如雪片般发出。与此同时，来自新罕布什尔、马萨诸塞、纽约以及康涅狄格的民兵，携带博马舍发来的步枪，于8月和9月从各地全副武装前来驰援，同时抵达的还有宾夕法尼亚的来复枪民兵。这样一来，盖茨手里的总兵力达到9000人，足以应对气势汹汹的7000黑森佣兵及英军。9月初，在军械师塔德乌什·柯斯丘什科(Thadeus Kosciuszko)的建议下，盖茨命令埃比尼泽·史蒂文斯将火炮安置在俯瞰通向阿尔巴尼道路的一处名为贝密斯(Bemis)的高地，摆成防御阵势。M1740式火炮独特的砖红色炮车，和周围的谷仓及农舍外墙完美融合在一起。北美军队埋伏于此，准备给予伯戈因率领的英军迎头痛击。

9月19日，“萨拉托加之战”打响。对垒双方主将听似天真无邪的雅称——“绅士约翰尼”伯戈因，以及“外婆”盖茨——多少掩盖了此战的惨烈。战至晌午时分，北美军队纷纷跃出贝密斯高地构筑的坚固工事,与伯戈因手下的英军在林木丛生的弗里曼农场(Freeman's Farm)短兵相接。双方步枪对射,战线反复争夺,一直胶着至下午。北美方面一度夺取了英军的步兵及炮兵阵地,但很快便在下次反冲锋中 73
被英军夺回。最终,北美方面不得不撤回自己的阵地,此战虽然重创伯戈因领导的英军,但并未让后者丢掉一寸阵地。战局未定之际,双方都选择了观望和等待。

对新罕布什尔第一民兵团的凯莱布·斯塔克(Caleb Stark,约翰·斯塔克将军的儿子)而言,在“萨拉托加之战”的最初阶段,决定战局走向的恰恰正是博马舍及时送到的军需品。“检验这批法国造步枪的实战机会,出现在1777年9月19日,北美子弟兵毫不畏惧,跳出战位,向前挺进,迎面挑战久经战阵的英国老兵。”很多年后,他曾如此鲜活地回忆当时的情景,“在那些重要的日子里,博马舍提供的武器,加上扬基子弟的英勇无畏,在战场上大量消灭了敌军的有生力量,让后者血溅沙场,被迫放弃了部分阵地,丢掉了部分火炮。这极大挫伤了敌军士气……我坚信,如果北美士兵没有能够及时得到博马舍武器装备的支援,剑指阿尔巴尼的伯戈因,有如探囊取物”。

在战局僵持的数周时间里,越来越多的北美援军抵达战场,一度达到12000人之众,几乎两倍于伯戈因越打越少的军队。面对战斗减员及弹药耗尽,10月7日,伯戈因下令,向北美阵地发起午后冲锋,并由随进炮火提供支援。北美军队蜂拥而出,正面迎敌,而其身后那些由博马舍提供的火炮,则一直静待敌人后来永远未能发起的总攻。战线犬牙交错,一时难解难分。最终,在本尼迪克特·阿诺德率领敢死队冲锋的情况下,黑森佣兵的阵脚终于瓦解。入夜时分,伯戈因被迫败退。

10月17日,伯戈因向盖茨投降。他手下的5000英军,即后世所称的“萨拉托加战俘”,被押送至弗吉尼亚,这对驻美英军而言堪称巨大损失，使其有生力量骤减四分之一。交战双方均将此役视为战局的转折点。北美军队首次有能力与英军面对面开展大规模阵地战，并最终将后者彻底打垮在脚下。乔治·华盛顿将这一天定为感恩纪念日，这一建议得到了北美诸方的认可。英军同样感到震惊，对北美人民的“战斗勇气与顽强作风”印象深刻。失败的消息搅动了伦敦的大街小
74 巷，杰曼不得不接受豪的请辞，同时放弃了将北美一分为二的战略布局。随即，一个旨在拿下北美南部地区（尽管这里相对而言更忠于英国）的全新战略，正在酝酿。

回头看看法国的情况。12 月 4 日，博马舍从一位自波士顿返回法国的信使那里获知萨拉托加大捷的消息。翌日，他就向韦尔热讷报告了这个“来自北美的大好消息”。即便他可能会将这场令人炫目的胜利和自己派出的“水星号”“安菲特里忒号”商船联系起来，但在这封信中对此只字未提，而是对他目前糟糕的财政处境大书特书。虽然又获得了一笔总价为 100 万里弗尔的贷款，但他的门前早已挤满了债权人。金钱如流水般从他那精致典雅的办公室流向军火供应商，而目前为止，他还没有得到北美方面运回折抵货款的任何商品或原料。

在北美这场赌局中亏本的还不止博马舍一人。成千上万在北美贸易中投入血本的欧洲商人，因为英国实施海禁并封锁北美港口，损失惨重。肖蒙和他的生意伙伴萨巴蒂尔·德斯普莱斯，除了与北美特使签订的合同之外，也都在从事其他对美贸易活动。而他们仅在一个航运季就损失了七艘货船中的五艘。另外，波尔多积极向北美叛军提供军火的瑞丘莱斯·贝斯马林及雷姆巴克斯公司（Reculès de Basmarein et Raimbeaux），其拥有的二十二艘货船中已有十三艘葬身海底。战争伊始，这种损失尚属正常，但随着战事持续，如果缺乏海军护航，则难以为继。显然，没有任何一国政府会为与非正式盟友的国家通商提供安全保障。

1776年岁末,美国事实上得到了某种意义上的承认。当时,两艘寻求补给的北美舰只驶入了外国港口——一艘名为“安德鲁·多莉号”(Andrew Doria)的北美大陆军双桅横帆船在圣尤斯特歇斯,另外一艘未命名的双桅纵帆船在丹麦所属圣克洛瓦岛——他们曾接受外国海军向其所悬挂的北美旗帜的致敬。但这种形式的承认,对这个蹒跚学步的国家而言,并不充分。迄今为止,法国和西班牙都已对北美秘密提供了大量的物质援助,支持北美军队继续奋战。如今,他们必须提供更多的枪炮弹药,帮助北美方面取得最终胜利。简言之,法国和西班牙必须倾尽政治、军事力量支持北美独立大业,以确保在对抗英国这个公敌时能够笑到最后。

第三章　国之重臣

乔纳森·劳瑞·奥斯汀(Jonathan Loring Austin)这位来自马萨诸塞的信使,奉命前来向本杰明·富兰克林通报1777年12月4日萨拉托加大捷的消息。他乘坐的马车刚在瓦伦蒂诺大宅停稳,已经久候多时的这位北美特使便开口问道,"阁下,费城丢了?""是的,阁下。"奥斯汀回复称。富兰克林闻听此言不由转身,两只手也因沮丧而耷拉在身后。"不过,阁下,"奥斯汀继续说道,"我还带来了更轰动的消息:伯戈因将军及其手下士卒悉数成为了我军俘虏!"一下子满血复活的北美特使旋即恢复了健谈,满怀期待地勾勒起与此前一直畏缩不前的法国缔结盟约的宏图大计。当时,让其留名后世的"快速印刷机"尚未正式投入实际应用,因此他们全员手抄萨拉托加捷报,一方面派信使急送凡尔赛宫,另一方面差遣奥斯汀在巴黎城内散播这一消息。当时正在凡尔赛宫的博马舍惊闻此讯,立即返回自己的办公室,以相效尤。然而,他乘坐的马车赶路心切,在巴黎街头倾覆。这位剧作家在车祸中饱受皮肉之苦,多处青淤撕裂,直到第二天才能动笔向韦尔热讷汇报情况。

很多年后,当时还是十几岁毛头小子,但已经担任富兰克林秘书,同时也是其孙子的威廉·坦普尔·富兰克林(William Temple Franklin)曾回忆,当伯戈因全军覆没的消息传到法国时,举国欢庆,仿佛自己国家军队取得的胜利一般。这或许仅仅是年轻人的一种懵懂记忆,或者老富兰克林等人可以营造出的一种虚假氛围。理由在于,当时法

国各大报纸上对此事的报道相对冷静客观,并未过度渲染,也没有街 76
头欢庆的报道。当时的法国媒体,如《法国新闻报》(*Gazette de France*)、《欧洲快讯》(*Courier de l'Europe*)、《英美情势》(*Affaires d'Angleterre et d'Amérique*)以及《各地要闻》(*Gazette de Leyde*),无一例外地全部受到法国政府的直接控制。正因如此,韦尔热讷看到这些报纸刊载了源自富兰克林的消息后,才会愈发确定其所反映出来的亲美立场。与此类似,在西班牙,诸如《马德里新闻报》(*Gaceta de Madrid*)以及《水星报:历史与政治》(*Mercurío Histórico y Político*)都是官方意志的传声筒,他们显然不乐见北美独立战争激发民众反对西班牙殖民政策的可能性,因此在报道伯戈因投降一事时,并未明显偏向当事的任何一方。西班牙国内三大阶层——神职人员、贵族及平民——主要关注的是,如果北美成功独立,会不会将本国再次拉入对英作战的泥潭,毕竟,此去上回战争结束,也只不过十年而已。

尽管法西两国政府有时的确会顺从民众维护和平的呼声,但在制定国策时,却大可以不唯民意马首是瞻,毕竟两国所奉行的是姑且可称为"贤明"的独裁政体。卡洛斯三世(至高无上天主教陛下)以及路易十六(至高无上基督教陛下)都是"太阳王"路易十四(Louis XIV)的后代,同时也沿袭其衣钵,认为通过艺术、科学、文学以及承认有限度的自由,增加臣民的福祉。但是,这种启蒙运动却不会像英国那样扩展至承认代议制民主的程度。这种"贤明"的独裁政体私下里奉行的名言是,"为了人民、不问人民"(Tout pour le peuple, Rien par le peuple)。在法国,地位接近代议机构的是所谓"三级会议"(États Généraux),但从1614年开始,便再没有召开过。在西班牙,国会(Cortes Generales)自十七世纪中期开始便名存实亡。在缺乏民意代表掣肘的情况下,这两个波旁王朝王室的政策制定大权几乎完全掌握在国王及若干权臣手中,由他们交给同样规模很小的行政班子加以落实。即便如此，从这几位权臣的办公室中发出的数以千计的急件、备忘录以及号令，不仅缔造了这个国家的陆军、海军，还同样缔造了这个国家的历史。

君臣之道

77 卡洛斯三世与路易十六尽管血脉相连，但二者的世界观却大相径庭。造成这一局面的原因，与这两位国王的成长环境、外部时事及左右近臣存在莫大干系。二者当中，西班牙的卡洛斯三世年龄更长，经验更足，到 1777 年那个时候为止，他当国王的时间，几乎等于担任法国国王的那位后辈亲戚彼时岁数的两倍。1716 年，卡洛斯·波旁（Carlos de Borbón）在马德里诞生，后来移居至位于意大利的封地，成为帕尔马公爵（Duke of Parma）。年满十八岁后不久，因为封地调整，他成为奥地利管辖下的那不勒斯王国君主。期间，他率领军队在奥地利王位继承战争中表现不俗，还仿照凡尔赛宫兴建了宏伟的卡塞塔王宫（Palace at Caserta），资助发掘了赫库兰尼姆（Herculaneum）及庞贝古城遗址。在担任那不勒斯国王近四分之一个世纪后，1759 年，他接替去世的同父异母兄长，回到自己的出生地，继任西班牙国王，成为卡洛斯三世。

身为西班牙最高统治者，卡洛斯三世的首个重要决策，便是参与“七年战争”，结果惨败。就在丽池公园燃放终战烟火后不久，他再一次险些翻船，“面包骚乱”迫使他不得不暂时将政府权力委托给自己的心腹——时任马德里军事司令官阿兰达伯爵。幸运的是，卡洛斯三世在改革西班牙的传统经济方面建树颇丰：改革造船业及武器制造业，跟法国标准保持一致；实现与西属北美殖民地的贸易自由化，以扩大产品出口；鼓励产品制造、文学艺术与科学研究。他的儿子加布里埃尔·波旁(Gabriel de Borbon)还曾一度担任本杰明·富兰克林的联络人。卡洛斯三世彻底重塑了西班牙的政治经济中心马德里,将其改造为一座现代化的欧洲都市,由此被世人称为“国王市长”(El Rey Alcalde)。他下令将狭窄蜿蜒的巷弄推倒重建,用设有街灯照明的宽阔街道和广场取而代之;除此之外,还大兴土木,建造面向公众开放的公园、博物馆及辉煌的宫殿。登基后不久便丧偶的他,私生活全部围绕自己七个在世的孩子(先后共生养十三名子女)以及他所钟爱的狩猎活动展开。

尽管在建设马德里方面大费心机,卡洛斯三世和他领导下的宫廷主要注意力还是紧密契合与季节变迁相关的狩猎活动。他往往是在 78
当时西班牙政府的行政办公地马德里王宫(Royal Palace of Madrid)欢度新年。1月6日主显节(Epiphany)过后,他和自己的宫廷王室便北迁数英里,搬入位于这个季节最佳狩猎场的埃尔帕尔多宫(El Pardo Palace),不久再迁至距此三十多英里的阿兰胡埃斯宫,并在此一直停留到7月。之后,王室拔营起寨,回到马德里,停留数周后,旋即动身前往距此三十英里左右的埃斯科里亚尔 (Escorial),并大肆行猎,进而北上前往格兰哈 (Granja),最终于11月返回马德里。如此往复循环。在这几处地方矗立的行宫宴会厅里,大多悬挂着出自卡洛斯三世钟爱的艺术家弗朗西斯科·戈雅之手的精美挂毯。

在戈雅创作的巨幅挂毯下进餐的,并不限于王室成员,国王的近臣们也都有样学样。应当说,作为国王,卡洛斯三世经验老到,阅人无数,颇具决断力,在选任能力突出的大臣时堪称慧眼识珠。1777年,奉命研议战事规划的大臣包括:首相兼任外交大臣的佛罗里达布兰卡伯爵一世何塞·莫尼诺-雷东多、海军大臣佩德罗·冈萨雷斯·卡斯特洪(Pedro González de Castejón)、陆军大臣里卡拉伯爵安布罗西奥·富内斯·维拉潘多(Ambrosio de Funes Villalpando, Conde de Ricla)以及印度事务大臣何塞·德·加维斯。在伴随国王四处游猎的过程中,这些大臣身边只有为数不多的几位行政秘书,负责日复一日地协助手书并复写大量的繁冗文件(尽管作为首相的佛罗里达布兰卡享有特权,可以同时配备四名秘书)。其他的部会官员,则被称为“穴居者”(Covachuelistas),留在位于马德里王宫地下的办公室,依靠定期而至的信使与领导自己的各位大臣沟通交流。

《佛罗里达布兰卡伯爵一世何塞·莫尼诺-雷东多》(1728—1808)
弗朗西斯科·德·戈雅绘制于十八世纪,布面油画

佛罗里达布兰卡身兼二职,因此需要仰仗两套不同的下属官员来协助他为国王制定并落实相关的具体政策。作为外交大臣,他主要依靠诸如西班牙驻法大使阿兰达以及西班牙驻英大使弗朗西斯科·艾

斯卡拉诺(Francisco Escarano)为自己通报欧洲情势。作为西班牙这个庞大帝国的行政负责人,他还经常求教于向国王负责的其他内阁成员,其中很多人都有着丰富的北美地区工作经验,从而帮助他不至于对那里发生的冲突作出误判。海军大臣佩德罗·冈萨雷斯·卡斯特洪,作为首位升任此职的职业海军军人,此前曾在地中海及哈瓦那多次与英国海军作战。而陆军大臣里卡拉作为古巴殖民地事实上的负
责人,十分担心北美冲突会殃及池鱼,影响邻近地区的西属殖民地,因 79
此积极主张向该地区增兵。印度事务大臣何塞·德·加维斯是一位经验丰富的律师,曾在"七年战争"结束后统领新西班牙总督区,现在则全面负责西班牙在美洲及亚洲的殖民事务。这些殖民地被划分为若干总督区,包括位于南美的秘鲁总督区和新格拉纳达总督区,以及疆域涵盖今天墨西哥、中美洲地区及美国西南部的新西班牙总督区。相比传统的殖民地省督(Governor),西班牙派驻的这些所谓总督(Viceroy)权力更大,几乎比肩西班牙国王。而这些总督又会进一步将
自己的总督区划分为不同的行政区,即所谓"检审区"(audiencia),如 80
布宜诺斯艾利斯和基多。另外,古巴都督(Captain-general of Cuba)则是主管该岛以及佛罗里达、路易斯安那地区防卫事务的军事负责人。

在佛罗里达布兰卡的领导下,这些大臣制定了不再一味依附于法国的全新内政、外交政策。当然,在"七年战争"刚刚结束的时候,情况并非如此。当时,杰罗尼莫·格里马尔迪与舒瓦瑟尔联手改造各自海军,准备对英发起联合突袭。但诸如1770年福克兰群岛危机、1775年入侵阿尔及尔未果所带来的灾难性后果,加上担心意大利对西班牙内政干预过深等原因,迫使西班牙国王在1777年决定用佛罗里达布兰卡取代格里马尔迪。时年四十五岁的佛罗里达布兰卡经验丰富,此前长期从事外交、检察等工作,并曾治理改革西班牙的殖民地贸易及国内的货币金融政策。因此,跟大部分职业生涯都在西班牙境外展开的

格里马尔迪相比,佛罗里达布兰卡无论对西班牙的内政还是外交,都有十分深刻的认识。上任后,他便和西班牙国王一道,将西班牙的政策走向从依赖于对外结盟,转移到专注于本国内政上来。

即便西班牙采取的全新政策刻意减少对法国的依赖,但因为存在《波旁家族协定》以及英国这个共同的敌人,仍需与法国协调配合。路易十六当然会和他的祖父路易十五一样,继续维持与卡洛斯三世之间的密切关系,尽管此时这位新任法国国王早已不再是独裁者关系网中的"新兵"。1754 年,路易 – 奥古斯特(Louis-Auguste)在凡尔赛宫降生,十一岁时,他的父亲(也就是路易十五的儿子)不幸过世,因此,这个男孩就变成了王储,即未来法国王位的继承人。孩提时代,他经常在凡尔赛宫的花园里和自己的祖父学习打猎,后者则借机向他灌输治国理政之道。1770 年,路易 – 奥古斯特迎娶玛丽 · 安托瓦内特(Marie Antoinette)——法国盟友奥地利女王玛利亚 · 特蕾莎(Maria Theresa)的女儿——此举显然是为了强化波旁王朝与哈布斯堡王朝之间的密切关系。因此,虽然随着时光的流逝,路易十六对自己的王后也渐生爱意,但终生无法彻底信任她。

1774 年,年仅十九岁的路易十六在祖父驾崩的情况下登基继位,并经常向虽然年迈但经验老到的莫尔帕伯爵求计问策。尽管这个时候莫尔帕已淡出政坛超过四分之一个世纪,这位前海军大臣仍然能够
81 像善勘海图的大航海家那样读懂人心。虽然被视为国王的主心骨,但莫尔帕却从未像佛罗里达布兰卡那样担任负责制定、协调政策的首相。相反,他的权力体现在可以决定法国内阁大臣与路易十六的接触与互动。国王大部分时间都待在凡尔赛宫,而大臣们却远在十五英里之外的政治经济中心——巴黎。二者之间的交通颇为不便。因为路易十六甚少访问巴黎,以至于他的内弟十分震惊地发现,这位法国国王居然从未参观过当时据称欧洲最宏伟建筑的荣军院。莫尔帕栖身于凡尔赛宫内一处狭小逼仄的房间,楼下便是国王的寝宫,彼此通过

专用楼梯相连。所以,莫尔帕有条件事无巨细,对路易十六参与的所有会议及往来通信一一过滤。每年路易十六都会往巴黎附近的行宫[枫丹白露、贡比涅秋(Compiègne)、马尔利勒鲁瓦(Marly-le-Roi)、舒瓦西(Choisy)]盘桓数月,通常情况下不会让众大臣随行,后者只能在国王召见的情况下才能前来觐见,而这个流程同样牢牢掌握在莫尔帕手里。

路易十六不仅年幼无知、涉世不深,而且和长辈亲戚卡洛斯三世截然不同的是,他人生大部分时刻都显得优柔寡断,就连他的亲兄弟都慨叹,“他的思想就像两个抹了油的台球,想要把二者捏合到一起,纯属妄想”。但有一点可以肯定,这位新国王内心秉持严格的道德准则,因此一登基便裁撤了祖父长期依仗的秘密外交网络。在选择能臣方面,与其说路易十六富有远见,不如说运气颇佳,因为他居然是从已过世的父亲曾拟定的用人名单当中作出遴选的。1777 年,有权参与法国用兵决策的大臣包括:财政大臣[①]雅克·内克尔(Jacques Necker)、海军及殖民地大臣安东尼·雷蒙·加百列·沙丁、陆军大臣圣日耳曼伯爵克劳德·路易(Claude Louis, Comte de Saint-Germain),以及外交大臣韦尔热讷。

---

① 原文如此。需要指出的是,这一期间法国内阁的官制颇为混乱,类似于一般意义上的财政部长这一职务,曾分别出现过“主计长”(Controller-General)、“皇家财政会议主席”(President of the Royal Council of Finance)等名称,对应的职权范围也略有不同,到了内格尔时代,因为他所具有的新教立场,无法担任上述职务,因此他所担负的官职名称准确表述为“财政金融主任”(Director-General of Finances and of the Treasury),国内一般将其翻译为财政总监。

《韦尔热讷伯爵夏尔·格拉维耶》(1717—1787)
安托万-弗朗索瓦·加莱特绘制,后由范吉利斯蒂·文森佐版刻

这些大臣生活和工作的区域,都位于凡尔赛宫的主要辐射范围之外。其中,内克尔的办公室及官邸位于颇具历史感的“财政总监大宅”(Hôtel du Grand Contrôle)。其余的大臣则居住在“南北大臣会馆”(Ailes des Ministres Nord et Sud),办公地点则是新近落成的陆军部、海军部及外交部大楼。监军让-巴普蒂斯特·贝尔蒂埃(Jean-Baptiste Berthier)为羊皮包裹的文档设计了从地板直插天花板的高耸书架、镀
82 金的拱门。天才艺术家皮埃尔·朗方(Pierre L'Enfant)描绘法军辉煌战绩的挂画,与白纸黑字的往来公文和报告形成了绝佳的视觉对比。每位大臣通常都配有三至四位“一等秘书”(Premier Commis),即相关部会行政事务的负责人,以及八至九位普通秘书,还有若干从低等贵

族中遴选出来的职员。一般来说,他们通常的工作时间从早九点到下午一点,然后从晚六点到晚十点。而大臣本人往往一天工作十二小时。每个单位内部都设有印刷室——这在那个大量依赖手工誊写抄录的时代几乎闻所未闻——借此快速传递敕令、规范、地图及其他文档。

1776 年 5 月,内克尔取代安-罗伯特-雅克·杜尔哥(Anne Robert 83
Jacques Turgot)出任法国财政负责人,后者因为没有办法在持续饥荒的情况下改善法国经济状况,而且不同意为资助对英开战而开拓财源。内克尔并非法国公民,而是来自信奉新教的日内瓦共和国的一位银行家。因此,虽然他并未获得法国最高财政负责人的头衔(只能由天主教徒担任),却掌握着全部实权。作为经验丰富的前金融业者,内克尔显然最有条件发挥他擅长的举债借贷,而非依赖增税这套政治上行不通的把戏,为一触即发的战事筹措军费。增加的预算,大部分都将拨付给路易十六特别重视的海军。时任海军负责人沙丁,在西班牙出生,律师出身,曾担任巴黎警长,虽然毫无海军经验可言,却是一位经验老到的管理者,牢牢掌握住了海军的财物及人事权。他的得力助手弗勒里厄伯爵夏尔·皮埃尔·克拉莱(Charles Pierre Claret, Comte de Fleurieu)虽然名义上是负责港口及弹药的一等秘书,实际上扮演着为沙丁整体操盘的核心幕僚角色。陆军大臣圣日耳曼伯爵克劳德·路易虽然也想通过改革法国军官团的方式掌握陆军人事,但这一计划不受欢迎,最终导致他于 1777 年岁末被亚历山大·马利·莱奥诺·蒙巴雷(Alexandre-Marie-Léonor de Montbarrey)这位经验丰富的军人(更是莫尔帕身边的大红人)所取代,而后者也将在策划后续的法、西联合行动中发挥核心作用。

韦尔热讷在很多方面都算是这群大臣中的异类。在超过三十多年的时间里,他作为外交官生活在法国境外,被派驻到葡萄牙、德国以及奥斯曼帝国,而他身为职业外交家的最后一站,便是奉当时领导秘密外交机关的德·布洛依之命,出使瑞典。这次颇为微妙的任务中,韦尔热讷在该国银行业世家势力的支持下,成功地为一场宫廷政变提供资助,让习说法语的瑞典国王古斯塔夫三世(Gustav III)推翻了议会中的亲英派,并及时制止了俄国人野心勃勃的入侵计划。上述功绩或许部分成为他被路易十六相中的原因,不过,更主要的还在于他的名字也出现在路易十六父亲遗留的用人名单上。

韦尔热讷为人严谨、做事认真。阿兰达如此宣称:“我没法和莫尔帕伯爵对话,我有事都跟韦尔热讷伯爵商量”——因为他是除了莫尔帕伯爵之外和国王关系最密切的近臣。反过来,路易十六也深信韦尔热讷会将自己要求的道德戒律贯彻到底,“诚实与克制(即尊重已有条
84 约及既定国界)必须作为我们的座右铭”。然而,即便韦尔热讷洞悉自己长期浸淫的外部世界,但与法国社会脱离太久导致他对法国宫廷的内部运转机制一无所知,让他从一开始便成为众人嘲讽奚落的对象。一位批评家不无嘲讽地写道:“与其说韦尔热讷伯爵前来凡尔赛宫出任外交大臣一职,莫不如说他是作为‘外国人’出任大臣”。好在长期服侍其左右的一等秘书雷尼维尔兄弟——康拉德·亚历山大·杰勒德(Conrad Alexandre Gérard de Rayneval,主要负责北欧事务)以及约瑟夫·马西斯·杰勒德(Joseph Mathias Gérard de Rayneval,主要负责南欧事务)——世故通达,韦尔热讷很快便摸清了法国宫廷的门道,而这两位助手在波旁王朝对英美政策的诸多改变方面都产生了重要影响。

随着韦尔热讷逐渐掌握法国的外交局势,他也开始调整驻外使节的人事,走马换将。曾派遣邦沃勒尔前往北美的法国驻英大使基尼公爵,被来自法国最显赫贵族家庭的诺艾利斯侯爵伊曼纽尔·马利·路易(Emmanuel Marie Louis, Marquis de Noailles)取代。诺艾利斯侯爵的先祖曾担任驻英使节长达两个多世纪,而他本人堪称诚实可靠,但“为

了祖国被派至国外以说谎为业”(这是一位外交前辈的至理名言),这是因为他在英国需要花大量时间睁着眼睛向英国国务秘书韦茅斯子爵否认法国曾参与过任何向北美叛军提供武器装备的行为。另外,韦尔热讷还撤换了与卡洛斯三世往来过密的欧森侯爵,用蒙莫兰伯爵阿蒙德·马克(Armand Marc, Comte de Montmorin)取而代之;这位路易十六王子时代的玩伴,裙带关系无疑在很大程度上补强了他外交资历的不足。

即便外交人员的人事变化天翻地覆,但法国的外交事业依旧举步维艰,进展缓慢。每隔数日,便有信使往来凡尔赛宫及伦敦之间;而从凡尔赛宫到马德里相距八百英里,奔波一趟需耗时二周至二个月不等,这也导致韦尔热讷和佛罗里达布兰卡不得不基于缺乏时效性甚至早已过时的情报进行决策。让情况变得更加复杂的是,尽管结盟时间早已超过半个世纪,但法国和西班牙依然在重新瓜分世界版图的野心方面分歧颇大。

西、葡大战促使法国秘援北美

当路易十六于1774年登基时,英国与北美之间愈演愈烈的冲突,
在法西两国的议事日程上还排不上号,因为他们当时还需要面对来自 85
欧洲及世界各地的其他严峻威胁与挑战。但是,1777年岁末萨拉托加大捷这一新讯传到法国之际,北美独立战争业已成为这两个国家的核心外交问题。推动北美地区的这场冲突走上前台的要因,是在这两个波旁王朝国家的眼中,此事与其说是一种威胁,不如说是天赐良机,让他们终于等到机会,向积怨已久的最大宿敌——英国——报一箭之仇。

跟今天一样,当时各国的外交行为也都是平衡相互冲突的不同利

益的结果。路易十六继位时,英国其实并非他最为急迫的关注点。尽管当时世界权力格局的天平确实明显向英国方面倾斜,但由于后者在欧洲大陆连一个盟友都没有,所以并未危及法国的欧洲霸主地位。虽然法国一度凭借自身影响力,成功帮助追随自己的盟友(如瑞典、波兰、奥斯曼帝国)成功抵御了咄咄逼人的俄国提出的领土要求,但两年前普鲁士、奥地利及俄国三方分裂波兰的举动,则对这种微妙脆弱的平衡构成了严重的威胁。普鲁士国王腓特烈二世是这场瓜分盛宴的始作俑者,他希望此举能够阻止俄国方面叶卡捷琳娜二世进一步扩张的脚步。当时,俄国已与奥斯曼帝国鏖战数年,并成功拿下克里米亚,正磨刀霍霍,准备吞下土尔其。成功瓜分波兰暂时遏制了俄国开疆扩土的势头,维持了东欧地区的战略平衡。丢掉波兰这个战略盟友,让普鲁士坐收渔利,特别是传统强敌俄、英两国越走越近,甚至未来有可能结成盟友,凡此种种,都让法国担心自己是否还能稳坐欧洲头把交椅。法国国王同样担心,腓特烈二世会用跟奥地利结盟的做法,离间维也纳与凡尔赛宫之间的关系。尽管玛利亚·特蕾莎是路易十六的岳母,但法国王室依然担心国王雄心勃勃的内弟约瑟夫二世(Joseph II)这位奥地利的共治者会利用手里新获得的权力,违反法国利益,对意大利及法属洛林地区主张领土要求。因此,法国最为优先的战略考量,便是确保贪婪而躁动的英国不会利用上述冲突来动摇欧洲各国的势力平衡。

和法国相比,西班牙对俄国与奥斯曼帝国之间的战争,或者波兰被瓜分等问题并不感觉太过困扰,毕竟西班牙在欧洲的主要战略目标
86 集中于收复直布罗陀以及梅诺卡岛。尽管也会对俄国针对阿拉斯加及今天的加利福尼亚等地区的领土野心感到担忧,但更大的威胁还是来自于晚近英国涉足太平洋,例如詹姆斯·库克(James Cook)的远洋航行,这很可能会危及西班牙在亚洲的贸易活动。而这也正是作为连

接欧洲及太平洋地区之中转站的福克兰群岛陷入如此激烈领土争端的原因。除此之外,麻烦不断的根源还在于根据《1763 年巴黎和约》,英国不仅在墨西哥湾及佛罗里达获得了两处落脚点,还在危地马拉都督区的洪都拉斯获得了伐木权。除了关注英国势力过于靠近哈瓦那及其贸易路线之外,西班牙同样担心英国利用在危地马拉砍伐木材的行为作幌子,挂羊头卖狗肉,染指巴拿马这个秘鲁白银的转运枢纽,甚至在危地马拉都督区的尼加拉瓜开凿运河。运河一旦建成,英国手里这条联通大西洋与太平洋的要道势必会将新西班牙一分为二。在马德里方面看来,墨西哥湾乃是西班牙的内湖,容忍英国在危地马拉及佛罗里达等地存在,势必严重威胁自身在该地区的殖民利益。因此,长期以来,西班牙的优先战略考量,除了收复直布罗陀及梅诺卡岛之外,还包括在墨西哥湾彻底根除英国势力。

法、西两国看待世界局势的不同角度,以及在此语境下英国所代表的不同威胁,可以从“七年战争”结束十余年后两国所奉行的不同海军政策窥以一斑。1763 年英国攻占哈瓦那对西班牙人的心理产生了深远影响。因为担心英国入侵西班牙生命线——向西班牙本土输送蔗糖以及白银的美洲及加勒比殖民地——卡洛斯三世及其大臣被迫需要想尽办法巩固殖民地的防务,同时再造西班牙海军力量。他们派出何塞·德·加维斯等人担任监军,前往殖民地监督防务整备。同时,还增加赋税,以建造新的战舰并提升武器弹药水平;在此过程中,为了实现打造波旁联合舰队的目标,西班牙采用了法国标准。从 1764 年至 1774 年这十年间,西班牙为此投入了大量经费,使其海军战列舰的数量增加了三十艘——其中十一艘是在修葺一新的哈瓦那船坞建造而成——从而将本国战舰数量增加至六十四艘,规模上甚至超过了最初准备入侵英国的海军建设计划。

法国本来预期将战舰数量增至八十艘。这样一来,波旁王朝联合

舰队就将在数量上压倒英国海军。在《1763 年巴黎和约》缔结后的最
87 初几年,法国的船坞便建造了九艘新舰,将舰只数量从五十九艘增至六十八艘,在压倒英国海军方面进展势头一片大好。不过,随着路易斯安那及加拿大相继失守,法国不再像西班牙那样面临英国对本国生命线的致命威胁,从而使得法国海军地位式微。海军建设政策的转变,可以通过 1770 年(就在福克兰群岛冲突爆发前)舒瓦瑟尔遭到贬斥得以证明。随着欧洲事态日趋严峻,新任法国政府采取了相对和缓的对英政策。舒瓦瑟尔的进攻计划被束之高阁,捉襟见肘的财政状况迫使此后历任海军大臣不得不放缓造舰计划。法国海军的军舰数量缩减至五十九艘,备件、辎重的匮乏,意味着实际上能够投入作战的船舰数量还要更少。因为政治考量不同,法国和西班牙的政策在不同的轨道上渐行渐远,但就在路易十六于 1774 年上台后不久,北美地区这场新近爆发的冲突,又促使两国重新调整各自的外交重点,统一了应对英国威胁的外交政策。

这场帮助法国和西班牙统一对英政策的北美冲突,发端不在波士顿,而在布宜诺斯艾利斯。“七年战争”尚未宣告终结,西班牙便开始与葡萄牙就各自在南美地区的殖民地疆界问题——大致相当于现在乌拉圭与阿根廷的边界——龃龉不断。后者在拉普拉塔河畔建有战略据点萨克拉门托,跟布宜诺斯艾利斯隔河相望;而西班牙则在巴西南部建有里奥格兰德等要塞。葡西双方各自指责对方酝酿入侵自己领土,大战一触即发。布宜诺斯艾利斯省督准备增兵,而里斯本方面则准备用舰队迎敌。1762 年西班牙入侵葡萄牙的记忆仍然鲜活,因此,即便是在遥远的南美爆发的冲突,依然会让这两个欧洲邻国重新捉对厮杀,并将其他欧洲国家裹挟其间。即便葡萄牙国王何塞一世(José I)是卡洛斯三世的妻舅(卡洛斯三世的妹妹玛利亚·维多利亚是葡萄牙王后),欧洲大战一触即发的局势依然严峻。

当韦尔热讷1774年就职时，他首先面对的就是找到化解危机的良策。跟“七年战争”时的策略一样，葡萄牙首相庞巴尔侯爵依然指望英国能够帮助自己对抗西班牙。反观西班牙，则向法国驻马德里大 88
使不停挥舞《波旁家族协定》。随着1774年至1775年葡西两国关系日趋恶化，马德里派往凡尔赛宫的使节所使用的言辞也越发激烈。1775年10月，时任西班牙首相格里马尔迪写了一封长信给韦尔热讷，严词指出（在缺乏任何实际证据的情况下）因为英国和葡萄牙正在谋划进攻事宜，对葡萄牙发动先发制人的进攻具有正当性。战争亦不可避免。格里马尔迪声称，同时代表西班牙国王承诺，如果法国提供士兵及战舰帮助西班牙征服葡萄牙，就将整个巴西拱手奉送法国。尽管对于格里马尔迪而言，这可能仅仅是一种战争叫嚣，韦尔热讷却不可能以引发欧陆大战为代价去冒这个险。在征求大臣会议（或所谓内阁）意见后，他在接到信的第二个月回复称，尽管西班牙的确遭遇到了不法对待，但先发制人攻击葡萄牙缺乏“正当性”，并势必引发欧洲各地的恐慌情绪。在任何情况下，法国都对巴西毫无任何企图。尽管法国外交大臣极尽外交辞令，拍胸脯做出各种保证，但明确拒绝西班牙所提出的要求。法国紧接着又在福克兰群岛危机中选择袖手旁观，严重削弱了法西两国王室之间的互信，甚至危及两国之间苦心建构起来的紧密联系。韦尔热讷需要想办法避免开战，同时维持法国与西班牙之间殊为重要的同盟关系。

新近爆发的北美独立战争，对韦尔热讷而言堪称天赐良机，让他可以借此避免遥远的南美发生的边境冲突最终演变为一场全方位的欧洲大战，同时，还可以重新唤醒波旁王朝联盟对抗英国的雄心。1775年秋，他向格里马尔迪派出特使，试图游说西班牙方面避免入侵葡萄牙，但成效不大。1776年2月末，两份几乎同时被递交到韦尔热讷镶满巴西硬木的办公桌上的文件，为他提供了打破僵局的灵感。博马舍提交的一份有关“是战是和”的备忘录，主张法国必须为北美“提供武器弹药，从而确保叛乱能够持续下去，以打乱英国阵脚”。邦沃勒尔的报告则认为，北美急需战争补给，同时向韦尔热讷保证，这些武器必将物有所值，因为北美殖民地即将宣告独立，那里的人民将为了争取自由奋战到底，不达目的决不罢休。对韦尔热讷而言，这一切就好
89 像散落的碎片突然组合为一张完整的拼图（这一游戏当时刚刚开始流行）：如果庞巴尔侯爵无法指望得到英国支持在南美扩大战争规模，西班牙就不太可能对葡萄牙先发制人；如果英国被北美叛军牢牢牵制，就不太可能为葡萄牙提供部队及战舰；为此，法国和西班牙必须联合起来为北美提供军备，从而尽可能拖延这场冲突，让英军深陷北美，以避免欧洲爆发大战。这场两年前还几乎没有引发韦尔热讷任何关注的冲突，就这样突然间成为他外交策略的核心。

1776 年 3 月 1 日，韦尔热讷在一封致格里马尔迪的信中，扼要说明了自己希望向北美提供军援的主张，同时征求格里马尔迪的看法。格里马尔迪几乎立即做出了答复。为了绝对保密，不惊动阿兰达，他并未通过外交信使，而是使用普通邮政系统寄出了回信。信中，格里马尔迪对韦尔热讷的想法表示赞同，同时表示，“希望叛乱持续下去……让英[美]双方彼此消耗实力”。西班牙国王肯定了此举的正当性，毕竟英国人也经常向西班牙的对手提供军火，最近一次便是 1774 年摩洛哥苏丹试图占领西班牙位于梅里利亚（Melilla）的领土未果一事。国王同意为法西两国的这场冒险“支付所有合理的代价”。尽管格里马尔迪并未将这一提案视为对葡开战的替代选项，但这显然是韦尔热讷的想法，借此，法西两国的战略优先得以统一，为今后对英采取联合行动铺平了道路。

随着避免大规模欧战的建议开始启动，韦尔热讷和自己的一等秘书雷尼维尔旋即起草了让这一计划转化为官方行动的具体政策。在

1776年3月至4月间提交给法国内阁的两份备忘录——分别题为“韦尔热讷伯爵的若干思考”及雷尼维尔提交的“反思”——都仔细评估了法西两国的“政治考量”,这显然参考了博马舍及邦沃勒尔对此事的看法。雷尼维尔提出,英国是法国的天然死敌,一直处心积虑想要灭掉法国。因此,必须削弱英国的实力,而最佳的办法便是支持北美从英国独立。韦尔热讷则主要表达了自己对西葡危机的关注,认为“如果能够将英国军事力量锁定在对付北美殖民地一年以上”,便可在很大程度上防止英国在其他地方有所动作。韦尔热讷和雷尼维尔认为,削弱英国同时防止其帮助葡萄牙的一箭双雕之策,“便是秘密给予北美叛军以军备及金钱支持”。此举将在很大程度上迟滞英方行动,同时 90
强化法西两国海军力量以及两国位于西半球的殖民地防务。步舒瓦瑟尔伯爵后尘,韦尔热讷放下了支持北美独立的想法,转而重建法国海军,同时表示,唯有如此,才能够确保欧洲大陆的长久和平。

“韦尔热讷伯爵的若干思考”或者“反思”中谋划的行动,显然是准备对应开战,而这也正是西班牙长久以来梦寐以求的目标。然而,韦尔热讷却希望法国能够以自己希望的方式展开作战行动,将战火引向英吉利海峡对岸及海外其他地区,从而防止西葡两国在欧洲大陆直接交火。他也承认,同时资助北美及扩张海军,将“耗费不菲”,但除此之外,别无他选。内阁其他成员承认上述行为的必要性,只有一个例外:手头紧张的财政负责人杜尔哥,面对法国刚刚经历有史以来前所未见的寒潮袭击导致大量农作物及牲畜被冻死的危局,主张应当把解决国内的财政危机放在优先于在国外采取冒险行动的位置。尽管这种观点从长远来看将被证明具有正确性,但杜尔哥在最近几次大饥荒特别是1775年的所谓“面粉战争”(Flour War)中的蹩脚表现,使得凡尔赛宫方面对他早已失去耐心及信任。最终,法国下达了备战的决定,表示反对的也只剩下杜尔哥一人。

路易十六很快便宣布了几项关键的人事任命,从而将法国推向了战争的快车道。他首先采取的动作,便是在 1776 年 4 月末,命令沙丁率领法国海军做好战斗准备,向加勒比地区派遣护卫舰,同时要求停泊在布雷斯特及土伦等港口的战列舰整备待发。同时,法国国王还授权沙丁为即将于 1778 年开始的行动准备更多战舰,而这个过程无疑既耗时又耗钱,需要大幅增加资金供给。金钱马上就如潮水般奔涌而来。一年前,法国海军预算还维持在和平时期的 2000 万里弗尔(约合现价 100 亿美元,跟今天法国海军预算大体相当)。但到了 1776 年中期,这个数字便增长超过三分之一,并于第二年翻倍,达到 4100 万里弗尔。除此之外,国王还用更为各方接受的雅克·内克尔替换了杜尔哥,前者上任后很快便用更低的利率借新还旧,并将节省下来的大量金钱投入到法国业已发动的战争机器当中。

91 1776 年 5 月,法国王室通过临时动议,和西班牙一道,通过博马舍开设的罗德里戈·霍塔莱兹公司,向北美叛军提供价值 200 万里弗尔的武器弹药。在法国首相看来,通过这种公开援助的方式,可以防止英国帮助葡萄牙扩大对西作战的规模。事实上,这也是稍后不久法国公开与北美结盟过程中采取的首个官方举措。韦尔热讷的考虑是,保持高度警惕,“尽管需要间接向叛军提供武器弹药”,但在北美正式宣布独立并广为人知之前,法国不能与其“缔结任何形式的盟约”。他从邦沃勒尔的报告中获知,北美人民正准备宣布独立,但当 7 月 10 日他与希拉斯·迪恩会面时,两个人都还不知道北美宣布独立的消息已经处在送往法国的路上。载有《独立宣言》宽幅印刷品的货船于 7 月 8 日扬帆出海,显然尚未抵达欧洲大陆。韦尔热讷于 8 月 17 日从时任法国派驻伦敦代办夏尔-让·加尼尔(Charles-Jean Garnier)寄来的信件中得知了这一消息,后者转达了英国报纸的相关报道,同时在报告的首页写道,如果美国人赢得这场战争,“英国将被打回原形,再也不会对法国构成任何威胁”。

《独立宣言》发布的消息，的确让韦尔热讷做出了某种令人瞠目结舌的反映，尽管跟第二届大陆会议的预期略有出入。非但不是与北美结盟，韦尔热讷完全偏离积极备战的既有策略，转而建议对英国本土发动先发制人的进攻。他在标记日期为 8 月 31 日，题目为“对法国对英立场的若干思考”的新备忘录中，开宗明义，再次强调英国乃是法国的“传统宿敌”，同时还指控英国积极为葡萄牙的野蛮好战推波助澜。北美独立战争极大吸引并削弱了英国军力，北美叛军通过武装斗争成功捍卫了自身权益。因此，韦尔热讷积极鼓吹，现在是发动对英打击的良机，从而一雪 1755 年遭英军肮脏下作的不宣而战突袭的奇耻大辱。他在后来的另外一份备忘录中对此问题进一步加以拓展，基于舒瓦瑟尔和格里马尔迪早在 1767 年制定的计划草案，提出了在英国南部沿岸进行两栖登陆作战的具体设想，同时建议法西两国加速海军建设，以形成舰队方面的压倒性优势。韦尔热讷提出，法西两国应当正式承认美国为独立国家，同时强化与后者的军事同盟关系。虽然法国 92
内阁对该提案并未提出太多异议便予以接受，但韦尔热讷依然必须等待，静观西班牙王室是否会放弃进攻葡萄牙，转而接受自己的计划。

就在韦尔热讷等待西班牙方面回复的时候，消息传来，豪将军在长岛之战中击败华盛顿，纽约已经落入英军手中。迪恩此时正在与博马舍商讨向北美首次发送军火的具体事宜，手里却拿不出任何聊以自慰的好消息，甚至连一份《独立宣言》的副本都没有。即便当《独立宣言》的官方副本终于在 11 月份送达巴黎，数周后富兰克林匆匆赶来之际，北美派驻法国的特使也从未提出结盟的要求，而是自富兰克林抵达后，便持续在缔结通商条约方面向法国施压，但此举却只能让法国过早地向英国释出敌意。随着北美方面节节败退，进一步的外交活动变得遥遥无期，韦尔热讷祭出了被他称为“静观其变”的策略。法国一方面宣称本国跟北美地区爆发的战争“息息相关”，但目前只能透过博马舍设立的公司向北美方面继续提供资金及军备，同时默许法国军官远渡重洋，与北美大陆军并肩作战，另一方面向英国驻法大使斯托蒙特子爵矢口否认知悉上述活动。此外，韦尔热讷积极开展秘密外交活动，以确保俄国、荷兰共和国及其他北欧国家在战争爆发时不会站到英国一边。

西班牙王室研议韦尔热讷提出的计划后，明确表示反对。就在两次研议期间，南美爆发战争的消息传到了欧洲。早在 1776 年，在庞巴尔侯爵的指示下，葡萄牙军队发动突袭，夺取了西班牙在巴西的重要据点里奥格兰德。数月后，惊闻此讯的卡洛斯三世旋即派出由 19 艘战舰组成的舰队，搭载 9000 名士兵奔赴南美，发誓收复失地；同时，为了给予远征军司令官佩德罗·安东尼奥·塞巴洛斯（Pedro Antonio de Cevallos）充分授权，特别任命其担任新成立的拉普拉塔总督区负责人——该总督区取代了之前的布宜诺斯艾利斯检审区，管辖范围大体涵盖现在的阿根廷、乌拉圭等地。西班牙国王同时还下令派遣一支由四艘战列舰组成的特混舰队，在米格尔·何塞·加斯顿（Miguel José
93 Gastón）的带领下，毫无预警，沿塔霍河而上，在里斯本城对面下锚。此举旨在向庞巴尔侯爵传递明确无误的信号，西班牙已经准备好直接对葡萄牙这个邻国发动军事进攻。当韦尔热讷进攻英国的计划于 1776 年秋送抵西班牙时，塞巴洛斯的舰队行将起锚，而格里马尔迪比任何时候更坚定，铁了心要收拾葡萄牙。在他看来，进攻英国或者与刚刚丢掉了纽约的北美结盟，对西班牙毫无裨益。他最担心的，莫过于英国会跟自己的前殖民地重修于好，联手对西班牙及法国属地发动进攻。

当格里马尔迪 1777 年 2 月初做出的回复还在途中时，他本人便已起身赶赴布尔戈斯。在他任上最后这次官方行程中，要与阿瑟·李会面并敲定向北美方面提供军械事宜。他的继任者佛罗里达布兰卡坚定认为,在法国和西班牙的联合舰队得到充分重建之前,无论是入侵葡萄牙,还是对英作战,都不甚成熟,而海军的重建至少需要等到来年才能初见成效。随后发生的事态急转直下,印证了西班牙新任首相的警觉。1777 年 2 月,葡萄牙国王何塞一世去世,其女儿玛利亚一世(卡洛斯三世的侄女)继位成为葡萄牙女王。她上台后,马上就解除了好战的庞巴尔侯爵职权,加上此时西班牙舰队也已抵达南美,驱逐了葡萄牙入侵者,重新夺回了西班牙在巴西的据点,两国的紧张关系得到疏解。在这种情况下,西班牙对通过迭戈·加多奎以及伯纳多·德·加维斯等人为北美提供援助感到十分满意。和法国一样,西班牙也在耐心等待可能改变这一微妙平衡的任何风吹草动。

法美签订同盟条约,让西班牙措手不及

1777 年 3 月,就在西葡战争告一段落之际,目睹这一态势的韦尔热讷再次接到了北美特使要求签订通商条约的请求。美方承诺,可以为法国夺取英属西印度群岛提供军事帮助,但缺乏同盟关系的支撑,此举名不正言不顺。但韦尔热讷深知,仅仅与北美签订通商条约,便足以引发英国方面率先发难,而波旁舰队要到 1778 年才能做好进行战争的准备。因此,他只好再次搁置美方的提议。

韦尔热讷静观其变的策略,让北美特使如坐云雾,完全不知该如 94
何应对。拿富兰克林来说,他就表现得相当懒散,时常出席“法兰西科学院”(Academy of Sciences)及与其比肩的文科机构“法兰西学术院”(Académie Française)组织的活动,流连于雕塑及绘画作品之间,定期前往他钟爱的浴室泡浴以减轻长期困扰自己的银屑病。但是,关起门来,他却在位于帕西村的寓所房间内苦心经营,放飞北美的外交大业:运筹帷幄,安排私人贷款,争取凡尔赛宫方面提供的各种补贴,从而维

持军购的正常运转;与英国方面交涉互换战俘;编造各种故事,竭力放大北美方面取得的胜利,淡化己方遭遇的各种挫败。其中,他最关注的,莫过于经常驶离法国港口的北美战舰——这些战舰无视凡尔赛宫方面提出的各种警告,出海袭击英国货船。曾将富兰克林护送至法国的北美海军军官兰伯特·维克斯(Lambert Wickes),就成功地迷惑了法国及英国当局,在英伦诸岛及爱尔兰附近大肆破坏英国航运。另外一位破坏者,北美海军军官古斯塔夫斯·康宁汉姆(Gustavus Conyngham),则不幸引起斯托蒙特子爵关注。法国方面为了避免与英国爆发外交冲突,遂下令将康宁汉姆关入大牢。而富兰克林则用寥寥数封有的放矢的求情信,将康宁汉姆成功营救出狱,甚至还为他安排了一艘新船。

和富兰克林相比,其他北美特使并未将法国方面的不作为理解为自己也应该什么都不做。希拉斯·迪恩忙于接见络绎不绝的叫嚣着赴美参战的法国及其他欧洲国家军官,并时刻监督博马舍的一举一动,对其资金运用不时提出批评,还积极帮助刚刚抵达法国的胞弟西蒙·迪恩(Simeon Deane)操办烟草进出口生意。同时,他的北美代理兼秘书威廉·卡迈克尔(William Carmichael)以及富兰克林的侄孙乔纳森·威廉斯(Jonathan Williams),分别在勒阿弗尔及南特负责监督外销北美的军品质量。虽然阿瑟·李奉命在西班牙开展的活动取得了一定成效,觅得若干军用物资,却无缘说服西班牙官方承认北美这个新独立的国家。接下来,他顺访柏林,但争取普鲁士人承认的努力也以失败告终。他的哥哥威廉·李(William Lee)试图游说玛利亚·特蕾莎女王,亦遭碰壁。至于另外一位代表拉尔夫·艾泽德,本来应出发前往托斯卡纳大公国,但最终并未离开法国。

95 韦尔热讷虽然向北美特使表示需要等待时机才能与其签订约束彼此的通商条约,却在水面下积极联络西班牙签订类似的通商条约。

从 1777 年开始，他便从自己派驻西班牙的大使处收悉西班牙舰队的动向，并将这些情报和沙丁汇报上来的法国舰队信息加以整合。进入 3 月，他的秘书雷尼维尔开始着手订制一年后（1778 年 3 月）对停泊在纽约港的英军舰队动手的军事计划。与此同时，因为北美方面捷报寥寥，韦尔热讷内心开始萌生另外一个更宏大的构想。尽管欧洲大战一触即发的危机已过去，但北美输掉独立战争或者与英国媾和的可能性却真实无比。北美殖民地重新回归英国版图，显然对毗邻的法西两国殖民地构成重大威胁。只消数月，韦尔热讷便放弃了之前反对与北美结盟的己见，转而认为两大波旁王朝应当机立断，与北美这个新成立的国家缔结盟约，从而防患于未然。

在 7 月 23 日写给佛罗里达布兰卡的一份长篇备忘录中，韦尔热讷不厌其烦地说明了自己的上述观点。此时，伯戈因正率英军扑向萨拉托加，而英国海军将领理查德·豪（Richard Howe，威廉·豪的兄长）已率舰队出海，意图攻占费城。“决断时机已到，”韦尔热讷提出，“我们要么彻底收手，让北美自生自灭；要么勇敢果断地和他们站到一起。”如果拖到 1778 年 1 月至 2 月，北美方面大势已去，则为时已晚。但佛罗里达布兰卡并未为之所动。在同样冗长的回信中，佛罗里达布兰卡表示西班牙方面将继续向北美提供秘密援助，但不会与之结盟，“此举不甚光彩、显失公平、流于形式……殖民地方面派出的特使迄今为止尚未提出任何值得考量的交换条件”。无论如何，与葡萄牙方面的作战行动消耗了大量资源，西班牙在进行下一场豪赌前，“必须量入为出、勒紧腰带”。殊为重要的是，此时的西班牙，正有两大舰队等待出海，其中之一将从墨西哥的韦拉克鲁斯运回大量白银，另外一支舰队则会从布宜诺斯艾利斯运回大量西班牙士兵。任何轻举妄动都将招致英国宣战，并对海上航行的西班牙舰队痛下杀手，这将对西班牙经济乃至军力造成不可承受的重大损失。遭到西班牙方面拒绝后，韦尔热讷不得不自行落实对美政策了。

12 月 4 日,萨拉托加大捷的消息传来,这为韦尔热讷提供了良机,
96 在此之前,他已下定决心,无论西班牙方面是否参与,都将与美利坚合众国结盟。有西班牙方面参与当然最好,但韦尔热讷明白,沙丁负责的法国海军建设,加上出其不意的突袭策略,可以使法国在与北美结盟后维持独立对英作战所需的海军力量。北美方面在萨拉托加取得胜利,以及华盛顿在“日耳曼敦之战”中惜败的“乐观”报道,足以为早已暗下决心,但看起来依然犹豫迟疑的韦尔热讷提供作出决策的口实。由于早有准备,当乔纳森·劳瑞·奥斯汀的马车驶入瓦伦蒂诺大宅后不过二十四小时,韦尔热讷便差遣杰勒德向北美使团送信,要求翌日举行会谈。12 月 6 日晨抵达目的地的杰勒德,代表莫尔帕及韦尔热讷向三位北美特使表示祝贺。如今,“美国维持独立的能力和决心已毋庸置疑”,他表示,北美特使“应重拾此前要求与法结盟的主张,越快越好”。

北美外交特使听出了韦尔热讷的言外之意,并于两天后由威廉·天普·富兰克林向凡尔赛宫方面提交了盟约草案。通常情况下态度暧昧的韦尔热讷习惯于拒人于千里之外,以保持自身的外交尊仪,此时却罕见地流露出了些许真性情。他以礼接待了还是毛头小子的威廉·天普·富兰克林,并在后来写给银行家费尔迪南·格兰德的信中,也开始改口将北美特使称为“我们的朋友”(Nos Amis),而非之前所谓“阁下的朋友”(Vos Amis)。可以肯定的是,如今整个巴黎都将美国人视为“我们的朋友”,当富兰克林出席每周例行在卢浮宫举办的法兰西科学院讲座时,受到了前所未有的热情致意,甚至还得到了伏尔泰的拥抱。12 月 12 日,韦尔热讷正式启动缔约谈判。他坦言,自己最为震惊的是,北美人民只用了一年时间,便组建起一支可以匹敌豪将军所率大军的部队,而这“意味着一切”。因此,法国肯定会和北美方

面缔结盟约,但先要征求西班牙方面的看法。

韦尔热讷深知,与西班牙方面的协商很可能无果而终。尽管西班牙驻法大使阿兰达和法国人一样对与美结盟颇感兴趣,但佛罗里达布兰卡早已表态,虽然存在《波旁家族协定》,这样做并不符合西班牙的国家利益。然而,在发给派驻马德里的大使蒙莫兰的一系列指示中, 97
韦尔热讷依然为获得西班牙方面的支持做着最后的努力:大战在即,从彼此的利益出发,选择和北美站在一起显然是上策;而且,借此可以让西班牙在北美军队的帮助下收复佛罗里达。时间迫在眉睫:英国议会将于 1 月 20 日重新召开,很有可能决议与北美谈判媾和;如果北美重新倒向英国的怀抱,势必对波旁王朝构成实质威胁。在这个意义上,与北美结盟,就成为老天保佑法西两国至高利益的绝佳选择。他表示,“没有任何理由眼睁睁地看着数百年不遇的能够将英国打回原形的良机就这样从指缝间溜过”。

在做出恳请西班牙方面同意这番姿态的同时,韦尔热讷也在加紧落实缔约事宜。根据路易十六的旨意,杰勒德于 12 月 17 日前往帕西村拜会北美特使,并告知对方,“法国方面决定承认北美独立,并与其缔结和平及通商条约”。富兰克林等人同意条约内容中的和平友好条款应当包括完全独立的字样,从而排除未来重新回归大英帝国的任何可能。三天后,护卫舰“美女号”(Belle Poule)奉命将盟约签订在即的消息带往美利坚。

佛罗里达布兰卡的回复,标注日期为 12 月 23 日,于新的一年开始八天后送达法国。不出韦尔热讷所料,他再次拒绝了与北美缔结盟约的请求。对法国而言,需要跟英国议会争分夺秒;但对西班牙首相而言,从韦拉克鲁斯及布宜诺斯艾利斯出发的两支舰队,最快也要到 1778 年中期才能抵达西班牙,“这才是,也将继续成为我们绝对不能置之不理的两大重要关切。”佛罗里达布兰卡公开质疑,认为法国八个月前还坚决反战，现在却跳到前台积极主战；如果法国决议开战，就不能指望西班牙与其站在一起。佛罗里达布兰卡此时才开始着手收集情资，以供日后作出最适合西班牙的战略决策。

韦尔热讷用了一个星期来消化上述信息，直到蒙莫兰再次致信，证实佛罗里达布兰卡不会在与美国人结盟这件事上作出任何让步。这位法国外交大臣才决定觐见莫尔帕及法国国王，之后命令杰勒德出面与北美特使敲定盟约的最后文本。1 月 8 日，双方在夸斯兰大宅举
98 行公开会谈。美方承诺，不会考虑伦敦方面提出的任何“非建立在完全自由与独立”基础上的提案。法国方面则由杰勒德提出，不仅会提供美方梦寐以求的通商条约，还会与其结成军事同盟，同时承诺法国方面将在战时与美方并肩作战。

对此，几乎可以肯定，迪恩的邻居阿兰达不会对法美双方如此明目张胆的往来互动视而不见或没有想法。就在谈判开始的同一天，韦尔热讷通过阿兰达向佛罗里达布兰卡进行通报，直言法国已经决定向前迈出一步，与美国结盟。同一天，路易十六也罕见地直接给“兄弟王国的首脑，同时也是本人的叔父”卡洛斯三世写信解释，自己决定单独行动，因为伯戈因所率英军的覆灭彻底改变了事态走向，美国人正在走向胜利，而英国人则面临失败的命运。两周后，上述信函送抵埃尔帕尔多宫，此时，西班牙国王及其臣子正行猎途经此地。当蒙莫兰将韦尔热讷的信函呈交佛罗里达布兰卡时，后者勃然大怒。法国驻西班牙大使后来报告称，这位大臣气得浑身打颤，好一阵子才恢复平静，之后便向法方要求提供信函副本，从而提交西班牙内阁。翌日，佛罗里达布兰卡与其他大臣商讨对策。印度事务大臣何塞·德·加维斯认为韦尔热讷伯爵“态度飘忽不定、难以预测”，主张争取时间强化哈瓦那、波多黎各以及新西班牙等殖民地的防务，提防英国方面可能发动的袭击。海军大臣卡斯特洪则反复强调，一定要等到来自布宜诺斯艾

利斯以及韦拉克鲁斯的两支特混舰队返航后再作决断。只有陆军大臣里卡拉认为与北美结盟利大于弊。

佛罗里达布兰卡对韦尔热讷提案的暴怒反应,明显地体现出两国关系再次严重受挫。西班牙首相关注的不是重构欧洲战略平衡这种宏图大愿,而是更为具体的“小目标”:收复直布罗陀及梅诺卡岛等失地,一雪前耻;将英军从墨西哥湾赶走。就在满怀情绪的信函往来于比利牛斯山的同时,在凡尔赛宫,两个条约文本正被逐字逐句地加以检视。2 月 4 日,韦尔热讷收到了西班牙方面的拒绝信,同时也从蒙莫兰处得到保证,西班牙方面最终还是会跟法国一道参战。在肯定法国需要独自接敌后,韦尔热讷派遣杰勒德进行了最后的尝试。虽然保持了条约草案的大致内容,但细节方面增加了若干描述,以明确捕鱼权及贸易权,同时在另外一份密约中邀请西班牙“承认相关条约”。2 月 99
5 日,文件的最终文本——友好通商条约、同盟条约及密约——已经完全准备就绪,就差最终签字用印。

因为杰勒德突染风寒,签约顺延一日。1778 年 2 月 6 日周五晚间,富兰克林离开帕西村的寓所,身上穿的曼彻斯特产天鹅绒礼服,正是四年前他在英国枢密院受辱时穿的那套,“以作为小小的报复”。他乘坐的马车在夸斯兰大宅前缓缓停稳,然后逐级登上恢宏的石制楼梯,来到迪恩在二楼租住的寓所。同样等在这里的还有杰勒德及阿瑟·李。众人在火苗摇曳的大理石壁炉前仔细比对条约文本,每一页的左侧为法文,右侧为对应的英文。感到满意的杰勒德率先签上了自己的名字,并行印信,随后富兰克林、迪恩和李分别从左至右签字。晚九点,签约仪式顺利完成。杰勒德起身赶往凡尔赛宫,而富兰克林则将条约文本卷好,小心翼翼地放进那件略显破旧的天鹅绒礼服内,返回帕西村,准备加以誊写复制。

数周后,杰勒德邀请北美特使觐见法国国王。虽然仪式简短,但却意义非凡——3 月 20 日下午，当瑞士卫兵开启皇宫正门时，将这几位来访者称为"'十三省联邦'选派使节"，而这也是外国对美国作为主权独立的国家的首个称谓。路易十六向北美特使保证，将与其政府保持友好关系，而韦尔热讷则对其"睿智且极度自制的行为"赞赏有加。富兰克林和其他特使对于至此取得的成就有理由感到骄傲——首先，为自己的祖国谋得了获取武器弹药的重要供货协议；其次，与法国缔结盟约——尽管事实上他们对事态的进展及走向并无太大影响力可言。韦尔热讷起初决定秘密资助北美独立的决定，绝非源于迪恩的苦苦恳求或博马舍的巧舌如簧，而是为了防止葡萄牙将其与西班牙的战火蔓延至欧洲大陆。法美两国之所以能够结成同盟，也与萨拉托加大捷没什么关系，因为韦尔热讷早已认定，北美方面在诸如"长岛之战"及"布兰迪万之战"等交锋中接连遭遇败绩，即便愈战愈勇，在没有外力直接介入的前提下，依然很有可能输掉这场战争，而让其重新回归英国，这对法国来说显然属于无法承受之重。

100 韦尔热讷非常清楚，在斯托蒙特子爵手下爪牙听闻结盟消息之前，留给这个国家备战的时间少之又少，当然，他并不知道，就在签字当晚，爱德华·班克罗夫特便已将消息透露给了英方。尽管巴黎的贵族阶层或许在萨拉托加大捷的消息传来后向富兰克林及其手下的几位"乡下人"暗送秋波，但他们也需要确保法国官方支持北美独立这种共和性质革命的做法不会惹祸上身，以免动摇其精心维系的社会阶层秩序。韦尔热讷很快便动员起本国及欧洲各国的报纸，特别是《英美情势》及《欧洲快讯》，大造声势，诋毁英国的贵族制度，歌颂北美人民的正义事业。同时，也需要让北美人民听到类似的声音，借此一方面鼓舞其斗志，另一方面也要防止其接受英国方面递出的任何橄榄枝。希拉斯·迪恩的弟弟西蒙·迪恩并未在法国的烟草生意中赚到什么钱——特别是他不会讲法语——在 12 月时，他被请求将签订盟约的消息(注意不是携带条约文本)带回北美,但“美女号”护卫舰只在海上航行了六周便掉头返回法国。3 月 8 日,西蒙·迪恩搭乘另外一艘护卫舰“敏感号”从布雷斯特出发,这回他随身携带了一份带有签名的协约副本,以及法国方面愿意追加 600 万里弗尔贷款的消息。随后,路易十六致信卡洛斯三世,再次解释为何法国方面如此急于与美方缔结通商条约,当然,他十分谨慎地并未提及任何军事同盟的内容。

最后,韦尔热讷需要一个与英国方面干脆了断的机会,利用这个最恰当的时机传达反英的信息。3 月 13 日,法国驻英大使诺艾利斯侯爵在向西班牙驻英大使弗朗西斯科·艾斯卡拉诺通报了与北美结盟的消息后,将友好通商条约副本(尽管并非军事同盟条约的副本)提交给国务大臣韦茅斯子爵。后者尽管早已从班克罗夫特处听到了风声,还是被惊得目瞪口呆,其愤怒程度丝毫不亚于佛罗里达布兰卡。班克罗夫特命令斯托蒙特立即从巴黎返回英国,杰勒德则马上签批了他的护照,让人感觉好像事先套好了招数一样。几天后,诺艾利斯离开伦敦。随着两国大使相继被召回,英法两国之间的敌对状态随时都可能爆发。就在此时,法、西、美三国的另外一群外交使节,已经做好准备,为各自国家承担起所谓战时外交的重任。

美国批准同盟条约并接收法国大使

1778 年 4 月 16 日,从布雷斯特出发后,历经波澜不惊的六个星期海上航行,怀揣美法盟约的西蒙·迪恩在位于缅因的法尔茅斯(Falmouth)登陆。迪恩并非唯一携带这份至关重要的条约文本赶回美国的信使,还有另外两艘护卫舰也在送信途中,只不过他率先抵达,而且在将文件送交已搬迁至宾夕法尼亚约克镇的大陆会议时并未过多耽搁。一路策马狂奔,迪恩仅仅在沿途的主要城镇(朴茨茅斯、波士顿、普罗维登斯)以及大陆军位于纽约费什基尔（Fishkill)的屯兵地稍作停留,以散播这一喜讯。5月2日,周六,迪恩终于紧握条约文本抵达约克镇。恰逢大陆会议周末休会,在周六晚上紧急研议后,北美方面决定等到周一再行批准。

对与法国结盟的利弊得失,已经没有什么好讨论的了。尽管取得萨拉托加大捷,北美方面依然遭遇了一个严峻的寒冬,特别是乔治·华盛顿所率部队在福吉谷（Valley Forge)遭遇到极大困难。如今,法国公开表示与北美站在同一战线,显然极大增加了北美独立大业成功的概率。北美已经不再需要寄希望于英国方面的误判或怜悯,而是获得了开展更为公平的武力对决的机会。当探马将与法结盟的消息带到华盛顿的司令部时,这位久经沙场的统帅也难掩喜悦之情。即便此时盟约尚未得到大陆会议批准,整个军营便已开始自发庆祝。“我相信,还从来没有过这样发自内心的高兴。”华盛顿后来对亨利·劳伦斯(Henry Laurens)如是说。几天后,正式批准的消息传来,华盛顿下令火枪兵与炮队行军礼。随后举杯庆祝时,“法王万岁!”的欢呼声此起彼伏。一位名为亨利·布洛克霍斯特·利文斯顿(Henry Brockholst Livingston)的年轻军人,在写给表弟的信中道出了当时大家如释重负的共同感受:“北美终于有救了”。

美法结盟的消息,普通民众的反映一点不逊于军方。当西蒙·迪恩一路穿越新英格兰地区,随着喜讯传开,沿路城镇鸣放礼炮,新闻报纸也宛如取得大捷般对此连篇累牍地大肆报道。特拉华派驻大陆会议的代表托马斯·麦凯恩(Thomas McKean)公开宣称,路易十六乃是
102 “当今世界,甚至有史以来最为睿智、最为公正、最为大度的君主”。即便在亲英色彩浓厚的南部殖民地,虽然相较于北部更具保皇色彩,但当地的报纸依然报道称“普天同庆”。当然,宣布喜讯时少不了“举杯痛饮”。一位查尔斯顿商人将此次结盟形容为“对我方有利的特殊安

排”；而另外一位商人则对此新闻发表意见称：“除了‘托利党人’（Tories），无不欢欣鼓舞。”

最后的这种看法未必完全属实。约翰·亚当斯显然与托利党人没有丝毫干系，但美国刚刚和法国缔结军事同盟的消息却丝毫无法让他感到满意。实际上，他在最初起草的条约文本中，刻意避免明确表达与法国建立“同盟关系”的类似条款；对这个国家，他缺乏信任感。但他本人不在约克镇，无法当场表达自己的愤懑。在被大陆会议指定接替希拉斯·迪恩担任驻法特使后，他已于2月动身赶往巴黎。召回迪恩，由阿瑟·李的哥哥，弗吉尼亚派驻大陆会议代表理查德·亨利·李一手策划，而此举很快便成为大陆会议内部各派角力的焦点。

从一开始，大陆会议内部便存在不同派别。总体上，可以依据各派所代表的不同地区以及相关的意识形态，划分为激进派、中间派与保守派。曾几何时，以来自弗吉尼亚的李及来自马萨诸塞的塞缪尔·亚当斯为核心的激进派一度占据了上风，力推《独立宣言》过关，同时对和外国结盟始终保持警惕（尽管不是直接反对）。来自南部殖民地的代表，一般属于亲法的保守派。而少数来自大西洋沿岸中部地区的中间派，则需要在上述两派之间扮演平衡者的角色，他们会根据具体问题，选择跟其中某一派结成临时同盟。

最初选择迪恩、阿瑟·李以及富兰克林作为派驻法国的特使，虽然满足了上述三派的各自利益诉求，但这三人和他们远在费城的同党一样，彼此之间的关系颇为不睦。特别是阿瑟·李，在北美方面与博马舍交涉过程遭遇怠慢后，开始对迪恩心生厌恶，于是向自己的哥哥及塞缪尔·亚当斯打小报告，指称迪恩中饱私囊，在军火生意中大捞特捞。1777年11月，理查德·亨利·李提出动议，将迪恩召回，理由便是腐败及不当得利。这一动议，很快便在大陆会议上顺利通过，其他代表也都讨厌迪恩将数十位法国及其他欧洲国家的军官强行塞过

103 来，这些人一到北美，便要求高官厚禄，一方面意欲掌握兵权，另一方面还要穿上大陆军将领才能身着的紫色或粉色军装。此时，大陆会议早已囊中羞涩，而华盛顿麾下的军官团也人满为患，且内部派系林立、矛盾重重。召回投票表决通过后数日，塞缪尔·亚当斯的堂弟约翰·亚当斯被指定为继任人选，接替迪恩。

1778 年 3 月 31 日，迪恩使用化名溜出巴黎。这样做并没有什么不光彩之处，而是出于保密的考量，但迪恩并不知道，爱德华·班克罗夫特第一时间便向伦敦方面通报了他离开的消息。非但没有因被召回而感到尴尬，迪恩挺胸抬头，毕竟他见证了博马舍向北美输出至关重要的军火，见证了美法同盟条约的签订，更身为美国最早的外交使节得到法王路易十六的接见。除此之外，他还身藏另外一份珍贵的纪念品——法国国王颁赠的镶嵌钻石的金质鼻烟盒。韦尔热讷也通过实际行动肯定了迪恩的上述贡献，安排迪恩登上配置八十门舰炮的巨舰“朗格多克号”（Languedoc）启程返美，而这也正是法国直接派往北美支持后者独立战争的舰队之旗舰。

早在数月前，法国方面便在德斯坦伯爵夏尔-亨利（Charles-Henri，Comte d’Estaing）的率领下，建构起由十七艘战舰组成的舰队，准备赶赴北美，旨在威胁理查德·豪将军麾下英军舰队，同时吸引游弋在墨西哥湾的英军战舰，从而保证西班牙从韦拉克鲁斯发出的运宝船的安全。法军舰队计划 4 月中旬从土伦拔锚起航，这样一来，留给迪恩清理账目的时间就变得捉襟见肘。他赶往土伦，见到了同样使用化名秘密离开巴黎的同行者康拉德·亚历山大·杰勒德。美法盟约签订后，韦尔热讷需要在美国设立法国大使馆，遂选派杰勒德担任首任法国驻美大使（正式头衔为“特命全权大使”）。由他的弟弟起草，并经韦尔热讷签发的委任状，赋予杰勒德极大的外交空间。尽管唯一不可协商的要求便是“在未得到对方同意前，任何一方不得单独媾和或休战”，但杰勒德得到国王所授全权,可以与西班牙派驻美利坚合众国特使展开协商,与大陆会议进行军事合作,并协商进一步的资金援助事宜。

4 月 13 日,德斯坦统领的舰队驶出土伦港,在通过地中海及直布罗陀海峡时放慢航速、蜿蜒曲行,以规避可能遭遇的英军舰队。花了足足三个月,法国舰队才抵达北美沿岸。当时,费城正经历前所未有 104
的震荡期,“卡莱尔和平委员会”(The Carlisle Peace Commission)前脚一到,盘踞于此的英军后脚离开。听闻萨拉托加惨败,以及法美缔结同盟关系等消息后,英国首相诺斯下令,由卡莱尔伯爵弗雷德里克·霍华德(Frederick Howard, Earl of Carlisle)动身前往费城,与大陆会议方面接触,进行和平谈判,条件是在北美减税并赋予其在大英帝国版图内的莫大自治权,同时北美方面承诺不得宣告完全独立。6 月 8 日抵达后,“卡莱尔和平委员会”成员找到接替威廉·豪担任英军总司令的亨利·克林顿,后者当时正准备从费城撤出,挥师纽约城,迎战即将到来的德斯坦大军。尽管遭遇挫折,但卡莱尔还是和他的代表团一道将媾和方案送到约克镇,并旋即遭到拒绝——时任大陆会议负责人的亨利·劳伦斯告诉他们,英国方面“必须明确承认相关合众国之完全独立”,除此之外的任何提议都无法被北美方面接受。在 6 月 18 日兵临纽约城下之前,克林顿于行军途中命令剩余的英军战舰立即转移,以免被德斯坦伯爵的舰队击沉。7 月 2 日,劳伦斯于费城的宾夕法尼亚政府大楼拿起象征权力的小木槌,这里再次成为大陆会议所在地。

之后的一周内,德斯坦的舰队终于抵达特拉华河口,但已经来不及截击出逃的英军舰队。他派出护卫舰“火神兽号”,搭载迪恩及杰勒德逆流而上,而他本人则率领舰队主力北上,迎战据守纽约城的理查德·豪。早在“火神兽号”下锚系缆之前,杰勒德抵达北美的消息已不胫而走。这艘漆明甲亮,同时配有波旁王朝白色醒目徽标的护卫舰十分惹眼,特拉华河边挤满了前来欢迎法国特使的人群。“阁下是来拯救我们的!”人们欢呼:“如果您需要,我们会随时为您效劳!”7 月 12 日,他们在切斯特弃船登岸,受到了约翰·汉考克及其率领的大陆会议代表团的热烈欢迎。杰勒德乘坐汉考克的四乘马车,在骑兵队的护卫下赶往费城,并在那里看到礼炮齐鸣,礼兵列阵。费城新任军事负责人本尼迪克特·阿诺德拉着杰勒德前往自己位于高地街[High Street,即今天的市场街(Market Street)]的大宅。这里的豪华浴室不久前还曾经是威廉·豪的挚爱。而希拉斯·迪恩在这一系列活动中完全被人们遗忘了。

接下来的数周时间内,杰勒德密集拜会大陆会议的不同代表,以
105 及战争委员会及海运委员会负责人。操着一口元音拉长、辅音含混,凸显其阿尔萨斯出身的蹩脚英文,杰勒德字斟句酌,反复强调,和法国结盟意味着北美方面不能单独与英方媾和。但其与大陆会议之间的协商因为塞缪尔·亚当斯与“卡莱尔和平委员会”(现在纽约并持续推进停战)的一位成员接触,变得愈发复杂起来,虽然上述接触并未产生实际效果。杰勒德很快便了解到,亚当斯同时还对大陆会议通过批准美法同盟协定的决议表示反对。一直等到 1779 年 1 月 14 日,大陆会议终于作出决定,批准同盟条约,并公开表态:“在未得到盟友正式同意的情况下,不得媾和或休战”。

杰勒德与塞缪尔·亚当斯打交道的经历,使他清醒认识到,尽管盟约签署的消息表面上引发了举国欢庆,但在支持法美同盟关系方面,北美绝非铁板一块。在与韦尔热讷往来的诸多信笺中——大多数都有三四份复件之多,以免途中被截获或在海上遗失——他详细阐述了这个新兴国家复杂且不断演进的对外政策。杰勒德坚信,十三个殖民地利益诉求的相互冲突,以及缺乏一个强有力的中央政府统领其军队及金融财政,使得美利坚合众国外强中干;在缺乏法国支援的情况下,根本无力抗英。

与此同时,杰勒德对力有不济的北美政府颇多微词,同时,他的地位也因为希拉斯·迪恩所展开的各派角力,进一步遭到削弱。从1778年夏到1779年春,针对迪恩不当使用资金等指控,以及是否召回阿瑟·李,甚至是否召回本杰明·富兰克林等议题,大陆会议组织过多次听证。最终,无论是富兰克林还是阿瑟·李都没有被召回,而迪恩也从未获得任何关于不当得利的正式指控。尽管韦尔热讷一再警告,不得涉入美国内政,但杰勒德依然发表支持迪恩的言论,同时呼吁撤换阿瑟·李。此举显然惹恼了李及亚当斯一派人马,后者将任何与杰勒德的接触都上纲上线地理解为“通法”,同时公开表达对法国的不信任。“为什么我们要将自身利益与法国紧密捆绑在一起?”塞缪尔·亚当斯于1779年3月在大陆会议上公开宣称,“这里,”他用脚敲打地板,“才是我们巩固独立成果之所在!”

杰勒德干预北美内政的做法,在很大程度上导致他成为李－亚当 106
斯一派的眼中钉,后者被杰勒德称为“反对党”。而这种紧张关系,又让杰勒德在1779年春夏之交与大陆会议就法美两国战争目标,以及双方能够接受的对英媾和条款展开商洽过程中吃尽了苦头。以李－亚当斯为核心的政治势力坚持媾和的条件必须是英国方面同意开放密西西比河的航行自由权,以及纽芬兰大浅滩的捕鱼权,同时将新斯科舍割让给美方。杰勒德则主张,上述目标虽然皆可争取,但绝非最后核心所在,因为根据路易十六的指示,一旦实现保证北美独立的目标,战事便应宣告终结。杰勒德作为一位手腕高超的外交家、政治家,最后通过私人关系说服了保守派及中间派,并且数次出席听证,赢得了大陆会议多数派的支持。他还买通观点偏激的托马斯·潘恩,让其在文章中极力鼓吹“对法友好,赞成结盟”的调子,从而制造公众压力。大陆会议大致接受了法国方面提出的各项要求,美法双方最终于1779年8月就对英作战获得胜利后缔结和平条约的具体条款内容达成了原则共识。

杰勒德之所以能够在与美方协商方面取得突破,在很大程度与其可以轻易进出大陆会议存在很大关系,后者因为特别重视与法国的同盟关系,将这位法国贵宾及其大使馆就近安排在距离自己办公地点一街之隔的某处民宅,从宾夕法尼亚政府大楼的正面玻璃窗,抬眼便可看到位于栗树街的法国大使馆。那里络绎穿梭的人潮中,不仅有北美政客,还有大量希望获得法国官方介入以便更好地与北美政府打交道的法籍军官。杰勒德虽然无条件支持希拉斯·迪恩,却没有办法为替其封官许愿的军官团成员们在大陆军中谋得高官厚禄。虽然很多法国军官,例如德·卡尔布男爵、拉法耶特侯爵以及路易·勒贝格·普莱斯尔·杜波泰尔,在大陆军中英勇奋战,赢得威名,但大陆会议及华盛顿面对源源不断请缨从军的应征法军军官,开始应对不暇,疲于招架。华盛顿在写给亨利·劳伦斯的信中称,自己代表劳伦斯,感谢法国大使挡驾,从而阻止了大量虽有激情但并不被需要的申请者冲到自己的办公桌前。

杰勒德抵达费城,也意味着北美地区的法国商业代表终于等到了
107 肯倾听自己遭遇的人。博马舍此时仍然持续不断地向北美派发货船,尽管北美派驻巴黎的特使刚刚将“安菲特里忒号”号装载的本来用作支付法国武器价款的稻米及靛蓝据为己有(最终对此作出了清偿)。1777 年 9 月,博马舍签约承租的“福莱蒙德号”在一位名为皮埃尔·兰蒂斯 (Pierre Landais) 的冒失船长带领下启程赴美,值得一提的是,这位船长此前曾经迪恩举荐加入过大陆军。船上搭载了火炮、弹药,乘客包括冯·施托伊本男爵弗雷德里克·威廉·奥古塔斯及其副官皮埃尔-埃蒂安·杜·彭骚(Pierre – Étienne du Ponceau),还有博马舍的秘书、即将赴美担任罗德里戈·霍塔莱兹公司代理的弗朗西等法方人士。

12 月,“福莱蒙德号”在朴茨茅斯靠岸,直到 1778 年 2 月,弗郎西始终盘桓在约克镇,向大陆会议证明自己的身份,同时要求其支付期限届满的七船货物价款。上述请求近似绝望,毕竟此时的罗德里戈·霍塔莱兹公司资金告罄,几近破产。前一年 9 月,当法郎西启程离开马赛时,法国和西班牙先期投入公司的 200 万里弗尔资本金早已“烧完”,此外,私人投资者支付的 100 万里弗尔,以及韦尔热纳特批的另外 100 万里弗尔也刚好只够支付帮助北美军队赢得“萨拉托加之战”的首批五船军火。与此同时,博马舍还在继续投入金钱购买货物,又向大西洋对岸发出了两船货物,但没有等到哪怕一艘载满烟草的货船归来。法郎西提醒大陆会议,现在积欠罗德里戈·霍塔莱兹公司的货款已有 500 万里弗尔之巨,折合现价约 30 亿美元。

即便大陆会议很多代表都对博马舍运来的武器装备心存感激,并对法郎西的请求满怀同情,但李-亚当斯主导的派系坚持认为这些军火全部都是路易十六馈赠的“礼物”。这种看法的根据,部分在于两年前迪恩曾向大陆会议宣称,“[博马舍]所说、所写、所为的一切内容,实际上都代表法国内阁”。阿瑟·李另外还坚持认为,“博马舍要求美方支付军需品价款的主张毫无合理性,因为不论是武器、弹药还是其他装备,实际上都接受了[法国]王室的补贴”。理查德·亨利·李作为负责处理海外账目问题的外事委员会成员,坚持在向博马舍支付任何款项前,需要对其所提出的付款要求“加以最为严格的审查”,而这实际上意味着无限期搁置付款。

就在等待大陆会议于 1778 年夏作出实质动作的过程中,法郎西 108
在威廉斯堡监督了又一艘搭载博马舍货物的舰船卸货过程。经过改装,配备五十门舰炮的“骄傲的罗德里戈号”搭载了旨在交付给弗吉尼亚政府的数百吨火药、布匹及军服。在长达一年的无功而返后,法郎西终于想办法为罗德里戈·霍塔莱兹公司找到了聊以抵账的若干物资，大陆会议同意拨付231桶烟草，另由弗吉尼亚向其提供479桶。这些烟草被装上“骄傲的罗德里戈号”，于8月返航驶往罗什福尔。然而，这些运回的货物根本无法弥补此前的亏空。1778年10月，对大陆会议惰政忍无可忍的法郎西找到杰勒德寻求解决之策。法国大使向美方建议，可向德斯坦统领的法军舰队支付等价值的物资，再由其转交给博马舍，但这一相当精妙的解决方案却并未得到落实，使得这位剧作家兼商人再次两手空空。

在法国的时候，肖蒙做生意方面的运气和远见就远胜博马舍。而这一点，一直持续到了北美。他遴选的代理约翰·霍尔克负责监督向北美出口纺织品的相关事宜，早已为韦尔热讷所熟知。霍尔克仅比杰勒德早抵达费城数日，后者不失时机地委任他为总领事，同时让他承担为德斯坦麾下法军舰队提供补给的重任。身为杰勒德任命的领事，同时还担任着肖蒙的代理，霍尔克可以很容易将政府合同搞到手，并从中赚取不菲的佣金。他和杰勒德合作无间，在1778年秋季饥荒期为华盛顿的部队提供了面粉。霍尔克的经济头脑引发了罗伯特·莫里斯的关注，后者邀请霍尔克与其合作，开展国内及国际贸易活动。多线作战赚得的丰厚利润，让霍尔克有实力在本尼迪克特·阿诺德搬出后不久便买下了他的豪宅，而这里则很快成为前往北美的法国游客“朝圣之所”。

另外一位经常造访杰勒德大使馆的人，是胡安·米拉雷斯。这位代表卡迪兹黑奴公司的哈瓦那商人，曾接受印度事务大臣何塞·德·加维斯的秘密指令，向后者报告大陆会议的情况及北美的军事活动。时已年迈的米拉雷斯和他的秘书弗朗西斯科·雷登（Francisco de Rendón）于1777年抵达南卡罗来纳的查尔斯顿，开始经由陆路前往北
109 美首府。就在他们滞留期间，一场灾难性的火灾摧毁了大半个费城，为此，米拉雷斯特地从哈瓦那安排了21000比索（约折合现价4000万

美元)供城市重建。消息传开后,他和来自北美南部殖民地的大陆会议代表开始越走越近。他比杰勒德早到费城几天,对外声称到此的唯一目的便是开展与古巴的面粉贸易。这可不仅仅是个幌子:他早就通过罗伯特·莫里斯在哈瓦那的关系与其接上了头,两个人一拍即合,开创了一系列获利颇丰的贸易活动,在两个城市之间用牛肉、猪肉、面粉及渔获交易糖和朗姆酒。这些往来穿梭的货船同时还携带火漆密封的信函,密送新任古巴都督迭戈·乔塞·纳瓦罗(Diego José Navarro),再由其转呈加维斯。信函内容包罗万象,从北美战线的推延,到法国参战的动机,再到大陆会议领导人的个人习惯,不一而足。

当时西班牙并未正式承认美国,因此米拉雷斯并不具有外交官的正式身份。然而,大陆会议却给予其等同于法国特命全权大使的全套礼遇。杰勒德从其自身立场出发,与米拉雷斯保持着谨慎的友好关系,虽然怀疑却无法肯定米拉雷斯是否与西班牙王室存在关系。韦尔热讷伯爵指示杰勒德,需要对西班牙的外交政策采取支持态度,因此,当米拉雷斯真正担负外交使命,如要求美方帮助打击英国位于佛罗里达的据点,与美方协调释放被其捕获的西班牙水手,或者要求美方提供护航以前往大浅滩海区捕鱼等任务时,都可以得到法国方面的密切合作,共同向美方政府表达西班牙的观点或立场。两位甚至同样收到乔治·华盛顿的邀请,造访莫里斯敦兵营,参观军演。同时,他们也在等待欧洲方面传来业已爆发的对英作战的消息。

驻欧美国大使与西班牙决定参战

1778 年 3 月 31 日,就在希拉斯·迪恩潜出巴黎的同一天,搭载约翰·亚当斯的大陆军护卫舰“波士顿号”在波尔多下锚。亚当斯的任务是取代此前派驻巴黎的特使。就在大陆会议投票表决召回迪恩后

不久,刚刚设立用以取代秘密通信委员会的外交事务委员会力挺亚当
110 斯,而这项任命也得到了大陆会议代表的一致赞成。这些立法者认
为,像约翰·亚当斯这样持强烈反法态度的人,才是值得委托去跟法
国人打交道的“有礼有节”的不二人选。

在亚当斯抵达法国前几周,英法分别召回大使斯托蒙特子爵及诺艾利斯侯爵,这意味着两国关系开始变得紧张,但绝非一触即发。实际上,亚当斯搭乘马车从波尔多前往巴黎,沿途所见的确是一片静谧安详的“至美之景”。他于 4 月 9 日抵达巴黎。在这个令人炫目的世界之都度过的最初几天,亚当斯忙于赶场参与晚宴,出席社会活动,莅临艺术表演的现场,富兰克林一直陪伴左右。对于一个马上要走入战争的国家,如此氛围可谓颇为罕见。随着亚当斯在瓦伦蒂诺大宅安顿下来,他马上就发现在法国的生活验证了自己此前最大的顾虑,让人喘不过气。他对法国人的现实主义印象深刻,注意到从沿海到巴黎超过三十公里的路段都敷设了硬化路面。同时,亚当斯还对瓦伦蒂诺大宅的花园情有独钟,“艺术与自然相映成趣,这里的一切都让人感觉赏心悦目”。一开始,亚当斯被巴黎这种让北美根本无法匹敌的富庶生活折服。每天清早,巴黎城中就有超过 7000 名理发师早早起来打理顾客的头发;每天下午,衣着光鲜的绅士搭乘装潢华贵的马车往来穿梭;每天晚上,女士身上佩戴的钻石首饰与橱窗中摇曳的灯火、长街上不息的街灯相映成趣,让巴黎成为名副其实的“光之城”。但时日渐久,他逐渐将这种奢靡贬斥为单纯的感官刺激,对智识学问毫无裨益。繁文缛节及拿腔作调让亚当斯深感失落,而他的法文水平,虽然能够听明白每个法语单词的意思,却往往无法理解其中蕴藏的真实意涵。即便是歌剧或交响乐也让亚当斯备感不适,“对我来说,太闹腾了”,他在日记中如此抱怨,或许,诉诸笔端才是他宣泄情绪的唯一出口。

于是,亚当斯一头扎进繁忙的使馆工作,每天早上五点钟便爬起

来整理前任北美特使们留下的那堆烂账。相比之下，富兰克林很少上午十点前起床，并且因为要喝下午茶及小憩，并无太多时间开展真正的外交活动。事实上，也没有什么外交活动可供开展。如果说在签订法美同盟协议之前，这些北美特使还有些许影响力的话，协议签订之后，连这点影响力也荡然无存了。下一步是否开战的决定权，完全掌握在韦尔热纳及佛罗里达布兰卡手里，而亚当斯及富兰克林对眼前徐 111
徐展开的历史大幕，多少显得有些无能为力。

对韦尔热纳而言，至关重要的一点，便是想办法让英国而非法国被外界视为战争的发起者，如此一来，才能号召盟国协助防卫。1778 年 6 月 17 日，他的美梦成真。在康沃尔附近游弋的“美女号”（搭载西蒙·迪恩及法美结盟的消息赶赴美国未果后返航的那艘护卫舰）遭遇奥古斯特·凯佩尔（Augustus Keppel）将军所率领的英国舰队，并拒绝按照英军要求行动。当英国军舰“阿瑞图萨号”警示射击的炮弹划过舰首时，“美女号”随即使用侧舷的火炮回击，并开始海上机动摆脱英军追击，最终结果是惹火烧身，受损严重。英军打响第一枪的事实，给了韦尔热纳所期待的口实。7 月 10 日，路易十六下令法国的舰队针对英国舰船进行报复，而这实际上等同于对英宣战。英国方面不甘示弱，于 7 月 19 日下达了同样的命令。7 月 27 日，在靠近布列塔尼的乌埃桑岛外海，凯佩尔的舰队对阵奥维利耶伯爵路易·吉卢埃特（Louis Guillouet, Comte d’Orvilliers）的舰队。前者下令“向法国佬展现英国的威仪荣耀”。乌埃桑岛一战伤亡颇多，双方僵持不下，都宣称己方获胜，但两国对此战的反应不一。奥维利耶伯爵在法国得到了英雄般的热烈欢迎，而凯佩尔则被送上了军事法庭。对韦尔热纳而言，此战未能决胜，让法国有能力独自对抗英国舰队这种信念打了折扣。显而易见，法国需要尽快得到西班牙方面提供的协助。

法国此时已经全面卷入北美独立战争，乌埃桑岛一战让冲突瞬间从北美地区扩展至泛大西洋一线。韦尔热讷及其领导下的内阁也不得不以更为宏大的视野来计划这场战争。法国需要仔细权衡如何调动、部署其位于欧洲、加勒比地区以及北美的舰队，从而既保护法国自身的利益，又能够适当打击敌人。尽管富兰克林能够理解法国战略转换的重要性，以及需要平衡北美利益与其本国利益的考量，亚当斯却仅仅关注自己的祖国。当他坚持游说韦尔热讷派遣更多舰船以确保法国在北美地区的"海上优势"时，遭到了后者的拒绝。但亚当斯当时还不知道，韦尔热讷正在谋划一盘更大的棋局，这出直捣黄龙的戏码，需要动用法国海军的半数战列舰。

112 随着北美特使作用不断弱化，加上波诡云谲的国际局势，亚当斯认为这一职务变得可有可无，遂致信自己的堂兄塞缪尔·亚当斯，要求只任命富兰克林一人担任全权大使即可。考虑到杰勒德刚刚在费城就任类似职务，这样做还能体现出外交对等原则。大陆会议批准了这一建议，1778 年 9 月，富兰克林获任唯一驻法大使，尽管这一委任状要到来年 2 月份才能送达巴黎。亚当斯到任十个多月，政绩差强人意，同时归心似箭，迫切希望能够返回北美，看到爱妻阿比盖尔。6 月中旬，在熬过数日耽搁之后，亚当斯如释重负般在洛里昂登上护卫舰"敏感号"，开始了漫长的返家航程；也正是这艘船，一年前搭载西蒙·迪恩及法美盟约文本前往北美。

能够摆脱纠缠不休的亚当斯，韦尔热讷自然倍感欣喜；在将西班牙拉入战局的最后协商阶段，外界干扰越少越好。一直以来，这都是一个非常微妙的过程。佛罗里达布兰卡在法美盟约签订后不久，便指示派驻伦敦的大使艾斯卡拉诺，西班牙将保持中立，因为卡洛斯三世"希望尽可能避免战争"，从而避免危及自己的帝国。数周后，1778 年 4 月 4 日，韦茅斯接触艾斯卡拉诺，拜托后者居中调和英法争端。佛罗里达布兰卡闻讯后立即下令继续与英方谈判，伺机收回被英方占领的土地，特别是直布罗陀，以换取己方的中立，与此同时，也可以让西班牙在与法国的同盟关系中争取到一个更为有利的位置。韦尔热讷闻听此讯，判定西班牙方面仅仅是在拖延时间——从韦拉克鲁斯运送白银，以及从布宜诺斯艾利斯运兵渡洋的舰船还在海上漂泊，极易成为英军目标——但除此之外别无他法，只好选择相信西班牙王室。

5月初，英方拒绝归还直布罗陀，谈判的基础随之消失。西班牙方面决定召回艾斯卡拉诺，选派更富经验的谈判专家继续与英方展开谈判。阿尔莫多瓦侯爵佩德罗·弗朗西斯科（Pedro Francisco, Marqués de Almodóvar del Río）于6月份离开西班牙，之后在巴黎与阿兰达进行会谈，于7月中旬与韦茅斯会谈。双方的谈判，跟其间往来信函一样，均使用法语这种外交语言。阿尔莫多瓦向英国的国务秘书提出了西班牙居中调和的三大选项：英美停战三十年，期间英国需承认美国的 113
独立地位；英法停战，同时英军撤出美洲；或者英美之间永远休战，同时西班牙担任永久协调员。9月，韦茅斯选择英法停战的路子，并沿此方向开始谈判。

西班牙随后分别询问英法双方媾和条件。法国方面表示对大浅滩等地的渔权问题可以商量，但坚持依据法美盟约，英国必须承认北美独立，同时从北美撤军。与之相对，英国内阁于10月接到乔治三世的指示，不得作出妥协或让步，而是假意迎合，以拖待变。"我认为，毫无疑问，来年开春，西班牙就会开始联合法国，"乔治三世明确告诉首相诺斯，"如果能够让对方在此之前不轻举妄动，到时候我坚信帝国海军将完成整备，有能力同时对付法西两国。"因此，进入11月，英国方面的最初回应颇为含糊，反而要求法国从北美撤军，并且停止提供一切军援，这显然会遭到法国方面断然拒绝。12月，阿尔莫多瓦直接向韦茅斯提出，西班牙方面希望将收复直布罗陀作为保持中立的条件，后者也直截了当回复，声称只有在达成完全停战后，才会考虑这一问题。显然,西班牙首要或者唯一的中立条件,已经无法继续讨论。佛罗里达布兰卡一如既往地大发雷霆,向阿尔莫多瓦抱怨英国人只关注“一堆叫直布罗陀的大石头,而这个地方除了让我们感到担忧,浪费我们的金钱外,英国方面什么都得不到,甚至会毁掉两国之间的友好关系”。

其实,正如韦尔热纳正确预见的那样,一直到这个时候,西班牙方面之所以迟迟未与英国开战,目的就是为了保护本国在海上航行的两支重要船队。其中,从韦拉克鲁斯运送白银的舰队于1778年7月抵达加的斯。舰队司令是曾担任西属路易斯安那首任省督的安东尼奥·乌略亚,他将此行顺利告终形容为“最为幸运的一步”,预估货物价值2200万比索(折合现价500亿美元),是确保西班牙经济稳定的最大一宗,也应该是最后一笔海外白银输入。从布宜诺斯艾利斯运回在巴西作战的西班牙大军的舰队,终于在同年秋季返回故土。随着两大舰队
114 安全返航,西班牙与英国谈判的意愿不断降低,1779年伊始,西班牙王室决定与法国一道对英作战。但是,这一同盟的本质,在很大程度上取决于西班牙自身的认知。尽管西班牙无力承受长时间的消耗战,但突袭英国或许可以夺得部分土地,借此与英国交换直布罗陀及梅诺卡岛。

“七年战争”及福克兰群岛之战失利的教训历历在目,佛罗里达布兰卡此番行事的每一步都经过精心策划。他对西班牙的核心利益比谁都更清楚。因此,如果无法保证上述利益,西班牙就不会开战。对敌人的强项,以及盟友的短板,他也心知肚明。此前,他选派了特工——职业海军军官弗朗西斯科·吉利·雷莫斯(Francisco Gily Lemos)——秘密侦查法国及英国的船坞,以确定两国海军的实力与状态。佛罗里达布兰卡同时还留着外交上的先手。一年前,韦尔热纳在西班牙未做好准备的情况下强推法美同盟。现在,法国卷入了全面战争,

急需西班牙海军的帮助才能打败英国。乌埃桑岛一役法军不能决胜,也让韦尔热讷认识到法西同盟对其防御英国在西印度群岛的进犯至关重要。西班牙方面不必直接与美国结盟,只需要尊重法美同盟,在英国没有承认北美独立之前不与其媾和即可。佛罗里达布兰卡知道,韦尔热讷会竭尽所能达成上述目标。然而,佛罗里达布兰卡提出,为了回报西班牙帮助法国对抗英国,法西两国应合力进攻英国,帮助西班牙夺回直布罗陀及梅诺卡岛,同时将英国势力从佛罗里达及中美洲驱逐出去。

韦尔热讷听到这些大大超出先前预期的要求,目瞪口呆,将其形容为“狮子大开口”,但他同时也提醒法国国王,如果没有西班牙的参与,这场战争将旷日持久,甚至可能成为一场灾难。鉴于目前欧洲地区并无战事,路易十六最终接受了西班牙方面提出的条件。同时批准沙丁将法国海军预算翻倍,增至 1 亿里弗尔,多出部分由内克尔增加举债予以弥补。同时,西班牙于 1779 年 4 月 3 日向英国方面下达最后通牒,勒令其立即与法国方面停战——虽然明知这一要求会遭到英方拒绝。

然而,佛罗里达布兰卡并未干等英方拒绝的消息。4 月 12 日,他 115
在阿兰胡埃斯宫跟法国驻西班牙大使蒙莫兰签署了《对英攻防盟约》(Treaty of Defense and Offensive Alliance against England,又称《1779 年阿兰胡埃斯协定》),从而正式启动了《波旁家族协定》中规定的相互救助条款。《1779 年阿兰胡埃斯协定》实际上堪称一长串西班牙方面提出的各种要求,间或夹杂对法国方面要求的让步。多年以后,这一协定才被公布于世,其中规定,西班牙与法国将基于夺回直布罗陀及梅诺卡岛的目的进攻英国,将英军赶出佛罗里达及其在洪都拉斯的据点,从而让西班牙重新控制墨西哥湾,事实上防止英军再向西跨越密西西比河半步。法国也将收复在非洲的蓄奴地,以及位于纽芬兰的渔场。条约进一步规定,“在英国国王正式承认美利坚合众国之前,条约任何一方都不得放下武器”。这意味着西班牙间接承认了美国的独立国家地位。听闻条约签署的消息,路易十六感谢“既是兄弟更是长辈”的卡洛斯三世能够与自己联合,共同抗敌。

5 月 18 日至 20 日,何塞·德·加维斯致信本国在北美的总督及省督,要求他们在接到命令两个月后对英国开展军事打击。6 月 3 日,期盼已久的英方拒绝信终于送达。6 月 16 日,法西两国进攻英国的联合舰队起锚出发后,阿尔莫多瓦才向韦茅斯提出了一系列指控,包括“英国威胁到了美国领土”,而在英国人看来,这样一份文件无异于宣战书。两天后,西班牙驻英大使离开伦敦。6 月 21 日,卡洛斯三世颁发诏书,命令采取一切必要的手段切断英国的贸易,这也在事实上表明了两国之间存在战争状态。在《1763 年巴黎和约》签署不到一个代际后,曾经屈辱地低下头颅的法国及西班牙再次对英开战。在不到一年的时间里,英国就经历了从打一场位于遥远殖民地的小型战事,变为发动一场面对两个最强劲对手的大规模战争。拒绝了西班牙的调停,英国实际上是为了被称为直布罗陀的一堆石头,牺牲了整个北美。

法国准备兵发北美

116 随着法国护卫舰“敏感号”于 1779 年 8 月 2 日抵达波士顿,约翰·亚当斯也结束了外驻异国的外交官生涯。在海上漂泊的六个星期中,他与韦尔热讷选定接替杰勒德担任法国驻美全权大使的安尼-凯撒·德·拉·鲁泽尼(Anne-César de la Luzerne)倾心畅谈。几乎从杰勒德抵达费城时开始,他就开始带有疟疾特征的低烧,身体状况持续不佳。尽管明知重任在肩,他还是不得不请求韦尔热讷将他召回。鲁泽尼曾在法国陆军服役,最近才被委任到巴伐利亚担任外交官,并在杰勒德请求韦尔热讷召回后被调返巴黎。因为具备一定外交经验，且可随时差遣，他被选任填补空缺。很明显，因为对担任驻美大使所必须面对的繁文缛节及案头工作有所警觉，鲁泽尼除了一等秘书弗朗索瓦·巴伯-马博瓦（François Barbé-Marbois）之外，还一口气给自己带了另外四名秘书。亚当斯归心似箭，马上返回了老家布伦特里。鲁泽尼则在波士顿逗留了一个多月，跟往来如织的政商人士接触，以详细了解自己被派来提供援助的这个国家的风土人情。

在从波士顿前往费城的路上，鲁泽尼于 1779 年 9 月 16 日在乔治·华盛顿位于纽约西点（West Point）的司令部短暂停留，与其商讨相关军事问题。两人讨论了西班牙参战、美军帮助西班牙收复佛罗里达，以及发动下一波军事攻势等事宜。在交谈过程中，鲁泽尼询问华盛顿，美国方面是否同意法国直接派遣一支分舰队以及若干步兵团，与美国军队“共同行动”。华盛顿答复称，这样对双方的共同事业来说十分有利。通过这次看似随意的交谈，北美独立大业首次觅得了稳固的基础。五年抗英，从加拿大打到佐治亚，美军败多胜少，接下来如果没有大批法国军队的直接帮助，华盛顿显然无法赶走英军。

法国远征军主力登陆北美，还是一年后的事情，他们的到来，将帮 117
助华盛顿获得压倒英国军力的绝对优势，从而确保北美独立成功。与此同时，来自法国及西班牙的军人，也将与英军的战场从欧洲转移到墨西哥湾，从而为北美军队赢得喘息的空间。

第四章　普通一兵

118 对北美而言，击败英国显然不能只靠喘息的空间，甚至再多的枪炮弹药军用帐篷都无济于事。如果说战争简单来说就是数字游戏，那么在刚开战时，北美军队在人数上的确全面压倒敌军。1776 年，威廉·豪在北美地区拥有 20700 名英军及黑森佣兵，且兵力集中于纽约附近，另外，在加拿大地区还可调动约 7000 人的部队。乔治·华盛顿指挥的大陆军人数却高达 46900 人，分布范围涵盖从马萨诸塞到佐治亚的广袤地区，这还没有算上可在四到六个月内征召入伍的 26000 名民兵。尽管北美方面具有明显的人数优势，但在长岛之战后，英军便夺得了战争的主动权。战场局面演变至此，原因是多方面的。英国军队集中优势兵力，据守若干城防坚固的战略要地，而大陆军及北美民兵则显得兵力分散。英国军队可以通过招之即来的无敌舰队随心所欲地调遣兵力，攻守兼备，而北美方面的军队大体上只能在当地各自为战。更为重要的是，豪麾下的军队训练有素，深谙如何以己之长克敌之短。与此形成鲜明对比的是，甚至在战事正酣之际，华盛顿依然不得不花费大量精力组建、装备、训练手下的军队及民兵。这就好比海战已经打响，参战一方的舰队还没有建造完毕，或尚未装好火器。

119 从一开始，华盛顿就认识到，对付英军，无论进攻还是防守，都必须打造起一支欧式队伍。未曾接受过正式军事训练或指导的华盛顿，从当年自己亲历的与法国的战争中首次见识了欧洲军队的作战样态。北美殖民者所熟知的战斗方式，大多来自与北美土著作战的经验，基本上强调打了就跑的游击战术,主要目的在于杀伤或俘获敌方有生力量,俘获战利品。欧洲军队的作战模式则显著不同,强调阵地争夺,而华盛顿后来慢慢认识到,这才是与英军作战的关键。这种类型的战争要求的不仅是派出部队发动进攻,而必须精确到战役谋划的方方面面。华盛顿亲眼见证了爱德华·布拉多克将军等人(特别是约翰·福布斯将军)如何秣马厉兵并带领自己的队伍上阵杀敌;如何严谨细致地开展训练、严肃军纪、畅达军令;如何驾轻就熟地从细节入手为自己的军队提供补给;以及如何在部队机动过程中进行后勤保障。华盛顿充分体会到了"新兵研究战术,老将研究后勤"这句军事箴言的精髓,虽然直到两个世纪后,这句话才由"二战"名将奥马尔·布拉德利(Ormar Bradley)首倡。

华盛顿意识到,他本人和手下的将士都需要通过研习兵书战策——全部来自欧洲——用来作为平时军事训练的补充。他的首选,是汉弗莱·布兰德(Humphrey Bland)所著的《军纪研究》(*Treatise of Military Discipline*)。这本英军标配的官兵义务手册,对军事训练、身体锻炼、检查评估以及排兵布阵皆有涉及。他还会随身携带被翻译成英文的特平·克里希(Turpin de Crissé)所著《战争艺术随笔》(*Essay on the Art of War*),以及拉约什·杰尼(Lajos Jeney)的《游击战》(*The Partisan*)。这两本书皆在"七年战争"期间出版,详尽阐述了有关非常规作战,如埋伏、突围及切断敌军补给线等最新研究成果。他麾下的很多高级军官同样读书不倦,例如,炮兵负责人亨利·诺克斯从军前是波士顿一介书商,在他位于康恩希尔(Cornhill)的书店中就有出售莫里斯·德·萨克斯(Maurice de Saxe)的《战争艺术遐想》(*Reveries on the Art of War*),而他熟读此书的好友纳撒内尔·格林(Nathanael Greene),后来也成为华盛顿麾下最具将才的军事领袖。

1775年7月,当华盛顿成为大陆军总司令后,他的首要任务,便是

将不同殖民地的民兵整编为一支专业、统一的部队。“纪律严明、听从
120 指挥”，他在写给约翰·汉考克的信中表示，“是军队专业化的关键。”但纪律不仅意味着得到命令后快速反应，或者严格遵守日常条例。纪律要求建构起一整套从上到下一以贯之的层级体系，此前这在民兵组织中根本不知其为何物。亲眼目睹欧洲实际作战并接触了欧洲最新军事理论的华盛顿，深切感受到亟需一位参谋总长帮助自己策划战略战术，同时为军队提供总体上的组织及后勤支持。参谋军官中有负责行政事务的副官，负责训练、装备及补给的军需官，以及负责征兵及军饷发放的财务人员。战争爆发后的最初几年，华盛顿一直在苦苦寻觅具备上述管理技艺，能够应付上述职责的作战军官。

华盛顿至为迫切希望延揽的，是工兵及炮兵人才。攻占、坚守阵地需要在构筑工事、设置藩篱方面具备高超的专业知识，这正是工兵的特长；同样，转移、建构火炮等重型武器的阵地，则属于炮兵的专业。事实上，这两个专业互有重叠——工兵需要学习炮兵知识，而炮兵也要研究如何构筑阵地工事，两者都需要钻研机械、地理以及侦查——因此，被定义为工兵的军官，其实可以在这两个方面发挥特长。无论被冠以何种头衔，此类人才实属短缺。在波士顿城外就任总司令后不久，华盛顿便公开向大陆会议提出交涉，抱怨“目前我们遭遇的最大问题，是缺乏技术熟练的工兵以及指挥官”。大陆会议方面的回复同样直接，“对军事工程人才的满足，恐怕无法在北美内部得到解决”。当时的北美，很少有人掌握哪怕最为基础的工程技术（比如像华盛顿那样的军事测量员），拥有军事工程背景的人士更是少之又少。亨利·诺克斯在独立战争打响时年仅二十五岁，也是从书店贩卖的书籍当中学到了一些工程方面的知识，最初连当兵都不合格——他在一场事故中崩掉了自己的几根手指。曾在“邦克山之战”加固过工事，后来成为华盛顿手下首席军事技术负责人的理查德·格雷德利（Richard Grid-

ley),或许是大陆军总司令能够觅得的唯一具有实战经验的工程技术人才——他曾作为马萨诸塞殖民地军队的一分子,在奥地利王位继承战争中,于1745年围困并最终占领路易斯堡——但如今他已经六十 121
五岁,而这在十八世纪已经远超男性寿命的预期上限,显然,他也不太可能在激烈的战事中熬过太久。格雷德利的助手卢夫斯·帕特南(Rufus Putnam)尽管更年轻也更健壮,但在从军之前只是造水车的一名木匠而已。显然,北美需要将视野投向海外,这样才能招募具有一技之长的专业人才。

华盛顿将军和大陆会议成员都非常清楚,最佳的工程技术及炮兵人才,出自法国的"工兵军官团"(Corps du Génie)和"炮兵军官团"(Corps de L'Artillerie)。这两个军官团诞生于十七世纪后期路易十四统治下的连年烽火中,这一时期,法国不是在进攻荷兰、西班牙及日耳曼诸邦等邻国,就是在抵抗上述国家的入侵。乱世出英雄,当时涌现出的军事技术天才塞巴斯蒂安·勒·普雷斯特雷·沃邦(Sébastien Le Prestre de Vauban)完善了城堡营建法度,他所设计的"星形堡垒",以其精妙的结构帮助很多法国城市、港口成功抵御了外敌进攻。同时,沃邦还创建了"包围战"的"科学战法",具体包括通过开掘进攻堑壕迫近敌方堡垒,颠覆敌军墙垣,使用重炮清除敌人防御工事及据点等。十七世纪七十年代,在沃邦的主导下,法国组建了上述军官团,成员皆为具备专业知识的职业军官,以开世界先河之创举,进行高强度的数学及科学教育,同时安排见习军事活动,培养军官团成员学会以效率最高且效果最好的方式营建堡垒、进行炮击及实施包围。这些训练在全国范围内数个学校展开。其中,精英学生在位于法国北部梅济耶尔的皇家工程学院(The École royale du génie)接受长达六年的魔鬼式训练,不仅学习军事理论,还要积累从军经验。很快,欧洲各国便对法国这种军事教育模式纷起效尤,即便是位于伍尔维奇的英国皇家军事学院(Royal Military Academy),在训练炮兵及工程兵职业军官时,也以沃邦等人的著作为教材。

华盛顿向大陆会议的陈情并未无果而终。1775 年 12 月 2 日,秘密通信委员会成立三天后,便通过决议,要求其成员“以能够提出的最佳条件,物色并延揽最为出色的工程技术人才(最多不超过四人),为北美服务”。邦沃勒尔在此后数日与该委员会接触后表示:“在这里,
122 尽管人人都是斗士,但缺少掘壕筑堡的工程师。”他向秘密通信委员会保证,法国完全有能力为美方提供两名甚至更多身怀绝技的工程技术人才,同时保证会向韦尔热讷伯爵通报美方的这一请求。在邦沃勒尔到访后不久,秘密通信委员会成员还致信在荷兰的联络人夏尔·杜马斯:“亟需优秀工程技术人才,盼你积极接洽,并在下一次军事攻势发起前向北美输送两位能人。”此前便已受命与杜马斯联络的阿瑟·李,显然也听到了这一风声,因为在 1776 年 4 月,他就明确告知博马舍,北美方面急需武器弹药,但至关重要的是工程技术人才紧缺。博马舍也向韦尔热讷做了类似表达。美国急需具备一技之长专才的消息,迅速在欧洲不胫而走,因此,当希拉斯·迪恩于同年 7 月抵达巴黎,旋即被铺天盖地而来的军官及工程师提交的赴北美参战申请书淹没,“在《1763 年巴黎和约》签订之后,所有人都在迫切寻找对英作战的一切机会”。

来自加拿大及加勒比地区的首批法籍志愿军

事实上,1776 年接触迪恩的那些军官及工程技术人才,并非加入北美独立大业的首批法籍志愿者。在北美尚未成为独立之国以前,来自加勒比地区及加拿大的法籍军人早已投身于这场战争。最早的这批志愿者中,就包括爱尔兰裔阿尔萨斯工程师路易·奥西奇·阿兰德

尔(Louis O'Hicky d'Arundel),此前他曾在圣多曼格担任炮兵中尉。他是如何于1776年2月抵达费城,以及为何将自己的名字写成了德西奇·阿兰德尔(Dohicky Arundel),目前尚不得而知。他最后被分配至弗吉尼亚的威廉斯堡,在查理·李将军麾下担任炮兵军官,并帮助其驱逐弗吉尼亚总督、保皇党人邓莫尔伯爵。阿兰德尔认为北美方面现有的炮兵力量不足以压制格温岛(Gwynn's Island)上盘踞的敌军,在缺乏熔炉的情况下,他用硬木匆匆赶制了一尊臼炮。1776年7月8日,在"格温岛之战"中,臼炮发生爆炸,导致阿兰德尔当场阵亡,也使其成为首位在北美独立战争中牺牲的法籍军人。

阿兰德尔在北美的军中服役生涯悲剧般短暂,而另外一位来自法 123
属加勒比地区的工程师却在争取北美独立的海战及陆战中屡建功勋。安托万·菲利克斯·韦伯特1746年1月8日生于梅济耶尔,虽然他从未进入皇家工程学院就读,但他还是前往圣多曼格,担任负责构筑城堡的工程师。此后,在大陆会议通过理查德·亨利·李提交的独立议案之际,韦伯特作为志愿者前往费城。1776年6月,韦伯特收到了首份冠以"美利坚合众国"名头的官方文件,"委任他担任大陆军工兵中校"。随即,他被派驻至纽约,在卢夫斯·帕特南上校的领导下,于曼哈顿北段构筑华盛顿堡,并在哈德逊河口的杰弗里岬(Jeffery's Hook)构筑多面堡,以阻止英军舰队逆流而上。尽管帕特南及韦伯特全力以赴,但坚硬的岩层很难开凿复杂的堑壕、地基等基础工事以巩固城防,抵御英军进犯。在8月份长岛之战结束后,北美军队被从曼哈顿压缩至怀特平原及新泽西一线,但乔治·华盛顿依然决定,留下大部人马死守曼哈顿。11月16日,英国军队及黑森佣兵从三面攻入华盛顿堡,俘获北美军队约3000人,其中就包括韦伯特。他和这些战俘一道被关押在臭名昭著的富顿监狱(Forton Prison),忍受了两年非人的折磨。

1776年10月,就在韦伯特帮助建构华盛顿堡的时候,"几位法国绅士,应该是军官”,从圣多曼格出发抵达波士顿,“旨在援助美利坚合众国”。这其中就包括马利·路易·阿曼德·安萨特·马斯奎尔(Marie Louis Amand Ansart de Maresquelle),他的家族长期以来专门司职为法国军队铸造火炮,因此,他才有机会成为著名的格里博瓦尔手下的军事工程技术人员。1771 年,马斯奎尔的娇妻爱女相继殒命,悲痛至极的他告别法国,远赴加勒比。可以说,他自愿投身北美独立事业的决定,对这片土地来说是幸运的,此时,大陆军除了积极向海外求购火炮外,也正在试图发展自身弥足珍贵的火炮制造业。他到来后不足一个月,马萨诸塞战争委员会就委任他为炮兵上校,负责境内所有铸炮事宜。跟远在欧洲的“竞争者”马蒂兹家族类似,马斯奎尔也采用先进
124 的实体浇筑及钻空技术制造铜制火炮,以实现更巨大的威力和更完美的精确性。他也曾向铜匠保罗·里维尔(Paul Revere)显露过自己的绝活。很快,马斯奎尔便在靠近波士顿的布里奇沃特搭建了铸炮工厂,而这里迅速成为独立战争期间新英格兰地区最重要的火炮产地。他还再次喜结连理,不幸的是,再婚的爱人不久便香消玉殒。

此时,跟随马斯奎尔从圣多曼格赶赴北美的士兵中,已经有人在波士顿声名鹊起、人尽皆知。曾营建“法尼尔厅”(Faneuil Hall)的彼得·法尼尔(Peter Faneuil)的堂弟皮埃尔·本杰明·法尼尔(Pierre Benjamin Faneuil)率队来到北美,旨在招募起一个团的法籍加拿大部队,参加者需要自备白色军服上衣、雨披、马裤、镶金边的军帽等装备。抵达北美后不过数月,法尼尔便溘然离世,但他当时显然还没有意识到来自加拿大的法国军官和工程师早已在这片土地浴血奋战。当理查德·蒙哥马利于 1775 年 6 月率军深入加拿大进行那次命运多舛的远征期间,他有幸遇到一位对北美心存同情态度的法籍工程师克里斯托弗·佩利西耶(Christophe Pélissier),后者作为魁北克附近三河镇(Trois-Rivières)“圣莫里斯铁厂”(Saint-Maurice Ironworks)的负责人,

为北美军队提供了枪弹、炸弹以及其他武器弹药。翌年,佩利西耶随同北美军队一同撤回,在军中担任工程兵中校,并负责对北美军队数月前攻下的提康德罗加堡进行加固作业。在蒙哥马利率军与加拿大作战期间,他还从魁北克地区的法籍居民中招募了两个加拿大步兵团,当然,其中的军官仍以北美军人为主。詹姆斯·利文斯顿(James Livingston)率领的加拿大第一步兵团,与摩西·黑泽恩(Moses Hazen)率领的加拿大第二步兵团,规模都很小,从未达到1000人的定编,但这两支部队都在魁北克之战中与英军血拼,后来更是在北美独立战争中南征北战。

法国及其他欧洲志愿军开始陆续抵达北美

就在来自加勒比地区及加拿大的志愿者加入大陆军作战的同时,还有一些志愿者也已踏上赴美参战的漫漫征途。首批欧洲志愿者中,包括1746年2月出生于波兰一个显赫世家的塔德乌什·柯斯丘什科。在陆军官校受训后,1769年,柯斯丘什科进入位于卢浮宫的"巴黎皇家绘画与雕塑学院"(Paris Academy of Painting and Sculpture)学习艺术及 125
建筑。1774年,他返回刚被割地划土的波兰,但深感前途暗淡,遂于次年返回巴黎。他和其他几位同行的日耳曼及波兰志愿者为什么选择在这个时候远赴北美,目前无记录可考,可以明确的是,1776年6月,他们从勒阿弗尔登船,但在马提尼克附近浅滩遭遇船难。这几个人泅渡到岸边后,偶遇了法国炮兵军官夏尔·诺伊尔·弗朗索瓦·罗曼·里埃尔(Charles Noël François Romand de L'Isle)。此人刚刚获得一向支持北美殖民地并积极提供武器给养的马提尼克总督罗伯特·德阿格洛特(Robert d'Agrout)首肯,加入北美军队。于是,柯斯丘什科和其他几个人跟随里埃尔搭乘渔船北上,于8月底抵达费城。

里埃尔或许是为了逃避自己不幸的婚姻,才选择来北美参战的。他将妻子和两岁的女儿抛在马提尼克,很快便为自己谋得了在大陆军中担任炮兵少校的委任。虽然在马提尼克依然留有婚约(在十八世纪信奉天主教的法国,离婚不被允许),但里埃尔还是又跟一位爱尔兰移民结婚并建立了新的家庭。虽然柯斯丘什科也想在工兵或炮兵专业谋得一官半职,但他从未接受过类似训练,更无相关经验。他想办法找到本杰明·富兰克林,提出接受测试以证明自己的实力。富兰克林提出测试几何学,幸运的是,柯斯丘什科在巴黎皇家绘画与雕塑学院学习建筑期间,对此略知一二。在展现了数学知识后,柯斯丘什科接受派遣,与里埃尔一道,负责加筑从费城顺河而下至比灵斯波特及默瑟堡的防御工事,这里正是北美军队日夜担心遭到英军进攻的薄弱环节。尽管首次接受军事工程建设的任务,但因为表现优异,出色交出答卷,他很快便被汉考克提拔,出任大陆军工兵上校,并被选调至纽约,在霍雷肖·盖茨手下听用。

就在富兰克林考察柯斯丘什科及其他志愿者,为北美独立招兵买马之际,他并不知道,多年老友,同时也是自己派驻欧洲的联络人巴伯-杜宝,早已在未经大陆会议正式要求的情况下,在巴黎忙于为北美招募工程及军事人才。1775 年 8 月,在莱克星顿枪声打响的消息传到法国后不久,巴伯-杜宝就派遣曾在普鲁士军中服役的德·伍德克男爵弗雷德里克·威廉(Frédérick William, Baron de Woedtke)赶赴北美,
126 并被大陆会议任命为准将。但此人军中生涯平淡无奇,并于第二年便染病去世。接下来,巴伯–杜宝又于 1776 年 3 月向北美方面推荐了另外一位资深的布列塔尼工程师吉尔斯·让·马利·巴拉泽·科莫万(Gilles Jean Marie Barazer de Kermorvan)。大陆会议任命此人为工兵中校,在比灵斯波特及珀斯安博伊负责兴建火炮的星型阵地和多面堡,设置陆路及水路障碍。进入 5 月后,巴伯-杜宝开始招募更多的

军官,包括热内 · 戈尔 · 博伊斯伯特兰德(René Gayault de Boisbertrand),并让这些人搭乘其合伙人皮埃尔 · 佩南特向罗伯特 · 莫里斯运输枪支弹药的货船前往北美。但这条船途中被北美私掠船截获,后来博伊斯伯特兰德获得释放,并被委任为大陆军军官。次年 4 月,佩南特的另外一艘货船 “莫里斯号”,在向北美运送枪炮弹药的途中,于特拉华外海遭英国战舰炮击爆炸沉没,幸存者中就包括布列塔尼炮兵军官夏尔 · 阿曼德 · 杜芬(Charles Armand Tuffin). 近似半裸的他泅渡到岸边,并一路走到费城,后来被大陆会议任命为上校。顺便需要强调的是,巴伯 – 杜宝或佩南特并未向这些奔赴北美的志愿者支付任何金钱,甚至包括路上的盘缠,仅仅是作出了某种缺乏授权的承诺——“将得到大陆会议的礼遇”,并且“肯定会从大陆会议方面得到路费方面的补偿”。

巴伯 – 杜宝不知道的是,大陆会议其实已越来越不愿意向潮水般涌来的外国志愿者表示感谢或支付费用,即便对授权驻外代表招募来的人员,亦是如此。希拉斯 · 迪恩此前曾获得大陆会议授权,被秘密通信委员会派往法国。尽管该委员会已经决定“物色并延揽最为优秀的工程技术人才”,但显然并未对迪恩作出此种要求。因此,当迪恩于 1776 年 7 月抵达巴黎时,被突然铺天盖地出现在办公桌上的各种工程技术人才及军官履历书吓了一跳,毕竟,他并不知道大陆会议的真实意图,更未在漫长的路途中对此有过任何思考。他本身最大的短板便是毫无任何从军经验,因此,北美亟需何种类型军官,抑或何种申请者足堪大用,他心里完全没底。

在无法求助其他北美同侪提供建议的情况下,迪恩除了选择听从富兰克林或韦尔热讷推荐的巴伯–杜宝以及博马舍的相关人选建议之外,别无他法。这两位都坚持认为北美亟需工兵及炮兵人才,以妥善使用迪恩赊购的数百门火炮。“如果没有驾驭炮车的专业人员,以及 127

炮兵军官,我显然不能满足阁下将如此庞大的火炮车队运出法兰西的请求,毕竟北美在这方面的战术知识甚为短缺,"博马舍如此解释道,"因此,您应当毫不迟疑地推行阿瑟·李先生的计划,本人曾跟阁下提过,即向北美方面派遣工程技术人才及职业军官,特别是炮兵军官"。对于究竟如何选材,巴伯-杜宝和博马舍再次达成共识:从格里博瓦尔的左膀右臂寇德雷开始下手。毕竟,陆军大臣早已要求寇德雷亲自遴选发送北美的炮车,且他也已卸任此职。迪恩被说服,并认识到了寇德雷对美国的价值,遂于9月同意达成协议,派寇德雷及其他10名工程技术人员,与他遴选出来的炮车一道前往北美。数周后,迪恩又选择了爱尔兰籍步兵上校托马斯·康威(Thomas Conway)和工程技术人员一同成行。迪恩本以为自己听取身边可寻的最佳建议作出了明智决策,然而,此举无意间迅速引发了一连串明显超出其控制的难题。

协议达成后不久,问题接踵而至。1776年12月,当博马舍抵达勒阿弗尔,对"安菲特里忒号"作出航前的检查时,他本来期望能够见到等待作为该船乘客启程赶往北美的寇德雷、康威及迪恩同意选派的其他10名工程技术人员。然而,迎接他的却是30名工程技术人员、9名步兵军官,还有他们的10名仆人及其他几位志愿者,总计49人!这些人航行途中的衣食住行都需要博马舍垫付,并在抵达北美后由大陆会议埋单。但其中有些工程人员经验之贫乏,甚至超出迪恩的想象。例如,22岁的皮埃尔·夏尔·朗方(Pierre Charles L'Enfant)当时才刚刚被委任为工兵中尉。不过,朗方并非滥竽充数之徒。他长期研习建筑,其父是韦尔热讷办公室中悬挂的那幅恢宏战争题材绘画的创作者皮埃尔·朗方。小朗方被拔擢成中尉并能够登上"安菲特里忒号",似乎无法与其父亲在凡尔赛宫的影响力脱开干系。此前,小朗方一直在巴黎皇家绘画与雕塑学院学习,或许会因此与柯斯丘什科相识。世界另一端发生的重大事件,又使得二人再次重逢,只不过这次再会的地点不再是静谧的画室，而是浴血的战场。

即便在“安菲特里忒号”于 1776 年 12 月 15 日离开勒阿弗尔后，上述问题依然纠缠不清。本来，这条船是按照全部水手及与迪恩达成 128
协议的 10 名工程技术人员这一规模来进行各项航前准备，显然对实际登船的 49 名乘客这样的阵势准备不足。结果，在启程两周后，这条船就不得不在众目睽睽之下，令人汗颜地返航至洛里昂再次补给。被整个事件弄得尴尬万分的陆军大臣，撤销了批准寇德雷外出的成命，要求后者返回军营。但寇德雷抗命不遵，悄然逃离，先是跑到巴黎，后来又辗转至南特，把大多数随从丢在了港口。迪恩派驻南特的代理人乔纳森·威廉斯只好收拢残余部队，以便妥善安排这些军官登上“安菲特里忒号”及博马舍租用的另外一艘商船“水星号”。数月后，这两条船先后抵达新罕布什尔。迪恩对此暴怒不已，在短短数月时间内，他对寇德雷的评价就从“帝国首席工程专家”变成了“深感失望，几乎给我的国家造成了不可挽回的损失”。但上述言论并未传到寇德雷那里，他偷偷地与其他 4 名军官登上博马舍租用的第三条货船“塞纳河号”，目的地是马提尼克。在那里，这些军官和军用物资搭乘纵帆船前往朴茨茅斯。1777 年 5 月，他们跟搭乘“安菲特里忒号”及“水星号”的其他法国军官及物资会合。

无论是这批军官抵达朴茨茅斯，还是迪恩公然发表一系列措辞强硬的讲话，威胁在正式开始前便彻底终结本已孱弱的美法同盟关系，都未能阻止问题的继续涌现。尽管大陆会议并未指示迪恩招募志愿者，也未授权他开展任何类型的军事行动，但他却单方面向若干志愿者封官许愿，委任他们以仅仅需要听命于总司令一人的高层军职。例如，他委任寇德雷为少将军衔，“可全权下达所有与炮兵、工兵有关的命令”，同时，他告知大陆会议，考虑到托马斯·康威从事军队训练的长期经验，“可由其填补副将或准将的职缺”。迪恩为自己作出的上述任命进行辩护的理由是,“为了招募到具有一技之长的军官,不得不用祖国能够提供的最优惠待遇作为条件”。显然,缺乏军事经验的迪恩,明显没有意识到这些人事任命需要华盛顿和大陆会议来实施,以维持专业军队必备的“纪律与服从”。

导致局势恶化变本加厉的因素,还包括某些法国志愿者自身的恣
129 意妄为。寇德雷抵达北美后,便四处挥舞迪恩的委任状,在本身便是资深炮兵军官的威廉·赫斯(William Heath)少将面前宣称自己将“统领一切服务于美利坚合众国的炮兵及工兵”。这显然是无人能够满意的尴尬局面:随着志愿者人数与日俱增,本来就在财政方面捉襟见肘的大陆会议发现,已经无力承担向志愿者许诺的高官厚禄,正如华盛顿所指出的那样,将外籍军官提拔至超越北美军官的高位,“势必引发普遍不满”,导致“北美军官在加官晋爵方面断了念想”。

华盛顿与外籍军官之间关系不睦的消息,巴黎方面无从知晓。迄今为止,迪恩并未得到任何有关招募志愿者的指示,而且请求指示的信函在长达一年多的时间内也石沉大海,杳无回音。于是,他继续求助于韦尔热讷,希望后者为其提供可靠的咨询者。然而,到了 1776 年 10 月,巴伯 - 杜宝和博马舍都已经下台。韦尔热讷开始推荐他在秘密外交机关时的挚友德·布洛依与迪恩接触,提供影响其招募决定的建议。11 月 5 日这一天,德·布洛依与迪恩两次会面,推荐德·卡尔布男爵作为志愿者候选人,与此类似的情况可能还包括对托马斯·康威的推荐。10 年前就曾作为法国王室密探前往北美的德·卡尔布,从北美回国后便已淡出军界。1775 年,他曾短暂复出担任德·布洛依的参谋;如今,德·卡尔布正急于重返军界。德·布洛依的大力引荐,加上德·卡尔布可以讲英语这一事实,让迪恩印象深刻,遂决定“绝对不能放过这样一位经验如此丰富的英才”。

德·布洛依之所以力挺德·卡尔布,不单是出自军中同袍的战友

情谊。时至今日,他依然坚持早先在“七年战争”刚结束时便已制定的反攻英国的计划。这一计划早已被束之高阁。不过,他预见到北美未来势必成为全新阵地,因此将德·卡尔布及邦沃勒尔推上前台将可能变为现实。随着战事正式展开,德·布洛依坚信,毫无经验可言的北美需要像他这样强有力的欧洲领导人来统领军队。他心里盘算的,貌似还是传统套路——试图给外国安插法国籍的领导人(这是由秘密外交机关首创)。就在德·卡尔布与迪恩达成一致意见后不久,德·布洛依就开始谋划让自己被提名担任这个新兴之国最高武装统帅,反过来,德·卡尔布又将这一计划转告迪恩,而迪恩则将这一想法“提交给”大陆会议。结果自然是没有激起一丝波澜。在这个问题上,德· 130
布洛依、德·卡尔布甚至迪恩都没有认识到北美人民的切身感受——对此,约翰·亚当斯后来曾表示,我们“在致力于摆脱英国的桎梏的同时,绝对不愿意再主动受制于法国的桎梏之下”。德·布洛依本人从未抵达美国实现自己的英雄梦想,但直接促成了许多日后无论在法国,还是北美都被奉为英雄的年轻军官纷至沓来。

拉法耶特侯爵吉尔伯特·杜·莫提耶含着银汤匙出生,但从小就不关注社会地位,而是酷爱“荣耀声名”。在十八世纪的法兰西,这一词汇的意义远远超过了简单的扬名立万,甚至在狄德罗(Diderot)及达朗贝尔(d'Alembert)合编的那部享有盛誉的《百科全书》(*Encyclopédie*)当中,也专门制定了词条,定义为追求更高荣耀声名的自然本能,为了崇高事业而非一己私利奉献自身。对拉法耶特而言,荣耀意味着追求像自己父亲那样的职业军人生涯。拉法耶特两岁时,父亲便在“七年战争”中的“梅登之役”(Battle of Minden)中阵亡。十三岁那年,拉法耶特就已经官拜火枪营少尉,十四岁时更是成为炮兵中尉。随后,他与诺艾利斯家族联姻,不仅收获了傲人的财富,还借此跻身于法国宫廷。

据称,拉法耶特最快乐的时候,便是与自己的士兵朝夕相处。1775 年夏,他正率领自己指挥的部队,根据德·布洛依的命令,在军事重镇梅斯练习军事机动。8 月 8 日,布洛依麾下军官受邀出席了一场不同寻常的晚宴,这位不寻常的贵客乃是借道前往意大利的格罗斯特及爱丁堡公爵威廉·亨利亲王(Prince William Henry, Duke of Gloucester and Edinburgh),此人是英王乔治三世的弟弟。席间,威廉亲王谈及刚刚传到欧洲的有关北美造反的消息,以及英方所采取的镇压反叛的决策。时任德·布洛依幕僚的德·卡尔布很可能听到了相关对话,但可以肯定的是,这对当时一同在场的年轻拉法耶特而言无疑印象极为深刻。在半个世纪后回忆起此事时,他曾表示,自己的好奇心被所听所闻深深触动,为自由而战的理念在很大程度上影响了他的想象空间……离席后,他脑子里便涌现出前往北美,给争取自由与独立的北美人民施以援手的念头。

尽管拉法耶特本人一再坚持,但德·布洛依在是否帮助前者前往北美这一问题上,显得畏手畏脚。直到 1776 年 11 月,拉法耶特在德·
131 卡尔布安排下,得以拜会希拉斯·迪恩。后者认识到拉法耶特在法国能够发挥的影响力——尽管他当时只有十九岁,事实上也只具备两年军事训练的资历经验——依然委任其为少将。德·卡尔布、拉法耶特和其他几位法国军官本来计划搭乘博马舍租用的一条商船赴美,但在出发前,因为博马舍向北美秘密运输货物的情报被斯托蒙特揭发,韦尔热讷不得不对其加以留置扣押。

拉法耶特本人也被发现他马上就要不辞而别的岳父所控制。如今,他已经是显赫的诺艾利斯家族成员,这意味着他需要对凡尔赛宫方面尽到义务,后者也对他赴美的计划持反对态度。除此之外,拉法耶特的妻子艾德琳正在待产。1777 年 2 月,拉法耶特被"发配"到伦敦,接受妻子的叔叔、时任法国驻英大使诺艾利斯侯爵的监督。这一安排的目的，旨在消除拉法耶特所谓的“共和幻想”。在那里，他被安排与攻占纽约后刚刚返回英国的亨利·克林顿中将，以及新任负责殖民地事务的国务大臣、当时刚被任命指挥北美战争的乔治·杰曼接触。拉法耶特甚至还被安排觐见了英王乔治三世。 132

《拉法耶特侯爵吉尔伯特·杜·莫提耶》
（1757—1834）
查尔斯·威尔逊·皮尔绘制，布面油画

但对拉法耶特而言，此次旅行只不过是掩人耳目的幌子罢了。在布洛依的帮助下，他早已出资买下瑞丘莱斯·贝斯马林及雷姆巴克斯公司改装，用于向北美偷运军火及志愿者的商船之一“维克多利号”（Victoire），从而将他本人、德·卡尔布以及其他十四名得到迪恩委任的法国军官运到北美，同船的还有用于向北美叛军兜售的一批步枪。3 月中旬时，万事俱备。拉法耶特于是赶回巴黎，与德·卡尔布汇合，同时迷惑自己的家庭以及法国宫廷派出的密探，随即这些人火速登上早已等候在岸边的“维克多利号”，并于 3 月底从波尔多起锚出海。这艘船在西班牙的帕萨赫斯短暂靠岸，拉法耶特借此机会赶回法国给妻子及凡尔赛宫方面说明自己的行为，旋即化装成信使赶回西班牙。最终，“维克多利号”于 4 月 20 日起锚，并于 6 月中旬抵达南卡罗来纳的查尔斯顿。在这里，这些法国军官整装待发，准备前往费城。但他们并不知道,他们即将要拜见的大陆会议,早已被纷至沓来的外国志愿者将耐心和金钱消磨殆尽。

西班牙军队即将备战并在西线驰援北美

正当1777年6月“维克多利号”行将驶入查尔斯顿之际,一位西班牙观察员正在英属西佛罗里达首府彭萨科拉,秘密记录当地的火炮、堡垒以及相关战争号令。自“七年战争”结束后,在哈瓦那及新奥尔良的西班牙官员就一直对佛罗里达保持密切关注,并且秘密派遣商人、渔民等严密监视、记录英国的军事部署及调动。对试图重新夺回佛罗里达以及墨西哥湾控制权的西班牙而言,彭萨科拉当属重中之重。此地坐拥广阔的湾区,但只能通过狭窄的水道进出,因而成为英国舰队袭击西班牙后便返回受保护区域的理想良港。虽然彭萨科拉
133 如此重要,但被派出的观察者(被统一形容为“值得信赖者”,以掩人耳目)仍报告称,此地城防规划蹩脚、建设马虎、装备不足、兵力匮乏。这里装备的火炮主要是些海军型的重炮,其中超过半数缺乏炮架,战时根本无法迅速部署。堡垒的城垣也无法承受持续炮击。负责城防的士兵则被评价为“不堪一用”。而且,粮饷匮乏。彭萨科拉总督彼得·切斯特同样在新奥尔良安排了眼线,对西班牙方面的威胁心知肚明,但他向伦敦方面反复要求派遣援军、增补弹药的请求,收效甚微。7月初,西班牙特工返回新奥尔良进行汇报。

听取汇报者伯纳多·德·加维斯此时刚刚就任路易斯安那省督不过半年,这位快速崛起的军中新星,是西班牙政府印度事务大臣何塞·德·加维斯的侄子。年仅三十一岁,便得到如此拔擢,伯纳多·德·加维斯无疑上面有人,但更由于他本人能力超群、勇敢无畏、意志坚决。他出身于马拉加一个名为马查拉维亚的小镇,十六岁时便以中

尉身份参与“七年战争”中进攻葡萄牙未果的作战行动。1765 年，他随同叔父一道前往新西班牙殖民地视察。四年后，他被任命为远征军上尉，奔赴北美抗击素以骁勇善斗、战术娴熟著称的阿帕奇族印第安人。他所在的远征军分队，因为缺少补给，很多人主张原路返回，但伯纳多·德·加维斯此时站了出来，发表了被后世推崇的豪言壮语，“即便没有一人跟随，我亦要孤身前行”。如此一来，他的下属也只好不畏艰险，奋勇向前，并取得了辉煌的战绩。后来，历经殖民地及欧洲等地征战磨练，伯纳多·德·加维斯果敢无畏的领袖气质日益展现。1776 年，他前往新奥尔良，作为上校担任该殖民地唯一正规军“路易斯安那常备团”负责人，同时还统领作为预备队的当地民兵。上任不久，民众便呼吁推举其替换路易·昂萨加-阿梅萨卡，担任路易斯安那省督。他也因为迎娶克利奥尔女子玛丽·菲丽丝·圣-马可欣特·德斯特罕(Marie Felice de Saint-Maxent d'Estrehan)，并共同生育了三名子女，从而成功与本地法裔族群拉近了距离。他甚至还赢得了对手彼得·切斯特的尊敬，在通过密探得知彭萨科拉粮食短缺的消息之后，加维斯便下令向英方提供 150 桶小麦。

虽然前任省督昂萨加认为偶尔接济北美金钱、武备即可，伯纳多· 134
德·加维斯却选择以更为明目张胆的方式支援北美叛军。1777 年 1 月 1 日就职后，他便雷厉风行地打击英方走私行为，开放新奥尔良港作为北美贸易集散地，同时保护北美商船免受英方拿捕。5 月，他开始调遣西班牙商船，以奥利弗·波洛克及图坦特·博雷加德家族为中介，向西线作战的北美军队运送武器弹药。1778 年 3 月，伯纳多·德·加维斯的决断力面临检验。这时，以詹姆斯·威灵格(James Willing)为首的北美突击队在新奥尔良被查获。詹姆斯·威灵格是金融家托马斯·威灵格(经营威灵格与莫里斯商社)的弟弟，本人也同波洛克有生意往来。詹姆斯·威灵格被大陆会议任命为船长，率领一艘诨号“老鼠夹”(Rattle Trap)

的平底船攻击密西西比河东岸的英军据点,并奉命向伯纳多·德·加维斯申领补给品。他在纳奇兹等地进行的突击行动颇为残忍,但也的确拿捕了若干英国船舶,然后将所有战利品拿到新奥尔良兜售。上述行为彻底激怒了彼得·切斯特,言辞激烈地要求西班牙方面必须交出威灵格及其手下。伯纳多·德·加维斯尽管面对威胁将自己的城市夷为平地的两艘英国护卫舰,依然表示严守中立,拒绝向英方交出北美人员及相关战利品。与此同时,他通过波洛克安排威灵格的部队安然返回密西西比,同时赠与其300支步枪以及大量弹药被服。威灵格本人则搭船前往费城,但不幸途中被英方截获。

作为大陆会议的代理人,波洛克本来希望西班牙方面赠与的上述物资能够提供给大陆军,但在圣路易斯被弗吉尼亚民兵中校乔治·罗杰斯·克拉克(George Rogers Clark)截胡,就地私分。克拉克驻守的皮特要塞是北美军队西线作战的大本营,同时也是防御英国副总督亨利·汉密尔顿(Henry Hamilton)驻守的底特律要塞(Fort Detroit)威胁的门户。克拉克希望使用波洛克的补给品,继续扩大其对俄亥俄河及密西西比河流域伊利诺伊境内英国定居点的袭扰,而这里正是各方争夺的俄亥俄河谷的组成部分。如果上述袭扰作战取得成效,就会让美方彻底掌握通向新奥尔良的这条颇具战略价值的商路。

1778年5月,克拉克率军,携带来自波洛克的补给品、由威廉·林恩中尉于前一年购自新奥尔良的西班牙火药,离开皮特要塞。7月,通
135 过一系列神出鬼没的快速突袭,兵不血刃,克拉克便占据了卡斯卡斯基亚(Kaskaskia)、卡霍基亚(Cahokia)以及万塞讷(Vincennes)等重要法语区城镇。此后不久,他又拔营挥师圣路易斯,抵达后,在其坚持下,伯纳多·德·加维斯的副手费尔南多·德·雷巴(Fernando de Leyba)向其交付了波洛克的军需品。不到数月,来自底特律要塞的英军便收复了万塞讷。一心想要夺回这一定居点,但又无法从弗吉尼亚

负责人帕特里克·亨利处获得粮饷的克拉克,再次要求波洛克提供更多的火药枪炮,后者则以个人名义从伯纳多·德·加维斯处赊购。除此之外,克拉克还向雷巴以及一位当地意大利裔商人弗朗西斯科·维戈(Francesco Vigo)赊得更多的军需物资。1779 年 2 月,顶着荒野中刺骨的严寒,他率领 170 名勇士,长途奔袭 200 英里,重新夺回万塞讷,同 136
时活捉亨利·汉密尔顿。尽管最后未能如愿攻陷底特律要塞,但克拉克取得的上述胜利——无疑得到了西班牙方面武器、补给、弹药的巨大支持——帮助西线保持了安稳,免受英军的进一步威胁。

《伯纳多·德·加维斯》(1746—1786)
称由马里亚诺·萨尔瓦多·莫拉于 1784 年绘制,布面油画

回头看马德里方面，西班牙王室也对北美地区的英国威胁心有戚戚，但在他们看来，最大的问题并非存在于密西西比河上游地区，而是墨西哥湾周边。特别是1778年法国决定在西班牙缺席的情况下单方面与北美结盟，更加剧了上述威胁。当听到法美即将结盟的消息后，何塞·德·加维斯便提醒佛罗里达布兰卡，“我们必须认识到，战争已不可避免，建议立即派遣部队强化古巴、波多黎各以及新西班牙等地防御”。他同时还任命自己的哥哥马蒂斯·德·加维斯（Matías de Gálvez）担任危地马拉都督。这里所受威胁最大，因为英方早已占据了“蚊子海岸”（Mosquito Coast）一线的伐木点。西班牙方面主要担心的问题之一，便是英方通过控制广袤的尼加拉瓜湖地带，分割西班牙帝国属地，并在这里兴建人工水道，直接连通大西洋与太平洋。马蒂斯·德·加维斯于1778年6月到任后，开始巩固海防河防，在尼加拉瓜湖内组建了海军舰队，并为新招募的步兵和民兵订购了一万支步枪。有担任印度事务大臣的亲兄弟，意味着上述要求可以更为便捷地得到满足。

马蒂斯之子伯纳多·德·加维斯同样忙于备战，但他所准备的是发动进攻，而不是消极防守。他的目标，在于夺取墨西哥湾区，特别是彭萨科拉及莫比尔等地的英军要塞，为此，他需要相关地区的最新情报。1778年2月，在法美同盟的消息传来之前，他便派遣陆军上尉贾西托·潘尼斯（Jacinto Panis）从彭萨科拉启程，途经莫比尔，名义上是向彼得·切斯特送信，抗议英军在密西西比河上屡次采取冒犯行为。在实际上，他的任务是刺探并汇报上述地区的城防及兵力部署。“冒犯”确有其事——西班牙贸易商人经常在顺流而下时，遭到英军开枪射击——伯纳多·德·加维斯显然更加清楚，对此，切斯特也爱莫能助。潘尼斯的间谍任务并未暴露，7月，他回报伯纳多·德·加维斯，
137 尽管莫比尔居民已经被詹姆斯·威灵格突袭的消息弄得身心俱疲，但并

未采取措施预防美方发起的类似进攻。“城防设施非常差，”他提到，“军营状况同样不佳。”城垣荒废，近乎洞开。几乎所有的火炮均缺乏炮座，堑壕经常为杂物堵塞。彭萨科拉的情况却与此大相径庭，威灵格突袭事件刺激了切斯特，他再次加筑堡垒，已经明显改变了一年前伯纳多·德·加维斯差遣的“值得信赖者”所报告的凋敝状况。要塞城墙得以加固，火炮纷纷安置就位。从上述报告中，伯纳多·德·加维斯获得了对湾区英国要塞发动进攻所需要的相关情报。

伯纳多·德·加维斯想要发动任何进攻，都必须得到哈瓦那方面的支持，对此古巴都督迭戈·乔塞·纳瓦罗心知肚明，他需要自行收集英方情报。尽管到任后他继承了前任安东尼奥·玛利亚·巴卡雷利－乌苏阿所建构的由渔民、商人、教士组成的情报网，但他仍然开始转向北美土著寻求帮助。纳瓦罗选派精通数种印第安语言的前殖民者弗朗西斯科·瑞兹·德尔·坎多(Francisco Ruiz del Canto)，与佛罗里达西部阿巴拉契亚山麓地区的优奇族印第安人共同生活，以掌握这一区域英国人的一举一动。优奇族印第安人经常与古巴开展贸易，而坎多很快便发现，尽管优奇族领袖图纳普(Tunapé)及陀罗普(Tolope)倾向与西班牙保持密切关系，但其他印第安部族，如克里克族、乔克托族及切诺基族都在积极支持英国人。于是，坎多积极鼓励优奇族印第安人监视英国人在彭萨科拉等地的活动。一旦他们报告，例如，士兵后勤补给不足，或者彼得·切斯特调兵前往密西西比河流域征缴威灵格，坎多就会将这些消息汇报给身在古巴的纳瓦罗，同时差遣胡安·埃里古奥·德·拉·普恩特(Juan Eligio de la Puente)——人在费城的胡安·米拉雷斯的妻舅——在圣奥古斯汀附近与优奇族人接头，并按照其叙述画下地图，制定攻城计划。伯纳多·德·加维斯与纳瓦罗已在佛罗里达地区业组建起一整套行之有效的哨兵及间谍网络，从而为西班牙加入这场已开战数年的战争做好了准备。

法国志愿者接受战火历练

当拉法耶特与卡尔布于 1777 年夏抵达费城时，这场战争已经持
138 续了两年有余，而这座城市中前来请战的外国人如雨后春笋般随处可见。1776 年春夏之交出现的最早一批志愿者零星稀少——韦伯特、佩利西耶、柯斯丘什科以及科莫万——因此大陆会议尚可为他们在军中谋得一席之地。到了同年秋天，志愿者开始小规模地汩汩而来，这已经让军方不堪重负。乔治·华盛顿需要面对看似没完没了的申请，这些来自圣多曼格、“对英语一窍不通”的法国人根本不考虑军费或后勤问题，张嘴便要求组建法籍加拿大步兵团。“我不得不花费一半左右的时间应付这些人的抗议，”他如此向霍雷肖·盖茨尖刻抱怨道，“向他们解释为什么没有办法满足其要求——除了这里从来就没有办法提供的食宿条件之外。”到了 1777 年春，大陆会议设立了外籍申请者委员会（Committee on Foreign Applications），由会议代表中少数能讲法语者之一、来自马萨诸塞的詹姆斯·洛维尔（James Lovell）担任主席，负责对志愿者进行遴选。即便如此，面对搭载博马舍租用的“安菲特里忒号”及“水星号”而来的数十位军官，以及随后而来的更多志愿者，依然力有不济。由志愿者个体汇成的洪流，彻底淹没了华盛顿及大陆会议，令其根本无法招架。

大陆会议虽然认为最好还是尊重迪恩与搭载博马舍租船而来的法国军官所签订的合同。大陆会议代表对能够讲英语的托马斯·康威印象颇深，遂于 5 月 13 日委任其为准将，指挥宾夕法尼亚第三步兵旅。几天后，携带迪恩签发的中将委任状，宣称“可全权下达所有与炮兵、工兵有关的命令”的寇德雷，却没有这样好运。这一任命惹恼了华盛顿，他明确告诉大陆会议，如果委任寇德雷的官职位阶高于亨利·诺克斯等美籍

军官,将会给整个炮兵军官团造成困扰,甚至导致其分崩离析。进退维谷的大陆会议,面对干脆不承认对寇德雷的任命,或者导致高级美籍将领临阵辞职的两难境地,最终选择了一个折中的妥协办法,即任命寇德雷为少将,担任新设立的参谋类军职——负责军令及军械的总监军,但无权管辖其他将军。他和他的手下,包括皮埃尔·夏尔·朗方,被打发去加筑由柯斯丘什科与里埃尔开始修建的比灵斯波特要塞。

大陆会议依然继续招募有经验的工程技术人员。前一年的 12 月份,当本杰明·富兰克林抵达巴黎时,他随身携带了秘密通信委员会 139
要求招募具有一技之长工程师的请求,“韦尔热讷伯爵欣然同意”。被外交大臣选择作为领头人的,是路易·勒贝格·德·普莱斯尔·杜波泰尔,这位来自皮蒂维耶(Pithviers)的 34 岁年轻人,受过精英教育,毕业于梅济耶尔的皇家工程学院,刚刚负责完成工兵军官团的筹建工作。跟他同行的还包括其他三位皇家工程学院毕业生:路易·德斯·哈耶斯·拉·雷蒂尔(Louis des Hayes de La Radière)、让-巴普蒂斯特·古维翁(Jean-Baptiste de Gouvion)以及让·巴普蒂斯特·约瑟夫·劳梅(Jean-Baptiste Joseph de Laumoy)。携带富兰克林及迪恩签发的委任状,他们于 1777 年 3 月离开南特,前往圣多曼格,并在那里搭乘博马舍租用的商船前往北卡罗来纳,再借陆路奔赴费城,并于 7 月初最终抵达目的地。洛维尔及外籍申请者委员会非常看重这批专家。华盛顿认识到难免与自视甚高的寇德雷产生摩擦,于是杜波泰尔及其团队在米福林堡(Fort Mifflin)巩固城防,增设拒马。此处特拉华河防工事,位于比灵斯波特对面的特拉华河上游。

时光推移,情况发生了变化。随着越来越多外国志愿者纷至沓来,即便对那些具有特长者,大陆会议的耐心也逐渐消磨殆尽。因此,当年春天法国炮兵军官奥古斯汀·莫廷·拉·巴姆(Augustin Mottin de La Balme)虽然被委任为炮兵总监军,然而,随后不久抵达北美的两位久经沙场的骑兵将领——来自波兰的卡齐米日·普瓦斯基(Casimir Pulaski)及来自匈牙利的迈克尔·寇维茨·法布里齐(Michael Kovats de Fabriczy)——委任官职的申请就遭到拒绝。只不过这两位依然主动参加了大陆军。乔治·华盛顿本人的耐心也几乎耗尽。虽然此前在特伦顿及普林斯顿接连取胜,但兵力装备的严重匮乏,导致接二连三地在金斯布里奇、纽约、邦德布鲁克、新泽西等地遭遇小规模的挫败,特别是1777年7月痛失战略要塞提康德罗加堡。跟来自潜在盟友的军官打交道所可能引发的政治后果,只会让局势雪上加霜。“阁下根本无法想象此类人等对于部队,特别是对本人提供贡献的无足轻重,他们当中很少有人真正具备其所宣称掌握的军事知识,即便掌握,也因为不懂英语而毫无用武之地。”他在写给大陆会议的信中坦言。但华盛顿无法主动开除这些人,因为担心此举会冒犯法国盟友,但又不能让这些军官予取予求。他恳请富兰克林不要再选派军官,甚至不要再亲笔撰写推荐信,以避免鼓舞这些人远涉重洋,费尽千辛万苦而
140 来:“否则,我们只能干脆拒绝所有人的委任,或者只能在委任后不加调遣或编入部队”。

正是在这样一种包含敌意的氛围中,德·卡尔布、拉法耶特以及他们的同行者于1777年7月28日抵达费城的次日,正式造访大陆会议。作为负责外籍军官任命工作的洛维尔,在楼梯处接见了这几位,但并未将他们请入办公室,而是在大街上用颇为精确的法语对其进行了一番“说教”,俨然将这几位志愿者当成了“佣兵”,其中的一位后来曾这样回忆。洛维尔一语道破了问题的核心:希拉斯·迪恩滥权行事,选派寇德雷及其他几位根本算不上工程师的所谓技术人员,以及根本没有当过兵的炮兵军官前来美国。一条鱼毁了一锅汤的寇德雷刚来到北美便因为口无遮拦而惹下大祸,他宣称美国人得到的所有援助都是拜他一人所赐,而将其他所有法国志愿者贬低得一文不值。最

141

后,洛维尔表示,富兰克林推荐过来的四位工程技术人员(杜波泰尔等人)才是北美方面真正需要的可用之才,除此之外,别无他求。话音刚落,他便转身返回楼内。

《路易·勒贝格·德·普莱斯尔·杜波泰尔》
(1743—1802)
查尔斯·威尔逊·皮尔绘制

洛维尔粗鄙的言行——和此前热情欢迎杜波泰尔等人形成了鲜明对比——尖刻程度却丝毫不及他所使用的“佣兵”字眼。对此,北美人民最为忌恨。他们在《独立宣言》中就使用该词,用来指代被乔治三世雇来参战的黑森部队,而这恰恰正是导致大陆会议投票赞成独立的重要诱因之一。除了黑森佣兵之外,北美人民鲜有与外国军队交战的经验,因此会先入为主,对这些法国志愿者保持高度的不信任态度。但在十八世纪的法国乃至欧洲,情况却与此大相径庭。当时,很多欧洲国家都不设置常备军,在一定程度上依赖于“领主体制”,按照其能够统领的部队人数向军官支付薪酬,各级军官也大多由外国人担任。也就是说,为其他国家王室服役并不等于佣兵,毕竟士兵奋战的目的,不仅是为了得到金钱,还包括荣耀与地位。1776 年,法国军队中就编有由爱尔兰籍士兵组成、俗称“野鹅”(Wild Geese)的六支步兵团,托马斯·康威便是其中一员。除此之外,还有来自瑞士、日耳曼诸邦以及亚平宁半岛的士兵在法军中服役。西班牙军队中也有爱尔兰及法国官兵的身影。显然,没有什么理由期待德·卡尔布及拉法耶特会推定北美的情况与上述情况存在任何差别,他们也肯定没有想到过自己担任志愿者的动机居然会遭到质疑。

志愿者来自欧洲各国——亚平宁诸邦、日耳曼诸邦、波兰、匈牙利——但来自法国的志愿者人数最多,其中很多人在战事于 1778 年扩大前便已来到这片土地。无论当时还是现在,志愿参与国外战争的人,动机大多不尽相同。大部分人来到北美,是为了同英国作战,当然,也有一部分人是为了美利坚合众国而战。二者不可一概而论。在富兰克林及其他北美特使驻留巴黎期间接待的四百余名志愿者中,只有很少一部分将报复英国这一政治目标作为自己希望赴美参战的理由——但提到复仇却并不一定是必须的,毕竟这一点早已人尽皆知。因此,大部分人所谈到的都是与敌人作战的责任与荣耀。对部分志愿者而言,选择已经不再是选项:或者赴美打击英国,或者干脆置身事
142 外。“七年战争”的惨败,催生法国国内的一系列改革浪潮,特别是导致“领主体制”的颠覆。1775 年,路易十六上台后,选择圣日耳曼伯爵担任陆军大臣,而后者新官上任后首先开刀的便是废除军官团,转而效法普鲁士,根据军官的年功序列而非其所能雇佣士兵之多少来加官晋爵。尽管上述改革措施很快便夭折(1777 年岁末圣日耳曼伯爵便被蒙巴雷亲王所取代),但仍然产生了效果,将一些军官编入预备役,也就是说,他们几乎没有机会重新披挂上阵。随着希拉斯·迪恩及本杰明·富兰克林的到来,很多这些“被改革”的军官,如拉法耶特,都开始跃跃欲试,想到北美大陆一显身手,追求军人的责任与荣光。

其他志愿者前来参战,则是受到北美人民奋起反抗专制独裁,争取正义与独立的光辉形象感召,这多少类似于历史上勇敢抵抗外敌的雅典人与斯巴达人。在大众传媒(如《法国新闻报》及《各地要闻》)上

经常会看到此类描述,甚至会将乔治·华盛顿和“历代伟人”相提并论,连“造反派”一词也被从故纸堆中翻了出来,专门用来指代北美革命者。富兰克林面对的诸多申请者都会在北美独立这个话题上巧舌如簧。一位来自阿尔萨斯地区的申请者宣称,自己渴望在如此坚决捍卫民主的国家建功立业。而拉·巴姆也表示,他加入造反派的初衷,便是“酷爱自由”。拉法耶特在“维克多利号”上漂洋过海时写给爱妻的信中,表达了自己不仅渴望声名荣耀,而且还渴望以他唯一可以想见的方式,捍卫“我所珍视的自由”,这就是“作为朋友为这个极为吸引人的共和国贡献心力”。尽管《独立宣言》本身便在很大程度上受到孟德斯鸠、伏尔泰等法国启蒙思想家的启发,但对很多北美人而言,在独裁体制下成长起来的法国人居然欣赏甚至肯为共和而战,颇为不可思议。杜·彭骚这样回忆他1777年岁末抵达波士顿后遭遇到的如下境遇。

> 我当时是十分坚定的共和主义者;从刚开始认识到这一点便是如此。我永远都忘不了当塞缪尔·亚当斯发现我秉持共和原 143
> 则时对我的溢美之词。
>
> “你是在哪里,”他当时问,“知道共和思想的?”
>
> “法国”。我答道。
>
> “法国?! 怎么可能?!”半晌醒过神来,亚当斯补了一句,“的确,人不应因为生在马厩里,就成为马。”

无论前来北美的初衷是什么,这些来自法国及欧洲其他国家的军官想要参战,的确需要克服诸多困难。塔德乌什·柯斯丘什科以及夏尔·阿曼德·杜芬即便刚刚经历船难,依然坚持向大陆会议申请担任志愿兵,堪称众多展现志愿者决心故事的范例。而初来乍到的很多法国人,还要遭遇冷嘲热讽,毕竟就在十五年前,法国还是北美的死敌,现在突然转身成为盟友,多少让人难以接受。在法西战争期间成长起来的纳撒内尔·格林,将法国军官“视为安插在我方阵营内部的大量间谍,同时根本摆脱不掉佣兵的标签”。除了彼此敌意难消之外,还有文化冲突带来的震撼感觉。很多贵族习气十足的法国军官很难适应这个被贫农称兄道弟的国度。更多外籍志愿者则对北美人为独立而战(这个经常被冠以“正义事业”的神圣字眼)的决心感到失望。杜波泰尔在最初写给韦尔热讷的信中抱怨:“在任何一间巴黎咖啡馆里汇聚的对这场独立革命的热情,都要比整个北美大陆加起来多一百倍。”对此,他后来解释,特别让法国人感到痛心的是,在这场战争中,“可以肯定,是为了我们自身,而不是为了北美人的正义事业”,这是因为目前法国的威仪尊严与战争结果捆绑在了一起,而北美这些家伙却可以转身回到英国人的怀抱。

杜波泰尔或许对北美人民的决心存在误读,但却敏锐地捕捉到法国的命运的确在很大程度上与美利坚合众国的命运捆绑在了一起。威廉·豪将军发起攻占费城的战斗,以及大陆军随后发动断其后路的战斗,成为检验大量新抵达北美的法国及其他欧洲国家军官的试金石,并一举改变了大陆会议及北美高级军官对这些志愿者的偏见。1777 年 7 月,北美首都充斥形形色色的外籍志愿者,与此同时,豪将军麾下的 17000 名英军及黑森佣兵搭乘 200 多艘战舰,穿越斯塔滕岛,在珀斯安博伊如潮水般登陆。24 日,英军舰队荡平桑迪岬,随后,用乔
144 治·华盛顿的说法,消失在了大西洋中。豪的舰队后来又再次出现在特拉华河口,但他早已被手下警告,比灵斯波特、米福林堡、默瑟堡乃至河流北部皆有重兵严防死守,豪也担心,如果过于深入特拉华河下流地区,可能会遭遇乔治·华盛顿的痛击。因此,他决定北进切萨皮克湾,次日,在马里兰的埃尔克河口登陆。华盛顿、格林以及拉法耶特对英军阵地进行侦查。三人都佩戴司令官的衔章,这是因为,就在洛维尔大放厥词后的第二天,大陆会议突然改变了此前的看法。认识到

拉法耶特身份非同一般,可能影响法国宫廷态度,大陆会议委任其为少将,但不享受年俸,不赋予指挥权。尽管拉法耶特一再坚持,但其他的几位法国军官(包括德·卡尔布)纷纷离开,各谋生路。像对很多其他年轻军官那样,华盛顿悉心照顾拉法耶特,对其品格言行悉心指导。不知出自无心抑或有意,年轻的拉法耶特并未将其视为上级的教诲,而是体会到了“亦父亦友”的特殊感情。在这方面,他的直觉要比司令官华盛顿更为准确,两人的关系很快便超越了职业上的往来,而发展到类似家人的亲密程度。

在豪及其手下查尔斯·康沃利斯和威廉·冯·克尼普豪森(Wilhelm von Knyphausen)一路奔袭费城的同时,华盛顿也在布兰迪万湾东岸排兵布阵,希望中途截击。其中两个旅的准将,分别由搭乘博马舍租用货船抵达北美的托马斯·康威以及菲利普·赫伯特·普罗德霍姆·博雷(Philippe Hubert Preudhomme de Borre)担任,其他的法国军官则被分配到了不同的作战部队,其中就包括寇德雷的两名副官弗朗索瓦-路易·忒瑟德尔·弗勒里(François-Louis Teissèdre de Fleury)以及莫迪·杜·普莱西斯(Mauduit du Plessis)。9 月 11 日,两军对垒。借着清晨雾霭的掩盖,豪下令克尼普豪森率小股牵制部队向布兰迪万湾西岸佯动,其正面即为北美军队主力驻守的查兹福德(Chadd's Ford);与此同时,豪本人则与康沃利斯一道,率英军主力北上数英里,偷渡布兰迪万湾,向北美军队右翼发动突袭。北美军队方面,约翰·沙利文少将调遣摩西·黑泽恩率领的加拿大第二步兵团阻止英军进一步开展渡河等兵力部署行动。接近晌午,克尼普豪森在美军主力正面暂时停下脚步,转而由炮兵从河对岸对美军实施炮击,黑泽恩派人
向华盛顿报告称,他的部队发现有大量英军正在从更靠北的位置横渡 145
布兰迪万湾。但华盛顿认为这份报告缺乏证据,没有当机立断从正面分兵前往截击。到了下午两点左右,豪以及康沃利斯渡河完毕,并占

据了华盛顿军队右翼的制高点奥斯本山（Osborne Hill）。沙利文则快速调动部下，即黑泽恩、斯特灵勋爵威廉·亚历山大（William Alexander）以及约翰·史蒂芬斯（John Stephens）占领位于伯明翰之友会堂（Birmingham Friends Meetinghouse）的高地，以正面迎击豪的军队。下午四时，身着红色军服的英军列队从奥斯本山鱼贯而下，刺刀上膛，冲入沙利文侧翼。

北美军队没有见过刺刀肉搏的阵势，指挥官也缺乏在复杂地形驾驭部队的经验。于是，有些部队一触即溃（其中便包括普罗德霍姆·博雷率领的马里兰第二步兵旅），而其他人，例如托马斯·康威所率领的宾夕法尼亚第三步兵旅，则坚守阵地、一步未退。华盛顿在拉法耶特的陪同下抵达伯明翰战场时，恰好亲眼目睹了沙利文阵线溃败的全过程。总司令策马赶回查兹福德，以调动纳撒尼尔·格林的部队前来增援，将拉法耶特留下交给康威。看到美军战线一退再退，拉法耶特从马上跳了下来，招呼部队转身进攻，同时告知部队上刺刀，准备近距离对敌刺杀。当英军迫近到正面二十码时，一颗弹丸从膝盖上方射穿了拉法耶特的大腿，鲜血瞬间从他的军靴上方喷涌而出。副官让-约瑟夫·索巴德·吉迈特（Jean-Joseph Sourbader de Gimat）帮助失血过多的拉法耶特爬上战马，与战场上的其他人一道撤回树林。随后，拉法耶特才有机会接受医疗救助。

卡齐米日·普瓦斯基虽然没有一官半职，但依然在战场上追随华盛顿左右。目睹康沃利斯已楔入沙利文侧翼，普瓦斯基便说服华盛顿，调遣三十名骑兵，由自己率领攻击康沃利斯的左翼。突袭成功阻滞了英军前进的步伐，斯特灵勋爵及斯蒂芬斯得以率部有序撤退至切斯特镇。接下来，普瓦斯基又率领这只临时拼凑起来的骑兵队伍向克尼普豪森的侧翼猛攻——后者此时已经横扫查兹福德，正咬住安东尼·韦恩紧追不放——从而让北美军队及火炮辎重能够趁着夜幕全身而退。

此役，豪在战术上彻底压倒华盛顿，后者能向大陆会议报告的最好消息，便是他手下的残余部队明日尚可一战。其他人则对此显得更加宽容，特别值得一提的是波士顿《独立记事报》（*Independent Chronicle*）上刊登的一篇报道。这份报道最终被送到了本杰明·富兰克林手上，后者也肯定会乐于在巴黎城对此报道大肆宣传。 146

> 参加此次战斗的法国军官人数众多。拉法耶特侯爵这位战绩斐然的年轻人，在战斗中表现出的勇敢无畏，与其高贵的出身及平和的品格极为相称。波兰伯爵普瓦斯基亲率轻骑兵，冒着枪林弹雨冲入敌阵。与诺克斯将军同一家族的普莱西斯骑士，后来发现帽子被打穿了三个弹洞。年轻的弗勒里骑乘的战马英勇战死，但考虑到他体现出来的勇敢及其本人的重要性，驻扎在大陆会议附近的北美军队又为他配备了一匹新战马。如果不想办法为表现如此优异的法国军官配备一匹新战马，显然有失公允。

大陆会议由此改变了对待外籍军官的看法。布兰迪万之战后一周，大陆会议便任命德·卡尔布为少将（就在他即将搭船返回欧洲时接到了这一消息）；任命普莱西斯担任准将，负责北美的骑兵部队，这一位阶甚至高于拉·巴姆，后者并未参与本次战争（并由此辞去自己的任命，最终战死在西线）。让各方感觉如鲠在喉的寇德雷去世的消息，无疑让这种态度的截然转换变得愈发有底气——在与华盛顿会师途中搭乘渡船时，因战马受惊，寇德雷连人带马落入斯库基尔河，不幸溺亡。对他的离世，法美双方都未表示哀悼。约翰·亚当斯尖刻地评论道："他的逝去可以让我们节省大量口舌"。而拉法耶特则将这一溺亡事件冷冰冰地形容为"意外事件"（或许还是一个让各方感觉颇为幸运的事件）。

对德·卡尔布以及普瓦斯基颁发任命的同时，大陆会议也在准备前往纽约。9 月 26 日，豪的军队势如破竹，直抵费城；在军队机动调配方面，豪再次胜过华盛顿，后者及其麾下军队此时正重兵拱卫设在雷丁的兵工厂，但预期的英国进攻却久等未至。在“帕欧里之战”中，豪率领的英军围歼了安东尼 · 韦恩；一周后，华盛顿也在“日耳曼敦之
147 战”中败北。但大陆军依然未将自己的首都拱手让人。特拉华河是英军的生命线，其粮秣给养都依靠船运。如果能够据守沿河的北美要塞，势必扼住英军的喉咙，令其陷入困境。然而，豪的军队却轻取位于特拉华河下游末段的兵力空虚的比灵斯波特，并开始向最靠近北美首都的两座要塞发动进攻。弗勒里负责防守米福林堡，而默瑟堡的防守则由普莱西斯担纲。二人相互协助，在长达六个礼拜的时间内，白天指挥炮击，击退英军的进攻，夜晚则抢修因遭遇英军舰炮、岸防炮袭击导致的毁损。进入 11 月中旬，豪发起全面总攻，最终将北美军队从要塞中赶了出去。

此时，费城已经牢牢掌握在英国人手中。而华盛顿率领的北美军队，虽然在年初时借由“特伦顿之战”及“普林斯顿之战”极大提振了士气，但如今士气落入谷底。“布兰迪万之战”及“日耳曼敦之战”的惨败，以及费城的陷落，都与霍雷肖 · 盖茨在萨拉托加所取得的炫目大捷形成了鲜明对比。华盛顿无能的论调开始在大陆军内部及大陆会议中甚嚣尘上。在宾夕法尼亚政府大楼的楼梯上，还出现了名为“自由人之思”的匿名信，对北美军队目前的状况深表担忧。大陆会议中李 - 亚当斯一派更是不停鼓噪，主张应当由盖茨取代华盛顿担任大陆军总司令；对此，盖茨本人更是深以为然。让华盛顿下台的这一短命吹风运动后来被称之为“康威帮”（Conway Cabal），尽管托马斯 · 康威本人在其中发挥的作用微不足道。他只是若干认为盖茨比华盛顿更具军事能力的军官之一，而其中最著名的莫过于曾负责北美军需的托马斯 · 米福林（Thomas Mifflin）。康威的错误之处在于，在写给盖茨

的一封有欠考虑的信中，他将华盛顿形容为一个“软蛋”将军。听到风声的华盛顿直接找康威对质，后者矢口否认曾经写过这些话，并就此提出辞呈。但大陆会议设立用来掣肘华盛顿的战争委员会此时落入盖茨及米福林手中，他们为了削减华盛顿的兵权，反而将康威拔擢为少将，任总监军，负责大陆军的组织及训练工作。即便如此，所谓“康威帮”也只不过是几封散播谣言的匿名信而已，根本无从撼动华盛顿与其最信任的某些将军之间的关系。恰在此时，华盛顿的军队又迎来一个最大的劲敌——福吉谷的严冬。

在福吉谷缔造专业化的大陆军

随着寒冬迫近，华盛顿必须作出决断，是发动猛攻将豪赶出费城， 148
还是寻找地点安营扎寨；如果选择后者，哪里才是最佳地点。1777 年 11 月 24 日，他召集手下十五名高级军官进行了专门研讨，其中就包括诺克斯、格林、沙利文以及斯特灵。其中德・卡尔布及杜波泰尔都是首次参加，后者从 7 月份开始担任总军械师，并于数日前刚刚被提升为少将。华盛顿召开会议的目的本来是征求各位将军关于“对费城发动进攻的时机”的意见和看法。他的军队毫无包围并攻占堡垒森严的城防的经验，而这在欧洲过去百年的战争史中具有标杆意义。因此，他需要良策，不仅有关相关战术，而且还包括与进攻所需要的后勤及战略相关的建议。

当华盛顿逐一审阅反馈回来的书面意见时——四名将军赞成进攻，其余十一名将军表示反对——杜波泰尔不赞成进攻的意见尤以驾驭问题游刃有余、相关分析精辟入里而引人关注。这反映出他多年浸淫欧式战争的训练成果及从中汲取的宝贵经验，尤为难得的是，他可以一方面高屋建瓴，另一方面事无巨细，从战略高度和技术细节两个层面把握问题。华盛顿一定在群贤齐聚时,感觉到了“英雄所见略同”的力量。前一年,就在“长岛之战”结束后不久,华盛顿曾致函大陆会议,详细说明自己所奉行的费边战术:“除非情不得已,否则应当避免毕其功于一役,孤掷一注;我们更应当想办法避免陷入情不得已的状态。”其后续开展的“邮差战”引发了大陆会议及某些将领的猛烈批判,但也让大陆军变得更加团结。如今,杜波泰尔依靠独立判断得出了相同的结论。他批判了在进攻受阻且缺乏有效退路的情况下贸然对费城发动正面进攻。“与敌人面对面、硬碰硬,对我来说,十分艰难且异常危险。这将使得我方在进攻失利的情况下面临一溃千里的风险。”他使用修辞手法反问道:“难道我们应当将北美的命运押在某次进攻
149 行动上?”这个问题一直困扰着华盛顿,现在,他终于找到了可以基于实践立场帮助自己确切解决这一问题的良师益友。这个人,就是他在对英作战愈演愈烈,战况不断升级的情况下,他能够也将倚重的不二人选。

在作出不贸然进攻费城的决定之后,华盛顿接下来的任务就变成了建设一个冬季营地,对这一问题,他再次召开专门会议加以研讨。靠近兰开斯特及雷丁的地带因为距离费城较远,遭到排除。正如杜波泰尔一针见血指出的那般,“如果法国与英国宣战,那么豪将军就将在开春的时候发现被法国舰队逼入绝境,从而势必退出费城,而大陆军必须要在这个时候处于可以发动追击英军的合理距离范围内”。华盛顿于是选择斯库基尔河附近的福吉谷这片平原地带,此处树木茂盛,以始建于克里克谷（Valley Creek)的冶铁作坊得名。四处环山的地势,可以防止敌人发动突袭,接近农田方便征收粮秣,葱郁的林木足以为构建兵营及伐薪烧炭提供原材。因此,虽然距离英军阵营仅仅二十英里,但依然算是战略位置极佳的屯兵所。12 月 19 日,12000 名北美士兵及各色随行人员陆续开入这片平原。进驻后,华盛顿将建构防御

工事及营房的大任，交给杜波泰尔，而后者面临的当务之急，便是为士兵建造遮风避雨之所。尽管他的英语依然十分蹩脚，需要通过大陆会议负责人之子（同时担任华盛顿的副官）约翰·劳伦斯（John Laurens）提供翻译，但他依然很快便绘制出地图及详细施工说明，干脆利落地将命令下达给各级将士，并督促众人高效贯彻实施。“战士们在我看起来就像一群辛勤的蜜蜂，每个人都在辛勤忙碌，”偶尔造访营地的托马斯·潘恩这样描述道，“有些在搬运原木，另外一些人在和泥，其余的士兵则将二者堆砌在一起。”用时不过六周，就有超过 1000 间简易棚屋拔地而起，进而形成了一个北美人口数量第四大的“城镇”。

有了立足之地后，杜波泰尔马上开始巩固营地的防卫设施。他在选址的时候便从技术层面进行了充分考量，其左侧是斯库基尔河水流湍急的宽阔江面，结合这一地形，选用典型的“沃邦式”星型多面堡加以拱卫，在其他三个居高临下方向则建构起一系列鹿砦、堑壕及碉堡。营地内部道路宽阔，交织纵横，确保部队的快速组织与部署成为可能。福吉谷的冬天并不是特别严酷——平均气温甚至高于冰点——但随着米福林的离任，北美军队负责军需事务的负责人出现空缺，导致很 150
多基本的工兵器材（如挖掘堑壕所需要的工具）难以为继，让大量简单的工作无法顺利开展。另外，随着超过 2500 名士兵因缺衣少食丧生，以及 1500 名士兵开了小差，可供调遣的劳动力人数也出现大幅缩水。尽管面对如此多的障碍，1778 年 3 月末，杜波泰尔依然向大陆会议报告，在适合作战行动的季节到来前，营地的防卫工程已全部实施完毕。这位法国工程师此言不虚，绝非诳语。豪将军后来曾解释自己没有在前一年冬天及同年开春追击华盛顿，原因就在于“北美军队已在福吉谷内站稳脚跟，据险固守，在这种情况下无法发动进攻，同时我们也接到线报，敌军已经通过施工进一步强化了防御工事。因此，我彻底放弃了进攻的念头”。

杜波泰尔还在福吉谷中为军事训练及操演兴建了一个大校阅场，虽然最初这里并未得到充分利用。普瓦斯基本来在这里装备及训练起一支骑兵部队，但因为福吉谷内粮草匮乏，大批战马被活活饿死。华盛顿于是将普瓦斯基派至特伦顿，他在那里和寇维茨训练了一支新的骑兵部队。本来应当负责在校阅场操演士兵的托马斯·康威发现自己事实上已经被华盛顿彻底屏蔽了，后者对这位新任总监军，以及对其加以任命的战争委员会，都已毫无任何信任感可言。即便康威的乡党，也不肯原谅他在质疑总司令运动中发挥过的不光彩作用。纳撒尼尔·格林报告称，“拉法耶特侯爵，以及其他所有法国贵族，都几乎不跟康威交流，哪怕只言片语”。

拉法耶特凭借“布兰迪万之战”及后续几场战斗中的优异表现，被大陆会议任命担任师级指挥官，但此时本应在操练麾下军队的拉法耶特，以及康威和德·卡尔布，都不知所踪。霍雷肖·盖茨作为战争委员会负责人，在北美方面大破伯戈因所率英军后，便坚信加拿大是一块好啃的骨头，可以轻易拿下——尽管1775年蒙哥马利及阿诺德远征加拿大的结局堪称灾难；而且即便本杰明·富兰克林在邦沃勒尔的陪同下曾于1776年对加拿大进行过外交访问，但也并未说服加拿大支持北美的独立大业。在没有通知华盛顿，更未获得其支持的情况下，盖茨命令拉法耶特率领军队进攻英属加拿大省。起初，拉法耶特无意卷入盖茨与华盛顿之间的紧张关系，除非得到华盛顿本人的授意——他非常尊重盖茨，而他与“亦父亦友”的华盛顿之间属于牢固的
151 同盟关系。2月份时，拉法耶特动身前往阿尔巴尼，同时由德·卡尔布及康威担任副司令，他们计划率领新英格兰民兵及黑泽恩领导的加拿大第二步兵团进行远征。但是，当他们于2月底抵达这里时发现，只有不到半数的士兵做好了战斗准备，补给装备更是不见踪影。在进攻计划受阻的情况下，拉法耶特和德·卡尔布返回了福吉谷，而被留在

阿尔巴尼负责如一潭死水般无聊行政事务的康威，再次请辞。这一申请于4月末获得大陆会议的批准。随即，康威返回法国。

官方任命的总监军空缺，在福吉谷的效果体现并不明显，华盛顿已经任命了一位普鲁士的军训专家，非正式地代行其职权，此举将会使得大陆军从一群士气低落的乌合之众转变为恪守“纪律与服从”的钢铁之师。冯·施托伊本男爵弗雷德里克·威廉1730年出生于马格德堡，并于“七年战争”期间成长为普鲁士陆军上尉。他后来在一个日耳曼小公国担任国王侍从时，获得了类似于男爵的贵族封号，但于1775年丢掉了这份差事。1777年6月，他前往巴黎，想从老战友、时任法国陆军大臣的圣日耳曼伯爵那里讨到一官半职，但此时陆军大臣的改革计划已经让许多资深法国军官下岗。于是，圣日耳曼伯爵介绍施托伊本给博马舍，期望这位普鲁士军官能够在北美建功立业。博马舍接着将施托伊本介绍给富兰克林及迪恩，后者同意为其撰写一份推荐信，并在信中对其官职（称之为中将）及此前积累的战功作了较大夸张。9月，冯·施托伊本男爵跟那位满脑子理想主义情怀的17岁副官杜·彭骚以及爱犬“阿泽”（Azor）一道，在马赛登上博马舍租用的“福莱蒙德号”，并于12月份时抵达朴茨茅斯。1778年2月，他们和博马舍在北美的新任代理人弗朗西一道，向当时位于纽约的大陆会议报到。在霍雷肖·盖茨的支持下，施托伊本和杜·彭骚被委任为上尉，与皮埃尔·夏尔·朗方一道被派往福吉谷。

起初，华盛顿对施托伊本尚存忌惮，毕竟他是在“康威帮”瓦解
后不久便被盖茨派来的。但这种警觉显然不适用于华盛顿手下年
轻且会讲法语的副官约翰·劳伦斯及亚历山大·汉密尔顿，他们都
被施托伊本讲述的军旅轶闻深深吸引。3月19日，他在大校阅场整 152
军，开始从基本的操演，即列队行进，开始训练。步枪的装弹及射击， 153
上下刺刀等环节都被分解为最为基本的步骤，反复操练。现在大陆军

所经历的欧式作战,要求军人冒着枪林弹雨,在遭遇极大伤亡的情况下依然步调一致地奋勇前进,而如此强调军纪的统一行动,只能通过反复训练基础步伐才能达成。

《冯·施托伊本男爵弗雷德里克·威廉·奥古塔斯》(1730—1794)
查尔斯·威尔逊·皮尔绘制,布面油画

每天,训练都会增加新内容——徐行军、急行军、斜行及折返等。每天,施托伊本都会面对部队大声喊出新的口令,而此时,汉密尔顿、劳伦斯以及杜·彭骚等人,会和新任参谋弗勒里以及本杰明·沃克尔(Benjamin Walker)一道,想办法跟上口令,并提供翻译。和博马舍一样,施托伊本的英语也仅限于偶尔蹦出来的"该死的",但他在使用法语或德语说脏字时却显然不会犯任何错误。偶尔,他也会将自己的这些副官叫来,"让他们用英语向我表忠心,但这些家伙并不会听从我的招呼"。上午学习完一个新的动作后,联队的主官就会在下午让手下士兵分别组织相关训练。进入第三周后,施托伊本就能够让整营乃至整团的士兵在校阅场上进行更为复杂的训练——并非简单的向前走,而是可以实现从列队行进(士兵像工蚁那样列队前行)迅速转变为作战行进(士兵肩并肩前行)。当拉法耶特及德·卡尔布从未果的法国远征中抽身返回时,看到的士兵已经不再是一群乌合之众，而是训练有素且可以作为一个整体作战的全新军队。

展现这支军队战术素养及纪律的机会，很快便如期而至。5 月初，两条颇受欢迎的消息传来，大陆会议接受了康威的请辞，华盛顿马上不失时机地建议由施托伊本担任总监军一职，官至少将。大陆会议方面因为相信了富兰克林及迪恩对其官职的说辞，旋即批准了任命。第二个好消息，也就是大家期盼已久的美法签订同盟条约的消息，如一缕春风，很快便传遍福吉谷的各个角落，吹散了这里淤积太久的冬日严寒。就连平素举止威严的华盛顿，也允许兴高采烈的拉法耶特——在“布兰迪万之战”中，这位总司令要求自己的专用医生必须像治疗自己亲生儿子那样对深受其喜爱的拉法耶特悉心救治——拥抱自己，这一幕看起来更像是发生在关系亲密的家人而非上下级之间。

总司令还命令同样欢欣鼓舞的施托伊本准备一场大阅兵，庆祝美 154
法结盟，并体现这支军队崭新的军容。1778 年 5 月 6 日上午 9 时，礼炮齐鸣，阅兵式正式开始。士兵身着盛装，整齐列队，步入校阅场，步调一致地整团从华盛顿及其参谋面前通过。排出两列战斗队形的士兵静候礼炮响起——校阅场远端的大炮鸣放十三响——之后将步枪抵到肩上，开始轮流向天空射击，进行所谓的“欢乐之火”(a feu de joie)活动。每列士兵逐次开枪，枪声此起彼伏，重复两次，校阅场上的硝烟遮天蔽日。这种展现精准的方式别具一格，约翰·劳伦斯在写给自己父亲的信中表示：“每个在场的人都为此血脉贲张……冯·施托伊本男爵的策划在每一个细节都取得了成功。”每位士兵都额外获得了一份朗姆酒的犒劳，军官更是可以畅饮“烈酒佳酿”，这使得大家暂时忘却了严冬带来的痛苦记忆。如果他们了解到这片刚刚上演盛大阅兵的场所很快就会变成真枪实弹的战场，恐怕这种欢愉之情会大打折扣。

进入5月后，也就来到了适合作战的季节。此时，豪依然盘踞在费城，而华盛顿则再次召集手下军官开会商议是否应当发动进攻。杜波泰尔依旧建议谨慎行事，主张大陆军应当继续在福吉谷休整，等待英军撤出。英军一定会撤出，因为继续据守无以为继。他接着用磕磕绊绊的英语说道："对该问题思考越深入，我就越认为英国方面根本无法通过武力消灭北美军队，条件是北美方面不能自乱阵脚。如果存在任何被消灭的理由，那么问题也一定出在北美军队内部。"借此，他已经精准把脉，触及了北美独立战争这一伟大事业在过去三年战事疲羸的症结所在。美利坚合众国地域广袤、人烟稀少，这就使得英军可以在占领诸如纽约、费城等城市的情况下，依然有余力时不时击溃大陆军。然而，在过去的三年间，大陆军大部分时候都饱受缺枪少弹、人员不足的窘境，英方只要像"长岛之战"那样，在一场战争中取得决定性胜利，可能就会——至少在相当长时间内——摧毁北美独立大业所依赖的政治及军事基础。就在几个月前，当北美军队败退至福吉谷时，这种不详的可能性其实已经尽显无余。

155 福吉谷的严冬，见证了大陆军的涅槃重生。然而，同春天一起来到这里的，还有希望。部队员额不断恢复，从最低点的不足8000人，再次涨到了约13500人。而在军内上下，施托伊本所期待的纪律与服从的成效，也日益显现。现在的这支军队，装备精良，他们所使用的正是由博马舍、佩南特及普利亚尼、加多奎等人提供的步枪及火药。同时，他们身上盔明甲亮，法国蒙彼利埃及西班牙普拉圣西亚制造的军服源源不断地运抵新英格兰各大港口，并被立即通过马车转运至福吉谷。在这个方面，这些北美士兵真该感谢他们的新任军需负责人纳撒尼尔·格林。

春潮带来的好消息还不止于此。英国内阁刚刚命令接替豪担任英军总司令的亨利·克林顿调遣8000兵力驻守佛罗里达及西印度地区，以防备法国参战。克林顿领命后开始收集自己的残部，并准备从费城撤军，“避免被法国舰队锁死在这里”。而这完全应验了杜波泰尔的预言。担心遭遇法国舰队截击的克林顿别无选择，只能率领手下的10000英军（9个月前才抵达北美的17000名英军之一部）及辎重车队借由陆路撤退至纽约。6月18日凌晨3点，他们登上渡船跨越特拉华河，前往新泽西，并从那里一路北上。同日下午，闻听此讯的华盛顿急令安东尼·韦恩及查理·李——刚刚才作为交换战俘获得自由——率领先头部队追击克林顿。翌日凌晨，拉法耶特领军的部队率先开出福吉谷（德·卡尔布因病无法出征），斯特灵及格林率部紧随其后。

6月24日，在这两支部队正在向预计汇合地点行军的途中，华盛顿召开战前会议，商讨是发动进攻，还是放走克林顿，等待法国远征军到来后再动手。几名将领（包括李），都认为应当继续奉行费边战术。一直主张谨慎行事的杜波泰尔，此时却认为打击英军的绝佳良机来了，敌军在行军过程中，下手最为容易。对此，施托伊本、韦恩及格林均表示支持。华盛顿折中了两派意见后，决定派出小股部队咬住克林顿的尾巴。拉法耶特也期待能够在战场上与早先造访伦敦时就结识 156
的克林顿再次相逢，随即代表施托伊本及杜波泰尔致信总司令，表示“眼睁睁看着坐失如此良机，心有不甘、无比沮丧”。

在决定是战是撤的问题上，华盛顿需要了解克林顿所率军队何时才羸弱可击，于是派出施托伊本及其副官尾行观察。这几个人马不离鞍，连续三个日夜不停侦查，不顾溽热酷暑与狂风暴雨。此时，华盛顿业已改变主意，下定决心对克林顿兵力薄弱的后卫部队发起进攻。李主动请缨，要求辅佐拉法耶特，一同率领先头部队，华盛顿批准了他的请求。6月28日拂晓之前，施托伊本回报称，此前在蒙默思郡治（Monmouth Courthouse）十字路口安营扎寨的英军已经拔营起寨。李让自己的部队顶着不断升高的气温，在上午 9 时开始与敌军后卫短兵相接。当时的气温已经高达华氏九十度，大陆军方面缺乏充分情报，对地形地貌一无所知，毫无作战预案。李当然也不会知道，自己前方的正是克林顿军中最为精炼的康沃利斯所率部队。康沃利斯随即下令对李的右翼发动进攻，而这里暴露出来的正是韦恩及拉法耶特所部。北美军队的阵线开始溃退。担心腹背受敌的李下令收兵，同时要求全军撤退，命令杜波泰尔断后。

当李一路退回北美军队主力部队时，正好与华盛顿走了个面对面，后者对李大肆斥责，令其退出战场（李后来被军事法庭褫夺了指挥权）。接管李指挥战斗的华盛顿，很快便在蒙默思 - 弗里霍尔德路一线组织起防线，并由格林负责右翼，由斯特灵负责左翼防守。在防线正面的高地上，格林命令普莱西斯负责指挥四门火炮，对敌人实施纵向火力覆盖。当康沃利斯试图进攻格林右翼的时候，连天的炮火、令人窒息的排枪，迫使这位名震一方的英军将领不得不掉头折返。斯特灵负责指挥的左翼防线，以及由拉法耶特负责指挥的预备队，反复受到克林顿麾下精英部队“第四十二高地步兵团”的冲击，始终坚守着阵地，寸土未丢。施托伊本则不停往返于前线与后方，极具战争艺术地对关键阵地加以支援。敌我双方在烈日炙烤下你来我往，缠斗在一
157 起——约有一半阵亡者死于中暑——直到晚上 6 点，克林顿最终下令撤出战斗。次日凌晨，英军早已借着夜色掩护溜之大吉，向桑迪岬进军，并于两天后在那里渡河，抵达纽约。

此役，对北美军队而言，虽然算是战略上的失败，但在战术方面却与英军打成了平手。更为重要的是，全体大陆军将士，上至乔治 · 华盛顿，下到普通一兵，都从这场战斗中深切体会到了职业军人的真义。此前在“布兰迪万之战”中曾抱头鼠窜的士兵，现在已经能够与英军精锐之师针锋相对，在敌人密集的炮火乃至白刃战中守住阵脚，方寸不

乱。即便是亚历山大·汉密尔顿这样习惯于批判军方的愣头青，也不无崇敬地写道："无论指挥官还是普通士兵，整体上都已经不再不堪一击。我们的军队，在经历最初的组织混乱后，士气与纪律开始压倒英军。"对先后参加"布兰迪万之战"与"蒙默思之战"的北美士兵来说，唯一的差别，就是"军纪，现在，他们学会了恪守军纪"。这在很大程度上要归功于施托伊本的训练及组织，现在，所有人都认识到了为什么这位普鲁士军官如此重视军纪。

但让施托伊本感到失望的是，这种广泛的共识并未持续转化为现实的战场纪律。事实上，从他当时所处的位置来说，对此的确无能为力。"蒙默思之战"实际上成为北美地区最后的一场遭遇战。战后不久便已抵达北美的法国舰队，无法对纽约城发动进攻，对盘踞在罗得岛纽波特的英军也影响甚微。在这段军事行动进展相对缓慢的时期，北美大陆军刚刚得到整顿的军纪又开始涣散。在施托伊本看来，在福吉谷开展的相关训练只是第一步，北美军队整体上需要一套与当时欧洲所有国家军队类似，具有普遍适用性的制式化军规程序。华盛顿对此表示支持，并命令施托伊本负责完成这一任务。1778 年秋，枯叶凋零，大陆军在新泽西的米德布鲁克驻扎期间，施托伊本将自己和成"令"(Reams)的纸张、成捆的鹅毛笔一道，反锁在费城的自家宅子内，全力撰写军事训练手册。借助副官杜·彭骚、弗勒里以及沃克尔的翻译，还有朗方绘制的图表，施托伊本用 1778 年至 1779 年的整个冬天，将普鲁士及法国的军事法律规范简明扼要地综合、调整为北美士兵能 158
够相对容易掌握的形式。他们花费了大量时间，将训练步骤简化为最基本的要素——例如，从持枪到稍息的六个传统步骤，被简化为最为基本的两个步骤。《美利坚合众国部队指挥与纪律条例》(*The Regulations for the Order and Discipline of the Troops of the United States*)，即为人所熟知的"蓝皮书"(由其天蓝色的封面得名)，于 1779 年 3 月出版发行。随即,此物便成为华盛顿自上而下严肃军纪的标尺,以及此后30年美军的标准指南。

就在编纂“蓝皮书”的同时,杜波泰尔也正在积极着手,创设另外一项欧洲军队的标准配置——工兵军官团。早在福吉谷过冬期间,他就开始起草一份旨在令行禁止,统一协调工兵实施构筑工事、组织防御乃至进行包围的计划书。虽然此举得到了华盛顿的大力支持,但大陆会议却未知可否。而这种混乱状态造成的混乱局面,在大陆军加强哈德逊河流域西点地区防御工程时,终于爆发。这一位于河岬的突出部,因为水深浪急、地势急转,被誉为“哈德逊河的直布罗陀”,以及“打开北美大陆腹地的钥匙”,是封锁向内陆漕运的天然咽喉。“萨拉托加之战”后,大陆会议方面便要求华盛顿加强哈德逊河流的警戒,以避免再次出现如伯戈因将军功败垂成的尝试那样将北美一分为二的战略态势。华盛顿则将这一任务交给杜波泰尔的副手拉·雷蒂尔负责,由后者主持设计、修筑西点地区的石砌堡垒,并于2月开始施工。与此同时,另外一位工程师托马斯·马钦(Thomas Machin)开始策划使用大铁链在河岬地带拦江,以迟滞甚至阻遏敌军舰船,使其成为己方炮火射击的目标。

然而,政出多门的问题从1778年3月开始便初见端倪。在拉·雷蒂尔暂时离开西点的当口,霍雷肖·盖茨指派自己手下的工程专家塔德乌什·柯斯丘什科,接管西点地区的公车建设。自从离开费城,柯斯丘什科在提康德罗加堡一役之后,俨然成为盖茨身边不可或缺的左膀右臂,在“萨拉托加之战”中更是发挥了关键作用——正是他选择贝密斯高地作为据点,同时正确安排了火炮架设及工事加固,从而有效
159 遏制了伯戈因。拉·雷蒂尔返回西点,发现柯斯丘什科正在领导自己之前的工作时,怒不可遏。即便此时所谓“康威帮”早已瓦解,但这两位工程专才还是被卷入到了华盛顿与盖茨,以及两派势力之间一刻也

未停歇的权力斗争漩涡。法国工程师坚信柯斯丘什科未经正规训练，眼高手低；而波兰工程师则嘲讽自己所看到的拉·雷蒂尔的设计繁冗不堪。华盛顿试图缓和僵持局面，一方面召回拉·雷蒂尔，另一方面则命令柯斯丘什科遵照杜波泰尔的最终设计进行施工。随着另外一位双方都更能接受的人选——杜波泰尔的另一副官古维翁——被任命辅佐柯斯丘什科，乱局才稍有好转。在两人的努力下，第二年春天，工程整体竣工。

法国工程技术人员还发现，他们也是大陆会议两派——支持美法同盟的多数派以及对此持反对意见的少数派——权力斗争的牺牲品。正如法国驻美大使杰勒德所指出的那样，亚当斯－李主导的政治集团，始终在想尽办法阻止或阻滞任何外力对北美内政的干涉。法国陆军大臣圣日耳曼伯爵最初仅仅批准杜波泰尔及其同侪两年离职期限，将于1779年春到期。因为大陆会议无法提供明确的继续雇佣的保证或要求，这些法国军官开始威胁休假结束后便返回法国。华盛顿提请大陆会议对杜波泰尔等人加以慰留，强调由其继续发挥作用的重要意义，同时对法国工程师的才能赞赏有加："我个人对其才能评价极高……对军事科技具备过人的判断力和真知灼见。对其他先生，本人同样持非常积极的评价。"在大陆会议商讨对策的过程中，杰勒德积极安抚这群心绪烦乱的工程师。终于，在1779年3月11日，法国工程师假期即将用完之际，大陆会议多数派通过决议，批准设立工兵军官团，并任命杜波泰尔担任首任指挥官，其他法国军官也大多谋得了一官半职。这一切发生得恰逢其时，日益迫近的英军新一轮威胁，只有依靠杜波泰尔麾下的工兵军官团以及施托伊本主持设计的蓝皮书中规定的军纪，才能加以抗制。

1779年6月1日，大陆会议一直担心的事情终于发生了。克林顿发动攻势，攻占了距离西点以南仅十五英里的斯托尼波因特要塞，迫 160

使华盛顿将自己的部队沿哈德逊河一带展开接敌。华盛顿下令安东尼·韦恩收复失地。攻占碉堡阵地是工兵训练的常规内容,韦恩于是派遣已经通过实战证明兼具高超工兵技能及步兵指挥艺术的弗勒里率领先头部队。在调查清楚敌方防御工事的弱点后,华盛顿和韦恩决定,大胆使用精挑细选的战士,发动夜间突袭。7 月 16 日午夜,弗勒里手下将士奋力攀爬上陡峭的石壁,埋伏在城堡南侧,几乎同时从北侧发动佯攻。勇士们刺刀上膛,劈开木桩工事,冲向敌阵。弗勒里身先士卒冲抵内城,并从旗杆上扯下英军旗帜。韦恩的士兵也蜂拥而至。凌晨一时,战斗胜利结束,仅以牺牲 15 人的代价,韦恩的军队便攻占了该城堡,并俘获英军 624 人。尽管因为此地易攻难守——华盛顿听从了杜波泰尔的建议,数日后便弃城而去——但此役中展现出来的战术素养与严明军纪,依然极大鼓舞了大陆军将士。战争结束后不久,大陆会议便向弗勒里颁发了一枚银质勋章,以表彰其“卓越军功,堪为同袍表率”。大陆会议在北美独立战争期间极少颁发勋章,而这也是唯一一次向外国人颁发此类勋章。

西班牙军队开始对英作战

1779 年 7 月 13 日,在“斯托尼波因特之战”打响三天前,距此以南 1300 英里,伯纳多·德·加维斯召开了由资深将领参加的军事会议,讨论新奥尔良的防卫强化问题,以迎击英军预计将要发动的进攻。数周前,他刚刚收到叔叔何塞·德·加维斯于 5 月 18 号寄来的信笺,向其征求有关西法两国签订《1779 年阿兰胡埃斯协定》的意见,同时警告,对英作战即将打响。他在信中要求侄子在接到此信两个月内,进入对英作战状态。伯纳多对传来战争迫近的消息毫不意外,他派出的
161 观察员早就回报,英军及来自纽约的保皇派武装前脚撤出费城,后脚

便已经进入佛罗里达。另外一些暗探则通报了此地英军坚壁清野的最新状况。但静观其变的阶段业已告终,好战的伯纳多心中思索的不再是一味被动防御。就在手下智囊制定新奥尔良防御计划的同时,伯纳多也在准备对密西西比及墨西哥湾沿岸星罗棋布的英军据点发动速战速决的奇袭,这与一年前乔治·罗杰斯·克拉克夺取卡斯卡斯基亚、卡霍基亚以及万塞讷的战法如出一辙。

8月27日,伯纳多率领667名"路易斯安那常备团"士兵及民兵,包括奥利弗·波洛克率领的9名北美志愿者,开出新奥尔良,一路向北,剑指莫尔帕湖附近曼查克(Manchac)的布特堡(Fort Bute)。直至伯纳多兵临城下,英军对此次长达11天的行军都一无所知。伯纳多此时才告知部下,自己得到确证,西班牙方面已经对英宣战。由于曼查克驻扎英军弃城而逃,远征军未伤一兵一卒便占领当地。

他们的第二个目标巴吞鲁日近在咫尺。但因为此地城坚炮利,且有500精兵驻防,伯纳多遂决定放弃直接进攻,转为围而不攻。在实施包围的两个礼拜期间,他手下的炮兵在精确选定的阵地,持续向城内开火,9月21日,在数个小时的炮击后,英军投降,将巴吞鲁日及上游的纳奇兹拱手送上。与此同时,一位名为威廉·皮克尔斯(William Pickles)的大陆军上尉,乘坐由伯纳多提供给大陆军海军的双桅纵帆船"莫里斯号"(Morris),一举俘获英国皇家海军纵横帆炮舰"西佛罗里达号"(West Florida),从而彻底清除了英国海军在庞恰特雷恩湖(Lake Pontchartrain)上的威胁。在不到30天的时间内,通过一系列闪击战,伯纳多从英国方面手中夺取了密西西比下游地区的控制权。下一步,便是将英军从莫比尔及彭萨科拉赶走,而后者被何塞·德·加维斯称为"打开墨西哥的钥匙"。

即便莫比尔及彭萨科拉对西班牙重新掌控墨西哥湾殊为重要,英军在蚊子海岸的存在依然不容小觑。最近刚刚被委任为危地马拉都督的马蒂斯·德·加维斯,也从他的兄弟那里得到了对英作战迫在眉睫的消息,同时正确预见到了英国人两翼出击的策略,目的便是将西
162 班牙在美洲的殖民地沿着今天洪都拉斯及尼加拉瓜边界一分为二。1779年9月至10月,英属牙买加总督约翰·达林(John Dalling)派遣上尉威廉·达利莫普(William Dalrymple)夺取了位于洪都拉斯湾北部的奥莫阿港,但不出一个月便又被马蒂斯·德·加维斯发动的反攻夺回。

1780年4月,英国和西班牙再次将各自的注意力集中到了南部地区,达林派遣1000多名英军攻占了位于圣胡安河上扼守进出尼加拉瓜湖的因马库拉达·康赛普森要塞(Inmaculada Concepción Fortress)。疫病造成部队大量减员,其中就包括率领远征军率先抵达这里的年轻海军中尉霍雷肖·尼尔森(Horatio Nelson),他因痢疾不得不返回牙买加。在历时两周的炮击及白刃战后,西班牙人选择了投降。同时迫使马蒂斯·德·加维斯不得不匆匆忙忙地在尼加拉瓜湖沿着圣胡安河口建构起一道新防线,并据此成功阻遏了英国军队,使其未能按计划发动对巴拿马地峡的攻势。暂时,中美洲战局进入僵持阶段。

在密西西比河流域发动闪击战后,伯纳多·德·加维斯也保持按兵不动,但原因有所不同。莫比尔和彭萨科拉比巴吞鲁日及曼查克规模更大,城防更加坚固,因此实施包围需要来自古巴海军的直接支持。1780年1月,加维斯派自己的副官埃斯特班·米罗(Esteban Miró)前往哈瓦那,向古巴都督迭戈·乔塞·纳瓦罗及其海军司令胡安·巴蒂斯塔·博内特(Juan Bautista Bonet)请求支援。博内特始终对英军1763年攻占哈瓦那造成的伤害心有余悸,因此对派遣宝贵的战舰进行在其看来毫无用处的远征大肆嘲讽,“[哈瓦那]要比五十个莫比尔及彭萨科拉加起来还重要”,他认为,同时担心海军兵力空虚会诱发英军的进攻。加维斯也指望不上北美方面能够履行一直以来所谓分散英

军兵力的承诺。大陆军和来自佐治亚的民兵虽然从1776年至1778年间发动过数次松松垮垮的攻势,企图夺取圣奥古斯汀,但在被击溃之前,从未向前哪怕几英里而进入东佛罗里达。远在费城的西班牙外交代表胡安·米拉雷斯虽然孜孜不倦地与法国大使鲁泽尼一道,积极游说大陆会议再次在东佛罗里达发动进攻,但都无疾而终。此前曾接受过大量西班牙军援的克拉克所领导的弗吉尼亚民兵,在费尔南多·雷巴于1780年抵御侵犯圣路易斯的英军时,依然选择按兵不动。看起来,加维斯只能依靠自己的力量独自支撑了。

在没有来自哈瓦那海军支援的情况下,伯纳多·德·加维斯知道 163
无法对英军位于彭萨科拉的老巢发动进攻,但拿下莫比尔却如同探囊取物,借此可以为西班牙士兵从附近农场夺取大量的牛只,并且剥夺英军主要的肉食供应来源。他要求曾担任手下特工的贾西托·潘尼斯根据其过硬的情报来源制订了进攻计划。1780年1月11日,加维斯让自己手下1300名士兵分乘14艘战舰,其中就包括此前俘获的英国皇家海军"西佛罗里达号"——这条船已经被其堂而皇之地改名为"加维斯敦号"(Galveztown)。尽管莫比尔距新奥尔良不远,但一场灾难性的风暴,加上蹩脚的导航,使得整个航行足足耗费了两个月。直到2月底,西班牙军队才最终抵达夏洛特堡城外。

在历时数周的包围过程中,伯纳多·德·加维斯与驻防夏洛特堡的英军将领艾里拉斯·杜恩福德(Elias Durnford)之间有过堪称北美独立战争期间最具豪迈气概的书信往来。加维斯用法语提醒杜恩福德,其已寡不敌众,最好开门投降,以避免伤亡。杜恩福德则用英语回复,一方面非常礼貌地拒绝了加维斯的提议,另一方面又"向加维斯阁下的宽容慷慨表示感谢",这或许跟此前加维斯曾向缺米少粮的彭萨科拉运送过一船面粉有关。加维斯派入城中的特使弗朗西斯科·波里尼(Francisco Bouligny)原本便与杜恩福德相识,两人甚至"为了各自的祖国”举杯畅饮。杜恩福德向加维斯馈赠美酒、羔羊及肉鸡,而后者则回赠了更多的美酒、雪茄及蜜柑。同时,两军持续交火,莫比尔城部分区域也因此化为废墟。3 月 12 日,随着炮击愈发猛烈,杜恩福德终于确定自己的军队无法继续顽抗,两天后,双方达成投降协议。此时,彭萨科拉承诺派来的援军还在数英里之外泥泞不堪的荒原上挣扎。听说英军投降的消息后,这些人随即掉头返回。数周后,极度不情愿的博内特率领的舰队从哈瓦那抵达——在纳瓦罗的严令之下——恰好赶上守卫这座被夺取的城镇。加维斯任命老友、来自“纳瓦罗团”(Navarro Régiment)的何塞·曼纽尔·德·艾兹普拉塔(José Manuel de Ezpeleta)担任该城守备军司令,同时负责管理此地。

随着天气转凉,想要在夏季结束前发动加维斯一心计划的进攻彭萨科拉的行动,为时已晚。但加维斯并未和麾下部队一道返回新奥尔
164 良,而是搭乘“加维斯敦号”前往哈瓦那。他于 8 月 2 日抵达后,开始谋划同年晚些时候对英国殖民地首都发动进攻的具体计划。此举需要一支敢于正面与英国海军作战的庞大舰队,这反过来意味着法国及西班牙海军需要采取联合行动,将英军舰队主力吸引至其他地区。吸引敌人的计划早已在大西洋两岸通过一系列海军调动加以展开,这在很大程度上呼应了十多年前波旁王朝制订的作战计划,更将眼下这场北美独立战争从地区冲突转变为一场全球性的战事。

第五章　勇敢水手

1741 年,海军中将爱德华 · 弗农(Edward Vernon)率军对位于今 165
天哥伦比亚境内的卡塔赫纳发动的两栖登陆作战,规模之大,创造了历史之最。这一纪录,直到二十世纪,才被加里波利战役及诺曼底登陆所打破。英西之间爆发的这场“詹金斯耳朵之战”(War of Jenkins' Ear),起因在于英国商人詹金斯指控自己因为走私被西班牙官员割去了耳朵,弗农遂率领 135 艘舰船及30000全副武装的大军,计划轻取西班牙在美洲最为富庶的港口,甚至还提前为自己志在必得的这场胜利铸造了纪念勋章。但他显然对负责卡塔赫纳城防的西班牙海军上将巴拉斯 · 雷佐 - 奥拉瓦里耶塔(Blas de Lezo y Olavarrieta)的高超战术素养估计不足。

作为霍雷肖 · 尼尔森的上一辈,因战伤丢掉了自己的一只眼睛及一条腿的巴拉斯 · 雷佐,是大西洋最令人生畏的海军将领。一生不是在攻城拔寨,便是在据城死守的雷佐,深谙包围战术之道。他决定让麾下的 3000 将士——仅为围城英军兵力的十分之一——采取拖延战术,充分利用坚固的城防工事及天然屏障消磨英军锐气,将赌注压在 4 月份就要到来的雨季,认定英军届时会迫于糟糕的天气而撤离。尽管英军最初借由博卡奇卡海峡(Boca Chica)进犯的做法颇见成效,但纪
律严明的西班牙军队一次次击退英军的攻势。同时,连日阴雨使得包 166
围愈发困难,挤在狭小船只上的英军部队中,痢疾和黄热病肆虐。英军与西班牙军队的战损比高达十比一。5 月 20 日,在超过三分之二兵

力或死或伤或病的情况下，弗农不得不从牙买加撤军。对雷佐来说，欢庆胜利的日子也转瞬即逝，守城时受的新伤，外加满身沉疴，四个月后他便撒手人寰。

“卡塔赫纳之战”中，北美殖民地军队首次出境部署作战。由4000人组成北美步兵团——其中便包括时年二十二岁的步兵上尉劳伦斯·华盛顿——通常被分配从事挖掘堑壕、运输给养等体力劳动。但只要得到机会，他们便会证明自己是真正的战士。弗农试图强渡博卡奇卡海峡时，决定摧毁海峡入口南端令其尤感头痛的眼中钉——巴拉德罗炮台。3月29日晚，六个连的北美部队，包括劳伦斯·华盛顿率部，仅以损失六人的代价，便冲破西班牙军队防线，销住了火炮（用铁销堵死火炮的点火孔，使其无法继续使用）。对这段战时经历，劳伦斯并未留下太多的书面记载——唯一存世的家书中仅仅对此有过只言片语，“战争虽然事实上非常残酷，但没有想象那般残酷”——然而，这段刻骨铭心的记忆，促使他于1743年返乡后将自己继承的种植园改名为“弗农山庄”（Mount Vernon），以纪念“卡塔赫纳之战”的英军主帅。

年轻的乔治·华盛顿对自己这位同父异母的兄长十分尊重，想必也会对后者讲述海战故事心驰神往。刚刚年满十四岁时，他便在劳伦斯的鼓励下，决定加入英国海军，担任海军军官候补生，但他的母亲因为担心船上生活条件恶劣，在最后关头叫停此事。几年后，当他首次，也是唯一一次出海远游时，他对大海和舰船的兴趣被再次点燃。当时，他陪同劳伦斯·华盛顿乘船前往巴巴多斯，后者希望能够在此休养，以治疗几年后夺去其生命的肺痨。在此期间残存下来的少数日记显示，乔治·华盛顿很快便开始热心地学习跟出海、领航相关的基础知识。无疑，兄长口中的故事，以及自身的航海经验，都会让这位不谙水性的战士更加清醒地认识到海上力量的重要性及其存在的缺陷。

在北美独立战争的第一个阶段,华盛顿亲眼目睹了英国海军在开展军事行动时所发挥的巨大作用。1776 年 3 月,他眼睁睁地看着威廉·豪将军借助英国海军,把军队从波士顿撤往哈利法克斯,又眼睁睁地看着同一群英军 7 月份在斯塔滕岛再次出现,并一举攻占了纽约城。1776 年 5 月,一支英国海军舰队开入冰封的圣劳伦斯河,对因为去年冬天攻城未果而在魁北克城外继续驻扎的北美军队发动奇袭,成功将后者从魁北克驱离,并一路逐出了加拿大。进入 6 月,一支由海军准将彼得·派克(Peter Parker)以及亨利·克林顿中将率领的分舰队,试图夺取南卡罗来纳的查尔斯顿,无功而退。6 个月后,这两位将领重整旗鼓,带领手下部队在罗得岛的纽波特发动了一场教科书般经典的两栖登陆作战,为英国海军夺取了第二个海军基地。1777 年,理查德·豪从纽约将弟弟手下的军队运送至马里兰的埃尔克河口,以期一举夺取费城。华盛顿在写给约翰·汉考克的一封信中,亦妒亦忧地承认,"敌军令人咋舌的优势源自其强大的舰队及水上主导权,使得我方始终处境尴尬"。他的警觉在很大程度上来自于惨淡的现实:历经两年战争之后,尽管他指挥的陆军及民兵姑且可以被认为曾经数次战胜目空一切的英国陆军,但对英国舰队的海上优势而言,他依然缺乏足以与之对抗的有效海上力量。 167

即便对英方所展现出来的海军力量之重要性心存余悸,华盛顿也认识到,在创设一支堪与匹敌的具备陆海联合作战能力的武装力量方面,自己需要面对诸多障碍。他之所以能够成功创设一支善战的大陆军,原因在于能够倚重殖民地人民长期随英军作战(特别是法印战争)而形成的优良传统。与之形成鲜明对比的是,北美人民海外大规模作战经验寥寥,而最后一次这样做,已经是三十多年前,即劳伦斯·华盛顿与其他北美步兵团将士参与"詹金斯耳朵之战",以及理查德·格雷德利所率马萨诸塞武装在奥地利王位继承战争中协助英方夺取路易斯堡。

北美殖民地缺乏悠久的海军传统,无法以此为基础通过“舰对舰”
168 的战略抗制英方威胁。此种战略要求密集造舰,保有可以开展纵队战线对决的大型战列舰,每艘船都装备60至110门火炮,及1000余名水手。实际建造战舰问题不大,适合造舰的木材比比皆是,北美的造船工人为英国海军建造军舰的历史也已近一个世纪。但这个刚刚呱呱坠地的国家,依旧缺乏足够的铸炮厂及火药厂来为海军所需火炮提供后勤供应,也缺乏保养大型复杂舰只的船坞设施。同时,北美不具备支持、训练大量足以保证战舰时刻做好海战准备所需人力资源的能力。尽管施托伊本已经证明,自己可以用一个冬天,在宿营地铸犁为剑,实现从农民到训练有素的军人的巨大转变,但海军必须的舰炮操作流程及航海技术(结绳系缆、使用风帆以及收放锚碇),却只能通过长期海上反复操演,日积月累,方能掌握。正如英、法、西等国在过去两个多世纪便已发现的那样,创建、供养一支招之即来、来之能战的舰队,需要有能力募集、提供巨额资金的强大集权政府。考虑到北美大陆地区财政状况凋敝不堪,无论是作为个体的殖民地,还是派系林立的大陆会议,都根本不可能创建起一支欧式海军。

华盛顿唯有另辟蹊径,通过北美地区的海上老传统——走私——来为自己的第一支海军构建战略基础。早期僭越英国《航海条例》的做法,便是建造小型快船,同时磨练船主突破封锁、开源节流的能力。这些快速商船,人员配备合理,装备有轻型火炮,适于发动全新类型的海军作战策略——通商破坏战。对无力支持诸如战列舰等专业大型战舰的小规模海军来说,通商破坏战一直都是颇受青睐的战略选择。通过使用双桅纵帆船、多帆单桅小船、护卫舰(通常携带8至44门火炮,用于巡逻护航的战舰)以及经过改装的商船,攻击敌国商业航运,截断其供应线,收缴战争物资,破坏敌人经济。

1775年夏，大陆军因为缺乏武器弹药，无力继续围困波士顿，华盛顿遂要求马萨诸塞及罗得岛组织一支武装双桅纵帆船队，通过发动通 169
商破坏战，夺取为豪的部队提供军需物资的英方军需船，袭扰位于英军控制岛屿上的军火库。私掠者——得到授权携带捕拿特许证，拿捕敌人商船及财产的个人——起初在为华盛顿手下士兵提供补给方面颇为成功。奇袭百慕大，缴获了100桶火药；双桅纵帆船“李号”（Lee）捕获了一艘运输2000支步枪、30吨铅弹的英国运输船；而双桅纵帆船“富兰克林号”也带回了一条运输10门火炮、1000支步枪及15万磅火药的商船。但随着英国海军加强巡逻及封锁，这种拦路响马式的补给方式渐渐无以为继。

与此同时，1775年10月，大陆会议授权设立大陆军海军，其目的如约翰·亚当斯所言，“打击敌军，补充自己，开创海商及海军体系”。但北美方面显然无力效法欧洲海军，建造大型战列舰。大陆军海军所拥有的最大型的战舰，就是1775年岁末大陆会议所订制的13艘护卫舰。大陆会议还大量颁发捕拿特许证，同时委任诸如此前担任商船船长的林伯特·维克斯以及约翰·保罗·琼斯（John Paul Jones），后来还授权身在巴黎的本杰明·富兰克林对外分发委任状（其中之一便颁发给了此前的私掠者古斯塔夫斯·康宁汉姆）。最终，大陆会议授权创建大陆军海军陆战队，肩负保护船上军官及海员的职责，更为重要的则是在两船相遇短兵相接时担任狙击手。同时，大多数殖民地或州，如罗得岛、马萨诸塞、佐治亚以及南卡罗来纳，都各自建立了海军，以保卫辖区内的海岸线、水道及港口。

实际上，大陆军海军在很大程度上效仿的就是私掠者的路数，即对英国据点及航线实施通商破坏战，例如，1776年3月突袭位于巴哈马的那骚。随着战事不断深入，维克斯、琼斯以及康宁汉姆等人也越走越远，开始深入欧洲海域进攻英国航线。亚当斯坚信，“通商破坏战……用时短，见效快，是打击英方士气的利器”。但这种看法在很大程度上仅仅是爱国者的一厢情愿，而非实事求是的客观反映。大陆军
170 海军从未对英国开展的战争行动构成任何威胁。二者火力对比过于悬殊——大多数北美战舰仅仅装配6磅、9磅以及12磅火炮，而英国方面的护航舰艇则通常装备更大威力的18磅火炮。同样，北美海军在数量上劣势明显，即便在最高峰时期的1777年，也只拥有34艘战舰，而英国方面的战舰数量则高达260艘。北美海军的13艘护卫舰，在最初两年中便有10艘遭英军俘获或被击沉。后来只有1艘挺到了战争结束。私掠行为也并未重创英国经济。的确，根据英国保险巨头“劳合社”估计，战争期间英国损失的3400艘船中，应有2200艘记到北美私掠者账上。但同样由于私掠活动的猖獗，英国海军不得不分出一部分战舰为商船护航。也正因此，运费及航运成本直线上升。即便从这个角度审视，上述损失只约为十七世纪九十年代“大同盟战争”(War of the Grand Alliance)期间同样奉行通商破坏战的法国给占优势地位的英国舰队所造成损失的一半。跟北美独立战争一样，在那场战争中，英国通过更快建造或更多捕获舰船的方式，弥补战损，完全没有引发任何公众不满，或者受到议会的任何压力。和地球上最为强悍的海军和商业船队相比，大陆军海军及作为其辅助力量的私掠船只不过是隔靴搔痒而已。北美需要更为强大的海军力量，以力挽狂澜，扭转对英作战局势。为此，北美方面将目光投向了大西洋的另一端。

法国海军参战

华盛顿及大陆会议十分清楚，北美无力独自发动对英海战。早在1775年，邦沃勒尔在与富兰克林及其同侪会晤后便已明确表示，在他们看来，“如果没有海上强国的加持，北美根本无法自卫，而现今世界

上能够提供这种帮助的，非法、西两国莫属”。两年后的1777年10月11日，在英军攻占费城，战局跌入谷底之际，德·卡尔布向上司德·布洛依报告称，北美人民依然满心希望将英国人从这片大陆驱逐出去，但“迫在眉睫的首要障碍，便是缺乏自己的海军。如果没有外国支援，他们将永远无法达成所愿”。德·卡尔布此时并不知道，就在他伏案 171
写信之际，霍雷肖·盖茨包围萨拉托加，以及一周后伯戈因的开门投降，都为韦尔热讷提供了与北美结盟的口实，并最终派出了北美亟需的海军跨海驰援。

当华盛顿于1778年5月接到签订同盟条约的消息时，首先想到的便是自己所面临的兵力不足问题。他希望北美人民不会因为指日可待的武器、军饷及部队洋洋自得，而是应受到激励，“完善自身的军队建设”。后来他才认识到，从根本上改变这场战争性质的，乃是法军舰队的存在，而不是额外的武器或兵源。与此相对，英方很快便认识到法美同盟对海上局势的深刻影响。在此之前，英军总司令威廉·豪可以随心所欲地通过海上运输的方式，在这片前殖民地土地上调兵遣将，并从海上随时获得补给，从来无需担心受到来自海上的攻击。现在，法国方面派出的战列舰正气势汹汹跨洋而来，他的继任者亨利·克林顿不得不选择收缩部队，同时强化海上补给线的防卫。伦敦方面，首相诺斯及其内阁也认识到，本国海军没有能力既覆盖面积广阔的北美沿海，同时保护英国在西印度群岛及佛罗里达地区的关键利益。正是基于这一考虑，他们才下令英军放弃费城，转而加强纽约地区的军事力量，同时强化彭萨科拉及西印度群岛地区的军事防御。更进一步，出于对本土受到进犯的担心，英国方面只能拨出少量舰队尾随西班牙战列舰赶赴北美。英国海军历史上首次面临战略防御的窘境。

结盟消息传来两个月后，华盛顿终于等来了法国派出舰队提供帮助的消息。7 月 13 日,他从大陆会议方面得到情报,德斯坦所率大型法国舰队已经抵达特拉华河口,正在朝纽约方向挺进。通过书信,华盛顿从德斯坦处了解到,后者已经在新泽西附近的桑迪岬下锚,并未来得及拦截从费城撤往纽约的克林顿所率英军。尽管华盛顿与德斯坦两人从未谋面,但华盛顿派出副官约翰·劳伦斯及亚历山大·汉密尔顿作为特使,而德斯坦同样选派副官德·乔恩侯爵安德鲁·迈克
172 尔·维克多(André Michel Victor, Marquis de Choin)作为特使,两个人经由往来信函一见如故,彼此仰慕。德斯坦将华盛顿形容为“北美大救星”,而华盛顿则盛赞德斯坦的“杰出才能、丰富经验及良好声望”。在德斯坦即将离开土伦港之际,法国国王曾交给他一份火漆密函,命令其“在特拉华,(以及)包括但不局限于纽约的任何北美港口,选择最能打击敌军的地点发动进攻”。与此同时,德斯坦还下令舰队集合,以有效保卫法国在西印度地区的殖民地。虽然华盛顿无法知晓上述命令的具体内容,但他明白,法国的主要目标,便是消灭(至少赶走)英国人。基于德斯坦及其手下将领的威名,华盛顿对此深信不疑。

德斯坦于 1729 年出生于一个世代从军的贵族家庭,自小跟路易十六的父亲一起长大,年纪轻轻便跻身于军界高层。在奥地利王位继承战争期间,他曾担任萨克森伯爵萨尔曼·莫里斯元帅的副官,并主导了法国陆军的大规模改革。在“七年战争”期间,他的表现同样可圈可点,随后晋升陆军中将。在东印度地区担任若干小规模舰队司令后,他被提升为海军少将(Chef d’escadre)。从其所处贵族关系网络中获益颇多的德斯坦,职业生涯还包括短暂的外交经历——他曾在伦敦担任外交官,还曾担任圣多曼格的总督。尽管骁勇善战,在战术方面颇具天赋,足智多谋,但德斯坦在军中过快的升迁速度,过于傲慢的性格,以及陆军出身随后加入海军的资历,都让他在中下级军官中人缘欠佳。

在十八世纪的法国皇家海军中,最高阶军官是两位分别负责地中海及大西洋舰队的年迈海军中将。1777 年,路易十六命令沙丁创设第三个海军中将职位,负责亚洲及美洲舰队,同时指明由时年 48 岁的德斯坦担任这一要职。对英作战大幕徐徐拉开,韦尔热讷和沙丁决定向北美派遣舰队时(同时搭载希拉斯·迪恩及康拉德·亚历山大·杰勒德履新),德斯坦便成为舰队司令的不二人选。他手下的军官尽是法国海军中声名鹊起的真正豪杰。在德斯坦装配了 80 门火炮的旗舰"朗格多克号"担任舰长的,乃是和他一样从陆军跨界至海军,且早已 173
因改良海上计时装置及若干次精准无比的航海指挥而备受推崇的让-夏尔·博达(Jean-Charles de Borda)。另外一位从陆军转行的海军军官路易-安托万·布干维尔(Louis-Antoine de Bougainville)则是首位环球航行的法国探险家(因此,一种热带葡萄藤还被命名为布干维尔蔓)。他担任配备了 74 门火炮的"圭里尔号"(Guerrier)的指挥官。其他舰长,如皮埃尔·安德尔·叙弗朗(Pierre André de Suffren)以及巴勒斯伯爵雅克-梅尔切尔·圣-劳伦(Jacques-Melchior Saint-Laurent, Comte de Barras)等,皆在此前对英作战中久经战阵。显然,德斯坦坚信这将是一场史诗般的远征,因此不仅携带了可以宣扬战功的印刷机,还让颇具才华的海军艺术家皮埃尔·奥扎内(Pierre Ozanne)随行左右,用精美的画笔捕捉战争瞬间。

德斯坦对在纽约静候的理查德·豪的舰队动向情报有着精准的掌握。他也非常清楚,对方装配了 64 门火炮的旗舰、英国皇家海军 174
"老鹰号"(Eagle)——两年前才侥幸躲过美国大陆海军潜水艇"海龟号"(Turtle)[1]的偷袭——以及 5 艘装配 64 门火炮的战列舰,还有 9 艘

① "海龟号"(Turtle),一般被认为是世界上首款可用于实战的水下进攻性武器,1775 年由大卫·布什内尔(David Bushnell)设计建造,主要用于进攻港口及战舰等水上目标,但未取得实际战果。

《德斯坦伯爵夏尔－亨利》(1729—1794)
弗朗索瓦·萨布莱特绘制,后由
夏尔–埃蒂安·戈谢刻版

其他类型的军舰,将被自己的舰队在火力上完全压制。抵达桑迪岬后,德斯坦收到消息,英国海军少将约翰·拜伦(John Byron)所率领的增援分舰队已经驶离朴茨茅斯港,正从大西洋另一端追击而来。不过,正如其诨名"坏天气杰克"所昭示的那样,拜伦的舰队队形因恶劣天气而被打散,最终抵达北美时间比计划延迟良久。但德斯坦对此一无所知,每天如坐针毡,最终还是下定决心,对停泊在港内脆弱待击的豪舰队发动进攻。

法国舰队在桑迪岬外海下锚后,德斯坦用肉眼便可看见停泊在湾内,已经排好防御队形的英军舰队。两军相去不过一两英里,但他却无法进攻。他从华盛顿派来为其带路的领航员处获知,进出纽约港的水道,因为受到淤沙影响,在退潮时的水深仅为3.5"英寻"(Fathoms),约合21英尺。这也可以解释为什么理查德·豪要选择最小规模的战列舰(即装配64门火炮的战舰)前往纽约。此种类型的军舰吃水仅为21英尺,因此无论涨潮还是退潮都可以进出港口。与此同时,德斯坦伯爵所率领的大型战舰,包括配备了80门火炮的"朗格多克号",尾部吃水较深,至少25英尺,只有在卸载舰上火炮的情况下才能上浮,而这样做显然将使其在面对地方舰炮、岸炮的时候处于劣势。在连续两周尝试未果的情况下,德斯坦伯爵于7月22日下令起锚,转而驶向罗得岛的纽波特。

纽波特城,位于那拉干赛特湾 (Narragansett Bay)入口处的阿奎德内克岛。从 1776 年开始,这里便落入了英国之手,驻扎有 6000 英军,听命于英军少将罗伯特·皮戈特(Robert Pigot),同时还配备了一支由约翰·布里斯班(John Brisbane)上尉率领的 10 艘小型战舰组成的舰队。理论上,他们目前处于北美军方的包围当中,尽管实际上司令部位于普罗维登斯的约翰·沙利文少将可供调遣的兵力仅仅不到 2000 人。德斯坦率领手下 1000 士兵登陆,还有可供调用充当陆战队进行步战的大量水手作为预备队,意图帮助北美军队击败、捕获位于纽波特的英军。他十分清楚,这也是华盛顿及大陆会议渴求的目标。当华盛顿确认德斯坦的作战意图后,旋即委派拉法耶特率领两个团增援沙利文,同时动员临近各州民兵。大陆会议还下令若干大陆军海军战舰 175
驰援德斯坦率领的舰队,尽管并未产生任何效果。同时,一路逆风,外加必须绕圈才能甩掉英军(正如其跨越大西洋的航行过程中一样),让德斯坦足足花了一个星期才走完这段不长的航程。

7 月 29 日,德斯坦率舰抵达纽波特,并且马上封锁了那拉干赛特湾入口。次日,沙利文在从新泽西星夜兼程赶来充当翻译的约翰·劳伦斯陪伴下,登上“朗格多克号”,拜会德斯坦伯爵。两位指挥官达成合意,采用夹击战术,北美军队从阿奎德内克岛东部登陆,法国军队同时在该岛西部登陆。然而,沙利文请求等待各州民兵及拉法耶特率领的步兵团。在此期间,劳伦斯负责安排德斯坦所率船舶靠泊补给,同时积极部署堵截以防止英国舰队脱逃。

布里斯班急于防止法国登陆,同时也不希望自己的战舰被法国拿捕,便开始将其中一些凿沉封堵航道,并将另外一些炸沉。被凿沉的船舶中,包括“桑威奇勋爵号”(Lord Sandwich)囚船,即此前的皇家海军“奋进号”(Endeavour)——詹姆斯·库克(James Cook)船长曾于

1768年,就在布干维尔也将完成环球航行之时,驾驶这艘船进行过举世瞩目的环球航行。几乎可以肯定的是,偶然间目睹这一切的法国船长们,无疑目瞪口呆地眼睁睁看着四艘英国战舰接二连三地爆炸,如雨点般的书籍、纸张及残骸,崩落至三英里之外。随着布里斯班的舰队灰飞烟灭,很明显,英国方面的据点已无以为继,皮戈特很快便将举手投降。

此时,拉法耶特率领的援军,以及来自新英格兰各地的民兵和各州武装纷纷赶到。对纽波特摩拳擦掌的北美将领,汇集了迄今为止独立战争期间冉冉升起的诸多将星:刚刚被华盛顿解除军需负责人职务以让其支援母州的纳撒尼尔·格林;之前担任大陆会议主席,现在身为马萨诸塞民兵负责人的约翰·汉考克;马萨诸塞炮兵团中校保罗·里维尔;率领加拿大第二步兵团的摩西·黑泽恩;以及拉法耶特的爱
176 将弗勒里。马萨诸塞提供了40门火炮及臼炮,其中大多数都产自马斯奎尔在布里奇沃特设立的铸炮厂。马斯奎尔本人也作为沙利文的副官亲身参与了此次战争。斯普林菲尔德的兵工厂生产的500支火枪,以及显然由博马舍运来的大批军火,被分配给民兵。沙利文及德斯坦伯爵都对民兵不甚信任,担心他们缺乏经验,更担心这些人窃取胜利果实。拉法耶特所率部队经过施托伊本严格训练,堪称大陆军精锐。他试图安抚德斯坦,并向后者保证"这些民兵至少可以在法国军队扛不住的时候用来吓唬英国人"。

8月8日,德斯坦率领一支重装舰队进入那拉干赛特湾,对英军阵地展开炮击;随后就地下锚,开始准备两天后在阿奎德内克岛按计划实施登陆。8月9日,在足足等了四个月之后,德斯坦终于批准自己的部队在附近的康南尼卡特岛登陆,从而有机会进行训练以做好战斗准备。就在其厉兵秣马之际,弗勒里策马而来,向沙利文汇报:当天早上他们发现,皮戈特早已开始将英军部队从据点向纽波特收缩。沙利文

当机立断,下令部队立即向突然呈现出薄弱态势的英军发动进攻,随后才向法国方面要求支援。此举显然经过周全思考,可以肯定,沙利文一定会争取第一时间便将情况通报给法国方面。然而,德斯坦及其手下将官却感觉丧失了战机。素以脾气暴躁著称的德斯坦一时暴怒,无人敢靠前半步,“据说还痛斥弗勒里偏向美国人而不是法国人”。发泄完毕后,德斯坦恢复统帅的常态,开始命令手下的4000名水兵及部队与早已登陆阿奎德内克岛的拉法耶特部队会合。上午11点30分过后不久,“朗格多克号”上的水手观察到西南方向有敌舰驶来:1艘、2艘、12艘,最终总计36艘。理查德·豪所率领的舰队,在得到拜伦首批横跨大西洋赶来增援的战舰助阵的情况下,已经抵达那拉干赛特湾,大有全歼法国舰队的架势。不到一个小时,德斯坦便又下令让已经登陆阿奎德内克岛的法国水兵立即返回。夜间开会时,拉法耶特列席,阿奎德内克岛和手下军官一致认定,如果继续支援登陆作战,在强 177
风的作用下,的确存在被围歼的风险。这是因为一方面法国舰队需要担心触礁搁浅,另一方面还要提防喷火船趁机作乱(豪的舰队中配属了3艘此类特殊战舰),而这将在很大程度上阻止法国舰队履行保卫西印度群岛殖民地的使命。于是,法军舰队决定开到外海与英军舰队决战。德斯坦派弗勒里回禀华盛顿,承诺自己一定会回来援助北美军队。

次日,即8月10日拂晓,法国战舰滑出舰锚,将系缆用的大绳和浮标固定在一起以备日后收取,以战斗队形一字排开通过英军岸炮阵地后,直扑豪所率舰队。德斯坦具备天时,也就是说,处于上风区,获得了更好的机动位置。豪则明智地与法军保持距离,希望等待风向改变后,能够获得绝地反击的良机。凌晨时分,正当两支舰队为争夺有利位置而不停斗法之际,西南方向乌云压顶,海天变色——无疑,坏天气马上就将到来。不过,英法双方直到当天下午才意识到,他们需要面对的其实是一场威力空前且移动速度极快的飓风。前一天,南卡罗来纳的查尔斯顿就已毁于这场风灾。连续两天的狂风损毁了舰船结构,舰只在大西洋里七零八落,甚至有船一路漂流至新泽西的开普梅(Cape May)。“朗格多克号”受损尤为严重,首先是用来作为固定索具基础结构的船首斜桁遭到破坏,船上的桅杆像多米诺骨牌那样接二连三倾倒。随后,该舰方向舵失控。在丧失稳定性及方向性后,这艘曾经承载无数荣耀的法军旗舰开始随波逐流,不受控制地原地转圈,甲板上到处散落着沉重的舰炮。第二天,就在德斯坦担心他本人及他所乘坐的这艘脆弱不堪的战舰马上就要被吨位更小的英国皇家海军战舰“声望号”(Renown)俘获之际,6 艘未受风灾毁损的法军战舰前来解围,驱离了英舰。8 月 20 日,“朗格多克号”和其他受损舰只组装好临时桅杆后,这些残余军舰如德斯坦向沙利文承诺的那样,返回了在纽波特的锚泊处,那些浮标依然漂浮在原地。

德斯坦或许曾向沙利文承诺自己一定会回来,但他从未保证自己会在此停留。因为舰队被风暴吹散,理查德·豪也一定会在拜伦舰队增援的情况下再度进攻,于是德斯坦和手下将官决定直接前往防御更为完善的波士顿港,法国国王早已有令,在面对强敌时可以这样做,在波士顿,舰队船舶能够得到修缮,并做好前往西印度群岛的准备。尽
178 管格林、汉考克甚至拉法耶特苦苦恳求法国舰队再多等待两日,帮助北美军队打完这场包围战,但法国方面表示将不会继续在此停留并提供支援。德斯坦颇为现实地认为,法军舰队拔锚后的 10 天内,沙利文的军队在阿奎德内克岛上的行动进展缓慢,再浪费 48 小时也未必能够一举取胜。听闻此讯,沙利文毫不客气在其出了名的怒吼、亲笔撰写的书信乃至公开发布的号令中质疑法国人的荣誉感,批判法国拒绝对盟友施以援手。对这番责难,德斯坦默不作声,并于 8 月 22 日再次滑锚启航驶往波士顿,只不过这次系在浮标上的系缆被皮戈特手下砍

断，锚沉湾底。当时，法国人并不知道，理查德·豪将会选择法国人的撤离作为自己返回英国的信号。

一周后，当沙利文从阿奎德内克岛撤军之际，皮戈特开始从多个方向发动反攻。和“蒙默思之战”一样，大陆军展现出新晋进发出来的严明军纪，后卫部队撤退时进退有序，临危不乱。格林所指挥的一团人马通过连续实施一系列颇具技巧的机动，钻了黑森佣兵阵地的漏洞，确保部队以更具防护力的队形撤退。其他与英军接火的北美军队甚至还缴获了英军的火炮。到 8 月 30 日，北美军队大体无损地从岛上撤离，纽波特重归英军之手。

此时，德斯坦的舰队已经开入波士顿港，但在当地的抵制情绪所引发的骚乱中，有两名法国水手丧生。多亏华盛顿施展其外交智慧，妥善收拾了残局，安抚了各方。法国大使杰勒德以及德斯坦为此深感满意，后者更是对华盛顿这位自己从未谋面的北美领导人高看一等。在波士顿等待修缮战船的两个月期间，约翰·汉考克曾送给德斯坦一幅华盛顿的全尺寸等身像，他非常自豪地悬挂在自己的舱室墙上。拉法耶特告诉身边朋友，特别是华盛顿，“我从来没有看过任何一个人像他那样，在收到总司令您的画像时那般高兴”。

在法美首次联合作战行动失败后不久，华盛顿接到消息，法国与英国正式宣战。在“乌埃桑岛之战”结果吉凶未卜的揭幕战阶段，华盛顿便已经充分认识到法国正式卷入了这场战争，过去几个月所发生的事件让其坚信，战争的结局在很大程度上取决于海军的支援。同时，他也清楚，单凭法国海军自身，尚不具备结束这场战争的实力。他于 179
同年 11 月致信亨利·劳伦斯时道出了实情，“战局完全取决于海上斗争形势。如果法国和西班牙能够联手，确保海上的绝对优势……法国便会派出其认为合适的陆上部队增援北美，若如此，英国……根本无计可施”。华盛顿无从知晓，就在他撰写这封书信的时候，西班牙与英国的和谈陷入僵局,《1779 年阿兰胡埃斯协定》签署在即。法国与西班牙也将事实上组成联合舰队,只是联合的地点与华盛顿预期的不同而已。

西班牙海军参战;
法、西舰队虽然未能进攻英格兰,
但因此成就了一段北美传奇

随着法国正式对英宣战,北美方面对法国暂时没有其他要求。10 月,拉法耶特向大陆会议提出申请,希望准假让他回国。“在北美旗帜下战斗,本人深感光荣,也十分荣幸。”他解释道。“现在法国也卷入了战争,基于爱国热忱,我感到自己有义务面见吾王,听其调令。”大陆会议同样也希望拉法耶特返法以促使路易十六提供更多援助,遂批准他的请求,命令他前往波士顿,搭船返回祖国。全新入役的护卫舰“同盟号”(Alliance)——汉考克为纪念美法同盟而重新命名——随后也抵达波士顿,舰长皮埃尔·兰蒂斯此前曾指挥博马舍租用的商船“福莱蒙德号”搭载施托伊本赶赴北美。此后大陆会议批准了希拉斯·迪恩对兰蒂斯的委任,同时马萨诸塞还赋予其公民身份。在波士顿期间,他或许还曾遇到十年前一同环球航行的布干维尔。1779 年 1 月 11 日,“同盟号”拔锚启航,2 月,在布雷斯特下锚。2 月 11 日,拉法耶特秘而不宣地出现在凡尔赛宫举办的一场深夜舞会,并被奉为英雄。象征性地在家禁闭一星期,作为对未经国王批准便贸然赴美的赎罪之
180 后,他又体面地重返法国宫廷,甚至还被允许买了一个法国陆军上校的军衔。和他离开法国时的上尉身份相比,算是升官,但显然赶不上他在北美军队中的将官身份。

拉法耶特的北美历险,为他打开了一扇通常情况下不会对一位年

仅21岁且缺乏将官身份的年轻贵族开启的大门。他可以借此伴随法国国王狩猎,跟莫尔帕及韦尔热纳商讨与美国的同盟关系,和海军大臣沙丁及陆军大臣蒙巴雷亲王共议军机,同时成为居住在帕西村的富兰克林及肖蒙的座上宾。他层出不穷地提出了各式各样的远征想法,这显然与富兰克林的煽风点火脱不开干系。他积极主张再次进攻加拿大,这个想法在他返回法国前便遭到华盛顿的反对,同时韦尔热纳也表示无法赞成。面对瑞典驻法大使时,拉法耶特又打包票,建议瑞典国王古斯塔夫三世向北美派遣舰队参战。跟刚结束对爱尔兰及苏格兰袭扰作战的约翰·保罗·琼斯一道,拉法耶特用肖蒙的钱,将一艘商船改装成军舰,并重新命名为"好人理查德号"(Bonhomme Richard)。拉法耶特建议在爱尔兰海一带发动登陆作战,包括突袭利物浦,并且由他本人率领陆军,由琼斯率领海军舰队。上述建议最终无一落实,尽管法国在对英作战方面急需一针强心剂。

法国虽然已经对英宣战一年有余,但傲人的战绩却乏善可陈。德斯坦从纽波特撤退,让克林顿得以从纽约重新调来英军,支援他在南美及西印度群岛地区的作战行动。在这一地区,来自马提尼克的法军,由新任总督德·布耶侯爵弗朗索瓦·克劳德(François Claude de Bouillé)率领,业已从英国人手中夺取了多米尼克(Dominica)。德斯坦率领的舰队于1778年11月4日离开波士顿,同时,克林顿派出的一支舰队运送5000名英军,在法国位于东加勒比海的主要据点,即马提尼克正南方的法属岛屿圣卢西亚登陆。12月13日,英军前线指挥官、海军少将萨缪尔·巴灵顿(Samuel Barrington)指挥英军发动绝地进攻,占据了法军据点,并进一步展开防御。次日下午,刚刚抵达此地,上午才获知英军进攻消息的德斯坦,带领数量占据压倒性优势的舰船及部队加入战场。但仅仅实施了两次心不在焉的海上进攻,以及若干次形同虚设的陆上进攻后,德斯坦便下令撤离,将战略意义非比寻常的岛

屿拱手送到英国人手上。克林顿还派出由中校阿奇巴尔德·坎贝尔
181 (Archibald Campbell)率领的一支两栖作战部队,于12月29日夺取了
萨凡纳(Savannah)。来年1月,坎贝尔横扫佐治亚,甚至放言称“自己
将成为首位从北美叛徒的星条旗上摘下星条的英国军人”。此言不
虚,佐治亚的确在此后的数月间重新回归英国管辖。至于法国方面,
只是在1779年1月重新夺回了位于塞内加尔境内,在“七年战争”期
间被英军占领的黑奴贸易据点圣路易斯堡(Fort Saint-Louis),挽回了
些许士气。

事实上,法国所需要的不仅仅是一剂强心针,而是一场轻巧的决胜。就在此时,围绕缔结《1779年阿兰胡埃斯协定》的秘密谈判水落石出,佛罗里达布兰卡想方设法让韦尔热讷接受了西班牙方面提出的计划,即响应1767年舒瓦瑟尔与格里马尔迪所制订的首份计划,由西、法两国联合进攻英国。这两位狂人,以及他们所力推的复仇计划,随着1770年舒瓦瑟尔在法国宫廷失势而渐渐乏人问津。路易十六继位伊始便全面撤废秘密外交机关,事实上宣告了任何进攻英国计划的“死刑”。对使用少量兵力在外海袭扰牵制英国海军,同时主力部队跨越英吉利海峡进攻英国本土的计划,韦尔热讷本人并不热衷。1778年自始至终,法国海军都在贯彻韦尔热讷与上述计划截然相反的战略安排:由沙丁的得力助手弗勒里厄伯爵在欧洲本土实施一系列佯动(如由奥利维耶伯爵进攻乌埃桑岛等),同时,由法国海军最高指挥官之一的德斯坦率领主力舰队横渡大西洋,对北美及西印度群岛实施主攻。

即便如此,若干进攻英国本土的军事计划依然最终得以成型,其中很多都效仿了此前曾提交给舒瓦瑟尔公爵的相关建议。一位名为夏尔·弗朗索瓦·迪穆里埃(Charles François Dumouriez)的陆军军官,协同曾于10年前亲自踏查登陆地点的海军工程师拉·罗基尔,提交建议,呼吁占领怀特岛(Isle of Wight),并将其作为进军朴茨茅斯的跳

板。对此计划,一位投诚过来并于1778年加入法国海军的前英军军
官罗伯特·米切尔·汉密尔顿(Robert Mitchell Hamilton)表示支持,并
提供情报称朴茨茅斯以及邻近的戈斯波特(Gosport)海军基地驻扎的
英军总计不过千人,轻易便可攻占。最后,连德·布洛依都从故纸堆
中翻出了自己于1765年制订的进攻计划,并直接呈交给法国国王路
易十六。跟其他进攻计划不同的是,他计划进攻的目标并非朴茨茅 182
斯,而是直指伦敦,借此造成的财政经济混乱足以让英国送上双膝。
尽管付出了一定努力,但在很长一段时间内,上述计划都在大臣的档
案柜里沉睡。

韦尔热讷自己原来制订的进攻计划是防止西班牙进攻葡萄牙,当然事态最终得以避免,从而确保欧洲大陆内部各种联盟之间的关系不至于脱序。与此相对,这些全新制订的进攻计划,可能会导致其他欧洲国家将法国视为潜在的威胁。曾几何时,韦尔热讷通过操纵舆论,渲染英国威胁论,指控导致这场战争的始作俑者是英国而不是法国,成功压制了上述担心。但到了1779年3月,随着《1779年阿兰胡埃斯协定》签署在即,他不得不重新考虑上述问题,尽可能从中选择引发外交摩擦程度较轻的进路。即便复仇并非韦尔热讷与佛罗里达布兰卡的目标,他们所商讨的进攻计划依然完全具备前辈舒瓦瑟尔与格里马尔迪缔结的波旁王朝复仇计划的一切标志性特质。进攻伦敦不仅代价不菲,而且可能会吓坏他们在欧洲的盟友。反之,韦尔热讷选定的是直取怀特岛进而打击朴茨茅斯的作战计划,理由是此举不仅可以削弱英国在军事及经济方面的实力,同时又不会在欧洲大陆造成过大的政治动荡。在弗勒里厄的帮助下,蒙巴雷与沙丁制订了联合作战计划:5月中旬,两国总计50艘战列舰(法国30艘,西班牙20艘)将在西班牙北部外海汇合,之后杀向英国;一旦夺得英吉利海峡主导权,再由小船运载两万名精兵从布列塔尼及诺曼底出发,实施登陆作战,先行

占领怀特岛和戈斯波特,之后摧毁朴茨茅斯停泊的英军舰队。3 月底,最终作战计划送抵西班牙。整个谈判期间,西班牙驻法大使阿兰达都被排除在外,但他最终还是知晓了谈判的细节,并将自己进攻伦敦的计划直接呈交给卡洛斯三世。他的计划明显建立在德·布洛依的思路基础上。因为佛罗里达布兰卡和他的驻法大使之间一如既往地关系不睦,因此他最终批准的是进攻朴茨茅斯计划。4 月,法西签署《1779 年阿兰胡埃斯协定》,两国海军开始备战,即便这个时候,阿尔莫多瓦还在向乔治三世及英国王室提交要求休战的最后通牒。

当法、西两国派遣的间谍进入朴茨茅斯及戈斯波特进行秘密侦查
183 时,所见所闻,尽是些空旷的兵营以及薄弱的防御工事。两国还加快了造船活动,以确保更多的军舰入役。相比之下,西班牙方面的准备更为充分。海军大臣佩德罗·冈萨雷斯·卡斯特洪以及其首席造舰师让-弗朗索瓦·戈蒂埃彻底改造并完善了法国的造船体系,按照法国设计原则制造的快速战舰源源不断地下水。反观法国方面,沙丁正在拼命完成早在 1776 年他便认定发动海上进攻所需要的造舰目标。大多数船坞收到的指令都是改造旧船,这样一来,成本仅需建造新船的一半。例如,90 门火炮的“巴黎城号”就被改装,将配置火炮增加至 104 门,以抗衡装载 100 门火炮的三层英国皇家海军战舰“胜利号”(Victory)。

与此同时,造船者因为着急赶工,以完成沙丁下达的任务,往往操之过急,犯下了很多堪称灾难性的错误。1778 年,首批接受皮埃尔·布盖(Pierre Bouguer)所开创的科学造舰方法训练的早期造舰师夏尔·纪尧姆·克莱恩·戴斯劳瑞(François Guillaume Clairan-Deslauriers),就曾在建造 3 艘装配 74 门火炮的大型战舰——“普鲁托号”(Pluton)、“赫丘力号”(Hercule)及“西庇阿号”(Scipion)——过程中犯下“不可饶恕的计算错误”。据一位海军军官反映,这些舰船下海时,几乎倾覆。木材短缺——对各国海军而言皆是如此——也在很大

程度上迟滞着造舰计划的如期完成。《1779年阿兰胡埃斯协定》签署后不久,计划5月发动进攻的想法显然太过乐观了,苦恼不已的韦尔热讷不得不通知西班牙方面,舰队会合的日期将顺延数周。

事实是,两国海军都因为同样困扰了不可一世的英国海军的更大问题——人力匮乏——而被拖了后腿。在"乌埃桑岛之战"一举成名的海军少将奥维利耶,率领由28艘战列舰外加护卫舰等其他舰只组成的法国舰队,于6月初在布雷斯特集结。但这只舰队的水手缺口达到4000人,只好用毫无经验的陆军士兵经过短期训练后充数,其中很多人上船前便已罹患当时席卷法国的流行病。6月3日,法国舰队起航,并于一周后抵达西班牙加利西亚外海的汇合点——西萨迦斯岛。 184
由路易·科尔多巴-科尔多巴海军上将这位在西班牙皇家海军中服役长达60余年的老将挂帅,停泊于埃尔费罗尔及加的斯的39艘西班牙战列舰,同样因为缺乏高素质海军军官而步调迟缓,不得不从当地居民中选拔毫无经验的生手,经过速成培训来加以补充。6月下旬,从加的斯驶出的舰队因为遭遇逆风,直到7月23日才抵达汇合点。此时,卡洛斯三世已经事实上向英国宣战。战事一触即发,各方均枕戈待旦。

法国与西班牙卧薪尝胆,复仇大计早在1765年舒瓦瑟尔与格里马尔迪筹划首个波旁王朝联合舰队时,便已开始。双方互派造舰师及火器专家,从而确保双方的舰船及武器可以并肩使用。因此,即便从 185
当时的标准来看,双方的战争准备未能含括舰队间的信息交流系统,也颇为令人震惊。问题的症结不再是语言障碍——几乎所有的西班牙海军军官都能讲法语——而在于信号旗。在大航海时代,舰队司令官往往会制定一套信号系统,从而向麾下的战列舰传递消息,下达命令,其作用范围可以远达数海里。信号旗容易受到炮火、雾霭以及海浪的遮蔽干扰,需简单易见。舰队内部还会编写信号说明书下发,以供编制、解读旗语。

《路易·科尔多巴–科尔多巴》(1706—1796)
无名氏绘于十八世纪,布面油画

幸运的是,奥维利耶的参谋长,乃是杜·帕维隆骑士让–弗朗索瓦·杜·谢龙(Jean-François du Cheyron, Chevalier du Pavillon)。帕维隆著有好几部广受赞誉的旗语及战术书籍,同时也是法国海军官方信号说明书的起草者。早在3月,这份说明书的副本就已被送往马德里,但不知何故,直到加的斯舰队拔锚起航前才被递至帕维隆的对接人、科尔多巴上将的参谋长、同样精于海军理论的何塞·德·马扎拉多–萨拉扎(José de Mazarredo y Salazar)。“我非常惊讶于这些信号说明书并未用西班牙文刊印,”因为已经驶离加的斯,马扎拉多不得不采取手抄的方式。奥维利耶向沙丁抱怨称:“我可以向您保证,在此之前,从来没有任何两只舰队必须要对各自的信号语言加以完善磨合,但这就是我现在不得不做的事情。”西班牙舰队刚刚抵达汇合点,帕维隆便开始与马扎拉多合作,用一周时间赶制出了 10 本信号说明书,并分发到其他战舰。不幸的是,对法、西两国舰队司令官来说,战斗打响前,已经没有充分的时间进行共同训练了。

两国海军舰只合并为单一舰队后,被划分为 7 支分舰队。奥维利耶担任联合舰队总司令,同时兼任其中一支法西两国特混分舰队的负责人。法军负责旗语的军官基申伯爵卢克·阿贝恩·波艾克西(Luc Urbain de Bouëxic, Comte de Guichen)、夏尔-奥古斯特·勒维瑟·拉·陶彻-特拉维尔(Charles-Auguste Levassor de La Touche-Tréville),以及西班牙海军中将米格尔·何塞·加斯顿分头率领其他特混舰队。科尔多巴则登上自己配备了 112 门火炮的巨大旗舰“至圣三一号”(Santísima Trinidad),率领一支全部由西班牙船舶组成的“观察分舰队”,作为对英海战的预备队。另外由安东尼奥·乌略亚及胡安·兰加拉(Juan de Lángara)分别率领的两支分舰队,将在亚速尔群岛海域警戒,为从北美返回的西班牙商船护航。7 月 29 日,由 150 艘舰船组 186
成的联合舰队——规模远超 1588 年西班牙舰队远征时的 128 艘——离开西萨迦斯岛,向英吉利海峡压来。

舰队启程后,心绪不宁、跃跃欲试的拉法耶特接到凡尔赛宫方面的命令,获任远征军总司令德·沃克斯伯爵诺尔·约达(Noël Jourda)中将的参谋。很多退伍乃至退休的军官早就嚷嚷着重返部队,参加终于到来的对英决战,甚至连德翁都主动要求用“他”的女装置换一套军服,最终未果。拉法耶特也为此建功立业的良机而欢欣鼓舞,即便自己的军职远低于曾经担任过的将官职位。他很快便在位于诺曼底的勒阿弗尔找到了配属的部队，这里集结了 31000 名士兵的一半，另外一半部队身处布列塔尼半岛的圣马洛（Saint-Malo），等待登船渡海。万事俱备，只待奥维利耶一举拿下英吉利海峡的控制权。

这一数量明显超过了原先计划投入远征的 20000 兵力，其中更不乏法国最为精锐的战士。前一年 9 月份，陆军大臣蒙巴雷便未雨绸缪，在诺曼底的瓦瑟乌克斯（Vassieux）大规模整军备战。在这里，由两种不同类型部队组成的四个师捉对厮杀，模拟复杂的排兵布阵，从而确定未来作战究竟如许多格里博瓦尔派军事专家所主张的那样，采用强调火力及机动性的“双线横队”（Ordre Mince）进军方式，还是采用强调震慑力的“双线列队”（Ordre Profond）战术队形。后者的主要支持者乃是德·布洛依的哥哥，功勋卓著的维克多·弗朗索瓦少将（Victor François），而“双线横队”的主要推手，则是时任法国陆军总监军，自视为战术家的罗尚博。经过两周联合操演后，罗尚博主张的“双线横队”被判定更具优势。6 个月后，在选择远征军先锋官时，维克多·弗朗索瓦落败，将由罗尚博率军打头阵，入侵不列颠。

就在德·沃克斯伯爵统领的岸上部队焦急等待登舰命令时，奥维利耶统辖的海上舰队却因为肆虐的疾病而士气低落——仅在 10 天内，便有 80 人病故，1500 人染病。随舰医生对病因莫衷一是，有人甚
187 至归结为坏血症。事实上，真正的病因在于当时所爆发的史无前例的痢疾大流行。法国西部便因此丧生 175000 人，同年死去的人数，甚至超过了新出生的人数。疫病还传染至英国的肯特，乃至跨越大西洋扩散至北美地区。奥维利耶最后时刻在布雷斯特招募的士兵很可能便是船上疫病流行的罪魁祸首，虽然这种疾病可以通过多种方式快速传染。首批病逝者当中，便包括奥维利耶本人的独子，随侍父亲登上旗舰“布莱塔尼号”（Bretagne）的一位年仅 22 岁的海军中尉。身经百战，

曾在奥地利王位继承战争及“七年战争”见惯人间生死的奥维利耶,因儿子的英年早逝痛不欲生。“上帝夺走了我在这个世界上的一切,”8月2日,他在写给沙丁的信中这样说道,“却赐予我完成使命的力量。”这种硬充好汉的尝试骗不了别人。科尔多巴向马德里方面报告称,奥维利耶已“无法履行职责”,因此全部指挥重任都落在了他的参谋长帕维隆身上。奥维利耶的航行出师不利,一开始便不“顺风顺水”,无论是在字面含义,还是在实质含义上,都是如此。整个舰队足足用了两周时间才战胜逆风狂涛,最终于8月16日抵达英吉利海峡。

英军舰队早已清楚联合舰队气势汹汹而来,虽然最初他们其实并没有搞清楚法西大军登陆的准确位置。即便斯托蒙特已于前年离开法国,但威廉·艾登组织的间谍网络依然持续运作,源源不断地送回英国的情报显示法国正在积极备战。相关情报之所以遭到泄露,在某些方面与拉法耶特、富兰克林乃至韦尔热讷直接相关。就在组建进攻舰队的时候,韦尔热讷准备对天主教聚居的爱尔兰动手,以分散英国方面的注意力。1779年6月,根据拉法耶特及富兰克林的建议,他将这一使命交给爱德华·班克罗夫特,这位艾登间谍网重要成员的特殊身份终其一生都未被揭穿。数周后,班克罗夫特给韦尔热讷带回了造访动议遭到拒绝的消息,毫无疑问,他也已经向自己在伦敦的上线提供了法国方面积极准备发起军事行动,但肯定不会继续以爱尔兰为对象的情报。

英国方面得到的另外一个线索,便是法国方面同年5月进攻位于
英吉利海峡的泽西岛(Jersey)未果的事件。虽然事件轻易便被平息,
但警醒了英国当局积极备战。6月12日,英国政府获悉,9日前,奥维
利耶已经率舰队驶离布雷斯特。6月16日,英国海军“英吉利海峡舰 188
队”的28艘战列舰在海军中将查尔斯·哈迪(Charles Hardy)的率领
下,驶出朴茨茅斯港,旗舰为“胜利号”战列舰。和法、西舰队的情况类

似，英国海军也饱受人员不足、疾病肆虐之苦，但还是一路向西，驶向锡利群岛海域，希望能够在奥维利耶的舰队进入英吉利海峡之前将其截住。

长期以来颇受期盼的波旁舰队与英国舰队的海上对决并未上演。哈迪所率英军舰队抵达后因为航向偏西，并未发现奥维利耶的舰队。而联合舰队于 8 月 16 日终于看到了朴茨茅斯的灯火，这座沿海城镇随即进入紧急状态，开始分发武器，征召民兵以防备进攻。消息传到伦敦，股价应声而落。此时，波旁王朝舰队已经没有什么能力对英国平民构成威胁了。补给船并未如期抵达汇合点，联合舰队的食料及淡水日渐告急，船上兵员中痢疾依然肆虐。基申伯爵新进改装完毕的旗舰“巴黎城号”有 300 人病倒，占到其全部 1100 名船员的四分之一，迫使另外一艘护卫舰不得不将大部分人手调过来，以维持旗舰的正常运行。甚至连总司令德 · 沃克斯也病倒不起。

8 月 18 日，来自东北方向的狂风，将联合舰队吹离英吉利海峡。一周之后，他们终于遭遇哈迪的舰队。奥维利耶试图与英国舰队交战。哈迪非常清楚，自己的舰队在数量上不敌波旁王朝联合舰队，但其手下参谋长理查德 · 肯彭费尔特（Richard Kempenfelt）上尉曾长期致力于研究所谓“舰队保存主义”，也就是说，处于劣势的舰队，即便远离可能的战场以专注于保存自己，依然可以影响甚至决定敌方舰队占据优势的战局。基于这一理念，哈迪一方面避免直接交火，另一方面吸引联合舰队向东移动，以保证朴茨茅斯的安全。9 月 3 日，哈迪下令停止移动，进行补给作业，以做好战争准备。同日，奥维利耶接到凡尔赛宫的命令，终止作战计划，舰队返回布雷斯特。一周后返港的船上，挤满了 8000 名患病乃至濒死的水手，而可供炫耀的战利品只有一艘遭其俘获的英国船舶。沙丁等法国内阁成员众口一词，纷纷指摘奥维利耶未能与哈迪的舰队开战交火，但帕维隆这个时候跳出来为自己的上司辩护,指出“法国军舰……事实上已经变成了医院船,而不是作战舰艇”。无法摆脱丧子之痛的奥维利耶提交辞呈,选择退休。加斯顿所率领的分舰队留在布雷斯特过冬,科尔多巴率领其余舰只前往加的
斯,拉法耶特则解甲归田。德·沃克斯将自己的士兵转移到冬季宿营 189
地,并且积极叫嚣再次组织进攻,但遭到韦尔热讷的拒绝。作为整个波旁王朝战略核心,倾 15 年之力打造的法西联合舰队就这样黯然收场。

北美大陆方面,只有少数报纸[如《宾夕法尼亚口袋报》及《独立记事报》(*Independent Ledger*)]发表了豆腐块文章,对奥维利耶及科尔多巴率军舰进入英吉利海峡的新闻进行了报道,位置也都被安排在不起眼的三版侧栏。相反,有超过 200 条不厌其详的报道,出现在数十家报纸的头版,反复讲述本应作为整个事件某个脚注的小小片段:1779 年 9 月 23 日,约翰·保罗·琼斯历经 3 个小时,经过史诗般的努力,虽然损失了自己的“好人理查德号”,却捕获了英国皇家海军“塞拉皮斯号”(Serapis)。故事的发端可以追溯到 6 月初,在拉法耶特最新提出的计划无果而终后,琼斯心灰意冷地四处寻求新的任务。肖蒙垫资组建了一支小型法、美混合舰队,由琼斯负责指挥,并从沙丁处得到了日后予以报销的承诺。除了改装后的“好人理查德号”(以本杰明·富兰克林所著《穷理查年鉴》命名)之外,这支在洛里昂无事可做的舰队还包括 3 艘从法军舰队中退役的舰船,以及由富兰克林批准加入的皮埃尔·兰蒂斯指挥的“同盟号”。就在奥维利耶的舰队驶出布雷斯特时,沙丁跟琼斯和肖蒙接触,希望这支小小的舰队能够承担一项特殊使命:在英伦列岛附近游弋,吸引英军,干扰英吉利海峡舰队的注意力,掩盖真正的登陆地点。这跟派班克罗夫特进军爱尔兰以迷惑英国议会,让其搞不清楚真正威胁所在的办法,如出一辙。琼斯一口应承了下来,但他的首航便因为“好人理查德号”和“同盟号”意外碰撞而

中途夭折。两舰受损严重,均需大修。8 月 14 日,奥维利耶的舰队准备进入英吉利海峡的同时,琼斯的分舰队再次从洛里昂出发,开始围绕英伦列岛的环游,试图扰乱英吉利海峡舰队关注的焦点。

哈迪及其他英国海军将领还没有蠢到派船对琼斯穷追不舍的程度,但这个北美船长的确在爱丁堡周边地区营造了恐慌气氛。当时,他所率领的分舰队开入福斯湾(Firth of Forth),并试图在此登陆,最终未果。沙丁对琼斯的指示——同时也得到了富兰克林的支持——本
190 来是在外海对商船实施打击,并没有提到登陆作战的问题,但琼斯显然自有主张。事实上,为了实施计划中的两栖作战,他在"好人理查德号"上装载了 137 名士兵,远超通常为此型战舰提供安全警戒任务所需要的 60 人。这些士兵并非来自大陆军,而主要来自法国的"爱尔兰沃尔什塞兰特团"(Irish Régiment of Walsh-Serrant)——其秉持的"时时处处无比忠诚"(Semper et Ubique Fidelis)这一战斗口号,后来也成为美国海军陆战队的座右铭。之后不久发生的一切,会让琼斯有理由感谢自己搭载了这些"野鹅敢死队"。

负责指挥该团的 5 名军官,其中便包括军械师安托万·菲利克斯·韦伯特。他在 1776 年的华盛顿堡之战中被俘,并在朴茨茅斯附近的富顿监狱被关了两年多,后来在本杰明·富兰克林的安排下,作为交换战俘,于 1779 年 1 月重获自由。身无分文抵达巴黎,但又急于返回北美参战的韦伯特,找到富兰克林寻求帮助,后者则极力劝慰,将他和另外几位刚从富顿监狱获释的军官,举荐给琼斯听用。"好人理查德号"休整改装期间,在洛里昂,韦伯特遇到了等待班轮返回北美的约翰·亚当斯。笃信以貌取人的亚当斯,对眼前这位已经多次用实际行动证明了支持北美独立大业信念的义士,显然多少有所误解:"相貌与气场都乏善可陈,也未发现其技能出色或学识超人。"但数月后所发生的一切,将证明亚当斯的判断有失公允。

9月23日下午,琼斯率领的舰队在向约克郡海岸航行过程中,在斯卡伯勒正南方向遭遇了一支大型木材运输船队。为后者提供护航的正是“塞拉皮斯号”护卫舰,以及另外一艘吨位更小的武装商船“斯卡伯勒公爵夫人号”(Countess of Scarborough)。琼斯立即下令扑向护航船舶,同时要求全员进入战位。韦伯特负责“好人理查德号”的主要作战武器,位于二层甲板的28门12磅火炮,主要瞄准“塞拉皮斯号”射击,以让其失去动力。爱尔兰籍士兵则被派到瞭望塔及桅杆制高点,以从上往下对敌舰进行射击。“塞拉皮斯号”舰长理查德·皮尔森(Richard Pearson)积极备战,同时向被护航的商船发信号,让其驶往斯卡伯勒要塞,以寻求炮火庇护,自己则率舰截敌。他所率领的这艘战舰船龄不足6个月,船体坚固、航速迅捷,并配备了44门火炮,其中接 191
近一半是18磅的重炮。相比之下,“好人理查德号”则已经下水超过13年,不仅航速缓慢,且原先作为商船的船体脆弱,火炮数量不足,威力也偏弱。看起来,琼斯几无胜算。

夜幕降临,两船距离逐渐接近,仅有100码,人声几近可闻。双方迅速升起军旗,同时舷炮齐鸣。虽然韦伯特指挥的12磅火炮切断了“塞拉皮斯号”的船桅和旗杆,但这艘英国战舰依然在航速上压倒“好人理查德号”,占据了更好的开火位置。皮尔斯手下训练有素的船员更善于先敌开火,装填更快,加上火炮威力威猛,能够在两船互毁互伤的效率方面占据上风。琼斯深知,获胜的唯一机会,只能是采用近身肉搏的战术。他让船员用铁锚将两艘战舰紧紧钩住,缠在一起,这样一来,皮尔斯便无法继续使用侧弦的火炮。夜色渐浓,两船首尾相接,向西北方向漂流而去“塞拉皮斯号”的船艉被“好人理查德号”的舰艏牢牢抵住。但前者的若干舰炮依然堪用,彻底让后者哑火。“斯卡伯勒公爵夫人号”选择静观其变,船长不愿意向“好人理查德号”开火,担心误伤己方的“塞拉皮斯号” 。“同盟号”的皮埃尔·兰蒂斯却不畏手畏脚,三度向“塞拉皮斯号”开火,尽管每次炮击都有部分炮火落到“好人理查德号”上,在杀伤敌人的同时也造成了己方的重大伤亡。经历两小时交战后,这场火炮对决开始变得渐渐对皮尔斯一方有利。他向琼斯喊话:“你不停火?”琼斯则回敬道:“我舰正在下沉,但如果停火,就死定了!”的确,“好人理查德号”的吃水变得越来越深,留给这艘船的时间已经不多了。

如果英方想要取胜,就必须用炮火将美方舰上人员清除干净。如果美方想要在舰船沉没前绝地反击,也必须要尽可能大量杀伤“塞拉皮斯号”上的英方舰员。韦伯特指挥的火炮不是无法继续使用,便是遭到摧毁,本人的手臂及大腿也多处负伤,但仍奋勇指挥手下的士兵,用步枪向试图将两船分开的英国水手倾泻弹雨。任何露头的敌人都被击倒,爱尔兰籍士兵的枪法如此之准,以至于英国人误认为敌人使用的是来复枪。此时,美方舰船甲板以下因为进水及受到炮火袭击,已经无法继续使用,但英国水手却不敢去甲板上冒险。双方水手均已
192 死伤过半。琼斯手下的一名水手匍匐前进,爬到“好人理查德号”船头,向“塞拉皮斯号”的甲板上投掷手雷,其中一枚从缝隙中掉落到甲板下方,点燃了存放在这里的炮弹,引发的爆炸及烈火迅速蔓延至整个甲板,将挤在上面的50多名英国水手杀伤殆尽,同时也让甲板上剩下的火炮无法继续使用。晚10点半左右,皮尔森决定降下军旗,毕竟他所负责护航的舰队,此时已经安全抵达斯卡伯勒。不过,向一艘行将沉没的敌舰奉上自己的佩剑,似乎脸上无光,于是,他认为,应当向两艘敌舰中尚具备战力的“同盟号”不失尊严地宣布投降。这个时候继续流血毫无意义。后来,皮尔森因为挽救了他负责护航的船队而获封骑士。

琼斯于次日转移到“塞拉皮斯号”继续行使指挥权,这个时候,“好人理查德号”已慢慢沉入海底。一周后,舰队抵达荷兰共和国的泰瑟

尔岛,并在此受到富兰克林当地联络官夏尔·杜马斯的热烈欢迎。

约翰·保罗·琼斯的传奇故事很快便传至法国乃至北美地区。即便琼斯并未实际履行沙丁下达的任务,但富兰克林向这位舰长肯定地表示:“巴黎乃至凡尔赛宫,几乎没有哪里不在热议阁下在这场殊死战斗中的英勇行为与杰出表现。”他这次击败吨位更大、火力更强的“塞拉皮斯号”,可被视为美利坚与不列颠这场大战的一个缩影或象征,极大提振了北美人民的士气。尽管后来再也没有在北美地区担任过其他领导职务,但琼斯英勇的战斗行为,依然长期激励着新生的北美海军。至于在很大程度上成就了这场胜利的韦伯特——他的爱尔兰籍士兵更是功不可没——则向琼斯要求能够尽快返回北美,以继续在大陆军中履行工程兵的职责。琼斯勉强批准,同时对他表现出的能力给予了极高评价。就在韦伯特于1780 年3 月前往费城的途中,他所乘坐的船舶被英国皇家海军护卫舰“格雷胡德号”(Greyhound)捕获,他本人也再次成为英军战俘,并被押送至牙买加。

海上行动之欧洲战线

1779 年岁末,在法西两国筹划后来无果而终的进攻英国方案之
际,相关各国都在为来年积极谋划。各方都将战略地位、经济潜力极 193
为重要的西印度群岛作为未来行动的重中之重。在伦敦,英国内阁认识到,在近期发动另外一场攻势并不现实,遂决定派遣 5000 士兵及 10 艘战列舰增援驻扎牙买加的舰队,这就需要从英吉利海峡舰队分出 5 条战舰。负责殖民地事务的国务大臣杰曼希望派遣更多舰船,但海军大臣约翰·蒙塔古(John Montagu)显然已经认识到这样做将会让英国本土的防卫变得空虚,尽管只有在北美才能赢得这场战争,却可能在英吉利海峡输掉这场战争。在马德里,佛罗里达布兰卡依然没有放弃

进攻不列颠的想法，但韦尔热讷在没有得到西班牙方面承诺提供额外资金支持之前，拒绝再次讨论发动代价不菲的军事行动。这意味再次发动两栖作战的可能性正在逐渐变小。相反，西班牙此时声称派遣至少 10 艘战列舰及 10000 人的军队前往西印度群岛。这就让韦尔热讷陷入了外交困境。弗勒里厄坚持，即便进攻英国未果证明法西两国开展联合作战行动存在诸多内在问题，但考虑到与强大的英国舰队的巨大差距，法国想要赢得战争，依然需要得到西班牙的帮助。为了确保西班牙践行义务，沙丁承诺，派出至少 10 艘战列舰，增援西印度群岛地区的西班牙舰队。

在英国及西班牙看来，另外一个战略焦点，是被佛罗里达布兰卡蔑称为一堆石头的直布罗陀。这里掌握在英国手中，西班牙王位继承战争期间，英国从西班牙手里夺得了这片要地，借此控制来往大西洋和地中海的航运及海军行动。从那时起，围绕这片土地的归属，两国或战或谈，但在“七年战争”之后，双方似乎安于现状，甚至在前线发展出一种同志情谊。通常情况下英国到殖民地的邮政业务是通过西班牙舰只实现的。英国派驻直布罗陀的总督及司令官乔治·艾略特（George Elliott），跟驻扎在临近的圣洛克（San Roque）的西班牙对手华金·门多萨（Joaquin Mendoza）经常互访，并会邀请对方参加各自的官方活动。因此，当 1779 年 6 月 21 日早上，例行的邮件并未如期而至——这一天，卡洛斯三世事实上对英宣战——艾略特就意识到，自己正面临着海上封锁。当天晚些时候，门多萨也不太情愿地承认了这
194 一点。艾略特立即向伦敦传话，派遣增援舰队，否则，即便用最低限度的食物保障，这片土地贫瘠、水资源匮乏的荒凉之地，也很难再坚守数月。

为这片殖民地提供补给的重任，落在海军少将乔治·布里奇斯·罗德尼（George Brydges Rodney）肩上。这位典型的海上斗士，此时刚

刚被从退休的海军军官中选拔出来,担任背风群岛(Leeward Islands)的负责人。1779 年圣诞节,根据从沙丁处接到的命令,罗德尼率领 22 艘战列舰、10 艘护卫舰及 200 艘其他舰船,向直布罗陀及梅诺卡岛运输补给,继而奔赴其位于西印度群岛的新岗位。西班牙海军无力阻止罗德尼。刚刚经历进攻英格兰的失败,处境尴尬的西班牙舰队目前正分散于若干遥远的港口:加斯顿率领的 20 艘战舰目前还在布雷斯特;科尔多巴不久前才率领麾下 15 艘战舰中的 11 艘抵达加的斯(剩下 4 艘留在埃尔费罗尔进行迫在眉睫的大修);其余大多数舰船则在加的斯湾卡拉卡(Carraca)的船台进行维修。刚刚从亚速尔群岛返回卡塔赫纳的兰加拉能够指挥的只有 15 艘战舰,只能硬着头皮面对朝直布罗陀掩杀而来的大型英军舰队。

无论作为海军统帅的能力如何,以及个人财务状况有多糟糕,罗德尼的确具备拿破仑在其军官中颇为推崇的一项特质。他是幸运的,而他有能力将这种幸运转化为胜利。1 月 8 日,在葡萄牙外海,他发现了驶向加的斯的一支西班牙商船队。留下护卫舰守卫自己护航的商船,罗德尼发出信号,手下的战舰尚未排成纵队战线便直接追击敌舰。面对蜂拥而至的优势敌军,西班牙舰队马上升起军旗准备迎战。最终,罗德尼捕获了 7 艘战舰,以及卡拉卡斯皇家吉普斯夸公司(Royal Guipuzcoan Company of Caracas)的 15 艘商船;他将商船上满载的海军补给品作为战利品编入自己驶向直布罗陀的舰队。1780 年 1 月 16 日,就在罗德尼经过葡萄牙以南圣文森特角与圣玛利亚角之间的地带时,他发现了兰加拉率领的舰队,随即展开追击。尽管派出了两艘护卫舰一探虚实,但兰加拉依然对英国舰队的追击毫无准备,只能向南溃败。罗德尼麾下航速更快的战舰很快便追上猎物,并将其悉数吞食。这场后来被称为“月夜海战”的遭遇战,一直持续到午夜时分,兰 195
加拉舰队中共有 5 艘战舰被英方俘获或摧毁,其中包括那艘配备 80

门火炮的旗舰“菲尼克斯号”(Fénix)。

两天后,罗德尼所率舰队开入直布罗陀港,并未受到包围此地的西班牙军队的袭扰。在他们启程前往西印度群岛之前,物资卸载足足耗时一个月之久。如此充足的后勤储备,确保这处身处重围的殖民地又坚持了一整年。除了解围直布罗陀之外,约翰·蒙塔古还记录道,“罗德尼俘获的战列舰,比此前任何一场单独战争行动的战利品都要多”。不列颠举国上下对如此空前的大胜感到欢欣鼓舞,特别是伦敦城中的金融家,尤为振奋。他们对政府重拾信心,诺斯首相得以用十分理想的利率又募集了折合今日1500亿美元的资金。西班牙方面也非常认可罗德尼的实力,因为就在后者途经加的斯前往西印度群岛的时候,依然在此休整的科尔多巴所率舰队龟缩在港内,并未外出应战。

罗德尼的幸运,并非全部源自好运或技巧。在跟西班牙舰队作战过程中,他们之所以能够占据压倒性优势,是因为每一艘英国军舰都在吃水线以下用铜片敷设在船壳之外,因此可以在航速方面全面超过没有敷设铜皮的西班牙军舰。敷设铜套——用铆钉将铜片敷设在水线以下的船舶外壳——可以防止虫子蛀穿船壳,同时防止藤壶或海草附着在船体之外(对海洋生物而言,铜有毒)。以近似一劳永逸的方式防止虫蛀,并减少外物附着,意味着敷设铜套可以保证航速更快,转弯更为灵活,在海中服役时间更久。如果不这样做,普通船舶必须定期入港筛查虫洞,刮擦附着物。为战舰敷设铜制底壳,算得上北美独立战争期间出现的最为重要的单项海军科技进展。

“七年战争”期间,英国海军开始尝试为战舰敷设铜套,尽管这样做可以很好地解决定期刮擦船底附着物的难题(有海军军官甚至将其形容为“世界上最伟大的发明”)但铜套和铁质加固件之间的电化学反应,将会让铁制品出现腐蚀,导致船板松动,使得舰艇面临漏水乃至进水的风险。英国海军因此放弃了铜套计划,后来因为法国参战,又再次启动。这个时候，解决腐蚀问题的权宜之计已经被找到——在铁质加固件与铜套之间，敷设多层油毡纸绝缘，减少电化学反应。早已被多线作战压得喘不开气的英国舰队积极呼吁改革。“看在上帝的分上，同时也为了我们的国家，给我们派来敷设铜套的新型战舰吧，让我们丢掉这些破旧不堪的老家伙。”一位军官这样致信给主管海军后勤的查尔斯·米德尔顿(Charles Middleton)。“如果有了这样的战舰，一切问题都将迎刃而解，如果没有，则肯定会造成灾难及不幸。”英国具备大量制造铜片的工业能力，但这样做代价高昂，特别是需要考虑到此时英国年均新造战舰多达 27 艘。蒙塔古和米德尔顿合作，说服英王和英国议会批准了这笔费用，借此，整个英国海军的全部 331 艘战舰都敷设了铜套，总共耗费 40 万镑，约折合现价 45 亿美金，即一艘当代英制航母的造价。

法国和西班牙都发现了英国为战舰敷设铜套所能够带来的巨大优势。当法国海军 1764 年派遣德奥尔森伯爵(以及后来的多位间谍)潜入英国船坞实施侦查时，部分目的即在于收集敷设铜套的相关情报。西班牙海军同样意识到，兰加拉无法摆脱追击的英国舰队，是因为后者敷设了铜制底套。问题在于，这两个国家都不具备大批量制造铜片的工业能力。英国几乎所有港口的船台都在为战舰敷设铜套时，法国只有布雷斯特船台有能力这样做；直到战争结束，这里也仅仅为不到一半法国军舰敷设了铜套。西班牙的情况更糟，敷设铜套的舰船占比不足十分之一。无法为己方舰船全面敷设铜套，导致法西舰队即便在幸运女神光顾的时候，依然在战略及战术层面处于劣势。

1780 年，路易·科尔多巴 - 科尔多巴同样幸运。和罗德尼一样，他也具备将幸运变成现实的能力与技巧，尽管法国驻西大使蒙莫兰抗议称这位 73 岁的老将已英雄迟暮。如果说西班牙未能有效封锁直布罗陀，那么英吉利海峡舰队围困位于法国设在布雷斯特及罗什福尔的大西洋港口，同样难言成功。1780 年全年，来自这些港口的 10 艘法国军舰以及来自土伦港的另外 6 艘战舰驶入加的斯，加入科尔多巴休整之后面貌一新的舰队，数度联合出海，截击在西班牙沿海游弋的英吉利海峡舰队。

197 其中一次出击，发生在 1780 年 7 月 31 日，共有 24 艘西班牙军舰及 6 艘法国军舰参与行动。根据佛罗里达布兰卡传来的精确情报，科尔多巴了解到，一支大规模的船队，在薄弱的护航兵力掩护下，正前往西印度群岛东部。他决定前往搜寻。8 月 9 日，借着黎明前的黑暗，一艘西班牙护卫舰看到了火炮发射时的火光，并且在一分钟后听到了隆隆炮声。据此，科尔多巴的参谋长马扎拉多判断，10 英里之外的应当是英国船队，而非英吉利海峡舰队。科尔多巴利用“至圣三一号”的尾灯迷惑英国船队跟随自己前进，而后者则将“至圣三一号”误认为给其护航的装载 74 门火炮的英国皇家海军“拉米利号”（Ramillies）。黎明时分出现的一幕是，55 艘英国商船乖乖地在法西联合舰队的炮口下俯首称臣，唯独敷设了铜套的“拉米利号”成功地摆脱了追击，这让自身装备技不如人的法国海军军官望洋兴叹。

法西联合舰队返回加的斯时的战果可谓丰厚。英方也在此役创下了这场战争期间损失商船的最大记录，同时总共超过 3000 名英军被俘，还失去了 8000 支步枪，以及足以装备几十个团的被服装具。如此一来，罗德尼的西印度战略遭遇重创。单单 160 万磅（折合现价 170 亿美元）的金银币损失，便使得几个月前罗德尼让金融市场涨起的信心打了水漂。认为英国海军无法继续掌控大海的观点，促使海上保险费率飙升至 25%，高企不下的造舰费用，也意味着英国政府面临公众结束这场战争之呼声日渐高涨的强大压力。

科尔多巴俘获英国商船的事实，也终结了另外一种终结冲突的可能选项——尽管成功概率微乎其微——这便是爱尔兰籍西班牙神父托马斯·哈西(Thomas Hussey)与英国议会贸易委员会成员理查德·坎伯兰(Richard Cumberland)之间的秘密协商。西班牙和英国政府分别选派上述两人建立起另外一条议和的交流管道,但并未给予其充分授权。哈西与坎伯兰交流的唯一成果,便是让英、西双方坚信,彼此在直布罗陀这一关键问题上的分歧一如既往。然而,韦尔热讷却对上述单独议和的可能性颇感忧虑,遂将此事通报给北美当局。在1780年10月捕获英方船队的消息传来后,他想必也会因得知和谈破裂而感到如释重负。

海上行动之北美战线

在法、英双方于1779年岁末将西印度群岛选作未来开战军事行 198
动的焦点地区前一年,双方在这里便已经着手打造各自的舰队。从1778年的多米尼克及圣卢西亚行动开始,德斯坦在位于马提尼克的皇家堡(即今天的法兰西堡)积极扩充海军,随着刚刚被拔擢为海军少将的德·格拉斯伯爵弗朗索瓦-约瑟夫·保罗的到来,舰队规模在短期内骤增至19艘战舰。与此同时,1779年1月拜伦率领其重新组建的舰队从纽波特赶到,驻扎圣卢西亚的巴灵顿长出一口气。当地的英军战舰数量由此达到24艘。此后的6个月,德斯坦与拜伦彼此目睹对方的战舰往来穿梭——马提尼克与圣卢西亚相距不过20英里,站在各自的海岸边便可洞悉对方的一举一动——但都未选择动手。1779年5月25日,拜伦率舰队离港,为从附近圣基茨岛起航驶向英国的一个大型船队护航,直至其安全驶出德斯坦的攻击范围。后者则趁英军倾巢出动,大本营空虚之机,下令夺回附近的蔗糖产地圣文森特岛——根据《1763年巴黎和约》被割让给英国之前,这里一直都掌握在法国手中。不到一天,圣文森特岛便告易手。

6月末,一支大型武装护航舰队在海军少将拉·默特伯爵杜桑·纪尧姆·皮凯(Toussaint Guillaume Picquet, Comte de La Motte)的率领下,从法国抵达。护航的舰只中就包括博马舍曾经租用过的“骄傲的罗德里戈号”。该船曾从北美向法国运回烟草,部分抵顶罗德里戈·霍塔莱兹公司的军火账款,如今则改装成配备60门火炮的护航舰艇。这样一来,德斯坦手下的战舰数量攀升至26艘,从数量上压倒了拜伦。他再次选择重新夺回曾属于法国的重要蔗糖产地格林纳达。此次战斗共持续两天,最终,英军听从沙丁的要求而投降。他们认为德斯坦的目的仅仅是为了保护法国的商业利益,摧毁英军据点,而不是为了攻城略地。在这位前陆军军官看来,攻占并控制土地才是对英作战的重要战略支撑,这一点,与画像被悬挂在其舱室内的乔治·华盛顿所见略同。如果德斯坦能够施以援手,这两个岛屿就将留在法国手中。

正当德斯坦赶往格林纳达的时候,拜伦也返回了圣卢西亚,并且
199 获知圣文森特的相关消息。7月3日,听闻格林纳达告急,拜伦出海迎战德斯坦。一年前,飓风作梗,这两位在纽波特外海没有机会交手,现在,两人之间已无任何障碍。当拜伦率舰队迫近的消息传来,德斯坦的舰队在圣乔治湾下锚,这时距离英军投降仅过了一天。7月6日早些时候,德斯坦下令本方战舰排成纵线战队,北上接敌,应战拜伦的舰队。尚未意识到手下战舰数量处于劣势的英军海军上将下令发动全线总攻。随着战事推进,拜伦才认识到真正的情况,旋即指令本方战舰排成纵线战队。不过,为时已晚,部分英军战舰已受重创,桅杆、系索等被精准的法军炮火摧毁。下午3时许,德斯坦的战舰冲入英军舰群,多次利用测弦炮火,最终结束了战斗,英军败退。这是一场令人颇为震惊的大胜,因为指挥这场战斗的是一位平素被贬斥为旱鸭子的海战外行。然而,德斯坦并不认为捕获英军舰船与占领英国领土同样重

要，因此并未乘胜追击，继续扩大战果。相反，在返回马提尼克之前，他选择停靠圣乔治，以维修战舰，特别是受损颇为严重的“骄傲的罗德里戈号”。他手下好战的舰长叙弗朗得知错失歼灭加勒比地区英国海军主力的大好战机这一消息，曾抱怨称，自己的指挥官“如果海战方面的战略眼光和其勇敢程度相当，就不会眼睁睁看着桅杆都已折断的英国军舰撤退”。尽管叙弗朗多有微词，无论如何，格林纳达和圣文森特直到战争结束，始终握在法国手中。

之所以能够在格林纳达及圣文森特取得战略胜利，原因即在于德斯坦违反了沙丁不得攻占任何岛屿的死命令。但海军大臣有一道命令是无论如何不能忤逆的，那就是返回法国。不过，他要在返回前再次行使指挥权，实施一次两栖登陆作战。德斯坦首先将舰队带到多米尼加，在那里他接到命令，组织一支本来计划返航的船队以装载进攻部队。了解到西班牙参战的消息后，他暂时搁置了原计划，放弃进攻英国位于牙买加的老巢——这一任务留给未来的法西联合作战——同时开始仔细阅读已在弗朗索瓦角等候多时的密信。南卡罗来纳总督约翰·拉特利奇（John Rutledge）、法国领事让·普隆巴德（Jean Plombard）以及其他名流都向他透露了令人不快的消息：同年早些时候，英国准将奥古斯汀·普莱沃斯特（Augustine Prévost）已经从圣奥古 200
斯汀来到萨凡纳坐镇指挥，此人为了应对北美方面进军佐治亚，遂向查尔斯顿发动进攻；对此，大陆军南部战区司令官本杰明·林肯（Benjamin Lincoln）中将只能勉强招架。大陆会议及华盛顿无兵可派，只好调遣一支由法兰西人、日耳曼人、亚平宁人、瑞典人、波兰人及北美志愿者组成的骑步混编军团，在卡齐米日·普瓦斯基及迈克尔·寇维茨·法布里齐的率领下前往增援。至于其他各州，没有一个愿意分兵援助。如今，全部希望都寄托在德斯坦身上。一位法国志愿骑兵对现状的描述最为直白：“这个国家比任何时候都迫切需要帮助，除了指望您——德斯坦伯爵——已经无人能够将其从水深火热中拯救出来。”德斯坦的抉择十分明确。正如从英国人手中夺得格林纳达有助于缓解失去圣卢西亚所导致的压力那样,这群来自萨凡纳的英军很可能会在纽波特扳回一城。

1779 年 8 月 16 日,德斯坦的舰队搭载 4000 名士兵离开弗朗索瓦角,其中就包括由 750 名有色人种(黑人及混血)自由人组成的圣多曼格志愿轻步兵团(Chasseurs-Volontaires de Saint-Domingue),旨在像当年劳伦斯·华盛顿那支专职负责在卡塔赫纳挖掘堑壕、运输补给的北美步兵团那样,为常规部队提供支持。在送走返法船队后,德斯坦依然坚信,自己剩下的 22 艘战列舰以及 10 艘护卫舰依然足以赶走普莱沃斯特手下那区区几条英国军舰,迫使其投降。此时,法国派驻殖民地的士兵早已适应了南方的气候,而且手下的海军将官实属精锐——布干维尔、拉·默特以及叙弗朗等均位添其列——德斯坦希望能够在正值飓风期的当下速战速决,他可不想因为自己延迟抵达法国而再次触怒凡尔赛宫。通过快速护卫舰,他将自己抵达萨凡纳的消息传到查尔斯顿,并计划于 9 月 4 日开展联合进攻。两天后,林肯率领的 2000 人大军从查尔斯顿方向挺进,而在前面领路的正是普瓦斯基的联合军团。德斯坦本人则于 9 月 8 日出现在萨凡纳河口。普莱沃斯特麾下驻防在此的 2400 名英军被打得措手不及。这位英国守将立即派人向约翰·拜伦急送密函,请求后者从西印度群岛赶来解围,但他并不知道
201 这位海军少将早已在一片质疑声中登船返回英国。普莱沃斯特向纽约的亨利·克林顿求援,同样石沉大海。唯一的救兵,只能是驻扎在 50 英里之外的博福特(Beaufort),由约翰·梅特兰(John Maitland)上校率领的 800 名英军。

依据当地人的建议,德斯坦选择 9 月 12 日在萨凡纳以南数英里的柏里欧(Beaulieu)登陆。4 天后,2000 名士兵及重炮便将这座城围

得水泄不通。加上林肯所部此时距此只有一天的路程,何方获胜似乎自不待言。德斯坦向普莱沃斯特下达最后通牒,傲慢地要求后者立即投降。“向法国国王陛下的皇家海军交出武器”(aux Armes de Sa Majesté Le Roy de France)。普莱沃斯特则恳求获得24小时来考虑,以此拖延时间等候援军的到来。德斯坦以为林肯的军队可以在内河水道阻止梅特兰所部的靠近,遂表示同意。由此,他犯下致命错误。次日梅特兰率军抵达城内,并开始巩固城防。普莱沃斯特如今有底气礼貌地拒绝投降,并表示,“英王陛下,我的主人,支付薪资让这些人战斗,因此,他们必须战斗到底”。当天晚些时候,林肯所部军队也终于抵达,城外包括正规军及民兵的数量增至5500人。德斯坦和林肯达成一致意见,围而不攻,同时利用从船上拆运过来的重炮轰击城内。

德斯坦所率舰队上暂时无炮可用的水手们聆听着远方传来的炮声轰鸣,空耗淡水补给,而痢疾肆虐的程度越来越严重。这只法西联合舰队进攻英军的斗志变得越来越薄弱。德斯坦手下目空一切的军官团成员除了日常训练,以及背后非议自己的指挥官外,无所事事。9月24日,这种千篇一律的沉寂被打破,法国战列舰“射手座号”(Sagittaire)在希尔顿海德岛捕获了英国皇家海军战舰“实验号”(Experiment),净赚了价值65万英镑的钱币,另有可供补给的粮秣军需,以及大量英军军服,很多法国军官甚至返回祖国时将敌手的军服穿在身上。与此同时,持续5天的炮击,几乎将整座城夷为平地,但并未把死守在此的英军连根拔起。随着法国舰队拔锚启航的时间迫近,德斯坦和自己手下的军官会面,商讨发动总攻事宜。所有人都反对发动惨烈的进攻。跟此前在纽波特时大发雷霆一样,脾气火爆的德斯坦马上否决了他们的意见,认为应当尊重向美法两国的承诺,通过雷霆一击结束久围不下的战局。林肯除了表示赞同外别无选择,因 202
为法国是他唯一的依靠。

主攻于10月9日上午时分在萨凡纳西南的斯普林山多面堡打响。联军本以为这里只有民兵驻守,但显然普莱沃斯特早已料到对手动向,在这里配备了正规军进行防守。当法军士兵艰难攀上堡垒时,身上的白色制服,让他们成为英军士兵可以透过晨雾轻易辨识的靶子。倒在霰弹排枪面前的法军士兵越来越多。用此役肩膀和左腿严重受伤的德斯坦原话来形容,“战场上尸体狼藉,令人望而却步”。然而,法国军队依然步步紧逼,瑞典籍军官科特·冯·斯特丁克(Curt von Stedingk)所率一队士兵甚至一度把军旗插上城头,但随即在白刃战中被击退,伤亡过半。此前离开费城前往佐治亚军中效力的法国炮兵军官夏尔·里埃尔,率军发动另外一波冲锋,依然被击退。林肯所率北美军队的表现同样可圈可点,伤亡也非常惨重。率军在斯普林山多面堡前陷入苦战的普瓦斯基被霰弹打成致命伤。进攻不到一个小时,德斯坦和林肯便下令全线撤退。随着联军士兵向东撤退,梅特兰开始组织部队发动反击。当英军追至“犹太人墓地”(Jewish Burial Ground)时,驻守这里作为预备队的圣多曼格志愿轻步兵团,不计代价坚守阵地,确保了法美联军的有序撤离。

“萨凡纳之围”堪称惨败,超过1000名法美联军士兵战死、受伤或被俘,而英方损失不过150人。结果,直到战争结束,萨凡纳依然掌握在英军手中。但法美双方并未因此相互指责,德斯坦盛赞北美军官“英勇无畏”,甚至对北美民兵在查尔斯顿的表现盛赞有加,认为与其在纽波特看到的情况判若云泥。另一方面,林肯则报告大陆会议,德斯坦“心中揣着美利坚的利益”,同时认为导致败局的原因在于战争的不可预见性。批判德斯坦的声音主要来自他的手下。布干维尔宣称,他将佐治亚弄成一个烂摊子之后甩手走人。

203 尽管拉特利奇等人苦苦哀求,但德斯坦的舰队还是于10月25日开始从南卡罗来纳撤离,将若干伤势严重或病情危急无法适应海上颠簸的法军伤员留给北美照顾。德·格拉斯及拉·默特随后与舰队主力分道扬镳,继续在加勒比地区开展巡逻。旗舰“朗格多克号”在海上与风浪搏斗数月后,于 12 月 5 日在布雷斯特下锚。认为此番归国铁定有失光彩的德斯坦,惊讶地发现自己沐浴于各方赞誉。法国人民谈论的是他在西印度群岛代表法国取得的胜利,而不是在纽波特及萨凡纳的败走麦城。跟不久之前法西进攻英国本土未果的不堪场面不同,德斯坦已经证明,法国海军由能力与英国海军正面交锋。“德斯坦伯爵是首个为本王王冠增光添彩的人。”在谈到格林纳达及圣文森特之战的胜利时,路易十六如是说。

德斯坦返回法国两个月后的1780 年2 月,陆军中将基申伯爵在离开布雷斯特时想必也在憧憬能够为法国国王脸上增光。他率领 16 艘战列舰护航一支船队驶向马提尼克。基申伯爵希望能够夺下位于这一地区的圣卢西亚及巴巴多斯。他于 3 月 22 日安全抵达。就在几天前,日后阻止基申伯爵美梦成真的英国海军中将罗德尼接替海军少将海德·帕克(Hyde Parker),担任负责背风群岛防卫事务的英军司令官。基申伯爵的战斗准备并未耗时太久,便于 4 月 13 日从马提尼克出击,试图将罗德尼从其位于圣卢西亚的海军基地中引蛇出洞。几天后,两支舰队在海上遭遇,4 月 17 日凌晨,战斗打响。双方军舰在数量上旗鼓相当,英方的 20 艘战舰对战法方的 22 艘战舰。风帆时代的战列舰对决,通常情况下会以 3 个舰群的形式布阵——突前、居中和拖后。罗德尼的想法是避免两军对垒时简单的捉对厮杀,而是缩短战线,集中全力打击法国舰队的拖后部分,并赶在突前和居中两部分折返过来增援寡不敌众的拖后舰群前,将其歼灭。此种战术不仅要求信号明确清晰,更需要罗德尼及其手下舰长之间能够了解对方意图,这一点,在他两周前调动舰队时就未能充分实现。

罗德尼率舰队向北航行,基申则领军向南,这个时候罗德尼示意

自己的舰队转向,扑向法军舰队的后部。罗德尼的舰长们虽然看清楚
了信号,但错误领会了意图,还是(如传统海战)将炮口瞄准与本方势
204 均力敌的敌舰,而不是力量薄弱的法军拖后舰队。基申觉察出罗德尼
的意图,开始指挥舰队绕弯向北,以迷惑敌方。最终,这场海战还是演变为罗德尼试图避免的拉锯战,直至下午 4 时,两支舰队打成平手,暂时鸣金收兵。对于手下舰长们错失全歼法国舰队的良机,罗德尼大为震怒。不甘心如此而决意再战的他,命令就在海上进行战舰修补,随即追击正在瓜德鲁普进行休整的基申。5 月,两支舰队在时隔不到 3 周后再次在海上相遇,但这回只是试探了几番,双方并未大动干戈。此时,双方都已筋疲力尽,遂各自返港。随着收复英占岛屿的计划泡汤,基申致信沙丁,请求辞去西印度群岛司令官的职务,解甲归田。

此前西印度群岛一直都是法英两国关注的焦点,尽管佛罗里达布兰卡曾获得韦尔热讷于 1779 年岁末提供 10 艘战舰及 10000 名士兵的承诺,但此时西班牙也越来越重视这一地区。德斯坦取得的成功显然让西班牙方面动心,更为重要的消息则是卡洛斯三世及佛罗里达布兰卡从新奥尔良及哈瓦那得知的利好。加维斯父子正在墨西哥湾一线对英作战中节节获胜——至少不是节节败退。马蒂斯 · 德 · 加维斯在中美洲与英国打成平手,而他的儿子伯纳多 · 德 · 加维斯则占据着密西西比河流域及莫比尔。若继续强势推进,就将把英国人赶出蚊子海岸,让彭萨科拉掌握在自己手中。1780 年 4 月 8 日,由 146 名商人及 12400 名士兵组成的舰队从加的斯出海,驶往哈瓦那,希望为实现这番强势推进提供助力。

为庞大船队护航的只有 14 艘战列舰以及两艘护卫舰,如此单薄的力量配备,意味着如果船队被俘获,西班牙可能就此出局。这支海军指望索克罗侯爵何塞 · 索拉诺 – 博特能够将部队带离险境。索拉诺不仅是一位出色的水手,更是一位杰出的“骗子”。当年还是年轻军

官的他，便携手友人乔治·胡安-桑塔西利亚（Jorge Juan y Santacilia），完成了一次大胆的工业间谍活动。他们以假名潜入伦敦，花费一年时间侦查英国的船台和军火库，收集作战计划与技术情报，并成功收买80名英国造船工人前往西班牙船台工作（这也可以解释为什么西班牙旗舰“至圣三一号”的建造者名叫马修·穆勒）。索拉诺比任何
其他西班牙海军将领都更了解英国。因此，当他沿途发现一艘未能辨 205
别国籍的船舶时，便正确估计出是罗德尼派来打探敌情的护卫舰。他带领船队向北绕行瓜德鲁普，并于6月9日自该地由基申护航至安全海域。在此番斗智中力压令人生畏的罗德尼，索拉诺后来被授予“智多星子爵”（Vizcondado previo del Feliz Ardid）的头衔。

《索克罗侯爵何塞·索拉诺-博特》（1726—1806）
无名氏绘于十八世纪，布面油画

基申希望借助西班牙船舶和部队再搏一次,以收复圣卢西亚,但索拉诺坚决贯彻前往哈瓦那的既定命令。基申也已收到返回法国的命令,遂留下由海军少将蒙黛骑士弗朗索瓦·艾马(François Aymar, Chevalier de Monteil)指挥的9艘军舰组成的舰队,他本人则和资深海军将领拉·默特、德·格拉斯以及叙弗朗一道,利用其余战舰一路护
206 送索拉诺的船队抵达古巴,之后再折回法国。1780年8月4日,索拉诺抵达哈瓦那,两天前,伯纳多·德·加维斯刚刚乘坐以自己名字命名的“加维斯敦号”抵达这里,二人即将开始谋划由西班牙主导墨西哥湾的最终步骤。

海上航行途中,基申打开沙丁的密令,这个时候才知道,自己的目的地是加的斯。10月23日抵达该地后,他和法国舰队主力汇合。1780年,科尔多巴带领下的法西联合舰队在俘获英国船舶及掠夺战利品方面颇有斩获,但这一切在凡尔赛宫看来毫无战略价值可言。位于加的斯的40艘法国战列舰需要返回法国,投入到一项更具野心的进攻计划当中。为了彰显此举的重要性,德斯坦奉命赴西班牙接这些战列舰回家。1781年1月3日,舰队抵达布雷斯特。在这里,新行动的各个细节将被拼接在一起,其中若干,将最终导致这场战争宣告结束。

第六章 聚沙成塔

北美独立战争中,美方开展的关键作战行动,可以追溯到 1779 年 207
9 月 16 日在西点召开的一次军事会议。时任法国驻美大使鲁泽尼询
问乔治·华盛顿:“美国方面是否同意法国直接派遣一支舰队,以及几
个步兵团,与美国军队‘共同行动’?”华盛顿答复:“这样对双方的共
同事业来说十分有利。”这种看似随意的意见交换,其实数月前便已经
在韦尔热讷的运筹帷幄下开始了,而他所谋划的便是举法国之力参
战。起初未向反叛者提供武器,后来与这个新生之国结盟,再到派遣
由德斯坦率领的舰队参战,法国在北美独立战争期间的每一项主要行
动背后,都可以发现韦尔热讷的影子。但在韦尔热讷的心中,所有上
述行动,都要让位于欧洲政局的考量。因为和所有配得上国家领袖头
衔的政治家一样,除非可以服务于本国利益,否则韦尔热讷不会让本
国通过战争去支持另外一国。之所以通过博马舍的船队向北美源源
不断运送武器弹药,首要目的便是防止葡萄牙与西班牙在地球另一端
爆发的战争蔓延至欧洲大陆。与美方签订同盟条约,则是为了防止其
与英国单独媾和,从而危及法国与西班牙在西印度群岛的殖民属地。
至于派出德斯坦的舰队,目标则是干扰、分散英军主力,防止其消灭乔 208
治·华盛顿的部队进而重新控制北美。北美独立战争期间,自始至
终,韦尔热讷的首要目标,都是法国主导下的欧洲的稳定,而非在大西
洋对面创建出一个独立之国。

在长期代表法国从事外交活动的过程中,韦尔热讷逐渐获得了这

一认知。长期远离凡尔赛宫开展工作,也让他养成了极强的独立思维能力,可以根据自身对法国和盟国地缘政治利益以及本国经济优劣的理性解读,开展战略行动。这一点,在他担任法国驻奥斯曼帝国大使期间体现得淋漓尽致。他公然反对时任法国外交大臣的舒瓦瑟尔鼓励土耳其对俄国宣战,借此遏制俄国在北欧影响力的命令。因为在韦尔热讷看来,奥斯曼政府和该国军队并未做好准备。这一判断后来得到了证实。在韦尔热讷最终心不甘情不愿的提促下,奥斯曼帝国苏丹穆斯塔法三世(Mustafa III)发动了一场计划蹩脚的对俄战争,结果导致了一场触目惊心的惨败,害得奥斯曼帝国政府差点倒台。

后来担任路易十六外交大臣的韦尔热讷,依然跟担任大使时一样独立自主,尽管同时他还需要和国王以及莫尔帕密切协作,在采取任何行动前,理性权衡。在计算与北美相关的利弊得失时,韦尔热讷需要第一手的观察——换句话说,可靠的情报——从而供其考量。因此,邦沃勒尔的报告,对他于1776年作出向北美方面提供武器弹药的决策而言至关重要。1777年,迪恩及富兰克林源源不断提供的有关乔治·华盛顿军队的情报,让韦尔热讷感到有理由与北美签订盟约。杰勒德在1778年提供的信息,帮助韦尔热讷与沙丁为德斯坦在纽波特惨败后制订了全新的作战方案。直至此刻,法国在这场战争中的相关战略都严格遵照着韦尔热讷于数年前便已制定好的计划,一一落实。

1779年6月,佛罗里达布兰卡强加给韦尔热讷的法西联合舰队计划,对后者此前经营的战略构成了严重威胁。在韦尔热讷看来,这两个国家不按照自己预计那样在北美与英国开战,反而试图草率进攻不
209 列颠的做法,将会在法国的欧洲盟友间造成不良反响。即便当奥维利耶已经准备驶出布雷斯特港,韦尔热讷依然在设法扭转这一势头,重新将战火引向北美。德斯坦与沙利文在纽波特的表现难如人意,这无疑证明需要装备精良、训练有素的法国陆军而不仅是一支海军舰队跟

北美军队并肩作战，才能力挽狂澜，扭转战局。但在确定自己派出的军队被当地人看成盟友还是侵略者之前，韦尔热讷显然不会贸然出兵。因此，当鲁泽尼自洛里昂搭乘“敏感号”护卫舰赴费城接任法国驻美大使，就成为韦尔热讷早期行动的重中之重。他指示鲁泽尼摸清北美人民是否能够接受法国派遣“几个步兵团”前来助阵。

在鲁泽尼与乔治·华盛顿进行上面提到的那次历史性会面，并且回报韦尔热讷之前，这位耐不住性子的外交大臣早已经开始摩拳擦掌，计划一轮新的远征。7 月，当法国舰队在西班牙外海的西萨迦斯岛等待时机，准备执行进攻行动的陆军则在法国沿海备战，韦尔热讷派人前往拉法耶特在勒阿弗尔的大本营，征求后者对远征北美的意见及建议。拉法耶特于 7 月 18 日极为热切的表示，远征“比任何时候都必要”，战争已将北美方面的贸易和商业活动摧毁殆尽，他们基本上已经无力再战。然而，他继续表示，如果登陆规模过大，势必造成北美人民的反弹，因此建议仅仅选派 4300 人以及相关战马及火炮，首先抵达纽波特，随后再进一步向南部的弗吉尼亚展开部署。在大致摸清北美盟友将如何继续行动后，韦尔热讷随即向法国驻西班牙大使蒙莫兰提出建议，让其试探西班牙方面是否愿意将主攻方向从欧洲改为美洲。蒙莫兰则在联合舰队遭受重创的结局显露无遗前答复：西班牙王室似乎对远征北美并不感冒。

1779 年深秋到来时，局势骤变。随着西班牙将关注的重点从英国转移到西印度群岛，挡在韦尔热讷全新战略前的最大障碍已然消除。就在此时，来自北美的若干情报，证实了他们接受法国军队跨洋助阵的态度：鲁泽尼报告了他跟乔治·华盛顿在西点的会晤；随后，乔治·华盛顿致信拉法耶特，亲密地表示“勇敢的法国士兵”将在北美海边受 210
到欢迎；刚从斯托尼波因特堡载誉归来的英雄弗勒里在其提交的一份备忘录中认为，为了防止北美与英国单独媾和，法国需要向其提供“被服、军需、粮饷或其他更多更有效的援助”。即便本杰明·富兰克林无法对此问题提供太多意见——如他向拉法耶特所言,“自己并未受命要求法国方面派遣部队”,同时富兰克林还向约翰·杰伊抱怨,自己对“大陆会议就外国军队介入问题的态度一无所知”——韦尔热讷已经掌握了充分的情报,足以建议国王实施一项“特别计划”,即向北美发起新一轮远征。

新年之后,事情的进展愈加顺利。1780 年 1 月 29 日,就在基申的舰队准备驶往马提尼克的时候,韦尔热讷通知蒙莫兰,法国国王已经批准将一支舰队(搭载三四千名士兵,由六艘战舰组成)交给乔治·华盛顿,任其调用。沙丁选任海军少将特内骑士夏尔-亨利-路易·德阿萨卡(Charles-Henri-Louis d'Arsac, Chevalier de Ternay)担任舰队指挥官,同时要求他前往布雷斯特,监督舰队的编成。三天后,韦尔热讷致信鲁泽尼,告知后者,“特别计划”之事已经箭在弦上。他同时要求这位大使只能将这一密计透露给乔治·华盛顿以及大陆会议主席。两周后,拉法耶特才知道,自己将赶赴北美打前站,在当地准备迎接法国远征军的到来。他将获准再次在乔治·华盛顿麾下担任将军,只是并非如他所期冀的那样负责指挥法国远征军。陆军大臣蒙巴雷决定将这一职位交给博学多才、勤勤恳恳、最为适合担此重任的少将罗尚博,后者数月前还在准备领导法军进攻不列颠。韦尔热讷对罗尚博的指示非常明确:他本人和他所指挥的部队,将听从乔治·华盛顿总司令的命令,与大陆军并肩作战。

就在罗尚博准备远航时,拉法耶特不断向其强调远征军应万事保持自给自足,因为北美百废待兴,根本无力为一支军队提供被服粮秣。也就是说,船上不能只装载像步枪这样的杀伐武器,还应当装载面粉、砌搭烤炉的红砖、线裤、衬衫、制鞋所需皮革、制衣所需布匹,甚至针线。拉法耶特还建议,远征军应当带上德斯坦远征纽波特时没什么机

会使用的印刷机，以便于“宣传，以及与盟友加强联系”。更为重要的 211
是，罗尚博需要携带大量银币，以充当购买物资所用硬通货。同时，拉法耶特将和来自法国军需部门的路易·艾西斯·德·康尼（Louis Éthis de Corny）一道启程，为远征军的后勤提前寻求保障。

3 月 11 日，刚刚建成下水的护卫舰“赫敏号”（Hermione），在拉·图什–特雷维尔伯爵路易–勒内·玛德林·勒·瓦瑟（Louis-René Madeleine Le Vassor, Comte de La touche-Tréville，是当年奥维利耶伯爵麾下舰队信号官之一的外甥）的率领下，搭载拉法耶特驶离罗什福尔，同行的还有康尼。4 月 28 日，舰队抵达波士顿，5 月 10 日，拉法耶特出现在乔治·华盛顿的莫里斯敦兵营，为其带来了法国派出的特混远征军业已从布雷斯特启航的消息。特内和罗尚博此时对目的地的情况依然不甚了了，毕竟他们所掌握的已是半年之前的消息了。舰队暂时驶向切萨皮克湾或查尔斯顿，以便在那里更新英美双方的最新情报；如果有必要，还可以通过对圣奥古斯汀造成威胁，声援西班牙。两人尚不知道，英军已撤离纽波特，而查尔斯顿已落入英国人之手。

南向战略导致查尔斯顿及南卡罗来纳落入英方之手

德斯坦两年前未能如愿从英国人手中拿下纽波特和萨凡纳，但进入北美水域的法国舰队，已经使得英军总司令亨利·克林顿无法像以前那样随心所欲地通过海路快速调动部队。而这正是肯彭费尔特主张的“舰队保存主义”的智慧所在——不仅可以让实力较弱的法国舰队在面对强势英国舰队时主导整个战局，甚至还可以借此左右英方的整体战略。如今，55000 名英军及黑森佣兵分散于从魁北克到墨西哥湾各个彼此隔绝的地点。克林顿无法像英国负责殖民地事务的国务大臣杰曼所建议的那样,从纽约派援兵支持英军进攻新奥尔良的战斗。达林及达利莫普从中美洲发出的求救呼声也石沉大海,不得不苦苦支撑才勉强维持着与马蒂斯·德·加维斯的僵持局面。面对法国的新一轮进攻,即便配备兵力5000,战舰6艘,纽波特依然显得岌岌可
212 危。克林顿担心,纽波特一旦失守,将步萨拉托加后尘,于是下令当地驻军拔营起寨,迁往纽约。在1779年10月25日晚些时候,英军登上运输舰,消失在视野中,将大量粮草及战马留给了次日凌晨赶到的北美军队。

英军撤离纽波特的当天,德斯坦的舰队离开萨凡纳,启程返回法国。克林顿于11月底收到了这一消息,遂决定趁法军舰队离开北美沿海这一空档,继续执行其谋划已久的南向战略。从1776年开始,英国方面就试图通过发动战争,夺取北美南部从佐治亚到南卡罗来纳这片一般认为保皇派聚居而更加亲英的区域。伯戈因在萨拉托加的重大失利,愈发凸显出这一战略的重要性。虽然返回伦敦的伯戈因对这些前殖民地的保皇派人数及实力存在严重质疑,但无论是他本人,还是其他身在北美的英军将领或殖民官员,均笃信北美南部的保皇派民众占压倒性多数。如果可以拿下人烟稀少的南部地区,并将其并入英国版图,英国海军就可以在不发动代价不菲的陆路进攻的情况下封堵北部各州,逼迫其投降。拿下萨凡纳,恢复英国在佐治亚的统治,便成为这一全新战略的首要步骤。如今,德斯坦的舰队业已离开,克林顿可以放开手脚征服查尔斯顿了。

此时,纽约城正在经历1779年至1780年的严酷寒冬,恶劣的天气同样波及到距离莫里斯敦兵营30英里的约奇·霍洛(Jockey Hollow)兵营。有记载以来,北美东北部沿海的咸水港湾首次结冰。12月上旬,乔治·华盛顿手下的密探报告,用爬犁拖拽的重炮、给养,正通过冰封的哈德逊河,前往停泊在帕卢斯岬那支由最近刚从英国赶来担任

指挥官的海军中将马里特·阿布思诺特(Mariot Arbuthnot)率领的舰队——其规模不容小视,有多达上百艘舰船。约有 7000 名英国士兵、黑森佣兵以及北美保皇派士兵顶着刺骨寒风,跨越冰原,登上军舰。克林顿本人也登上了一艘护卫舰,康沃利斯则登上了另外一艘战舰,留下克尼普豪森领军守卫纽约。英军首次出港尝试,便因为冰凌及寒风,折损了 7 艘运输舰。12 月 26 日,英军终于能够离开帕卢斯岬,经 213
过与滔天巨浪及刺骨寒风长达五周的抗争后,英军舰队于1780 年1 月底在佐治亚海岸集结。

林肯中将当时已从萨凡纳返回查尔斯顿。他判定城防不够完备,遂指派手下的两名法籍工程兵——当年杜波泰尔的部下劳梅上校以及后来招募的路易·安东尼·康博利－迪涅上校——监督施工。期间,他们得到了此时仍在治疗萨凡纳一役伤势的朗方帮助。得知克林顿于 1 月中旬离开纽约的风声后,林肯要求乔治·华盛顿、大陆会议、北卡罗来纳及弗吉尼亚方面派兵增援自己手下的 3600 名正规军及民兵。现在归林肯指挥的一些法国志愿者,包括萨凡纳一役后德斯坦留在北美治病的 60 名法国水手,并未被计算在内。这些人被编入由布雷蒂尼侯爵夏尔·弗朗索瓦·塞维林格(Charles François Sevelinges, Marquis de Bretigny)率领的民兵连。后者是一位来自马提尼克的志愿者,曾在前往北美的路上被英军俘获,并被押送至圣奥古斯汀,后来通过谎称自己是一名英国水手,成功地从圣马克堡的地窖里逃了出来,并最终抵达费城。之前由普瓦斯基率领的骑兵残部,在皮埃尔－弗朗索瓦·弗尼尔(Pierre-FrançoisVernier)少校的率领下,负责守卫该城穿越库珀河的补给线。这里甚至还有来自梅诺卡岛的西班牙志愿者乔迪·法拉格特·梅斯奎达(Jordi Ferragut Mesqueda),他在 1776 年作为商船船员抵达北美后,给自己改名为乔治·法拉格特(George Farragut),加入南卡罗来纳海军担任中尉,指挥执行警备查尔斯顿任务的一艘战舰。

与此同时,阿布思诺特终于想办法集结了被风暴打散的舰队,重新进行补给,然后开始向北航行发动攻击。1780 年 2 月 11 日,在查尔斯顿以南 30 英里登陆后,英军与黑森佣兵一路挺进,穿溪过河,直至包围这座城市。查尔斯顿位于半岛突出部,实现包围意图的关键,在于切断其获得给养以及对外联络的唯一陆上通道,同时保持海上封锁。到了 3 月底,克林顿得到来自萨凡纳的增援,手下兵力达到 10000 人,同时拿下了与查尔斯顿隔港相望的约翰逊堡,从而可以派遣康沃利斯北上包围这座城市。阿布思诺特的舰队轻而易举便切断了查尔
214 斯顿与大西洋的全部联系,迫使大陆军及南卡罗来纳本地海军凿沉舰船来阻止英军进一步接近该城。法拉格特和他所指挥的水手,现在变成了炮兵,将舰炮拆下来用作岸炮使用。此时,来自北卡罗来纳以及弗吉尼亚的大陆军增援部队也开始抵达,尽管其人数不过 1500 人,远远不及林肯所希望的 6000 人。4 月 1 日,英军及黑森佣兵开始挺进查尔斯顿北部咽喉要道,同时通过挖掘堑壕、堆砌掩体的方式,构筑层层封锁网,缓慢向城墙靠近。

就在工兵设置封锁网的时候,伯纳斯特 · 塔尔顿(Banastre Tarleton)中校率领的混编军团——主要包括保皇党人组成的陆军及骑兵——将攻击目标锁定在一支向弗吉尼亚大陆军输送给养的车队上。他们瞄准的是库珀河靠近蒙克斯角的江段,负责此地守备的是由艾萨克 · 休格(Isaac Huger)准将率领的部队,其中就包括弗尼尔率领的普瓦斯基军团残部,以及北美军队总司令乔治 · 华盛顿亲侄子威廉 · 乔治 · 华盛顿率领的一支大陆军骑兵团。4 月 14 日上午凌晨 3 点,天刚破晓,塔尔顿率领混编军团对美国人发动了袭击,打死了弗尼尔和多名普瓦斯基军团的骑兵,而乔治 · 华盛顿和休格则设法率领手下及战马逃入沼泽。此役获胜,塔尔顿不仅缴获大量武器弹药,给大陆军造

成重创,同时切断了林肯唯一的逃跑路线。如今北美军队陷在查尔斯顿,弹尽粮绝。尽管前景悲观,林肯依然没有接受克林顿投降的要求。

冒着北美方面发射出来的致命炮火,英军和黑森佣兵继续缩小包围圈。4 月 25 日,就在他们开始构筑第三层战壕及多面堡的时候,布雷蒂尼的民兵开始反扑,"同时高喊冲啊,杀啊,我们的劳工以及负责警戒的战士被吓坏了,前者跑得无影无踪,后者则龟缩至第二道防线",一位黑森军官如此报告。但挫败是暂时的,查尔斯顿唯一具备丰富围城经验的劳梅上校向林肯指出,该城的防御工事根本无法应付反复冲锋,因此建议投降。这种看法得到了抵达不久的工兵指挥官杜波泰尔的赞同;一个月之前,他奉乔治·华盛顿之命出发,勇闯火线来到 215
查尔斯顿。简短的实地调查肯定了劳梅的悲观估计:整个城镇满目疮痍,英国军队及战舰重重围困,如其后来向乔治·华盛顿所报告的那样,"除非这个时候出现援军,否则投降在所难免,而当时不太可能有援兵抵达"。

查尔斯顿的居民反对投降,但军官基本上持肯定态度,于是林肯一直与克林顿就投降条件讨价还价。直到 5 月 9 日,英军司令官下令开炮,才最终让美方俯首称臣。1780 年 5 月 12 日,查尔斯顿守军放下了武器。大部分平民获赦,民兵包括布雷蒂尼率领的连队则被释放,但超过 3000 名正规军变成了战俘。此役也成为自北美独立战争打响以来被俘人数规模最大的一次。几天前才抵达的杜波泰尔,发现自己被关在距离查尔斯顿数英里之遥的海德里尔波因特。他和其他羁押在此的北美军队中高级军官,包括土生土长的查尔斯顿人约翰·劳伦斯,数月后将被英方用来交换萨拉托加大捷中被俘的英国军官。至于其他大多数人,包括劳梅和朗方,则直到 1782 年战争即将结束的时候,才被释放。

在拿下佐治亚,现在又控制了查尔斯顿后,克林顿相信已经找到了彻底征服南部剩余地区的康庄大道。坚信取胜易如反掌，克林顿决定带领 4500 名士兵及大多数重炮返回纽约，以抵御法国人可能会发起的进攻。他留下康沃利斯率领 3000 名士兵巩固胜利果实，镇压残余抵抗。在贯彻南向战略方面，康沃利斯可谓雷厉风行，一方面加紧追击流窜的反抗势力，另一方面在南卡罗来纳腹地组建保皇党的据点。其中一场遭遇战于 5 月 29 日发生在北卡罗来纳边境的瓦克斯霍湾。奉康沃利斯之命，塔尔顿率领混编军团追击一股在得知查尔斯顿失手后折返回来的大陆军。经历连续 3 天长达 150 英里马不停蹄的追击——以至于很多战马活活累死——塔尔顿率领的保皇党民兵终于将北美革命者团团包围，并在后者提出停火的情况下继续用马刀、军刺实施血腥屠杀，最终导致超过八成的革命者死伤。

后来这位英国指挥官表示，自己当时已经无法阻止屠杀行为，而“塔尔顿大屠杀”，即英军及保皇党宁愿杀死革命者也不愿意将其俘虏
216 的印象，后来成为北美革命者残忍对待保皇派时的正当性根据。北美南部进行的独立战争最为血腥，两败俱伤，即便关乎国家主权，事实上也演变为革命者和保皇派之间冤冤相报的一场内战。仅在南卡罗来纳一地，对垒双方几乎全是北美本地的革命者与保皇派，很少有英国正规军参与。无论是大陆军，还是英军的将领，都无力阻止双方将人员与弹药消耗在这种对彼此毫无战略意义的互相毁灭行为之上。

鉴于局势混乱，乔治·华盛顿派出了最为信任的外国志愿兵，期待着能够为战场带来某些欧洲式的军规风纪。得知普瓦斯基在萨凡纳战死的消息，当时正率骑兵在纽约及新英格兰地区组织突击的夏尔·阿曼德·杜芬主动请缨，要求调往北美南部地区。乔治·华盛顿和大陆会议照准，并为其配备了一支军团，到达南卡罗来纳后还将整编查尔斯顿沦陷后残存下来的普瓦斯基余部。同时，乔治·华盛顿派出前一年因为担任监军而并未实际参战的德·卡尔布担任马里兰至

特拉华一线大陆军指挥官，以支援查尔斯顿。德·卡尔布还在弗吉尼亚的时候，便听到了林肯投降的消息，但依然决定前往北卡罗来纳，以收整那里残余的大陆军。大陆会议别出心裁，于 7 月 25 日选派霍雷肖·盖茨担任南部战区司令官。德·卡尔布在靠近南卡罗来纳的边境地带向盖茨交出兵权。被盖茨称之为“伟大军队”的这支北美武装，包括德·卡尔布所辖部队、3 个炮兵连以及阿曼德·杜冯的混编军团。盖茨率部开往南卡罗来纳的卡姆登，希望一举摧毁康沃利斯建在此地的一处要塞营地。沿途，他还招募了 2000 民兵，从而掌握了 3000 人马，以对抗康沃利斯手下的 2000 精兵。

1780 年 8 月 16 日，黎明前的黑暗时刻，均欲攻其不备的两军先头骑兵意外遭遇。最终，在双方撤出这场使用手枪、马刀进行的战斗前，塔尔顿一方力压阿曼德·杜冯所部。拂晓降临，双方沿卡姆登大道两侧排兵布阵。英、美两军都沿用传统英国布阵方式，将最强的力量放在代表荣誉的右翼。这意味着康沃利斯手下最为精锐的第 23、第 33 217
步兵团面对的是北美军队左翼的南卡罗来纳及弗吉尼亚民兵。德·卡尔布男爵作为盖茨手下经验最为丰富的将领，统帅美军右翼，直面英军左翼的塔尔顿所部，以及一支来自北卡罗来纳的保皇党人步兵团。北美方面的炮火率先鸣响，不到数分钟，双方阵线中的枪炮便纷纷发出怒吼轰鸣。英军右翼打出一次排枪后便刺刀上膛，杀入美军左翼，毫无经验的民兵一碰即溃，惨遭屠杀。

德·卡尔布统领的右翼自身虽然禁受住了英军的反复冲击，甚至还曾成功发动了数次反冲锋，但康沃利斯策动英军右翼及中军切入四散奔逃的北美民兵，与北美军队右翼短兵相接。德·卡尔布胯下战马命丧疆场，肉搏战中，他的头骨被英军马刀劈开。即便如此，这位年逾花甲的巴伐利亚老将依然不顾即便三十多岁的壮年勇士都承受不起的重创，收拢手下部队，再次发动反击。最终，身中十数弹，他才饮恨止步。3 天后，重伤不治的德·卡尔布撒手人寰。当时，北美军队依然在与敌军殊死搏杀。阿曼德率领的步骑混编军团负责断后，试图保住北美军队在鲁奇利磨坊（Rugeley's Mill）的后勤车队，却被塔尔顿的部队击溃。眼见在鲁奇利再次集结兵力成为泡影的盖茨，弃手下将士于不顾，一路狂奔至北卡罗来纳的希尔斯伯勒。后来他辩称这样做是为了重新收拢部队。事实上，一同逃出来的不过 800 人马。两个月后，大陆会议解除了盖茨的指挥权。

“卡姆登之战”北美方面惨败。在太阳勉强露出天际时，战斗宣告结束。数月间接连遭遇重大挫败，加上盖茨事实上被解除军权，身处南部地区的北美军队陷入群龙无首的混乱状态。看起来，康沃利斯挥师北卡罗来纳乃至剑指弗吉尼亚的势头已无人能挡。直到 10 月 7 日，临时集结的 940 名北美义士，顶着瓢泼大雨发动进攻，直取拱卫康沃利斯左翼，驻扎在北卡罗来纳与南卡罗来纳交界处国王山（Kings Mountain）峰顶同样数量的保皇派部队。战斗血腥、残酷、短促，其后发生的事情也颇为类似。对保皇派提出的投降，北美军队并未马上接受，而是在对方扯出白旗后，依然大喊这就是“塔尔顿的‘饶命’”，同
218 时继续开枪射击长达数分钟。康沃利斯闻听此讯，放弃了继续向北推进的原计划，折回南卡罗来纳。这位英国将军显然并未意识到，这次行动的迟滞将会给北美南部的大陆军喘息的机会；后者得以重整旗鼓，最终迫使英军走向绝境。他同样想不到，国王山上的倾盆暴雨，乃是威力巨大且接踵而至的一系列飓风的组成部分，其影响范围深入加勒比南部，并重新平衡当地各方海军力量对比，使得独立战争画上句号成为可能。

1780 年 6 月 30 日，亚历山大·汉密尔顿得知约翰·劳伦斯已经在费城获释，且因为丢掉了费城而心灰意冷，便开始向其倾诉自己的担忧：“如果我们想绝处逢生，必须指望法国和西班牙伸出援手。”但他

并没有认识到，自己写下上述这段话后不到两周，日思夜盼的法国救星便将抵达纽波特；此去不到一年，仰首期待的西班牙援兵就将英军赶出彭萨科拉，为最终赢得拯救美利坚于水火的战争奠定基础。

特混远征军（The Expédition Particulière）抵达纽波特

1780 年 5 月 10 日，就在拉法耶特向乔治·华盛顿通报特内率领特混远征军赴美之际，一艘刚刚在查尔斯顿入港的英国护卫舰，也为亨利·克林顿带来了同样的消息。来自英国在法国埋设的严密间谍网络的精准情报，正是之前克林顿得以迅速撤往纽约的原因所在。他所关注的是阿布思诺特率领的 5 条战列舰，可能无法匹敌情报显示正在赶来的 12 艘法国军舰。伦敦方面也有同样的担心，因此在向克林顿派出护卫舰送信的同时，下令海军少将托马斯·格雷夫斯（Thomas Graves）率领 6 艘战列舰即刻启航前往支援。但因为一系列不测事件，以及一场兵变，迫使这支舰队于 5 月 17 日才最终出港，这比从布雷斯特出发的特内足足晚了两个星期。

特内并未如英国方面担心的那样率领了 12 艘战列舰，他也没有搞到可为罗尚博运输其所需部队、弹药、给养的足够数量的商船。特 219
混舰队从布雷斯特启航的时机堪称糟糕。1780 年 2 月，当准备新舰队的命令下达时，船坞里满是两个月前刚从查尔斯顿返回，饱经战火摧残而亟待整修的战舰，同时还要筹备即将远征西印度群岛的基申所率舰队。舰队司令德斯坦东拼西凑，才勉强从当地凑够 7 艘战列舰，以及 12 艘其他类型的小型战舰。另外，只找到了 32 艘商船运送部队、枪炮弹药以及随行的工兵及炮兵军官。因为空间有限，罗尚博从在瓦瑟乌克斯进行训练，本来准备用于进攻英国本土的波旁奈依（Bourbonnais）、圣通日（Saintonge）、苏瓦松奈依（Soissonnais）以及皇家双桥

(Royal Deux – Ponts)这4个步兵团中分别抽调了1000精兵,加上之前曾在非洲开展过军事活动,系属洛赞公爵阿曼德·路易·贡陶特(Armand Louis de Gontaut, Duc de Lauzun)所部的600名志愿兵。其余的部队给养,将在筹措到足够运输船舶后组成第二批特混远征军尽速启程。5月2日,舰队离开布雷斯特,分为3个编队,驶向北美。

特内和罗尚博本来计划停靠查尔斯顿或切萨皮克湾,但过往商船传来消息,几个月前,查尔斯顿便已陷落。在切萨皮克湾附近,他们还误将一艘商船当成英国军舰俘获。随着给养日益不足,且没有其他港口可供靠泊,他们决定前往纽波特。7月11日,透过逐渐消散的雾霭,插在那拉干赛特湾入口处一对黄白相间的波旁旗若隐若现,这正是拉法耶特安置的信号,意在向特内的舰队保证,纽波特现在处于友军之

《罗尚博伯爵让-巴普蒂斯特-杜纳坦·维缪尔》
(1725—1807)
约瑟夫-德赛尔·考特绘于十八世纪,布面油画

手。当天上午晚些时候,舰队入港抛锚,军官纷纷弃船登岸。罗尚博上岸后首先采取的不是军事行动,而是政治动作。7 月 12 日,他致信乔治·华盛顿,表示“吾等现在悉听阁下调遣”。罗尚博此举显然遵从了韦尔热讷的指示,但他如此明白无误地早早着手为法美关系定调——法国将与北美并肩作战,且将始终听从北美军总司令的指挥——印证了蒙巴雷选择罗尚博担任总司令,堪称慧眼识人。毕竟,战争只不过是政治另一种形式的延续而已。

目睹法军舰队到港的北美民众,无疑颇为担心。差不多 9 个月 220
前,这里曾盘踞过另外一支军队——英军。如今,另外一国的士兵又在源源不断地涌上岸来。即便法国已经和北美结盟,但其在 15 年前法印战争期间的敌人形象,依然深入人心。炮兵军官克莱蒙特伯爵让-弗朗索瓦-路易(Jean-François-Louis, Comte de Clermont-Crèvecoeur)曾记录,他们抵达的是一座空城。“商店闭锁,当地人……似乎宁愿看到敌人而非盟友。我们的到来,引发了极大恐慌。”但当罗尚博与城中居民会面后,气氛为之一变。他的儿子兼副官罗尚博子爵杜纳坦-马利-约瑟夫·维缪尔(Donatien-Marie-Joseph de Vimeur, Vicomte de Rochambeau)回忆,他的父亲向聚集的人群说明法军乃是应乔治·华盛顿的要求前来,必将严明风纪,听众的表情相当清醒克制。但当被告知法
国人将用银币支付所需物品时,“气氛一下子因为法国人提到了硬通 221
货而变得明朗热闹起来。”随着通货膨胀的程度愈演愈烈——大陆会议不得不停止发行购买力仅为币值四十分之一的纸币——法国人受到了前所未有的欢迎。

特内与罗尚博接下来需要面临的任务便是构筑防御工事,为士兵寻找宿营地,与军官寻找官舍,同时确保军需供应充足。法军后勤军官康尼早已与鲁泽尼,以及后者的一秘弗朗索瓦·巴伯-马博瓦开始着手,为部队寻找食物及运输保证。康尼携带了约折合现价 30 万美

元的钱币，但这显然不足以购买数以百计的马车、数以千计的牲口以及数以吨计的粮秣，因此，他们想办法向约翰·霍尔克借款，后者则用其在肖蒙账户中的份额支付余款。就在军需品逐步到位并开始入仓封存之际，乔治·华盛顿指派威廉·赫斯少将负责与法国方面合作，协调法军的后勤供应。而赫斯很快便在普罗维登斯设立起一座医院，且几乎马上开始满负荷收治从舰上运下来、罹患坏血病以及痢疾等急症的船员及士兵。他还在市镇东头的岛上为法军建设了兵营，构筑防御工事，并从新英格兰地区调来民兵，负责法军登船后看守营地。用时不到4天，陆军便已全部安置完毕，这无疑让留在舰上的水手们如释重负，毕竟此后有了更大的住宿与生活空间。拜法籍工程师马修·杜马斯(Mathieu Dumas)等人所赐，两周内，防御工事竣工，火炮布设到位。市镇负责人将私宅腾出来供高级军官居住，而罗尚博则将司令部设在负责大陆军海军当地建设工程的商人威廉·弗农(William Vernon)家中。与此同时，特内将自己的战舰排好防御队形，以应对阿布思诺特发动突然袭击。后者正在纽波特外海游弋，且刚刚因为托马斯·格雷夫斯所率舰队的抵达而力量倍增。

最初将法军视为侵略者的担心，很快便因为这些人的彬彬有礼而一扫而空。这可不仅是因为这些人为北美脆弱的经济带来了硬通货。一位商人评价，法国军官是他见过最有礼貌之辈，他们态度谦和、体贴
222 周到、恪尽职守。就连几年前曾和法国工程师寇德雷有过不快体验的赫斯，也不禁表示，“本人对我们的盟友总是心存善意，但我敢保证，和这里的法国军官相处，感觉最为融洽”。

这些法国军官赶赴北美的理由不尽相同——大多数人乃是奉命行事，但也有一部分人则是自愿参与此次远征。曾作为志愿兵在大陆军中服役，后来返回法国的弗勒里以及普莱西斯，再次出征迎战英军。还有一些人则更多是在打小算盘：有的饱受建立军功的内心渴望之

“煎熬”,还有的则是为了逃避自己遭受的不可名状的“悲伤”。目睹内弟拉法耶特在北美建功立业的诺艾利斯子爵路易·马利(Louis Marie, Vicomte de Noailles)选择自愿加入苏瓦松奈依团。家资巨富的瑞典伯爵,王后玛丽·安托瓦内特的情人汉斯·阿克塞尔·冯·菲尔森(Hans Axel von Fersen)放弃自己在法国王室冉冉升起的社会地位,作为一名上校参加远征军。路易–亚历山大·贝尔蒂埃(Louis-Alexandre Berthier)之父曾主持设计陆军部大楼以及凡尔赛海军大楼、外交部大楼等著名建筑,如今他子承父业,继续担任监军一职,对“这份我一度认为非常丢脸的职业保持浓厚的兴趣”;他在试图参与特内首次远征遭到拒绝后,自行搭乘一艘驶往马提尼克的护卫舰,并于 9 月份辗转至纽波特,并被编入苏瓦松奈依团。大多数法国军官具备极高的文化素养,例如,切斯特鲁克斯侯爵弗朗索瓦·让·波伏瓦(François Jean de Beauvoir, Marquis de Chastellux)少将便是法兰西学术院院士;他对当时自己参与的行动以日记等形式巨细靡遗地记录下来,其中部分内容还在后世得以出版。

普通法军士兵及士官则来自五湖四海,出身于不同社会阶层,其中既有农民,也有手工业者及低级贵族。大多数为十八岁至三十岁的单身男性,尽管最年长的士兵时年六十一岁,最年轻的士兵更是一位只有四岁的战鼓手。和军官不同,这些人很少有人自愿赴美参战——甚至在即将抵达切萨皮克湾之前,只有极少数人知道此行的目的地是美洲——由于他们大多没有文化,因此并未留下此次作战行动相关的只言片语。一个例外便是皇家双桥团列兵格奥尔格·丹尼尔·弗洛尔(Georg Daniel Flohr)。他所在这支由双桥伯爵纪尧姆率领的部队,几乎所有人都来自阿尔萨斯和茨韦布吕肯,讲德语。弗洛尔的日记中充斥着对其所到之处风土人情的深入描绘,但对北美人民的独立大业 223
几无着墨。如果说他对政治自由少有关注的话,那么让弗洛尔印象深刻的,莫过于这片土地上沐浴的宗教及社会自由。

随着法军在新营地安营扎寨,双方讨论的话题变成了两军该如何制定联合行动的军事策略。拉法耶特作为乔治·华盛顿派给罗尚博的特使,离开位于杜布斯渡口的军营,7 月 24 日抵达纽波特,并马上要求法军进攻纽约城。他清醒地认识到,自从 1776 年被迫放弃这里后,重夺纽约便成为乔治·华盛顿的心头执念,同时他也坚信,对法美联军来说,发动这样的进攻存在军事及政治上的必要性。罗尚博和特内虽然对此判断难以苟同,但也告知拉法耶特,法军部队依然风餐露宿,给养难以为继,缺乏发动军事进攻所需要的必要手段。他们也惊讶于大陆军及北美民兵所处的状态,这些人来到法国军营时,往往自己都难以糊口。罗尚博将战争的整体状态描绘为"命悬一线"。对此,乔治·华盛顿肯定会表示赞同。还在 2 月份的时候,作为法国要求北美方面为即将开启的作战季节提供更多兵力这一吁请的回应,他曾经告知鲁泽尼,在莫里斯敦兵营遭遇饥寒天气重创后,我方军队又因为大量士兵服役期满而严重减员,已经远远无法满足突发的作战需求。乔治·华盛顿也从德斯坦之前组织的作战行动中清醒认识到,如果没有海上优势,任何对城市的进攻注定失败,而特内的舰队这个时候又被阿布思诺特牢牢地封死在纽波特港内。

会议无果而终。返回杜布斯渡口后,拉法耶特继续致力推动进攻纽约一事。他在写给罗尚博及特内的一封长达十二页的信中表示:"我向阁下保证,采取行动对整个战役而言至关重要"。他坚持认为,如果此时无动于衷,势必葬送独立大业。罗尚博阅后大怒,向鲁泽尼抱怨上述要求实属过分,后者对这场争端中的双方而言都算是推心置腹的好友。对拉法耶特,他态度和缓,依然视其为晚辈:"亲爱的侯爵阁下,请允许本人以长辈身份,用父亲般的口吻加以回复。"8 月 27 日,他这样写道,毕竟拉法耶特比他的儿子还年轻两岁。"阁下对本人颇为熟悉,应当了解本人从不需要外界鞭策刺激。到了这个年岁,如果没有得到乔治·华盛顿总司令的具体命令……应该不会随便因外界的变化而改变初衷。如果认为法军总是战无不胜,固然很好。但本人可以 224
根据过去四十余年的经验告诉阁下一个小秘密。对自己的领袖丧失信心的人,一触即溃。一旦基于个人自私的野心冒险行事,则意味着将走向末路。”拉法耶特意识到自己所言稍显过火,遂恳请各方谅解。

拉法耶特的反复坚持,最终促使乔治·华盛顿与罗尚博在位于两军阵营中间地带的康涅狄格的哈特福德（Hartford）举行会晤;他们分别留下各自的副手——维曼尼尔男爵安托万·夏尔·杜·豪克斯（Antoine Charles Du Houx, Baron de Vioménil）以及德斯图什骑士夏尔·索谢（Charles Sochet, Chevalier Des Touches）——代理总司令职权。罗尚博和特内乘坐马车前往,但在途中抛锚,不得不在路边抢修。还有几位年轻法国军官（如菲尔森及罗尚博子爵）同行,担任副官及翻译。同时,乔治·华盛顿也有亨利·诺克斯伴其左右,同行者包括拉法耶特、亚历山大·汉密尔顿以及古维翁,后者在杜波泰尔被英军俘虏期间代理总工程师职务。9 月 21 日上午,乔治·华盛顿和罗尚博在哈特福德政府大楼前首次会面。乔治·华盛顿身高六英尺两英寸,肩宽背厚,有一种“忧伤的气质”,菲尔森后来如此描述。罗尚博则自带一副自信淡定的气场,时年五十五岁,不仅比面前的北美同侪年长七岁,战场经验的历练亦更为丰富。然而,就在两人握手之际,彼此都能够从对方身上看到头脑清醒、能力超群、值得信赖的领袖特质。寒暄介绍后,两人步行几个街区,前往负责帮助康尼为法国军队筹措后勤物资的杰里迈亚·沃兹沃斯（Jeremiah Wadsworth）家中。在这里,其他随行高级军官退到另外一个房间,屋内只留下拉法耶特担任翻译,负责记录。

在历时两天的会谈过程中,罗尚博、特内以及乔治·华盛顿就若干战略要点达成了一致意见。首先,便是开展任何军事行动前,需要确保己方获得海上优势。当时,这些人并不知道,所期待的基申麾下舰队已离开西印度群岛,正在赶往加的斯。其次,一旦取得海上主导权,“纽约将成为两军开展联合军事行动的首要打击目标”。第三,两军急待补充兵员,需要比现在的员额增加两万至三万人。乔治·华盛顿一方面含混地表示大陆会议方面可以提供半数兵员补充,另一方面
225 大胆倡议,考虑到北美军队的疲弱状态,以及英国海军日益强大的势头,路易十六应当背负起更大的责任,用实际行动展现更大的善意,通过派出更多军舰、更多兵力、更多军费来支援北美。对此观点,罗尚博和特内皆表示赞同。他们一致认定在类似援助到位之前,根本无力抗击英军。

哈特福德会晤行将结束之际,拉法耶特和汉密尔顿清晰明确地整理出向法国方面请求兵力及军费援助的报告。这些文件将由罗尚博亲手呈报给韦尔热纳,同时,为了提防被英方俘获,还需要对文件内容烂熟于心,一旦被捕立即销毁。在接下来的一个多月时间里,他搭乘让·弗朗索瓦·拉·彼鲁兹(Jean-François de La Pérouse)担任船长的护卫舰“亚马逊号”(Amazone)。此前曾在墨西哥湾让西班牙舰队折戟沉沙的狂暴飓风,现在又将阿布思诺特麾下的封锁舰队吹得七零八落,“亚马逊号”这才有机会冲出包围,并于11月份抵达法国。大陆会议同时派出约翰·劳伦斯启程赶往巴黎,给韦尔热纳携带了同样内容的文件,要求再获得2500万里弗尔的新借款。而这只不过是大陆会议此前一系列试图规避富兰克林外交布局之尝试的最新动作而已。此前秘而不宣造访巴黎的约翰·亚当斯,于1780年2月返美后便被指派为特命全权大使,负责对英媾和,但因为双方战事正酣、无和可谈,遂转而前往荷兰,试图说服荷兰共和国正式承认美利坚合众国。一个月后,约翰·杰伊抵达马德里,尝试与西班牙王室开启对话机制,但西

班牙方面认为自己仅仅是作为法国盟友参战,决定在北美独立战争结束前对美国不予承认。亨利·劳伦斯,即约翰·劳伦斯的父亲,于1780年8月离开北美,旨在向荷兰寻求借款,但他所乘坐的船舶被英军俘获,而他本人也被关进了伦敦塔。后来,当1781年2月约翰·劳伦斯抵达巴黎寻求更多资金的时候,已经从法国王室商洽取得新贷款的富兰克林认为自己应当功成身退,遂向大陆会议提出辞呈,但未能获准。

回头再看纽波特。因为在1781年春季前都不太可能发动攻势,法军开始准备就地越冬。虽然也会因为穷极无聊而作出一些有违军纪之事,但法军士兵大体上与当地居民关系融洽。他们学习英语、参 226
加舞会,甚至还建立起某种颇具法国风情的社会氛围,用随军携带的印刷机,为一份名为《弗朗索瓦纪事报》(*Gazette Françoise*)的当地报纸——主要摘要报道各地媒体及本地消息——提供发行服务。不过,这种日常,随着12月份特内在哈特福德旧病复发、溘然离世而被打乱——他所罹患的疾病从症状上看像是伤寒。现在,法军指挥权落到了德斯图什手上。

乔治·华盛顿和手下副官们也认为,他应当从哈特福德会晤中抽身出来,重返位于哈德逊河畔的纽约新温莎(New Windsor)冬季宿营地。9月25日,他们决定拜访时任西点司令官的本尼迪克特·阿诺德。但他们并不知道,"萨拉托加之战"后,认定遭到乔治·华盛顿慢待架空的阿诺德,已经着手与克林顿的副将约翰·安德雷少校(John André)暗中密谋,准备开城纳降,将西点拱手让给英军。这样一来,就会让英国方面彻底掌控哈德逊河一线,从而将北美一分为二。就在拉法耶特的副官先期抵达阿诺德家,通报乔治·华盛顿即将来访之际,阿诺德接到消息,安德雷已遭大陆军俘获,且身上携带写有叛变计划的文件。抛妻弃子的阿诺德只身逃往停靠在哈德逊河口的英国护航舰“秃鹫号”(Vulture)。乔治·华盛顿、诺克斯、拉法耶特及汉密尔顿随后抵达阿诺德宅邸,之后简要视察西点,再次返回时,发现阿诺德依然未在现场,且没有给出任何理由。众人的疑惑很快便因为看到揭露阿诺德“最恶毒叛变”的密谋信而转化为满腔愤怒。阴谋一旦得逞,乔治·华盛顿都可能沦为阶下囚。至于安全登上“秃鹫号”的阿诺德,直奔纽约投靠克林顿,并被其委任为准将。安德雷马上便被绞死,而乔治·华盛顿对阿诺德的痛恨,很快便被拉法耶特感同身受,后者发自内心地痛恨背叛对自己而言亦父亦兄的总司令的家伙。他很快便开始想办法追杀这个投敌叛变者,但最终自己却不得不面临在弗吉尼亚荒原被康沃利斯穷追不舍的危局。

切萨皮克争夺战

本尼迪克特·阿诺德的变节,以及后来克林顿派遣其入侵弗吉尼
227 亚,为康沃利斯在南部地区开展的军事活动提供掩护,事实上,这也预示着1780年至1781年这个残酷冬季的降临。虽然从温度来看,没有上一个冬天那么冷——当时,持续不断的降雪以及刺骨的寒意让粮秣给养无以为继,被困在莫里斯敦兵营的大陆军士兵甚至一度只能靠煮食自己的皮鞋度日。现在,乔治·华盛顿所面临的“冰点”,主要是军心士气。查尔斯顿和卡姆登的惨败,已经将大陆军的信心摧毁殆尽。被服、粮草供应短缺,军费更是捉襟见肘,因为物价飞腾,春天价值四万大陆币的一匹马,如今需要花费十五万大陆币才能买到,大陆会议更是无力筹措军费。薪俸积欠经年累月,因为无力支付信使的报酬,就连华盛顿和罗尚博伯爵之间的往来沟通也行将断绝。1781年1月,最恶劣的事情终于爆发,因为拖欠军饷,安东尼·韦恩率领的宾夕法尼亚大陆军发生哗变,新泽西步兵旅紧随其后。虽然后来通过文攻武

吓好歹平息了骚乱，但此前乔治·华盛顿曾向大陆会议表达过类似的担心，“军队很可能会不听号令，最终分崩离析”。法军同样缺钱少粮，无力从纽波特出击增援西点，法军的七艘战列舰被阿布思诺特指挥的往来于长岛东端及那拉干赛特湾的十艘军舰牢牢锁住，动弹不得。对法美联军来说，唯一的好消息便是克林顿与阿布思诺特二人无法就进攻纽波特达成共识。

然而，战争的潮涨潮落，往往最初时并不为人所知。进入 10 月后，风向为之一变，大陆会议免去了霍雷肖·盖茨南区司令官的职务，乔治·华盛顿立刻任命纳撒尼尔·格林取而代之，大陆会议随即照准。华盛顿同时还任命在福吉谷负责练兵的施托伊本担任格林的副手。格林虽然此前曾将外籍军官称为安插在大陆军内部的大量“间谍”，现在也对这些人的存在心存感念。当北美军队在国王山取胜的消息传来时，格林和施托伊本是在费城获悉这一吉兆。率军通过弗吉尼亚过程中，格林将施托伊本留在该州首府里士满，负责招募、训练新兵，同时为部队筹措给养，而格林则于 12 月从盖茨那里接手北卡罗来纳希尔斯伯勒的指挥权。格林非常清楚，和前任在卡姆登一样，自己 228
无力直接面对面地击败康沃利斯。相反，他决定分兵南卡罗来纳，从而吸引康沃利斯的部队。就在格林向南挺进的过程中，丹尼尔·摩根（Daniel Morgan）准将率部也在奔向西南。与此同时，格林指派新近任命的工兵军官柯斯丘什科主持建造一批船只，以帮助从北卡罗来纳撤回的部队渡过丹河（Dan River），进入弗吉尼亚。康沃利斯的反应正如格林所料，分兵三路，选派塔尔顿追击摩根。1 月 17 日，摩根引诱塔尔顿进入设在考彭斯（Cowpens）的伏击圈，用手下民兵拖住英军，同时由威廉·华盛顿率领骑兵在外围发动突击。此役塔尔顿所率大部非死即伤，他本人在射死威廉·华盛顿坐骑后只身出逃。2 月上旬，格林及摩根迫于康沃利斯的穷追不舍，匆匆登上柯斯丘什科赶制出来的渡船，跨越丹河，抵达相对安全的弗吉尼亚南部地区。

虽然对大陆军来说，弗吉尼亚南部堪称安全港，但其中部地区的情况却与此迥异。此时英国海军开入切萨皮克湾，开始进攻位于詹姆斯河口的朴茨茅斯及萨福克，随后又突然撤军。因为詹姆斯河作为潮汐性河流，可供小型海船逆流直至里士满，施托伊本深知，英军如果再次发动进攻，势必对弗吉尼亚首府及其附近的军火制造产业造成极大威胁。因此，他向弗吉尼亚州长托马斯·杰斐逊建议，在詹姆斯河位于胡德渡口的转弯处提前构筑城堡以提防英军进攻。杰斐逊断然拒绝这一计划，认为此类进攻计划毫无说服力，因为无论如何都需要训练民兵，更需要从其他地方搜罗兵员。1780 年 12 月 29 日，阿诺德率领其麾下 1600 名精兵出现在切萨皮克湾。一周后，他手下的护卫舰、小炮艇驶过胡德渡口，在距离里士满不足 20 英里的维斯托弗下锚。杰斐逊及当地居民逃离后，阿诺德将里士满付之一炬，在撤退时把缴获的武器弹药运往朴茨茅斯，并将该地建成英军的一个新据点。与此同时，施托伊本则对其紧追不舍。

乔治·华盛顿一心希望不计代价地阻止阿诺德继续作乱。这样做不仅仅出自个人恩怨——阿诺德的部队恰巧堵住了向格林在南卡罗来纳的部队提供物资补给的交通要道。虽然可以使用轻步兵擒获
229 阿诺德，不过，是法军的一支小型舰队想办法切断了他的退路。拉法耶特则率领若干临时抽调的士兵，乘坐平底船前往约克镇。在这里，他和施托伊本试图说服杰斐逊调集优势兵力，趁着法军舰队阻止阿诺德逃窜的良机，将其一举歼灭。但杰斐逊并未听从。德斯图什指派阿曼德·勒·加德尔·蒂利(Armand Le Gardeur de Tilly)立即着手组织第二只特遣舰队以围歼阿诺德。罗尚博从缴获的英方通信中了解到阿诺德所部对康沃利斯指挥的军事行动的意义，因此派遣手下副官，来自皇家双桥团的路德维希·冯·克鲁森(Ludwig von Closen)作为信

使，向乔治·华盛顿通报，法国方面将由德斯图什率领一支舰队前往切萨皮克，同时派遣维曼尼尔男爵率领步兵驰援拉法耶特。克鲁森星夜兼程，3 天赶路 200 英里。功夫不负苦心人，他得到的回报是，乔治·华盛顿将与他一道返回纽波特，探视驻扎在这里的法国军队。3 月 6 日，华盛顿抵达后，获得热烈欢迎。战舰上的海军士兵全员列队，悬挂满旗，鸣放 13 响礼炮；法军则身着盛装，排列在街道两旁，这一整套接待标准，通常情况下只有法军元帅才能尊享。当华盛顿登上法军旗舰“勃艮第公爵号”（Duc de Bourgogne）与法国高级军官会晤之际，想必法国方面已经淡忘，或者宽恕了对已是陈年往事的“朱蒙威尔峡谷之战”这位始作俑者的仇恨。

3 月 8 日黄昏，德斯图什率领的 10 艘战列舰起锚。除了护卫舰“赫敏号”及“亚马逊号”之外，战列舰“海王星号”（Neptune）、“艾维利号”（Éveillé）以及缴获自英国海军的“罗穆卢斯号”（Romulus）船底均未敷铜壳，抛锚靠港长达 6 个月后，船底遍布藤壶及海藻，严重限制了航行速度。在驶往切萨皮克途中，搭乘旗舰“海王星号”的德斯图什不得不经常脱离舰队，等待接应航速最慢的船舶，更有甚者，他们还不得不跳出传统航线，以避免被当时驻锚在长岛东部海域加迪纳岛（Gardiner's Island）的英国海军司令马里特·阿布思诺特察知。后者直到 3 月 10 日才获悉德斯图什出海的消息，随即下令手下 11 艘敷设了铜底，当时位于蒙托克波因特的战列舰驶入大西洋，展开追击。是否敷设铜底的效果高低立现，尽管落后了 36 个小时，阿布思诺特还是在 3 月 16 日清晨先于法国舰队抵达切萨皮克。之后持续一整天的
“亨利角海战”（Battle of Cape Henry），虽然从战术安排、舰队调动层 231
面，德斯图什略占上风，但从战略层面，胜利的天平却倒向了阿布思诺特。于英方之后抵达切萨皮克湾并决定开火前，德斯图什已经认识到，自己无法在冒着英方炮火的情况下安排士兵实施登陆。次日，他

决定返回纽波特进行休整,而阿布思诺特则进入切萨皮克,设立防线,以抵御日后法军入侵。获知阿布思诺特获胜的消息后,克林顿派出2000 人马增援阿诺德,并于 3 月 25 日部署到位。

拉法耶特对于坐失良机,无法抓获甚至绞死自己一度视为挚友的叛徒而心碎不已,当他了解到率部增援,并将取代阿诺德行使指挥权的英军将领乃是威廉 · 菲利普少将(William Phillips)时,心情变得愈发复杂。拉法耶特从小便时刻提醒自己,父亲是在“梅登之战”遭遇英军冰雹般的炮火袭击而以身许国的。此役指挥英军实施炮击的,正是时任炮兵上尉的菲利普。刚刚听闻这一消息,自然会萌发复仇情绪,不过,当拉法耶特请求格林批准他率领部队对抗这支赶来增援的英军时,表达得很有节制,“我现在只想说,菲利普司令的炮火,在梅登,曾夺去我父亲的生命,因此我认为没有理由反对抗制此人的进攻计划”。

拉法耶特之所以请求格林批准,是因为根据乔治 · 华盛顿的命令,他现在隶属西线大陆军,因此该听命于格林。格林渡过丹河甩开康沃利斯后,力量得到极大补充,计划重返北卡罗来纳,与康沃利斯正面交锋。这位英军司令从位于希尔斯伯勒的总部整理部队,与格林开战。3 月 15 日,在吉尔福德郡治(Guilford Courthouse)所在地,康沃利斯经过苦战,虽然惨胜,但因为付出代价太过高昂,不得不撤至北卡罗来纳的威明顿。格林连续数日追击康沃利斯后,最终放弃,决定重新夺取南卡罗来纳。现在,为了防止康沃利斯与阿诺德及菲利普等人合流,他指派拉法耶特骚扰后者,同时将前者牵制在北美南部纵深地带。这一作战计划堪称将才奇谋,拉法耶特对格林大加赞赏,随即开始抓紧落实。到了 4 月 19 日,拉法耶特从巴尔的摩将部队带回,并顶着晚春的燥热向里士满强行进军,将背囊、帐篷、重炮以及其他任何耽误行
232 军速度的物资全部抛弃。时间就是一切。阿诺德和菲利普也在沿詹姆斯河向上疾进,并且已击败施托伊本男爵,夺取了距离里士满仅 25

英里的匹兹堡。4 月 29 日，拉法耶特和他手下衣衫褴褛的部队步履蹒跚地进入里士满，刚好来得及顶住菲利普发动的第一波进攻。后来，他向乔治·华盛顿报告称，菲利普被气得七窍生烟，“发誓要向我寻仇”。

拉法耶特凭借这次强行进军，的确挽救了里士满，但数日后，他便得知，康沃利斯下令副将弗朗西斯·罗顿(Francis Rawdon)率军追击身处南卡罗来纳的格林，而康沃利斯本人和塔尔顿则一路向北，奔向弗吉尼亚，计划在匹兹堡跟阿诺德以及菲利普汇合。拉法耶特试图干涉英军计划，于 5 月 10 日挥师匹兹堡，并对菲利普的阵地实施炮击，上演了类似“梅登之战”的翻版。菲利普并未在拉法耶特的炮火中丧生，不过，虽然没有中弹，但他的身体却因为无法诊断病因的发烧而十分虚弱，甚至陷入昏迷状态，并于数日后死于非命。如果说拉法耶特的仇敌之一终于冤冤相报的话，那么同时也有人侥幸逃过一劫。在康沃利斯抵达并接掌指挥权后，阿诺德其实遭到架空，后来被克林顿调回纽约。再一次，也是最后一次，本尼迪克特·阿诺德逃出了拉法耶特的手掌心。

因为格林忙于收复南卡罗来纳，乔治·华盛顿便对手下这位年轻法国将领充分放手。拉法耶特终于获得了梦寐以求的独立指挥权，而这在他的职业军人生涯中尚属首次，也是唯一一次。连他本人都感到惊讶的是，独掌指挥权，让他碰到在担任下属时可以放手一搏的场合时，反而变得谨小慎微。这种谨慎非常精准到位，也正是一名理性领导人的应有素质。他开始重新集结部队时，发现手下仅有 1200 名正规军、来自阿曼德军团的 40 名骑兵，以及 2000 名弗吉尼亚民兵；换句话说，他需要用手下 3000 多名装备极差的乌合之众，对付康沃利斯率领的 7200 名全副武装、训练有素的英军。以为康沃利斯准备从匹兹堡方向压来，拉法耶特主动放弃里士满，杰斐逊和其他弗吉尼亚政府官员暂时转移至夏洛特维尔。自此,这两位将军之间的猫鼠游戏正式上演。康沃利斯加入行伍的同一年,拉法耶特刚刚出生。尽管他从未写过如拉法耶特后来所宣称的“这个小子逃不出我的手掌心”这种话,但这位英军将领显然对自己的敌手缺乏认识,或者对这场追击的最终结局深信不疑。至于拉法耶特,则采用了本方总司令在北美独立战
233 争初期便不断完善,并且对其耳提面命的费边战术。5 月 24 日,他向乔治·华盛顿坦言相告,自己决定开展小规模作战行动,但不会过分恋战。“毕竟我方的实力连挨揍都禁不住。”

拉法耶特从乔治·华盛顿处接到的命令,是将康沃利斯拖在北部地区,以确保交通线畅通,特别是北美军队位于弗雷德里克斯堡,而拉法耶特同时还希望与安东尼·韦恩重新组建的宾夕法尼亚大陆军汇合。康沃利斯则放弃了攻占里士满的机会,全力以赴追击拉法耶特,同时积极破坏格林位于弗吉尼亚的补给线及兵员招募工作,以干扰其所开展的军事行动。这位英军将领在詹姆斯河上的维斯托弗稍加休整后,挥师西北,摧毁或占领沿途的敌军据点、兵工厂以及政府机构。他还派出塔尔顿袭击杰斐逊位于蒙蒂塞洛的老家,并险些将其生擒活捉。6 月 6 日,保皇派武装攻占了位于詹姆斯河福克点(Point of Fork)的北美军据点,施托伊本因为火力及兵力方面均处下风,无力据守。此后不久,韦恩率领麾下 800 人大陆军部队与拉法耶特会师。6 月中旬,随着施托伊本及弗吉尼亚民兵的加入,他手下的兵力达到 5000 之众。

此时,康沃利斯终于认识到,对手的实力不断壮大,已经不能继续采用围追堵截的战术了。而本方后勤补给在这个时候也已经消耗殆尽,他于是决定向东移动,返回英军位于朴茨茅斯的基地,同时劫掠沿途的农场和种植园,并将里士满的残存物资洗劫一空。6 月初,康沃利斯已经十分接近威廉斯堡。拉法耶特则始终咬住不放,寻找战机与其

主力展开决战。7 月 6 日,康沃利斯的后卫部队渡过詹姆斯河前往朴茨茅斯的时候,拉法耶特等待的机会来了。康沃利斯对此早有预料,并在绿泉种植园(Green Spring Plantation)附近设下伏击圈,几乎将韦恩的先头部队一网打尽,后者靠着拼刺刀才逃过被全歼的命运。就在拉法耶特将自己的部队收缩至里士满附近一处险要防卫据点时,康沃利斯已抵达朴茨茅斯。在这里,他派人向克林顿送信,指出朴茨茅斯港口水深不足,无法靠泊大吨位的英国战舰,因此需要在这一地区建设深水码头,为舰队过冬做好准备。根据手下工程技术人员的报告,康沃利斯于 8 月 1 日将部队转移至约克镇位于约克河上的烟草码头——对面便是格洛斯特波因特——并在这里强化防御工事,而 234
且开放当地码头供英军舰队靠泊。拉法耶特重新部署防卫力量,防止英军反扑,同时向乔治·华盛顿报告,康沃利斯已被锁在约克镇。标志独立战争进入收尾阶段的首块拼图,业已就位。

拉法耶特与康沃利斯在弗吉尼亚你追我赶之际,在新英格兰,其他的几块拼图也逐渐成形。其中若干,在德斯图什率部从切萨皮克垂头丧气地返回时,便已经开始着手。此时,法国及北美领导人都感到,未来需要对英国方面有所动作,而在哈特福德会晤过程中,双方达成共识,将纽约选作进攻对象。3 月末,罗尚博致信乔治·华盛顿,只要后者决定开战,自己随时准备前往纽约。乔治·华盛顿则告知罗尚博,类似的行动暂时还不需要,他同时要求后者做好准备。罗尚博按计行事,命令手下的后勤部长皮埃尔-弗朗索瓦·贝维尔负责调查从纽波特到纽约的道路状况,同时与杰里迈亚·沃兹沃斯联系商购马匹、牛只、马车以供运输,并且为开展作战行动建立补给据点。

1781 年 5 月 10 日,法国护卫舰“协和号”(Concorde)抵达纽波特,为独立战争加速走向结束带来了重要的信使、物资和情报。翻回头看法国的情况,和仅仅一年前特内与罗尚博离开时相比,已经发生了巨大的变化。1780 年 12 月,随着奥地利女王玛利亚·特蕾莎去世,不仅凡尔赛宫陷入一片悲痛,也让整个欧洲坐卧不安。玛丽·安托瓦内特的哥哥约瑟夫二世(Joseph II)现在成为奥地利国王,但此人难以捉摸,似乎要和俄国结盟。作为对此的反应,法国势必走向战争边缘。与此同时,西班牙也肯定会要求法国提供更多援助,以便收复直布罗陀。此外,罗德尼中将率领庞大的英国舰队杀向加勒比,也将这一地区的法国殖民地置于危险境地。所有这些不确定因素,都需要凡尔赛宫的一位履新大臣加以应对,而他本人就令人难以捉摸。1780 年 10 月,此前由沙丁担任的海军大臣,被卡斯特里侯爵夏尔·德·拉·克洛瓦(Charles de La Croix, Marquis de Castries)取代,这位功勋卓著的将领还是财务大臣雅克·内克尔的挚友。12 月份,另外一场宫廷地震发
235 生,陆军大臣蒙巴雷被另外一位将领——同时也是内克尔的好友——西格尔侯爵菲利普·亨利(Philippe Henri, Marquis de Ségur)取代。成为权力核心的内克尔,于 1781 年 1 月发表了著名的《呈国王陛下的报告书》(*Compte rendu au roi*),首次十分详细地向法国公众对政府收支的真实财政情况进行了说明,而这种做法是英国议会长期以来奉行的习惯做法。尽管根据这份报告,法国政府财政盈余足以为 1781 年即将开展的作战行动所需借款支付利息。但实际上盈余头寸仅为 1000 万里弗尔,而且还必须严加监管才能实现。在国王的新内阁谋划新一年的外交政策蓝图时,虽然北美独立战争依然处于核心位置,但如果战事拖冗,那么维持波旁王朝同盟关系以及保持在西印度地区富庶殖民地的战略利益,势必占据优先位置。

1781 年上半年在凡尔赛宫就北美独立问题所展开的争论,从严肃认真的态度,乃至详细程度,丝毫不逊于大陆会议上展开的类似争辩,而对未来一年局势所产生的影响力,二者亦不分伯仲。发自罗尚博的

密函得到了法国内阁“充分的检视与讨论”。以此为基础，由各大臣秘书起草的法国战略方案，提交给大臣们进行讨论。争论的焦点，集中在罗尚博承诺的提供更多部队、给养进行第二次远征，以实现乔治·华盛顿与罗尚博在哈特福德会晤时达成的补充军力协定。法国的大臣们注意到，上述承诺建立在乔治·华盛顿“或许”可以提供15000名士兵的模糊承诺基础上。他们进一步认为，即便法国向北美增派10000名士兵，英国也可以这样做，从而继续让战争处于僵持状态。除此之外，为了应对加勒比及西班牙的需求，还得提供同样规模的部队。最终，组织第二次远征，将增援部队运送至北美的成本，可能会高达3000万里弗尔。即便连对内克尔财政政策嗤之以鼻的韦尔热讷，都不得不承认，这一金额大大超过了《呈国王陛下的报告书》中披露的法国财政结余。相比之下，为北美维持自身的军队提供资助，似乎更加便宜，据测算，维持12000人的大陆军，仅仅需要67万里弗尔。因此，当约翰·劳伦斯接触韦尔热讷，直截了当地要求更多资金援助的时候， 236
正好给了这位法国外交大臣进一步金援北美的口实，而这一政策其实早已成竹在胸了。

“协和号”护卫舰带到纽波特的密函列举了凡尔赛宫方面对未来作战计划的想法，同时也为船上搭载的令人出乎意料的货物及乘客提供了解释。首批登岸者中，便有曾在1778年跟随德斯坦远征的巴勒斯伯爵，他此次前来是为了接替心灰意冷的德斯图什担任法国舰队司令官。罗尚博伯爵虽然看到儿子罗尚博子爵而心花怒放，但又因为没有等到自己所承诺的第二批特遣舰队而颇为失落。与此相对，路易十六向富兰克林及约翰·劳伦斯承诺，提供600万里弗尔资金，虽然远远不及大陆会议方面要求的2500万，但其属于赠款，换句话说，美方无需清偿。“协和号”自身搭载了其中的100万——这意味着5吨重的桶装硬币。在配备了50门火炮的“射手座号”护卫下，第二艘运输船计划于6月份运送另外250万里弗尔抵达波士顿，同行的还包括600名士兵及火炮等军火。至于最后的250万，将在扣除战争物资尾款后，交给约翰·劳伦斯，由其负责在同年夏天运回北美。

迄今为止最为重要的消息，出现在西格尔及卡斯特里各自撰写的两封内容几乎完全一致的密信中。罗尚博被告知，一支由20艘战列舰组成的舰队，搭载3200名士兵，已经于3月末在新任海军中将德·格拉斯带领下，出港驶向加勒比，以增强当地防卫力量。虽然这并非罗尚博引颈期待的特遣舰队，但他了解到，德·格拉斯计划于7月或8月抵达马提尼克，在那里整编10艘战舰后，向北航行，短期支援罗尚博在北美沿海开展的军事行动。加上已经靠泊在纽波特的8艘战舰，法国一举获得了相对英国的压倒性海上优势，虽然这种状态的时间窗口非常短暂。西格尔侯爵并未对“军事行动”提出任何具体建议——这个问题将由罗尚博与巴勒斯、乔治·华盛顿商议，最终由德·格拉斯本人决断。刻不容缓，德·格拉斯将于数周后出现在北美东海岸的任何地方。次日清晨，5月11日，一位信使离开新温莎，要求乔治·华盛顿安排紧急会面。乔治·华盛顿则立即作出了反应，提议于5月21
237 日在哈特福德以南的小镇韦德菲尔德（Wethersfield）举行会晤。乔治·华盛顿带上了亨利·诺克斯以及最近刚从查尔斯顿获释的军械师杜波泰尔。为了避免耽搁时间，罗尚博和副官切斯特鲁克斯选乘战马而非马车赶往会晤地点。

双方在希拉斯·迪恩的邻居约瑟夫·韦伯（Joseph Webb）的三层木质小楼内见面。跟在雕梁画栋、金碧辉煌的凡尔赛宫举行的法国内阁会议，以及在恢弘宽广、穹顶高悬的大厅举行的大陆会议辩论不同，整个北美战争期间影响最为深远的此次会晤，是在地板吱呀作响，室内甚少装饰的普通客厅进行的。此次会晤从21日下午开始，一直持续到次日。面对诸多不确定因素的双方将领，依据各自丰富的作战经验，反而无法提出太过具体的作战计划——需要调动多少部队、英方的意图为何，尤其至关重要的是德·格拉斯的时间表。相反，双方决定先设立宏观框架，日后根据掌握的情报填充详细内容。罗尚博奉命未向乔治·华盛顿披露德·格拉斯舰队的具体细节，但通过切斯特鲁克斯的来信，乔治·华盛顿至少可以肯定法国舰队即将抵达。两军将领讨论了两个可能的进攻目标——依照原计划攻打纽约，或者消灭盘踞在弗吉尼亚的英军。双方一致认为，弗吉尼亚应当排在后面。巴勒斯的舰队规模太小，无法运输所需的军队及装备，很难找到运输军需物资的马车及牲畜，顶着北美南部的酷暑行军，对英军及美军都堪称毁灭性打击。纽约依然是符合逻辑的最佳选择，条件是德·格拉斯所率舰队能够确保海上优势。诚如乔治·华盛顿在日记中所言。罗尚博同意向德·格拉斯发出密信，告知北美方面的情况，请求其前往北美沿海，但他却没有像乔治·华盛顿期待的那样直接要求德·格拉斯前往纽约，反而希望由德·格拉斯自行决断。暂时，罗尚博将调动部队前往纽约，同时等待德·格拉斯对其是否增援以及选定的目的地作出判断。会晤到此结束。

罗尚博亲笔书写了几封信给德·格拉斯，说明了目前的处境，恳请其提供帮助。在5月28日的信中，他谈到：

> 北美，特别是北美南部正面临严重危机。格拉斯伯爵的到来，正可以挽救危局……与敌军交战之地，将是切萨皮克及纽约。西南季风，加上弗吉尼亚内乱，或许会让阁下倾向选择切萨皮克湾下手，我们也认为阁下可以在此大展身手，建功立业，特别是阁下从纽约赶到这里，仅需两日。 238

德·格拉斯伯爵弗朗索瓦-约瑟夫·保罗》(1723—1788)
让-巴普蒂斯特·莫塞思 1842 年绘制

“射手座号”于 6 月 10 日进入波士顿港靠泊，随船而至的还有德·格拉斯致罗尚博的书信。这位法国将军了解到，德·格拉斯将于同年夏天抵达北美，还要求罗尚博指明登陆地点，同时选派熟悉北美沿海水文状况的领航员前往德·格拉斯位于圣多曼格弗朗索瓦湾的海军基地。德·格拉斯警告称，本方战舰通过纽约港咽喉要道——水
239 深不足的桑迪岬——可能会有困难。同时还提前声明，自己或许只能做短暂驻留。罗尚博伯爵回信德·格拉斯，强调局势紧迫：“实不相瞒，阁下，美方已穷途末路、弹尽粮绝。”他本人的处境也好不到哪里去，亟需资金补充，因此请求德·格拉斯从弗朗索瓦湾的地方行政长官处拨出 120 万里弗尔。罗尚博还告诉德·格拉斯，自己已决定执行

华盛顿的计划,通过对纽约制造威胁,分散英军主力,为在弗吉尼亚地区作战营造良好环境。他还要求德·格拉斯率领战舰和部队,在前往进攻纽约之前,“帮忙摧毁英军在朴茨茅斯的据点”。他承认,乔治·华盛顿倾向于直接进攻纽约,而非首先在弗吉尼亚动手,但同时警告,英军舰队显然已经做好准备,随时向南出击。应巴勒斯的要求,他还附上了鲁泽尼的一封便签,后者请求德·格拉斯率领战舰兵士为身陷弗吉尼亚的拉法耶特解围。行文末尾,罗尚博要求德·格拉斯立即告知抵达的时间、地点。即便看似罗尚博将在何地发起进攻的决定权交给了德·格拉斯,但从上述建议或暗示中不难发现,他几乎是在明确呼吁德·格拉斯,与自己在切萨皮克会师。

12 名北美领航员登上“协和号”护卫舰,罗尚博写给德·格拉斯的一沓信函则交给了船长德·拉·塔诺万骑士路易·马利(Louis Marie, Chevalier de La Tanouarn)。或许基于远见,或者命运使然,“协和号”堪称法国最新、最快、最具适航性的战舰。和姊妹舰“赫敏号”一样,“协和号”不仅敷设了铜底,更是由法国国立航海技术学院高材生让-丹尼斯·舍维拉尔(Jean-Denis Chevillard)根据全新的流体力学建造。6 月 20 日,“协和号”从波士顿整装启航,驶向弗朗索瓦角这个冥冥中注定的集结地。独立战争未来之命运,毫不夸张地说,全系于这艘战舰是否能够快速安全抵达目的地。

此时,罗尚博的军队已经从纽波特开拔,在茫茫原野上行军。之前,他要求后勤部长皮埃尔-弗朗索瓦·贝维尔与其在北美大陆负责筹措粮秣的代理人杰里迈亚·沃兹沃斯进行的前期准备终于见到成效。行军路线被仔细标记,补给所与后勤仓库早已设置完毕,面包炉与饮用水准备就绪,这就确保了 4300 人的部队以及随行的 1000 名杂役在不走弯路、不需要筹措粮秣的情况下,每天以 12 到 15 英里的速度向前推进。每段行军都已被事先精密筹划,部队凌晨 2 点起床,凌

240 晨4点上路行军,这样就可以在午前赶到下一处宿营地,从而避开北美南部的盛夏骄阳。法军的4个主力步兵团分批前行,确保每一处宿营地都不会人满为患、过度拥挤:罗尚博伯爵率领波旁奈依团担任先头部队,皇家双桥团和苏瓦松奈依团居中,由圣通日团拖后。每个团士兵都身着不同军服——波旁奈依团和圣通日团的军服衣领为白色,皇家双桥团为蓝色,而苏瓦松奈依团则为红色。以至于远远看去,这些行军战士仿若一组缓缓前行的彩带。

7月6日,罗尚博的部队在纽约威斯彻斯特郡(Westchester County)与乔治·华盛顿率领的6300人会合。次日,两人在鲁泽尼的陪同下检阅部队。罗尚博的副官克鲁森对这支来自罗德岛的部队印象尤为深刻,他后来评价:“军容壮盛、武器精良、训练有素”。由于迟迟没有等到德·格拉斯方面的任何回复,7月末,乔治·华盛顿与罗尚博开始对纽约进行战前侦查活动,同时由杜波泰尔负责评估发动进攻所需要的部队及物资。此时,阿布思诺特已经启程返英,由格雷夫斯负责舰队的指挥,其手下共有5艘战列舰。克林顿麾下的士兵人数预估有10000人可供作战。杜波泰尔于7月25日提交的报告指出,只有在大规模海军支持的情况下,攻城才有可能获胜,同时,陆军人数至少需要增加一倍。

让士兵人数翻倍这件事并不是没有任何可能,并且,很快就变得没有必要了。8月14日,罗尚博和乔治·华盛顿终于得到了翘首期盼的德·格拉斯回信。仅用18天,“协和号”便已近抵达弗朗索瓦角,足足比7月16日抵达这里的德·格拉斯提早了一星期。拆开罗尚博的一叠信函并仔细阅读后,德·格拉斯显然没有忽视让自己出兵切萨皮克湾的强烈暗示。“对我而言,似乎阁下、华盛顿、鲁泽尼以及巴勒斯所指定作战地点,极为适当。”他在回信中表示。在和西班牙方面进行了几次关键会晤后,德·格拉斯开始准备作战行动。7月28日,他下令“协和号”返回纽波特，捎去了关键的信息，法国舰队将于10日内驶向切萨皮克，总计出动29艘战舰，以及3200名士兵。在这次至关重要的返程航行中，“协和号”的航速几乎达到了同级别战舰的两倍，仅用14天便于8月12日抵达纽波特。巴勒斯的信使则于3天后将这一消息送达位于威斯彻斯特郡的总部。

罗尚博将自己与德·格拉斯的往来信函向乔治·华盛顿和盘托 241
出，因此，乔治·华盛顿非常清楚，是罗尚博而非自己规划了可能决定北美独立战争最终结局的大战于何时何地爆发。不过，他从未因此心生嫌隙。对彻底放弃进攻纽约，他自然感到有些失望，“但仍立即调整计划以应对新局面”。华盛顿很快便从拉法耶特的报告中了解到，康沃利斯正在强化约克镇的防御，因此必须向该地增派援军。他旋即选调来自新泽西、纽约以及新英格兰的老兵，以及黑泽恩率领的加拿大第二步兵团前往；同时，派信使向德·格拉斯询问其抵达切萨皮克湾的时间，并派信使要求巴勒斯将炮车装载上舰，启航出港接应德·格拉斯，还提醒拉法耶特亟需包围康沃利斯；此外，派遣杜波泰尔前去与法国舰队回合，负责海上及路上军力的组织调配。乔治·华盛顿和罗尚博只能在短短6个星期内，将分散在数百英里范围内的3支不同军队协调在一起，确保能够同时抵达同一作战地点，对抗不可知的强敌。

从美法联军这方面来看，战争结束的大部分拼图均已到位。但为了确保未来的作战行动能够获胜，还需要至少暂时控制在墨西哥湾及西印度群岛的英军，而这只能寄希望于西班牙在此地获得主导权。西班牙方面已经在哈瓦那以南地区集结兵力，准备进攻英军在彭萨科拉的据点。但就在进攻行将展开之际，一系列摧枯拉朽的风暴，包括有史以来规模最大的多场飓风，将驻扎于墨西哥湾的西班牙舰队吹得七零八落，严重威胁到了整个作战计划。

第七章　渐入佳境

242 在哥伦布于1494年第二次远航并抵达西印度群岛之前，还没有哪位现代意义上的欧洲人亲眼见识过或者想象过飓风会如此持续肆虐。时速超过百节的狂风，可将眼前的一切夷为平地，掀起的滔天巨浪轻而易举便让舰船变成一堆废柴。现在我们知道，飓风是由撒哈拉地区携带大量沙尘的空气，在非洲外海形成雷暴，并在穿越大西洋的过程中不断累积强化，最终掠过加勒比进入墨西哥湾，或者向北顺着北美沿海移动。西班牙语里的“飓风”（Huracán），就与加勒比地区土著“泰诺族”（Taíno）对风暴的称谓存在词源关系，对此，法语翻译为“Ouragan”，英语则译作“Hurricane”。随着西班牙及其他欧洲国家纷纷在新大陆开辟殖民地，他们也逐渐掌握了如何筹划航海活动，以规避飓风最为狂暴的季节（大体上集中于每年9月至10月，即所谓的“秋分”时期），这也可以解释为什么德斯坦如此急于在1779年10月离开萨凡纳。

当伯纳多·德·加维斯与何塞·索拉诺于1780年8月在哈瓦那会晤，商讨进攻彭萨科拉的行动计划时，当然对在飓风频发季节开展军事行动的危险性心知肚明。1780年的飓风早已显现出极强的破坏威力，在同年6月，一场飓风荡平波多黎各，另外一场飓风则于8月将
243 新奥尔良彻底摧毁。然而，马德里方面要求索拉诺攻占英军老巢的命令，显然并未考虑季节因素。古巴的军事领导人，即古巴都督纳瓦罗在接到命令的一个月内连续召开了5次作战会议，最终同意了进攻计

划。加维斯主张立即发动大规模的两栖登陆作战,而他依据的是两年前自己派出的密探贾西托·潘尼斯收集的英军要塞情报,以及据守莫比尔的何塞·曼纽尔·艾兹普拉塔最近从英方投诚者处收集的具体信息。据这些人报告,彭萨科拉湾入口处的英军防守力量,由位于巴兰卡科罗拉达(Barrancas Coloradas),即所谓"赤壁"(Red Cliffs)上的炮台,以及山下的舰队共同构成。但英军炮台内火炮不足,规模可怜的舰队更是难以抵御西班牙舰队的持续进攻。加维斯的观点,得到了索拉诺的支持,他本人将为进攻舰队提供护航,同时,参与过直布罗陀之围,刚刚辗转来到古巴的胡安·曼纽尔·德·卡吉格(Juan Manuel de Cagigal)将军也将参与指挥地面进攻。纳瓦罗及其手下的海军司令胡安·巴蒂斯塔·博内特对此计划却抱有疑虑,担心传言中的英军舰队会突然出现,对舰队乃至哈瓦那构成威胁。索拉诺立即安排搜索英军舰队,但一无所获。10 月初,另外两次军事会议召开,旨在安抚纳瓦罗及博内特的紧张情绪。现在,索拉诺希望能够等上几天,潮汐及气象状况表明,一场危险的风暴即将到来。但对海洋一无所知的加维斯却无法再等,在他持续不断的施压下,10 月 15 日召开的军事会议投票决定,次日清晨舰队启程。

索拉诺如此忧惧季节,自然有他的道理。10 月上旬,第一波飓风便已横扫加勒比。被称为"萨瓦娜拉玛"的这场飓风,于 10 月 3 日在牙买加登陆后,先是摧毁了几座城镇,后来又让彼得·帕克中将停泊在皇家港的 5 艘战舰沉入海底。次日,"萨瓦娜拉玛"纵贯古巴中部之后,在北美东部沿海再次登陆——这正是当时在南卡罗来纳国王山激战正酣的革命者与保皇派遭遇那场倾盆暴雨的起因。一周后,10 月 10 日,第二波威力更大的飓风经过背风群岛,杀入加勒比。这场现在被称为"1780 年大飓风"的灾难,肆虐路线超过 3000 英里,共造成 20000 人死亡——这也成为有史以来最具破坏性的飓风——它以大约

244 200 节的时速登陆巴巴多斯，毁天灭地，岛上所有树木都被连根拔起，港口建筑等无一幸免。随之遭遇灭顶之灾的便是圣卢西亚，在这里共有超过 6000 人罹难，港口城市卡斯特里（Castries）除了两间房屋幸免外，全部被夷为平地。港内靠泊的 8 艘英军战舰或沉或毁，其中一艘被巨浪掀起，直接抛到了镇内医院的房顶上。马提尼克死难者多达 9000 人，创造了死难者人数之最，但驻留这里的法国海军却仅仅损失了“朱农号”（Junon）一艘护卫舰。此后，风暴继续肆无忌惮地沿着瓜德罗普、多米尼克、波多黎各、圣多明各（Santo Domingo）一路扫荡，并再次进入大西洋，在百慕大作最后挣扎，渐渐消失于纽芬兰群岛。

当索拉诺率领 14 艘战舰，护卫着 50 艘运输船，搭载 4000 名士兵，于 10 月 16 日顶着吹进墨西哥湾的阵阵清风启航时，骇人听闻的飓风破坏的消息，尚未传至千里之外的哈瓦那。索拉诺的直觉很快便得到验证，当晚，风力加剧，次日，10 月份的第三波飓风咆哮着吹入哈瓦那，奔向索拉诺率领的舰队。飓风在洋流温暖的墨西哥湾水域行进速度迟缓，但威力不减，在最终抵达佛罗里达并于 10 日后将封锁纽波特的阿布思诺特所率舰队吹得七零八落之前，足足在当地肆虐了一周之久。索拉诺的舰队与狂风巨浪搏斗了 80 多个小时，各色船舰也被风暴吹得四散而去，分布在从佛罗里达到墨西哥各处。旗舰“圣·胡安－内波穆塞诺号”折断了桅杆，船长使用备用桅杆才让其得以驶回古巴维修。与此同时，索拉诺将护卫舰“圣罗莎莉亚号”（Santa Rosalia）改作旗舰，旨在收拢舰队，继续开展进攻。尽管付出了不懈努力，依然收效甚微。在莫比尔外海的集结地，他只找到了为数不多的几艘战舰，根本不足以发动进攻，因此只好返回哈瓦那。最后发现，尽管飓风肆虐，大多数战舰受损严重，但只有一艘西班牙战舰在风暴中沉没，另有一艘搁浅。很多西班牙战舰开入尤卡坦半岛避风，其余的则分散在新奥尔良或莫比尔。加维斯乘坐的护卫舰虽然也曾与一些战舰偶遇，但这些船长均以补给不足为由，不顾加维斯的反对，执意返回哈瓦那，并在路上顺便俘获了两艘英国护卫舰。而自"七年战争"结束后便持续不断为西班牙建造战舰的哈瓦那船坞工人，只能开足马力，疯狂维修因遭遇风暴受损而横七竖八塞满整个港口的受损船舶。

11 月 30 日，新一轮军事会议召开，旨在讨论对彭萨科拉再次发动 245
进攻的可能性与可行性。好战的加维斯强调立即发动进攻，因为敌人的武备兵营同样遭受风暴的毁灭性打击，比如英国位于牙买加的军事基地。"假设西班牙已经丧失了昔日挂在嘴边的强悍军力，"加维斯还不无讽刺地提到，"是不是一旦遭遇挫败便灰溜溜地打道回府。"纳瓦罗和博内特则对加维斯的计划表示异议——艾兹普拉塔传来消息，莫比尔正面临彭萨科拉的英军威胁。加维斯的线人则坚称，认为英军在彭萨科拉的军事设施遭遇飓风重创的看法不仅错误，而且带有极端危险的误导性。事实上，当地英军司令官推定西班牙舰队遭遇风暴受损，正准备大胆发动进攻，重夺莫比尔。加维斯立即建议军事会议派遣 500 名士兵前往驰援，但在最终抵达莫比尔之前，应于 1781 年 1 月 7 日先行袭击一个名叫维利格的英军据点。尽管艾兹普拉塔手下只有 200 人应战从彭萨科拉赶来的 700 英军，但依然通过密集的致命炮火成功御敌。在向加维斯报告战况时，艾兹普拉塔不无骄傲地宣传，"我方军队此役展现出相较于敌军的一定优势，这在未来必有所用，预示着攻占彭萨科拉胜利有望"。

"相较于敌军的一定优势"这一评价，几乎可以肯定适用于驻扎加勒比地区的法西两国海军，负责这一地区海军力量的英国司令官罗德尼中将从纽约返回时有了类似的发现。1780 年 8 月，"马提尼克之战"尚未结束便返回此地的罗德尼获悉特内的舰队正在前往北美地区，遂将自己麾下的 13 条战舰调往纽约，试图说服克林顿及阿布思诺特进攻纽波特的法军，但遭到二人的再三反对。等到飓风袭击的消息传来，12 月份返回基地的罗德尼看到的是一幅满目疮痍、瓦砾成堆、尸横遍野的悲惨景象。巴巴多斯已名存实亡，作为该岛经济支柱的蔗糖种植及压榨产业彻底被摧毁。其他岛屿的情况大同小异。本来就不充
246 裕的食物与淡水，现在也仅能勉强维持已大幅缩水的舰队所需。10 月飓风季开始之前部署在加勒比地区的 27 艘英军战舰中，几乎半数被摧毁，其余也大多受损，有些还颇为严重。相比之下，西班牙及法国舰队仅仅各自损失 2 艘及 1 艘战舰，手里还分别掌握着 20 艘及 27 艘战舰。因此，在罗德尼看来，西印度群岛海军兵力的平衡，已经倒向波旁王朝一侧。不过，很快，数千英里之外的荷兰共和国发生的事件，便将他的注意力吸引开了。

“我一人”……但不仅仅是：加维斯与索拉诺收复彭萨科拉

夺回彭萨科拉，对西班牙而言，意义不凡，显然非那些认为此地缺乏军事价值的英军统帅的判断和认识可比。即便在北美独立战争爆发之后，这里也只有一位英国总督彼得·切斯特驻守；直到 1779 年 1 月，约翰·坎贝尔（John Campbell）准将才率领保皇派武装从费城撤退至此。面对誓死进攻的西班牙人，坎贝尔在组织抵抗队伍时遇到了很大困难。他手里的兵力堪堪 2000 人，其中来自英国海军、陆军以及保皇派武装的职业军人不足半数。当然，除了民兵之外，坎贝尔手里的非洲裔奴隶和北美土著武装力量同样可观——后者来自克里克族及乔克托族，他们坚信，英国人而非其他国家的殖民者能够给予他们更大利益。坎贝尔在守卫属地时已是捉襟见肘，更别提在上任后按照英国负责殖民地事务的国务大臣杰曼的部署去组织力量进攻新奥尔良了。随着北美大陆军准将乔治·罗杰斯·克拉克进驻万塞讷，西班牙

军队占领纳奇兹,已经无法指望密西西比河上游的英国定居者前来支援了。他也没有将希望寄托在牙买加方面提供的救助。彼得·帕克主要关注的是如何保卫英国的食糖产地及运输船队免受西印度群岛地区不时出现的法国舰队袭扰,同时为总督约翰·达林在中美洲对抗马蒂斯·德·加维斯的军事活动提供支援。

帕克增援彭萨科拉的能力,因为1780年10月那场毁灭性的飓风而严重受限,但真正让他无力为这座遭敌围困的孤城提供海军支援的,乃是英国与荷兰共和国爆发的贸易战争,特别是罗德尼因此所采 247
取的行动。这场贸易战争的根源,在于1780年3月,俄皇叶卡捷琳娜二世宣布,将组建一支包括12艘战列舰、5艘护卫舰在内的武装舰队,为与本国和交战国双方开展贸易的“中立国”权利提供保护。而这样做的前提是在中立国船舶上运输的是中立货物——即“航行自由基础上的贸易自由”这一世界公认的准则。一般来说,越是被频频违反,这一规则就越被推崇。过去的几年,法国及西班牙,特别是英国,都曾俘获了与其敌国开展贸易的中立国家(如俄罗斯、丹麦、瑞典以及荷兰共和国)的商船。叶卡捷琳娜二世希望结束这一局面,因此要求其他中立国家加入俄国创建的这个所谓“武装中立同盟”(League of Armed Neutrality)。丹麦及瑞典迅速作出响应。对此英国虽然火冒三丈,但因为不希望触犯俄国,因此几乎无法干涉——至少在荷兰共和国试图加入之前是这样的。在所有的中立国中,对英国的战争行动而言,荷兰共和国的威胁最大,因为其对敌国提供的战争物资数量最多。从1774年开始,荷兰共和国便默许该国商人向北美殖民地提供武器弹药,到了1778年,更是公开批准向法国提供海军军备物资及木材。英国政府无法继续容忍这种行径在俄国的庇护下变本加厉,决定通过战争的方式横加阻止。为此,伦敦方面专门编织了荷兰不中立的借口,主要根据便是1780年9月抓获的正乘船前往荷兰商洽借款问题的亨利·劳伦斯身上那份此前北美方面和阿姆斯特丹方面签订的通商条约文本。在掌握了这一文件后,英国在荷兰政府签订武装中立条约之前,抢先对其宣战。

自1652年以来,这两个国家已经围绕贸易问题进行过三次战争。1780年12月20日,第四次英荷战争开打,同日,罗德尼接到命令,要夺取加勒比地区最大的违禁品集散地圣尤斯特歇斯。1781年1月底,罗德尼接到了上述命令,随后不久,他手下疲弱不堪的舰队,得到了2月3日抵达,由塞缪尔·胡德(Samuel Hood)海军少将率领的8艘战列
248 舰的增援。罗德尼对荷属西印度群岛发动的"迅雷不及掩耳"的进攻,兵不血刃,便攻占了这些几乎不设防,对战争降临甚至一无所知的岛屿。缴获的数以百计货船以及仓库内的物资,价值超过300万磅,约合现价400亿美元。早就料到会收获颇丰的罗德尼,亲自留在岛上长达数月之久,负责清点战利品,同时派出胡德率领一支大型分舰队,将4艘法国战舰封锁在马提尼克港;另外派2艘多帆单桅快速战舰,不费一枪一弹,占领了荷属圭亚那这一蔗糖主产区。他还派出更多舰船护航这批财富返回英国;不幸的是,就在其即将抵达英国本土前,悉数被法国海军少将拉·默特伯爵缴获。因为手下兵力分散在加勒比乃至墨西哥湾各处,帕克此时已经找不到任何战舰增援位于彭萨科拉的英军了。

与此相对,伯纳多·德·加维斯陆军元帅——他刚刚得到自己晋升的消息——正在准备倾其所有,孤注一掷,确保能够攻占英军老巢。最初,与其同时出席军事会议的同侪纳瓦罗和博内特,对在毁灭性飓风发生后不久便发动如此大规模的进攻作战持保留态度。直到卡洛斯三世的个人特使弗朗西斯科·萨瓦德拉·德·桑格罗尼斯(Francisco Saavedra de Sangronis)突然出现后,他们的立场才发生骤变。当时,桑格罗尼斯作为印度事务大臣何塞·德·加维斯的四等秘书,虽

然与被称之为“穴居者”的普通公务员仅“一步之隔”,但事实上负责这一部门的财政事务。导致其现身哈瓦那的起因,在于1780年中期发回马德里的一份报告,其内容为伯纳多·德·加维斯、纳瓦罗以及博内特无法就进攻莫比尔和彭萨科拉达成合意。听说自己的侄子遇到麻烦后,何塞·德·加维斯密令桑格罗尼斯,哈瓦那需要马德里选派一位能够“代表宫廷与军方领导人沟通,让其放弃分歧而寻求合意,同时有能力安排军费开支的”专才。桑格罗尼斯闻讯后立即自告奋勇,主动请缨,并奉卡洛斯三世直接命令,于1780年8月启程。虽然他所乘坐的船舶中途被英军俘获,但英方并未发现他的西班牙宫廷工作人员身份。于1781年新年获释后,他从牙买加一路辗转,在1781年1月22日抵达哈瓦那。

桑格罗尼斯抵达后,立即着手评估局势,与军事会议成员单独谈话,并与也是刚刚抵达哈瓦那船坞,为自己所率领的9艘战舰进行清理大修的法军指挥官蒙黛碰面。桑格罗尼斯与伯纳多·德·加维斯 249
相处甚笃,不仅因为二人年龄相仿,且都出身于安达卢西亚地区,更因为二者对攻占彭萨科拉的紧迫性存在共识。他发现,其他军事会议成员,虽然对此也或多或少表示支持,但他们还必须支持马蒂斯·德·加维斯在尼加拉瓜的军事活动,同时要积极准备攻占英军位于牙买加的坚固据点。应该说,他们对人力、军饷乃至补给品不足的担心,是相当现实的。此外,桑格罗尼斯发现,蒙黛十分期待能够帮助西班牙舰队,急于在返回向风群岛(Windward Islands)保护法国利益免受英国进攻前开始行动。

2月1日,纳瓦罗主持召开了六轮军事会议的首次会晤,其中自然包括来自西班牙宫廷的代表。桑格罗尼斯向其他与会者明确,国王要求“将英国人彻底赶出墨西哥湾,同时希望立即开展进攻彭萨科拉的军事活动”。桑格罗尼斯的出席引发了军事会议成员的态度骤变,很多原先持反对态度的人当场发誓自己“已经做好践行王命的准备”。在后续的两周期间，军事会议讨论的内容主要集中于战略及战术方面。他们同意，尽管目前手里的兵力仅为去年10月所讨论的拟用兵数量的三分之一，还是应当即刻动手攻打彭萨科拉。桑格罗尼斯深知，西班牙军队面临进攻人员力量不足的困境，同时向伯纳多保证，如果英方增援，他将为西班牙方面寻求更多的战舰及部队补充。与此同时，艾兹普拉塔也得到命令，率领其部队由陆路从莫比尔进军彭萨科拉，同时还将从新奥尔良召唤更多增援。只有在拿下彭萨科拉之后，哈瓦那方面才可以从墨西哥获得资金，并增援尼加拉瓜；至于进攻牙买加，则只能等到下一年了。2月21日，最后一次军事会议结束两天后，舰队做好了出航准备，但天公不作美，坏天气直到次周才有所改善。2月28日，午夜刚过，蒙黛手下的两条战舰便从哈瓦那出海，为航线扫清障碍，确保不存在任何危险。日出前两小时，32艘战舰，携带1500名士兵出港，午前，全部舰船都消失在海天交接处。

彭萨科拉湾是墨西哥湾沿岸最大，同时也是防守最严密的锚泊地，首先由西班牙占据，后来英国又将其作为西佛罗里达的首府。正
250 面有圣罗莎岛防止浪涌狂风，而其入口处水浅湾狭，需要拐一个急弯才能进入。对航行的船舶而言，通过此处需要极高的操船技巧，事实上，任何试图通过这里的敌军舰船都极易受到“赤壁”炮台的攻击。西班牙人刚刚获悉，这里的防务已经被英国人通过增设重炮加以强化。就在从哈瓦那启程之前，加维斯将手下的各级指挥官召集到他的旗舰——配备了64门火炮的“圣拉蒙号”（San Ramón）——详细说明了自己的作战计划。首先，攻占圣罗莎岛西端可以俯瞰彭萨科拉湾入口的高地，并在那里架设火炮，通过火力驱赶封锁此地的英军舰队。接下来，将军舰驶入彭萨科拉湾，等待来自新奥尔良及莫比尔的增援部队，随后包围乔治堡，以及英军位于彭萨科拉正北的星型多面堡。3月

9 日,西班牙舰队迫近圣罗莎岛,夜色降临后,借着黑暗的掩护开始安排部队登陆。但英军早已发现西班牙舰队,次日,坎贝尔同样等到夜色低垂,派遣其敷设了铜底的“切尔德号”(Childers)偷偷溜过西班牙舰队的封锁线,前往牙买加寻求帕克的支援。

随着 3 月 11 日西班牙军队在圣罗莎岛一端构筑炮兵阵地,迫使英军舰队撤至海湾深处,登陆作战变得势如破竹,如入无人之境。一个圆月高悬的午夜,西班牙舰队试图强行突破海湾入口,但“圣拉蒙号”不幸在沙滩上搁浅,舰队指挥官何塞·加尔沃·德·伊拉扎巴尔(José Calvo de Irazábal)立即下令卸载减重,在将其从搁浅状态解救出来的同时,下令舰队撤退。伯纳多·德·加维斯致信加尔沃,要求后者再次尝试攻入海峡,但加尔沃及麾下高级指挥官公然抗命,愤怒地答复称在“赤壁”炮台的威胁下这样做是在自寻死路。在历经数日激烈争论的同时,试图夺取“赤壁”炮台的西班牙登陆部队被坎贝尔手下的乔克托族勇士击溃。加维斯此时只能依靠自己的力量突破海峡防线。

3 月 18 日星期天,清晨,加维斯准备登上几天前刚刚从哈瓦那赶来加入舰队的本方旗舰“加维斯敦号”,以此向其他西班牙战舰证明,所谓海峡防线,并非固若金汤,而是可以涉险过关。跟 10 年前率领部队同阿帕奇族进行生死决战前一样,抱着破釜沉舟的决心,他向加尔沃及其手下的高级军官们发出了颇为尖锐的口头挑战:“有胆的,随我来! 我一人将站在‘加维斯敦号’舰首,以此让你们宽心”。但舰队司令加尔沃则回敬称加维斯才是“贪生怕死之徒,让自己的炮口向后”。加维斯将这种人身攻击抛在脑后,于下午两点半登上“加维斯敦号”,下令往海峡入口行进。通过船上飘扬的旗帜,英方一下子就识别出谁 251
在舰上。“加维斯敦号”和其他 3 艘战舰一道,紧贴着圣罗莎岛,小心翼翼地通过那个危险的急弯。英军重炮纷纷开火,虽然一些炮弹击穿了风帆及锁具,但大多数炮弹溅落在西班牙军舰附近,有惊无险。加维斯的直觉是正确的,在仔细研究过“赤壁”炮台后,他发现此处位置过高,距离水道过远,根本无法准确封锁入海口,也就是说,被击中的概率极低。安全抵达湾内后,他向聚集在身边的船员表达了敬意:“本人宁愿牺牲自己,也不愿意让我们军队中的一兵一卒置身于危险之中。”此言显然无视了这些人同样“牺牲”自身安危这一事实。接下来,加维斯要做的便是等待舰队其他船只跟进。次日,加尔沃命令其他战舰开入海湾,虽然也经历了炮火洗礼,但舰只同样并未遭受重创,也无人员伤亡。下午,所有战舰均安全驶入圣罗莎岛上西班牙军队炮火的覆盖范围。加尔沃本人则留在“圣拉蒙号”上,驻留湾外,后者因为吃水过深,无法驶过入海口的浅滩。因为无论如何都无法为加维斯提供帮助,他选择返航哈瓦那。缺少了至关重要的主力战舰的西班牙舰队,只好就地驻扎,等待援军。

次日,加维斯持续不断地与坎贝尔及英国总督切斯特联系,此举颇具当年在莫比尔与英军将领杜恩福德之间交往的骑士之风。“你我兵戈相见,绝非个人恩怨,而是职责所在。”加维斯提醒两人。同时,他为开战冲突、交换战俘、保护平民等设定了发起条件。交战行动将集中于乔治堡及延伸出来的星型多面堡——彭萨科拉本身则幸免战火涂炭。加维斯态度坚决,举止得体,英方来而不往非礼也,坎贝尔向加维斯回复:我方“将战至最后,死守属地”。就在双方互通信函的同时,艾兹普拉塔率领 800 精兵从莫比尔赶来,一路上成功避开了对方耳目。加维斯则立即派兵从圣罗莎岛登陆,予以接应。次日,当他们看到从新奥尔良驶来,满载枪炮弹药以及 1600 名士兵的 16 艘舰船时,兴奋至极。现在,加维斯坐拥精兵 4000,足以供按计划发起进攻。

3 月 26 日,加维斯开始调兵遣将,迫近彭萨科拉。随后数日,在抵
252 抗住主要来自乔克托族勇士发起的数轮殊死进攻后,他们开始在奇科

河口安营扎寨。这里距离乔治堡过远,无法形成合围之势。而西班牙军队却止步于此,无法前进半分,两军僵持不下。加维斯致信哈瓦那寻求更多援助;毫无疑问,坎贝尔所作的事情与此别无二致,后者苦苦期盼的是来自牙买加的消息。4 月 12 日,英国人出其不意,对西班牙发动突袭。在经历短暂但惨烈的激战后,英军虽然撤退,但加维斯也身负重伤,一发枪弹击穿他的左手,打入他的腹部。在将指挥权移交给艾兹普拉塔后,加维斯入院接受治疗,同时,战事持续胶着。4 月 18 日,哈瓦那喜讯传来,加维斯得知,父亲马蒂斯·德·加维斯重新夺占位于尼加拉瓜湖畔的因马库拉达·康赛普森要塞,并将英军赶回沿海地带。他精神为之一振,病情也加速康复。

次日,哈瓦那传来另外一则喜讯:20 艘战舰,其中包括同意暂缓进攻南美英军据点的蒙黛麾下 8 艘法军战舰,在索拉诺的率领下,将加入进攻。从渔民处得知他们目睹了据信驶向彭萨科拉的英军船队后,联合舰队赶在 6 月内用 10 天做好交战准备,下定决心,如果在英军尝试增援的情况下,便践行此前桑格罗尼斯关于给予援助的承诺。事实上,虽然英国皇家海军“切尔德号”成功将求援信送至牙买加,但当地的英国总督只能派出两艘战舰,搭载由囚徒们组成的一个团,这相当于是个空头许诺。显然,坎贝尔无法得到任何增援,而拥兵 7600 人的加维斯显然占据了压倒性优势。此时此刻,他最大的担心在于,在哪里为涉水登岸的 4000 名士兵提供衣食住宿保障。

索拉诺在关键时刻适时赶到。当时西班牙军队的军需补给严重不足,每名士兵每天只能分到 3 盎司煮豆子。增援舰队还携带了火炮、臼炮、围城装备、火药等物资。最受欢迎的,莫过于由经历直布罗陀之战,后被飓风吹散,本来负责进攻彭萨科拉的老将胡安·曼纽尔·卡吉格率领的久经战阵的精锐部队。他的副官弗朗西斯科·德·米兰达(Francisco de Miranda)是土生土长的委内瑞拉加拉加斯本地人，几年前曾在北非参与围攻梅里利亚。西班牙军队中，包括来自弗兰德斯讲法语的部队、“爱尔兰西伯那团”（Irish Hiberna Regiment）以及伯纳多·德·加维斯的老底子“路易斯安那常备团”。其中一位
253 联队负责人杰罗米诺·希洪–莫科特祖玛（Jerónimo Girón y Moctezuma），乃是1520年被征服者赫尔南·科尔特斯（Hernán Cortés）无情终结统治的阿兹台克领袖莫科特祖玛的第九代传人。法国方面，大多数军队此前曾参与“萨凡纳之围”，以及圣文森特和格林纳达的激战。最后，桑格罗尼斯本人则登上索拉诺装备了74门火炮的旗舰“圣路易号”（San Luis），和其他吃水较深的战列舰一道，停泊在彭萨科拉湾以外，警戒任何可能来自牙买加方向的进攻。

4月24日，随着步兵和炮兵相继登陆，法西联合舰队开始合围。首要目标便是乔治堡以西高高耸立的伊斯特峰，从这里可以俯瞰威尔士亲王多面堡（Prince of Wales' Redoubts）及女王多面堡（Queen's Redoubts）。此时，身体恢复后再次走上领导岗位的伯纳多·德·加维斯笃信攻占英军阵地的关键在于最靠北的女王多面堡。在历经3天争夺制高点的血战后，他下令部队将堑壕延伸至上述星型防御阵地的北侧。坎贝尔则以密集的炮火，及几次侧翼进攻予以回击，但一周的反复争夺后，波旁王朝的包围圈得到延伸，其炮火也将英军压制在海湾地区。5月6日，加维斯的处境开始变得不妙，他密报桑格罗尼斯，自己的弹药即将耗尽，尽管他已经下令，悬赏每缴获4枚英军火炮弹丸奖励1比索。法军指挥官也意识到局势不容乐观，警告加维斯，法国方面已暂停继续支援，如果坎贝尔拒不投降，法军便将自行撤走。困兽犹斗的加维斯命令希洪和艾兹普拉塔对女王多面堡发动夜袭，但这两人因为破晓将至，觉得突袭的效果不再，便临阵撤出。取胜的唯一希望，只能寄托于已经部署在距离英军堡垒不足200码的西班牙炮兵身上。

《占领彭萨科拉:1781 年 5 月 8 日,炸毁女王多面堡的军火库》
伯托克斯·劳桑 1784 年(存疑)绘制,后由尼克拉斯·庞塞刻版

时间一分一秒地流逝,后勤给养日益枯竭,此刻,一发幸运的炮弹,为合围画上了圆满的句号。5 月 8 日上午 9 点,两门刚刚布置到位的西班牙榴弹炮中的一门,将一枚 6 英寸的内置引信榴弹射入女王多面堡,爆炸掀开了弹药库的屋顶,同时引燃了面向后侧敞开的房门。后续引发的弹药爆炸,顷刻间便杀死了超过 100 名英军。加维斯及其手下军官听到巨大的爆炸声并目睹毁灭性后果后,下令对已几乎被损 254
毁殆尽的城堡发动总攻,随即占领了此地。之后,他们将火炮调集至此,开始对威尔士亲王多面堡发动炮击,后者在午后陷入一片死寂。对英军最后据点乔治堡的密集炮火覆盖,一直持续到下午 3 点,最终,坎贝尔打出白旗,派人出城商谈停火事宜。加维斯拒绝任何拖延,立即让特使携带早已准备好的投降条件回去。坎贝尔则增加了若干条款并将其送出城外,协商一直持续到午夜,最终达成协议。坎贝尔与

切斯特同意将佛罗里达割让给西班牙。次日,即5月9日下午2点,投降书正式签署。5月10日,西班牙军队占领了彭萨科拉。“爱尔兰西伯那团”的成员之一阿瑟·奥尼尔(Arthur O'Neill)被任命为此地总督,而加维斯和索拉诺则返回哈瓦那。坎贝尔、切斯特以及大多数英军获释,加维斯并未将这些人押解到哈瓦那——那里早已充斥着士兵、水手,人满为患,不堪重负——也未将其送至自己一心希望攻占的牙买加。相反,他将这些俘虏押送至英军位于纽约的基地。根据加维斯的盘算,这是最为合适的权宜之计,因为西班牙并未直接与北美结盟——但是,这样做也意味着这些英国士兵可以重新拿起武器,对抗北美军队。

伯纳多·德·加维斯与何塞·索拉诺在彭萨科拉取得的胜利,是过去两年间西班牙试图收复墨西哥湾的一系列军事努力的高潮与终点。此时盘踞在东佛罗里达以及中美洲的英军,虽然继续与马蒂斯·德·加维斯缠斗,但已不具备太多战略意义。基于伯纳多·德·加维斯对西班牙帝国的军功,1783年,卡洛斯三世特赐予其加维斯伯爵的封号,同时特许他将西班牙文“Yo Solo”(我一人)刺在军服上,以表彰其依靠一己之力强行通过彭萨科拉湾入口的英勇行为。翌年,认识到胜利不光依靠伯纳多·德·加维斯,还取决于与其并肩作战的将士,国王遂赐予何塞·索拉诺以“索克罗侯爵”(Marqués de Socorro)封号,以表彰他对加维斯“辅佐”(Socorro)之功。

对大陆会议的那些北美领导人而言,彭萨科拉只是自身面临血战的一个余兴节目。这种蔑视的起因,部分在于一年前胡安·米拉雷斯
255 便已辞世。米拉雷斯作为西班牙派驻北美的非正式大使,履职时自信沉着,在费城颇受尊重,甚至曾于1780年4月获邀前往莫里斯敦兵营参与华盛顿部队的阅兵活动。在此期间,这位年迈的外交家偶染肺热病(类似急性肺炎),尽管得到华盛顿私人医生的悉心照料,仍于4月

28 日不幸病逝于北美大陆军总司令府邸。米拉雷斯死后，职位由秘书弗朗西斯卡·雷登接任。但此时西班牙已于远离费城的地域开展作战行动，无需继续在费城收集情报，或者借用外交人员的身份作为掩护。雷登的职责与人际互动都因此大打折扣。他主要着力于通过签订商业合同的方式，向遭受飓风蹂躏的哈瓦那运输面粉及食料。这也导致当他向华盛顿通报西班牙军队在彭萨科拉取胜的消息时，后者并未给予太多关注，只是照例协理一封外交辞令的回复："[本人]恭贺贵方信奉天主教的国王陛下军队在彭萨科拉取得大捷，毫无疑问，这需要特别感谢加维斯将军及其麾下将士的浴血奋战。"尽管华盛顿本人对此毫无准备，事情的发展脉络很快变得清晰起来：西班牙战胜英国， 256
夺回墨西哥湾的主导权，使得北美方面的盟友法国可以在战争至为关键的时刻——切萨皮克湾之战及约克镇之围——放手动用全部海军力量迎战英国舰队。事后证明，同样仰仗西班牙军队将英军赶出西佛罗里达，彻底清除其威胁及影响力，才帮助北美方面稳定了南部疆界，最终确保其在未来对此地行使主权。

切萨皮克湾之战

德·格拉斯从小便立志成为一名海军军官。1722 年，他出生在法国普罗旺斯，年仅十一岁时便加入"耶路撒冷圣约翰骑士团"（Order of the Knights of Saint John of Jerusalem），即所谓"马耳他骑士团"。这一组织作为历史最为悠久的天主教准军事组织，长期以来一直与法国海军保持密切关系，而该组织成员也因此跻身于法国海军的最高指挥层。与德·格拉斯同时代的特内，以及叙弗朗，都是骑士团成员。十八岁加入海军后，德·格拉斯历经奥地利王位继承战争，以及"七年战争"，一步步加官晋爵。当法国介入北美独立战争时，他已经在之前的

“乌埃桑岛海战”,以及德斯坦和基申在西印度群岛开展的作战行动中身居高位,崭露头角。德·格拉斯身材高挑,健硕勇猛,深受手下尊崇——水手之间流传一种说法,“德·格拉斯身高六英尺四英寸,但在作战时,就会变为六英尺五英寸”。

1781 年 1 月由四十艘舰船组成的法国舰队从加的斯开往布雷斯特时,德·格拉斯也身处其间。同年冬天,他赶回已经空无一人的大宅,就在德·格拉斯参与作战行动期间,他的第二任妻子凯瑟琳不幸去世,她位于圣多曼格的广阔种植园也因此被划入德·格拉斯名下。而他无需忍受由此产生的流言蜚语太久,因为数周后,新任海军大臣卡斯特里侯爵便将其招致凡尔赛宫,拔擢他为海军中将,并命其统帅已于 1781 年开始作战行动的三支法国海军舰队中的一支。德·格拉斯负责的这支舰队规模最大,将率先抵达西印度群岛。他所承担的使命,便是守卫这里的法属岛屿,同时帮助西班牙军队攻占英军位于牙买加的海军基地。结合西班牙方面的需求,作为替代性任务,他还将
257 奔赴北美沿海,配合罗尚博及华盛顿开展作战行动。巴勒斯则被指派负责统领纽波特的法军特混舰队。皮埃尔·安德尔·叙弗朗负责率领第三支舰队,其实充其量算是分舰队,帮助荷兰守卫开普敦免受英军袭扰,之后前往印度地区,收复本地治理及其他在 1778 年法国与美国结盟后被英国占据的法属、荷属殖民地。

3 月 22 日,190 艘舰船相继驶离布雷斯特,德·格拉斯率领旗舰“巴黎城号”一马当先。一周后,叙弗朗率领 5 艘战列舰及若干商船与舰队分离,驶向好望角。次日,战列舰“射手座号”及其护航的船队也和主力分开,驶向波士顿。德·格拉斯则于 4 月 28 日抵达马提尼克,并开始寻找封锁皇家堡的胡德所率分舰队。对德·格拉斯抵达的消息,胡德一时措手不及。几乎就在德·格拉斯准备出海远航之际,身处伦敦的约翰·蒙塔古便向罗德尼及胡德发出警报,但负责运送警报

的英国皇家海军小型护卫舰“雨燕号”直到5月中旬才抵达加勒比。4月29日，胡德与德·格拉斯在皇家堡附近开始了一场短暂但激烈的海战，双方互射的炮弹因为相距过远，均未命中。后来，胡德在本方陷入火力及机动劣势之前，寻机撤出战斗，并让法国舰队眼睁睁看着自己全身而退。德·格拉斯虽然毫发无损地将船队驶入港口，但依然忍不住向卡斯特里抱怨自己未能扩大优势，原因全在“英国人的船跑得比我们快”，不止一次地反映英国舰船通过敷设铜质底壳而获得的领先优势。胡德同样对此结果表示不满，“前所未见，”他在后来的记录中写道，“此前从未遭遇过敌方射来如此多的炮火。”

如今，法国舰队至少在加勒比地区获得了短暂的数量优势，多少可以恣意航行了。进入五月，法国舰队在抵达位于弗朗索瓦角的基地前，进攻圣卢西亚，夺取多巴哥。与此同时，德·格拉斯致信西班牙驻哈瓦那殖民官员，征求其对法、西两国在1781年开展联合军事行动的意见。彭萨科拉大捷后，古巴殖民地的领导人出现变动，伯纳多·德·加维斯出任古巴都督，卡吉格执掌行政大权，而海军负责人则变成了何塞·索拉诺。加维斯因为清楚地知道在随后即将到来的飓风季节根本无法在加勒比地区开展任何海上军事活动，遂安排桑格罗尼斯前去与德·格拉斯会面。桑格罗尼斯则选择与比德·格拉斯稍早抵达，即将返回弗朗索瓦角的蒙黛所率舰队共同前往。

7月18日，登上“巴黎城号”的桑格罗尼斯与德·格拉斯讨论了即将开展的共同军事行动问题。德·格拉斯解释称，自己刚刚收到罗 258
尚博伯爵发来的急报，要求自己立即带领部队，以及尽可能多的舰船前往切萨皮克；他同时询问桑格罗尼斯，西班牙方面能否提供若干舰船，为弗朗索瓦角的商业活动提供保障。西班牙方面在可以预见的将来并不需要法国帮助开展军事活动，但桑格罗尼斯主要担心的却是为法、美联合军事行动提供舰船，毕竟西班牙迄今为止并未正式承认北美具有独立国家的属性。相反,他同意在德·格拉斯离开时,提供四艘西班牙战舰,以协防法国港口。桑格罗尼斯之所以能够作出上述承诺,主要原因还在于加维斯通过彭萨科拉大捷,已经牢牢控制住了墨西哥湾地区的主导权。德·格拉斯对这一“讲究”的承诺甚感欣慰,并在后续与西班牙方面达成的协议中,向桑格罗尼斯承诺,将在法国方面对康沃利斯将军用兵胜利完成后,于次年春天返回西印度,从而“将[英国人]从向风群岛驱逐出去,继而征服这一地区的财富及权力中心——牙买加”。桑格罗尼斯则同意释出由圣西门侯爵克劳德·昂利·德·鲁弗鲁瓦(Claude-Anne de Rouvroy, Marquis de Saint-Simon)率领,凡尔赛宫方面之前同意交由西班牙调用的一股法军——其中很多人刚刚参加了彭萨科拉之战。蒙黛率领的舰队虽然在彭萨科拉一役中损失不小,仍依然随同德·格拉斯一起行动。7 月 24 日,两人签署最终协议。四天后,“协和号”带着德·格拉斯对罗尚博伯爵的回复,驶向纽波特。

德·格拉斯开始准备舰队出航,但在此期间有两艘船舰遭遇火灾沉没。除了船舰减损之外,剩下的最大问题,得到了桑格罗尼斯的巧妙化解。罗尚博要求德·格拉斯随船携带 120 万里弗尔的钱币作为其所率领部队的军饷,但圣多曼格的财政负责人坚持表示,根本无力负担这一款项。甚至德·格拉斯承诺押上自己在岛上的种植园,事情依然未果。在时不我待的情况下,德·格拉斯开始接触桑格罗尼斯,希望从西班牙政府获得贷款。尽管这位来自马德里的特使无权批准直接向法国方面提供借款,但桑格罗尼斯还是想到了一个绝妙的解决办法。8 月 5 日,德·格拉斯率领的庞大舰队——包括 26 艘战列舰、4 艘护卫舰以及 15 艘商船,携 3300 名士兵从弗朗索瓦角启航。桑格罗尼斯乘坐快速护卫舰“白鹭号”(Aigrette)先于舰队抵达古巴以寻找资金。抵达哈瓦那 10 天后,他发现当地财政也缺乏硬通货。但他心知

肚明，自从西班牙参战以来，殖民地的头面人物们便被要求有所“表 259
示”。次日，在卡吉格的支持下，两名法国军官前去拜见哈瓦那的地主和商人，请求借款，这笔钱将由西班牙财政以2%的利息加以返还。只用了不到6个小时，他们便从28位金主那里募集了50万比索（其价值大致超出了之前要求的120万里弗尔）。次日，即8月17日，“白鹭号”携带重达6吨的银币与法国舰队主力汇合，并将这些硬通货分装到各艘船上以备不测。眼见桑格罗尼斯提供了足够的金钱以支付法国军费，同时承诺将提供4艘军舰在法军离开期间协防弗朗索瓦角——这一承诺也勉强履行——德·格拉斯的舰队顺着墨西哥湾的北向洋流，穿越分隔佛罗里达及巴哈马的航道，一路奔向切萨皮克。现在，最后一片拼图也终于到位了。

罗德尼于7月初听到了德·格拉斯从皇家堡出发的风声，并且怀疑其将驶往北美沿海，但无法确定目的地是切萨皮克湾、纽约，还是纽波特。遂派遣快速护卫舰“雨燕号”前往纽约，为当地的海军负责人提供预警。此时，罗德尼因为病重，显然无法继续海上漂泊，已决定返回英国，并将自己的指挥权交给胡德，但随后又命令胡德率领一艘由10艘战列舰及4艘其他小型战舰组成的分舰队，搜寻德·格拉斯的舰队，同时为纽约的英军舰队提供支援。但这次“雨燕号”再次未能及时传递至关重要的情报。8月15日，康涅狄格的私掠者将“雨燕号”拖拽至长岛附近的火岛（Fire Island），在后者把情报送交至格雷夫斯，使之及时认识到危险即将到来之前，将其付之一炬。与此同时，胡德和海军少将弗朗西斯·塞缪尔·德雷克（Francis Samuel Drake）于8月10日从安提瓜岛驶向纽约，直接越过了切萨皮克湾这个法国军队有可能登陆的关键点。8月28日抵达桑迪岬后，他将联合舰队的指挥权交给两人中更为资深的格雷夫斯。格雷夫斯和克林顿本来计划向纽波特发动进攻，但当他们从胡德处获知德·格拉斯舰队的消息——“雨燕号”本该在两周前送达的消息——便决定向南截击法国舰队。很快,格雷夫斯发现,一切为时已晚。

与此同时,德·格拉斯的舰队正缓慢靠近北美沿岸。到了1781
260 年,法军舰队中敷设铜底的战舰比例超过一半,其中就包括护航舰队中的“巴黎城号”及其他战舰,但共同航行状态下,他们只能按照舰队中未敷设铜底船舶的最慢航速前行。8月29日,舰队在切萨皮克外海抛锚,次日清晨,舰队通过亨利角,驶入切萨皮克湾,并在林恩黑文罗茨湾下锚。驻防切萨皮克的小规模英军舰队在康沃利斯的炮火掩护下逃亡纽约,而康沃利斯则因为早在一个月前便已抵达这里,所以并未放弃约克镇。此时,杜波泰尔也已携带华盛顿的相关指示抵达,并会同拉法耶特的副官吉迈特一起登上“巴黎城号”,与德·格拉斯及圣西门伯爵等人协商联合作战的问题。众人一致认定,立即发起进攻风险太大,均同意向华盛顿及罗尚博派遣信使,等待这两位领导人的最终决断。同时,德·格拉斯下令护卫舰将英国舰船全线封锁。而在詹姆斯敦,圣西门也开始组织手下部队登陆,并在拉法耶特的组织下,与后者及安东尼·韦恩的部队会合。此时,康沃利斯受困于格拉斯伯爵对海湾的封锁及按部就班的步步紧逼,无力阻止或者骚扰法军登陆。但这并未防止塔尔顿手下的某些士兵在撤退时将满腹怨气发泄到当地人身上。在德·格拉斯舰队中服役的十多位瑞典籍军官中的一员——卡尔·古斯塔夫·托恩奎斯特(Karl Gustaf Tornquist)——就曾亲眼目睹怀孕的妇女被杀死在床上的惨状,床帷上则歪歪扭扭地写道,“你不应该为叛贼孕育后代”。

9月1日,格雷夫斯与胡德率领19艘战列舰及8艘其他小型战舰驶离桑迪岬,不过,他们对法军舰队的具体位置,或对自己所面临的战局一无所知。当他们向南摸索过程中,因为没有接到任何有用情报,只好在特拉华湾外海锚泊。9月5日清晨,负责搜索的护卫舰“索尔贝号”（Solebay）发来信号，发现亨利角内有敌军舰船锚泊，但瞭望手无法确定敌舰数量与规模。与此同时，法国护卫舰“白鹭号”也发现了英国舰队，但起初瞭望手误认为这是每天都会碰到的巴勒斯从纽波特运送攻城设备的运输船。此时，大约 1900 名法国船员正忙着将圣西门的部队及装备运送上岸，因此，当信号显示来犯舰队属于英军后，德·格拉斯不得不迅速作出相当困难的决断，以准备迎战。因为没有时间收拢舰员，他的战舰只能在人员严重不足的情况下仓促应战。船上剩下的水手滑出缆绳，将其系在浮标之上，这是因为德·格拉斯下令战舰排成快速战列队形，也就是说，放弃通常情况下在舰队中所处位置，尽快集结成作战队列。留下 4 艘战舰继续封堵康沃利斯，德·格拉斯仅用不到半个小时便将自己的 24 艘战舰排成纵队战线。晌午刚过，法军舰队便通过亨利角，径直扑向由格雷夫斯及胡德率领的 19 艘英军战舰。德·格拉斯居中，蒙黛殿后。然而，位于队列前段的布干维尔进攻过猛，将其他法军战舰远远甩在后面，使得法军阵线开始出现较大脱节。 261

格雷夫斯与胡德的舰队虽然从数量上来看处于弱势，但每艘战舰都整编满员，在交战准备方面占据优势。占据了天时之利——处于顺风的位置——英军战舰一字排开，胡德担任前锋，格雷夫斯占据中军，德雷克担任后卫，英军舰队与法军舰队相向而行。下午两点，当英军舰队与法军舰队主力遥遥相望之际，格雷夫斯下令变阵，这就需要大量富有经验的水手迅速、精确地调整航向航速。借此，德雷克变成了英军舰队的前锋，并与法军舰队齐头并进，同时逐渐拉近彼此距离。有鉴于法国军舰普遍缺乏人手——“公民号”（Citoyen）上层甲板的所有火炮，均缺乏足够人手操作——德·格拉斯只能将自己的舰队机动限制在简单的改变航向上。这就导致两军的舰队开始以一个不大的夹角相向而行，彼此的前锋虽然已经进入火力覆盖范围，但中军及后卫却还处于射程之外。下午三点四十五分，格雷夫斯升起了列队前行的信号旗，这意味着英军舰队将继续与法军舰队保持平行,但同时拉近距离。

到此为止,双方舰队已经连续机动超过6个小时,仍未发一弹,现在天光将尽,离日落仅有数个小时。下午四点零三分,格雷夫斯决定直接交战,遂下令舰队向右急转弯,直接冲入敌阵。这种机动,被称为“截敌近战”。他下令升起了这一信号旗,但令后世非议乃至诟病不断的是,他同时继续高挂“列队前行”的信号旗。二者含义大相径庭,指示舰队朝向完全不同的航向。胡德认为,“列队前行”的号令应当优先
262 执行,遂并未杀向法军舰队组成的阵列。这就导致双方交战的局面颇为令人不解。德雷克所率前锋舰群与布干维尔的舰队激烈交火,双方均在战斗过程中受损严重。两支舰队的中军则间隔半英里左右的距离彼此远距离开火。而胡德则远隔四分之三英里的距离,与蒙黛率领的舰队接火。英法舰队边战边向西南方向移动,随着日落西山,炮火也开始变得稀疏起来。虽然各有损毁,但没有一方获得战术优势。

《1781年9月5日,弗吉尼亚角海战/切萨皮克海战》
V. 兹韦格(弗拉基米尔·兹韦金特佐夫)1969年绘制,布面油画

现在可以清楚地看到，加维斯在彭萨科拉取胜后，才可能让桑格罗尼斯承诺由西班牙军舰为法国航运保驾护航，从而使得德·格拉斯放心率领全部舰队北上，使其获得威吓英军舰队的数量优势。德·格拉斯甚至无需自己击败格雷夫斯，只需确保其远离切萨皮克即可。格雷夫斯则认为自己已经陷入最为被动的战局，没有任何理由继续勉强作战。接下来的4天，舰队继续向西南方向行驶。9月9日，德·格拉 263
斯接到消息，有人见到巴勒斯率领舰队接近亨利角。8月27日，巴勒斯率领8艘战列舰，护送运输枪炮给养的船队从纽波特启程，但一路采取迂回机动的方式，以期避免与格雷夫斯硬碰硬。德·格拉斯立即带领自己的舰队返回切萨皮克湾，并于9月12日安全抵达。格雷夫斯则派出了一艘护卫舰侦查切萨皮克的情况，并因此获知，现在总共有36艘战列舰挡住了切萨皮克湾的入口。次日，格雷夫斯和他手下的将领召开军事会议，经商讨后决定，考虑到“敌人占据有利位置、英军舰队最近的状况、秋分时节[飓风肆虐的高峰期]迫近，且无法为切萨皮克的康沃利斯提供任何有效援助”，最好应该返回纽约进行补给。9月20日，格雷夫斯返回纽约，并立即着手与克林顿商讨如何采取措施营救被重重包围的康沃利斯。但英军方面显然力不从心，为时已晚。切萨皮克湾内英法舰队的僵持，事后证明让法军获得了战略层面的优势局面，为法美联军仅用数周便彻底包围并消灭康沃利斯的部队创造了机会。

约克镇之围

9月5日，就在德·格拉斯的舰队准备从切萨皮克湾出击迎战格雷夫斯与胡德时，大约两百英里以北，罗尚博正率军奔向位于宾夕法尼亚的切斯特。他们和北美部队自从8月中旬离开威斯彻斯特郡后，便开始了强行军，兵分三路，横穿纽约及新泽西，杀往约克镇。普通人认为这简直就是同一支军队的看法情有可原，因为北美士兵跟法军一样，携带点六九口径的步枪，同时，尽管其在军容方面可能稍逊于法国士兵，但还是有很多人身着明显是法国制造，由博马舍或肖蒙运到北美的军服。某日，在法国军队横穿费城时，罗尚博率领随从，乘舟视察数年前由普莱西斯监造的比灵斯波特及默瑟堡。当一行人返回切斯
264 特附近的马库斯岬码头时，罗尚博的副官卢德维格·冯·克鲁森后来回忆称，“我们远远看到华盛顿将军站在岸边，正在愉快地向我们挥舞他的帽子和一块白手帕。将军告诉我们，德·格拉斯业已抵达切萨皮克湾”。在自己的部下面前，华盛顿显得颇为保守沉静，但是在他的法国战友面前，却较为随意，能够敞开心扉，表露情感。克鲁森接下来报告称，“罗尚博伯爵和华盛顿将军在岸边热烈拥抱”。当天上午，罗尚博及华盛顿接到快报，德·格拉斯率领舰队从海上封锁了康沃利斯，而随舰士兵登陆后，进一步强化了拉法耶特的兵力，使得英军无法从陆上突围。但信使也带来德·格拉斯的警告：他只能在此停留至 10 月 15 日，此后需要按照约定帮助西班牙进攻牙买加；因此，德·格拉斯要求，最好积极而高效地对其加以调用。

向南进军组织匆忙，不得不想办法平衡速度与安全之间的关系。为了让克林顿相信纽约才是进攻目标，从而让其不擅举妄动，木匠们开始在斯塔滕岛上建造渡船，从而让佯攻看起来更为逼真可信。石匠们在新泽西各地大兴土木，搭建面包烤炉，进一步为佯攻制造气氛。如面包屑般纷撒出去的假合同、假消息在商人、信使间扩散传播，就等着被英国间谍截获。法军真正主力部队的进军路线并未事先计划，和当年穿越康涅狄格时类似，工程技术人员及后勤军官在路易-亚历山大·贝尔蒂埃的率领下，提前一两天在前面开道，率领部队寻找宿营地，保证水源粮秣，极其精确地绘制颇为详尽的地形图。跟在康涅狄

格时类似，每个营地由不同的部队连续使用。北美部队虽然也在向前行进，但因为军饷迟迟不发，几乎酿成兵变。华盛顿安排罗伯特·莫里斯向罗尚博商借了其手中一半的银币，并直接发放给手下士兵，这些人也因此首次领受了军饷。

9 月 8 日，在马里兰的艾尔克河上游，一些法军及北美大陆军部队在维曼尼尔男爵和本杰明·林肯的指挥下，登上小船木筏，开始渡河，奔赴战场。大多数人是在巴尔的摩登岸，还有一些人则前往更靠南的安纳波利斯，德·格拉斯及巴勒斯早已在这里安排了更多的船只运送部队和火炮。运送补给品的牛车以及驮运物资的牲口源源不断地汇 265
聚至约克郡附近。华盛顿和罗尚博则率领参谋人员一马当先，率先抵达弗农山庄，俯瞰宽阔的波托马克河。这是独立战争打响六年来华盛顿首次返乡；事实上，德·格拉斯如铁桶般包围康沃利斯的喜讯，无疑让这位北美统帅能够忙里抽闲，乐得抽出几天时间照看下自己的产业，同时也展示给自己的法国战友。这很可能让罗尚博想起了自己位于法国中部卢瓦河畔的托雷拉·罗谢特庄园（Thoré-la-Rochette）。9 月 12 日，两人继续向南游历，期间想必罗尚博会操着进步不小的英文直接与华盛顿交流。14 日，两人抵达威廉斯堡，正是在这里，拉法耶特在施托伊本的辅佐下，将自己的部队和圣西门伯爵以及安东尼·韦恩麾下部队加以整编。得知总司令抵达的消息后，拉法耶特挣扎着离开病榻——他偶发高热——以“不易言传”的感情拥抱华盛顿。在这位法国战友面前，华盛顿再次褪下了其标志性的冷酷面纱。

康沃利斯则忙于强化约克镇的城防，和防守格洛斯特波因特的塔尔顿一样，加高城防，巩固胸墙，加深堑壕，增设拒马及多面堡。此时，他对包围自己的法美联军人数，以及德·格拉斯对其实施的海上封锁都还一无所知。同时，他满怀期待，认为直到 9 月初才弄清楚华盛顿及罗尚博真正目的地的克林顿能够践行承诺，在 10 月 5 日前派来援军。因此，康沃利斯并不希望冒着损兵折将的风险，离开自己苦心构筑的防御工事，主动进攻法美联军。与此同时，华盛顿深知留给自己合围的时间不多，遂请求与德·格拉斯会晤。9 月 17 日，德·格拉斯派遣刚刚从英方缴获的“夏洛特王后号”（Queen Charlotte）快速护卫舰——一起被俘获的，还包括康沃利斯的前任副司令弗朗西斯·罗顿——接应华盛顿一行人顺流而下，登上在林恩黑文罗茨湾锚泊的“巴黎城号”。其中包括华盛顿的副官亨利·诺克斯以及杜波泰尔，以及罗尚博和他的副官切斯特鲁克斯。至于拉法耶特，因为发烧依然卧病不起。一行人于午后抵达，华盛顿则登上“巴黎城号”的后甲板，德·格拉斯则“飞奔过来拥抱华盛顿，并按照法式礼节亲吻了华盛顿
266 的两颊”。华盛顿的冷漠态度第三次出现了融化的迹象。而他手下手足无措的参谋们，当看到身高六英尺四英寸，站起来比华盛顿还高两英寸的德·格拉斯，张开双臂拥抱华盛顿，同时喊着“我亲爱的将军乖乖”（mon petit général）时，也纷纷忍俊不禁。

会晤绝非泛泛介绍，可以说是相当专业，为即将打响的战斗预设了蓝图。华盛顿求证了若干问题，格拉斯一一作答。法国舰队能够驻留多久？本来德·格拉斯预计将于 10 月 15 日启程前往支援西班牙的作战行动，但现在，似乎可以认为他将停留至月底。德·格拉斯是否能够再从舰上抽调两千名法军士兵增援战斗？答案是肯定的，但只能用来作为最后的奇兵。法国方面能否提供火炮及弹药？火炮可以提供，弹药实在爱莫能助。若此役获胜，德·格拉斯是否还会派舰攻占查尔斯顿或威明顿。答案是否定的。法军无法做到这一点。会晤最终以友好的气氛宣告终结。与法方共进晚餐并参观军舰后，华盛顿和其随行人员在夕阳西下时离舰，法军鸣放十三响礼炮。一行人随即登上“夏洛特王后号”，不巧的是，因为逆风及无风的关系，该舰舰长让·奥杜本（Jean Audubon）中尉足足折腾了五天，才于 9 月 22 日将这些

人送至其实相距不远的联军营地。

结束会晤的华盛顿对德·格拉斯满怀敬意,赞誉后者"伟大睿智",而他本人也收获了对方给予的充分尊重。当情报显示,在海军上将罗伯特·迪格比(Robert Digby)率领的一支英军舰队正在纽约逗留时,出现了小小的恐慌情绪,尽管德·格拉斯曾有意北上迎敌,但这一想法后来在军事会议上遭到其他将领的反对。现在华盛顿深知,留给自己包围并活捉康沃利斯的时间已不足四十天。美法两军的后勤人员正在忙于为合围准备物资。法军后勤部长克劳德·布兰查德(Claude Blanchard)感恩戴德地从德·格拉斯处拿到了来自哈瓦那的五十万比索用作军饷开支及购买军需物资,但这批银币太过沉重,压塌了储藏室的地板,直接灌入了地下室。9 月 19 日,首批北美士兵赶到威廉斯堡,此前数日,由巴勒斯从纽波特运来的六百名法军士兵,在准将克劳德·加百列·乔希(Claude Gabriel de Choisy)的率领下抵达这里。此后五天,其他部队也纷至沓来。

9 月 28 日凌晨四点,联军开始准备对约克镇的总攻。部队全部离
开位于威廉斯堡的军营,沿着砂石路,向十二英里外的约克镇挺进。 267
酷暑难耐,甚至连将官们也纷纷下马步行。在约克镇映入眼帘之际,一列纵队分为三列,北美军队居右,而法军则位于中间及左侧。晚六点,约克镇被彻底包围。英军放弃了无险可守的外线防御工事,法军工兵则将这些占领的工事快速改造为进攻阵地。同时,德·格拉斯还调遣了八百名海军士兵给乔希指挥,后者将其补充至自己在格洛斯特波因特设置的指挥所。这里早已部署了乔治·威登(George Weedon)准将率领的一千一百人的弗吉尼亚民兵部队,后来又补充了洛赞公爵所部六百余人。法军用于围城的重炮,则留在了舰上,直到 10 月 3 日至 6 日,才等来运送重炮的马车及牛车。接着,火炮被从舰上拆下,装上炮车,拖曳至阵地并安放到位。10 月 9 日,一切战斗准备

均已就绪。

约克镇之战,堪称经典的欧式围城,无论法国还是英国,对此都不陌生。“七年战争”期间与之规模类似,发生于1762年岁末和谈开始之前的“卡塞尔之围”(Siege of Kassel)中,一万两千名黑森佣兵及英军组成的联军进攻城内的五千法军。但在约克镇,情况却恰好相反,康沃利斯手下的守城部队由七千名英军、黑森佣兵及保皇派武装人员组成,其中还包括塔尔顿手下驻防格洛斯特波因特的一千人的部队。而他们需要面对的,则是一万八千名法美联军。右翼大军是八千名大陆军及民兵,其中包括拉法耶特的轻步兵(由亚历山大·汉密尔顿及约翰·劳伦斯所率领的部队,以及黑泽恩率领的加拿大第二步兵团)、林肯及施托伊本所部,加上阿蒙德的部队和诺克斯的炮兵团。左翼及居中的法国部队,则主要由圣西门伯爵的部队组成,加上六个月之前刚刚参与过彭萨科拉之围的阿吉诺瓦步兵团及加迪奈依步兵团;罗尚博的副将维曼尼尔男爵安东尼指挥的圣通日团及苏瓦松奈伊团;安东尼弟弟维曼尼尔子爵查理·约瑟夫(Charles Joseph)率领的波旁奈依团及皇家双桥团,还有弗朗索瓦·马利·德阿布维尔(François Marie d’Aboville)中校率领的炮兵部队。部署在格洛斯特波因特的两千五百人中,威登率领的民兵居右,中军为洛赞公爵
268 的部队,德·格拉斯的海军则为左翼。而德·格拉斯麾下的其余两万九千名法国水手及海军士兵则搭乘战舰,在林恩黑文罗茨湾和切萨皮克湾锚泊。

约克镇之战,和大多数包围战类似,是一场攻守双方距离越来越近的火炮对决。作为进攻方的法美联军通过挖掘堑壕的方式,将重炮运至英军防线近前。尽管在兵员对比方面,康沃利斯以二比五落后,但在炮火方面英军占据优势地位。英军与联军方面的火炮对比为二百四十四门对一百五十五门。诺克斯手中掌握的火炮不足联军火炮

数量的一半，仅为六十门，其中很多还是博马舍于1777年运来的武器。能够摧毁坚固工事与城防设施的重型攻城炮，悉数配备给德阿布维尔调遣，其中既有瓦利埃设计的老式火炮，也有出自格里博瓦尔之手的新式野战炮。围城前一周，法美联军方面并无太多动静，因为两军将士在杜波泰尔的指挥下，开始挖掘第一排堑壕，距离约克镇防御工事六百码，长度达到了一千五百码，用作未来的炮兵阵地。康沃利斯持续炮击，以干扰对方的工事作业，阻止敌军火炮布置到位，但收效甚微。10月4日，洛赞率领的部队渡河，将塔尔顿所率英军从格洛斯特波因特附近的兵营吸引出来。洛赞直接杀向塔尔顿，就在二者马上相遇之际，后者的战马被其他法军骑手撂倒在地。落马后塔尔顿仓皇出逃，丢下的战马成为洛赞的战利品。直到包围结束，塔尔顿都未能雪耻。

10月9日，联军的重炮准备就绪。下午三点，左翼的法军炮火首先打响，紧接着，右翼的美军炮火于下午五点打响。康沃利斯被迫将此前联军挖掘工事时曾持续给予炮击的城外火炮撤回城内。联军的炮击彻夜不停，并一直持续到第二天。诺克斯及德阿布维尔都曾夸口称，自己手下经过严格训练的炮手，可以非常迅速地放置火药弹丸，并进行准确炮击，速度可以保持在每门火炮每小时九发的高水平。联军的一百五十五门火炮从黎明轰击至黄昏，平均每三秒钟，就有一发炮弹出膛。轰鸣声振聋发聩，几乎淹没了北美炮兵方面的口令“装弹”“上药”“发射”，以及法军炮兵的同样口令 *Chargez*！*Bourrez*！*Feu*！10日晚，法国炮兵开始瞄准停泊在约克河上的英军护卫舰“卡戎号” 269
(Charon)，将其和另外几艘英军船舰送入一片火海。据克鲁森后来回忆，“火力前所未见，覆盖整个夜空”。

对联军来说，很难有机会窥见炮击的效果，但康沃利斯方面火炮数量占据优势，依然哑火的事实，从侧面反映出联军方面炮火的精准与威力——遭到夜以继日连续炮击，周遭不断爆炸的英军，几乎毫无还手之力。被康沃利斯从城内放出的居民则报告了炮击造成的巨大破坏：我方炮击严重扰乱了敌人[英军]的军心士气，并极大打击了敌人的工事……康沃利斯甚至建造了一系列地穴[在悬崖的脚下]，开始了地下生活。遭受炮击的英军留下的日记也反映了类似的情况："密集的炮火，迫使我们放弃帐篷躲入堑壕……无论是在城内还是城外，都无任何藏身之处……很多战友被肆虐的炮火夺去了生命……市镇大半化为灰烬，两座炮台被彻底摧毁。"不过，单凭炮弹无法终结英国人：围城想要成功，联军必须迫近敌人的城防工事，让自己的步兵有机会发起最后的冲锋。10 月 11 日晚，华盛顿下令开掘第二道堑壕，这次的距离为四百码，但其右翼却受到两座英军多面工事的阻碍：分别是位于约克河的十号多面堡，及其后四分之一英里左右的九号多面堡。这些多面堡装备了高耸的木栅及尖锐的鹿砦，作为进攻路线的关键节点，如果任由其继续掌握在英军手里，势必导致联军的堑壕遭遇毫无遮蔽的炮火袭扰。华盛顿决定，将于 10 月 14 日夜间对这两座多面堡发动突袭。

拉法耶特所率部队直接进攻十号多面堡，而他则选用自己的副官吉迈特率军主攻。汉密尔顿则对此表示反对，提出自己是当天负责堑壕作业的军官，因此应当负责主攻。而这一决定也得到了华盛顿的批准。维曼尼尔男爵安东尼则领受了攻占九号多面堡的任务。因为对拉法耶特指挥的北美军队作战能力公然表示怀疑，他选择了皇家双桥团作为主力。晚八点，六门火炮同时发出轰鸣声，发出了进攻的信号。汉密尔顿率领四百精兵，将由七十名英军把守的十号多面堡团团围
270 住。他们没有坐等工兵破障开辟通路，而是选择冒着致命的炮火奋勇向前，选择白刃战，一举冲垮了守卫的英军。在炮火伴随下，仅仅用时六分钟，十号多面堡便落入美军手中。

《1781 年 9 月 28 日至 10 月 19 日,约克镇包围战》
奥古斯特·库德绘制,让－马蒂亚斯·方丹刻版

但在五百码之遥的九号多面堡,皇家双桥团却遭遇到了极为艰难的时刻。工兵虽然率先出动,切断了木栅及鹿砦,但在这宝贵的几分钟时间内,堡内一百二十名英国守军对被压制在下面的法军一次又一次开火。密集火力造成了法军的巨大伤亡,但法军依然继续强攻。随后发生的事情,双桥伯爵这样回忆:

> 我方的火力愈发密集,给敌人造成了巨大的伤害,他们只
> 能躲在堑壕掩体背后,挤成一团,而这也正是我方射击的目
> 标。就在我即将下令跃入敌方堡垒进行肉搏战的时候,胜利 271
> 那一刻终于到来。敌人放下了武器,由此,我方得以更加顺
> 遂、更加安全地冲入城堡。我随即高呼“国王万岁”(Vive le

> Roi)，状况尚可的掷弹兵和轻步兵乃至所有位于堑壕里的士兵纷纷响应，同时，敌军开始交出枪炮弹药。我从未见过如此美妙、如此威风的时刻。

就在皇家双桥团深陷铁丝网之下动弹不得之际，拉法耶特派人向维曼尼尔男爵送信，询问其是否需要"北美方面提供的援助"。但这位法国将军未置可否。但在拿下多面堡之后，维曼尼尔男爵则不吝溢美之词，在给罗尚博的报告中，对拉法耶特的"果敢睿智"大肆赞赏，同时承认北美步兵"和[法国]近卫步兵一样，十分适合完成困难任务"。

夺下九号及十号多面堡之后，第二道堑壕也顺利完成，约克镇的防守岌岌可危。康沃利斯从克林顿那里得不到任何援助。这位英国统帅根本无法对弗吉尼亚局势作出有效回应，唯一所做的，便是命令本尼迪克特·阿诺德发动佯攻，将后者的家乡——康涅狄格的新伦敦——付之一炬。罗伯特·迪格比翘首企盼的援兵，到头来仅仅是三艘战舰，这样一来，解救康沃利斯的舰队仅有二十五艘战列舰，不足以压制法军在海湾处集结的三十六艘战舰。等到格雷夫斯终于在 10 月 17 日做好准备启航时，一切为时已晚。同日，在三百英里以南，一位少年鼓手于上午十点登上约克镇附近的一处胸墙，擂响战鼓。从刚刚完成的第二道堑壕内射出的猛烈炮火，将战鼓声完全淹没，接下来，不出所料，一位英国军官挥舞起白手帕。康沃利斯投降了。

次日，约翰·劳伦斯及诺艾利斯开始与英方商谈投降条件，谈判一直持续到深夜。10 月 19 日，华盛顿、罗尚博以及德·格拉斯的代理人巴勒斯在投降书的正式文本上签字，德·格拉斯则留在"巴黎城号"，静候格雷夫斯舰队的到来。康沃利斯于同日晚些时候在投降书
272 上签字。下午两点，英军撤出约克镇。在其左侧，是排成纵队的法军，而北美军队则排在右侧。罗尚博的副官、工兵军官马蒂厄·杜马斯奉

命引导康沃利斯到场投降,但现身的却是英军副司令查尔斯·奥哈拉(Charles O'Hara)准将,作为托病不出的康沃利斯的代表。当奥哈拉抵达司令部后,便径直左转走向罗尚博。对北美方面来说,此举不算错误,更谈不上冒犯:英国人单纯地将约克镇一战视为法国人取得的军事胜利,这一点,可以通过法军在此役中阵亡者人数两倍于北美士兵而窥见一斑。尽管胜利肯定也像属于北美那样属于法国,但这位法国将军显然充分认识到这一时刻应该属于谁。罗尚博一言未发,用手指向过道那端的华盛顿,而后者也选择由副手本杰明·林肯代表受降。英军接下来走向一片开阔地,放下武器和旗帜,之后退回城内。类似的场景,此后又在格洛斯特波因特再次上演。仪式结束,受降完毕。

仪式结束后数个小时,华盛顿签署了一份刻意轻描淡写的信函:"本人荣幸地通知大陆会议,对英国军队的大量消耗,业已完成。"这番话体现了华盛顿本能的谨慎——不是击败,而是"消耗",未来还有更多恶战——然而这样的观点显然未能在伦敦得到太多回响。当约克镇英军投降的消息于11月25日传到伦敦,首相诺斯的反应是,"如鲠在喉、痛彻肺腑。哦,上帝,一切都结束了!"诺斯的慨叹只是部分正确而已,虽然英美之间再无大战,但法国和西班牙却将在新的一年与英国继续战斗。

第八章　和平之路

273 非常罕见，来自北美的消息在抵达伦敦之前，率先被送至巴黎。1781 年 11 月 19 日，经历迅疾的跨洋航行后，洛赞公爵抵达凡尔赛宫，随身携带了一封来自罗尚博的密函，详尽描述了一个月前法美联军在约克镇所取得的大捷。洛赞首先拜访莫尔帕，这位当时在病榻上行将就木的老者虽然已难得清醒，但坚持以“至为感人”的方式接待了洛赞，并接收了其所传递的消息。法国国王与王后闻听此讯“欣喜若狂”。韦尔热纳派人将消息通报给本杰明·富兰克林，这位信使午夜时分抵达帕西村。富兰克林则基于“无限的热忱”，花了一整个晚上，用英国发明家詹姆斯·瓦特(James Watt)刚刚申请了专利的新型印刷机，将韦尔热纳的消息大量复制，从而让“在约克镇取得重大胜利”的消息散布至巴黎的各个角落。有些人前来帕西村向富兰克林道贺，其余友人则在这一消息得到确证前，并未轻举妄动。

罗尚博之前派出了两艘敷设铜底的护卫舰，以备万一。搭载双桥伯爵的第二艘护卫舰，因为驶离切萨皮克湾的格雷夫斯舰队的阻挠，耽搁了数日——后者从英国逃兵那里听到了康沃利斯失败的消息，同时目睹了在切萨皮克湾集结的法国舰队实力后，决定撤离。双桥伯爵乘坐的护卫舰航速颇快，赶在莫尔帕逝世后数日，诺斯收到消息数个小时前，给凡尔赛带来了最新消息。

从战场上归来的法国军官，同样带来了约克镇的消息。因为感觉
274 暂时无仗可打，包括拉法耶特、杜波泰尔在内的诸多法国军官均告假

回国,并获得批准。特别是拉法耶特,还肩负着为1782年的作战请求更多军饷、船舰和部队的任务。10月底离开各自所在部队后,这些人齐聚波士顿,登上令人放心的护卫舰“同盟号”,此时,这艘战舰的舰长已经变成了约翰·巴利(John Barry)。这趟启程于圣诞节当天的快速航行,途经洛里昂,最终于1782年1月抵达凡尔赛。公开场合,拉法耶特被打造为一位英雄,接受包括国王在内听众的聆听;在剧院,观众为他起立欢呼;甚至为了庆祝“他这场”在约克镇的胜利,以及皇太子路易·约瑟夫(Louis Joseph)的诞生,官方专门举办了烟火典礼。但在私底下,韦尔热讷对于美国作为一个独立国家的生命力极不放心,日益担忧其对法国的依赖性过强。他曾告诉拉法耶特,“本人对你刚刚离开的那个国家,并不十分感冒。我认为其缺乏活力,且要求非常多”。但富兰克林向拉法耶特提出,按照前一年约翰·劳伦斯接受的600万里弗尔标准,再度全额申请600万里弗尔借款时,显然没有疏解韦尔热讷的上述担心。他依然批准了美方的要求,同时承诺为罗尚博的军队补充更多兵员,不过,法国的战争潜力,正在加速耗尽。

到1781年,北美战线的耗费,在消耗法国财政的全球战争中所占比重已变得很小。说到底,约克镇之战,仅仅是法国方面开展的一系列战役之一。在获悉取胜之后不久,韦尔热讷便告知拉法耶特,和平尚未尽在掌握。“从英国的习性来看,他们不会轻言放弃。”此言非虚,英国依然在加勒比、亚洲及欧洲等地跟法国和西班牙作战。大多数战斗都发生在海上,或者涉及两栖作战。经历了“切萨皮克湾之战”后,英国海军绝非风光不再,而是在不计代价地扩军备战。英国在造船方面火力全开,仅在1781年便建造了28艘战舰,并计划在1782年继续建造28艘。服役中的舰船也得到了妥善保养。法国与西班牙对英作战前景渺茫,凡尔赛宫在多大程度上能够继续保障北美经济免于陷入困境,也变得不确定起来。

加勒比地区作战行动进入尾声

华盛顿与德·格拉斯9月在“巴黎城号”会晤之际，这位法军领导
275 人曾告知前者，自己奉命帮助西班牙在加勒比地区开展军事活动，因此必须要在1781年10月底之前启程。随着法军拔锚远征的日期迫近，华盛顿请求德·格拉斯在时间允许的情况下，帮忙讨伐威明顿或查尔斯顿。但因为华盛顿未能按照计划组织好部队及后勤补给，美法双方遂达成协议，改在来年夏天再次开展上述作战计划。11月4日，德·格拉斯麾下军容壮盛的庞大舰队从切萨皮克湾整装出发，返回马提尼克基地——事实证明，这也是最后一次。一周后，胡德率领17艘战列舰以及其他3艘较小的战舰，从纽约启程，期望在12月前赶到巴巴多斯，以此平衡加勒比地区各国的海军实力。格雷夫斯也从纽约启程，前往英国在加勒比地区最重要的殖民地牙买加，加入彼得·派克麾下。英国方面早已预见到，法西两国舰队将在来年春天对这里动手。

11月25日，德·格拉斯抵达皇家堡，发现当地总督布耶侯爵弗朗索瓦·克劳德并不在任上。几天后，他才了解到，布耶侯爵刚刚从英国手中夺回了前荷兰殖民地圣尤斯特歇斯以及荷属圭亚那，此时相去罗德尼返英治病不过数月。而这也被视为“约克镇之战”后西印度群岛地区爆发的一系列冲突中打响的第一枪。此前，德·格拉斯便与桑格罗尼斯达成合意，计划1782年3月与西班牙组成联合舰队。以弗朗索瓦角为基地，他们将对“头奖”——牙买加——发动疯狂进攻。这一作战计划的始作俑者是德斯坦。作为负责亚洲及美洲地区的海军中将，他自然承担起制定加勒比地区海军战略的重任。这份计划先后获得凡尔赛宫及马德里方面的批准。这样一来，格拉斯伯爵在等待法国

方面补充物资运抵期间,只有少量时间供其休整,并对一些“小目标”下手。12 月,因为天气恶劣,他对巴巴多斯用兵的计划半途而废。1782 年 1 月,德·格拉斯又将目光锁定在圣基茨岛(又称圣克里斯托弗岛)及内维斯岛这两处与圣尤斯特歇斯相去不远的小岛。德·格拉斯运送布耶侯爵手下士兵登陆,包围了盘踞在硫磺山上的英军据点。闻听敌军来犯的消息后,胡德立即整军,希望能够趁着德·格拉斯舰队依然在港内锚泊之际,发动奇袭,一战而胜。德·格拉斯果断斩断锚链,从而为迎战创造条件,但蒙黛所率领的舰队未能及时看到交战的信号,没有对胡德率领的英军战列舰发动进攻。后者得此良机,将本方舰队在德·格拉斯刚刚离开的位置下锚驻泊。这样一来,法国军 276
舰进退不得,既无法消灭亦无法赶走英军舰队。但胡德取得的这种战术胜利,未能波及陆上作战。而他派出的登陆部队也无法撼动法国包围部队。历经一个月的围城后,硫磺山上的英国守军最终投降。2 月中旬,胡德舰队撤退,圣基茨岛及内维斯岛落入法军之手。几天后,巴勒斯又攻下了附近的蒙塞拉特岛。随后,他便与蒙黛一道,搭乘“协和号”护卫舰返回法国。

到了 1782 年 2 月,依然掌握在英国手中的加勒比群岛,只剩下了圣卢西亚、巴巴多斯、安提瓜及牙买加。德·格拉斯本来认为剩余的英国殖民地势必沦陷,但当他苦苦企盼的法国本土增援物资抵达时,这种确信却出现了动摇,毕竟实际运抵的物资和预期相比差别过大。12 月 10 日,增援舰队司令沃德勒伊侯爵路易·菲利普·里加德(Louis Philippe de Rigaud, Marquis de Vaudreuil)率领五艘战列舰及上百艘商船,搭载数千名法军士兵,在基申的伴随下出港。在乌埃桑岛附近海域静候这支法军舰队的,是英国海军战略家、堪称天才的理查德·肯彭费尔特,而其旗舰正是英国巨舰“胜利号”。基申错误地将护航战舰置于整支舰队的下风处,因此,当出港两天后,遭遇肯彭费尔特的突然袭击时,基申无法顶风迎战。大批侥幸逃脱的法军舰船被打散,后来又因遭遇风暴而沉没。最终,沃德勒伊所率舰队中,仅有两艘战列舰,以及二十余艘商船安全抵达马提尼克。一个月后,另外一拨护航舰队抵达,才又增加了三艘战列舰,以及法军亟需的枪炮弹药。与此同时,因病被迫离开加勒比的罗德尼现已康复,并被拔擢为海军中将,于 1 月率领十七艘战列舰离开朴茨茅斯,并在 2 月底接替了胡德的司令位置。

看起来,加勒比地区的军力对比,更加有利于英国方面。三十六艘英国战列舰,对战法国的三十三艘战列舰。但这一对比并未将何塞·索拉诺率领的十一艘战列舰统计在内。进入 1782 年,历经多年试错磨合后,法国及西班牙海军开始具备为一支统一的波旁舰队开展行动的作战能力。"七年战争"结束后不久,杰罗尼莫·格里马尔迪设想的"法国及西班牙战舰作为统一舰队开展行动"的计划,最终开花结
277 果。拜格里马尔迪提出的标准化所赐,法西两国战舰得以日常性使用彼此位于欧洲乃至加勒比地区的港口,并利用彼此的船坞进行修整。之前对英作战时遭遇的信号及战术问题,现在大多得到解决。如 1780 年捕获英国护航舰队,以及第二年彭萨科拉大捷所展现的那样,两国战舰现在已经能够十分顺畅地配合行动,两国的舰长可以十分自然地接受对方舰队发出的指令。德·格拉斯资历最深,因此跃跃欲试,准备担任波旁舰队的负责人。若计划落实,可以从数量上压倒罗德尼,进而攻占牙买加。但要实现这一目标,他必须能够如期抵达弗朗索瓦角,与何塞·索拉诺汇合。

4 月 8 日,破晓时分,德·格拉斯率舰从马提尼克启航,赶赴弗朗索瓦角。一百五十余艘商船,以及船上搭载的三千名法军士兵,悉数由其舰队护航,其中,布干维尔担任前锋,德·格拉斯居中,沃德勒伊殿后。而在弗朗索瓦角[西班牙称之为瓜里科州(Guárico)],桑格罗

尼斯、伯纳多·德·加维斯、索拉诺率领西班牙舰队,以及准备开赴牙买加登陆作战的九千名士兵,正静候法国舰队的到来。早就料到德·格拉斯伯爵行动意图的罗德尼,则在靠近马提尼克的圣卢西亚锚泊。他派出的一连串侦查护卫舰见证了法国舰队的行动,仅耗费数小时,便采用接力的方式,将此情报反馈回来。正午刚过,罗德尼倾巢而出,入夜时分,两军舰队正式相遇。后续的整整两天,两军舰队不停机动,在位于多米尼克和瓜德鲁普之间的桑特海峡内寻找有利位置。4 月 12 日清晨,德·格拉斯在试图向北机动时,遭遇不利的逆风,只能掉头折返,扑向罗德尼的舰队。就在两支舰队相向而行,互射舷炮之际,突然刮起的阵风导致德·格拉斯的舰队中部航速骤减,队形散乱,舰与舰之间出现脱节。在他所搭乘的旗舰船长提醒下,罗德尼下令旗舰“可畏号”(Formidable)向右舷急转弯,插入法军战线的空当,随后五艘英军战舰纷纷跟进。而在其后侧,胡德率领的舰队依同样策略行动。通过切断法军战线,罗德尼和胡德迟滞了法国舰队的进攻势头,同时让本方战舰上的重炮开火,将炮弹倾泻到法国军舰防守相对薄弱的舰首及舰尾,自身却可以保持受损较轻。局面很快变成一场混战,最终,罗德尼与胡德捕获了七艘法国战舰,其中就包括德·格拉斯搭乘的
“巴黎城号”。在这种情况下,较之布干维尔更为资深的沃德勒伊接管 278
指挥权,将剩余舰队带至弗朗索瓦角。德·格拉斯作为战俘被押至伦敦,而他则对自己的下属多有不满,对多艘法国军舰并未敷设铜质底壳大放厥词。“桑特海战”很快便成为最受关注的海战案例,特别是斩断战列舰的一字长蛇阵,从中分隔围歼的创新战法,给后来的很多海军指挥官以巨大启发——尤为值得一提的,便是在 1805 年爆发的“特拉法加海战”中的英军司令霍雷肖·尼尔森。

战后八天左右,沃德勒伊率领的舰队狼狈不堪地驶入弗朗索瓦角。这些战舰遍体鳞伤,风帆也破烂不堪。桑格罗尼斯记录道,“这些

法国军舰的桅杆、索具均受损严重，最惨的一条船上死伤者多达127人”。法国军官和船员的士气也被英军的炮火摧残得几近“绝望”。4月26日，桑格罗尼斯、伯纳多·德·加维斯、索拉诺以及沃德勒伊举行了一次军事会议。尽管法国舰队遭遇重创，但桑格罗尼斯及加维斯起初依然认为，经过修理整顿，本方可以继续开展攻占牙买加的作战计划。毕竟西佛罗里达已经落入西班牙之手，英属东佛罗里达也丝毫不足为惧。同时，在洪都拉斯，马蒂斯·德·加维斯刚刚上山下海，扫荡了盘踞在卡利比及罗阿坦岛(Roatán)等地的英军主力。

然而，不容忽视的是法国舰队受损严重的惨状，特别是相较于罗德尼麾下英国舰队的状态。最终，军事会议得出结论，考虑到英国方面具备压倒性的海上优势，在法西两国王室研究出新战略之前，无法继续进攻牙买加，但将继续严格监视英国方面在此地区的一举一动。同时，桑格罗尼斯将赶赴凡尔赛宫，商讨全新的作战计划，而索拉诺则将返回哈瓦那，法军主力之一部将护送两支主要的食糖运输船队返回欧洲。沃德勒伊继续留在弗朗索瓦角休整，并为再次返回北美做准备。对军事会议成员来说，显而易见，至少就1782年来说，已经没有机会再对英国位于西印度群岛的属地发动大规模进攻作战了。

就在各方于弗朗索瓦角召开军事会议的同一天，一支由西班牙及北美海军混编组成的联合舰队，离开哈瓦那，驶向巴哈马。还在1月份的时候，索拉诺及加维斯开始准备进攻牙买加，卡吉格也在计划向英国位于新普罗旺斯岛上的英属巴哈马首府拿骚发动进攻。他手上
279 具备足够的兵员以及运输能力，但索拉诺却无法拨出任何船舶为其提供护航。就在此时，一位名叫亚历山大·吉伦(Alexander Gillon)的北美商人兼海军军官，恰好乘坐南卡罗来纳的一艘主力战舰抵达哈瓦那。这艘战舰原名为“印度人号”(Indien)，系应北美派驻法国特使迪恩、富兰克林及李的要求，通过法国政府向鲁道夫－费迪南·格兰德

借款支付，1778 年于阿姆斯特丹建造完工。因为北美方面无力继续负担建造费用，该舰后来被一位法国贵族控制，并于 1780 年被租借给当时正在欧洲为本州寻求军费借款及战舰，同时担任南卡罗来纳海军司令的吉伦。双方一拍即合，用该舰使用权交换特定份额的战利品，随后，该舰被命名为“南卡罗来纳号”。但当吉伦试图将该舰驶回南卡罗来纳时，发现查尔斯顿港已插上了英国国旗，只好掉头前往哈瓦那寻求补给。

卡吉格立即看出“南卡罗来纳号”可以为其对拿骚的远征提供亟需的护航，而吉伦则渴望借此获得报酬及战利品。这位西班牙官员的上述计划，得到了加维斯及桑格罗尼斯的认同。两人随即赶赴弗朗索瓦角。卡吉格和吉伦在随后数周将两千四百名士兵装载上四十艘西班牙运输舰，同时将吉伦在哈瓦那招募的若干北美商船武装起来，用作为旗舰开道的侦察船。4 月 22 日，船队正式离港。卡吉格因此错过了加维斯马上放弃远征的命令，后者在获悉“桑特海战”失利的消息后立即下达了上述命令，而此举也为后来这两位西班牙高官的失和埋下了伏笔。

航程历时不过两周。在此期间，卡吉格的副官弗朗西斯科·米兰达担任翻译，同时还负责协调卡吉格与吉伦的关系，二者时常因为战利品及英国战俘的地位问题争论不休。5 月 5 日，冲突达到顶点。当时，舰队已经抵达拿骚港外，但米兰达不得不花费一整天时间才最终说服双方联合御敌。5 月 6 日，米兰达上岸向当地的英国总督约翰·麦克斯维尔（John Maxwell）送交敦促其投降的文书。自从 1776 年遭受大陆军海军炮火袭击之后，当地居民一直人心惶惶，甚至连麦克斯维尔本人也认为面对优势强敌，反抗徒劳无益。卡吉格开出的投降条件可谓优厚——不会劫掠私财，只需交出武器及公共财物即可——因此，兵不血刃，弹不上膛，投降协议便已达成。 280

数天后，西班牙及北美军舰便驶离拿骚，只留下了少数人把守，用一杆西班牙国旗替代了此前的米字旗。因为毫无战利品可言，北美与西班牙双方负责人关系彻底崩盘，吉伦两手空空驶向北方，而卡吉格则在没有军舰护航的情况下，满载英军俘虏向南航行。攻占巴哈马，事后证明，从整个战争发展的过程来看，仅仅是暂时的，但这是在费城及马德里的领导人毫不知情，也未采取任何奖惩措施的情况下，北美方面及西班牙方面发动的最大一场联合军事行动。而这也是在战争结束前，西印度群岛发生的最后一场重大的海上军事行动。

亚洲地区作战行动渐趋尾声

西印度和东印度，分别指代地球上截然相反的两块陆地。之所以出现如此具有混淆性的名称界定，起因可以追溯至很多年前哥伦布远航加勒比(1492 年)以及达·伽马探索亚洲的冒险(1497 年)。两位探险家及其后来者一度认为自己所到达的是同一片陆地，只是航向不同罢了。直到 1522 年麦哲伦首次环球航行后，绘制地图的制图员才逐渐认识到二者大相径庭，分属不同地区，遂赋予其不同的称呼。西印度及加勒比(二者涵盖的区域大致重叠)距离更近，因此也更容易开展贸易活动，组建军事网络；对很多欧洲国家而言，这里也变成了重要的经济及战略据点，其中自然包括法国及英国——二者之所以连年交战，目的是为了争夺这一地区殖民地及贸易活动的主导权。相较于此，二者针对东印度的野心就显得颇为不同。特别值得一提的是，“七年战争”之后，根据《1763 年巴黎和约》，此前法国位于印度的大片殖民地，被削减到仅仅五个贸易据点或集散地，其中最大的莫过于本地治理。就在法属东印度公司(Compagnie des Indes)的垄断贸易权终结后不久，英国便组建了自己的东印度公司(East India Company, EIC)，

并将孟加拉湾沿岸大片土地以及孟买港悉数划入进来——孟买位于 281
南亚次大陆西部沿海。东印度公司则依赖雇佣军控制这片属地，其中就包括黑森佣兵，以及一支被称为“孟买海军”，经常与英国皇家海军共享后勤补给和维修设施的海上力量。

法国在东印度地区奉行的政策，是其欧洲战略目标的延伸，因此在很大程度上折射出法国在北美及西印度的政策：缩小英国在上述地区的影响力，从而遏制其在欧洲的主导权，借此促使法国重新回到欧洲中心这一正确地位。达成上述目的的手段，大致类似于法国宁愿支持新生的美利坚合众国，也不愿意与英国硬碰硬。在印度，法国的目标也是恢复被英国剥夺权力的邦主或苏丹的权力，联合他们共同抗英，同时削弱偏向英国的地方统治者权力。这一点，充分体现于法国国王对 1776 年开始就任本地治理总督的纪尧姆·雷纳德·贝勒孔布(Guillaume Léonard de Belle-combe)的指示：“我国在印度政治活动的主要目标，就在于团结各地方领主为我所用，同时弱化拥抱英国利益的敌对分子的势力。”凡尔赛宫方面希望，如其对美国希望的那样，被法国所支持的印度各邦最终将英国及东印度公司赶出其领地。

贝勒孔布选择与反抗英国统治最坚决的迈索尔王国苏丹海德尔·阿里(Hyder Ali)结成联盟。后者早在 1768 年便与东印度公司进行过战争，即所谓的“第一次盎格鲁-迈索尔战争”，最终双方勉强战成平手。1778 年 7 月，法国向英国宣战的消息传到东印度公司位于加尔各答的总部，这要比消息传到法国军队早了不少，导致这一现象的原因在于英国最近刚与埃及统治者达成一项协议，后者同意英国利用尼罗河与红海作为派船抵达非洲各地的更便捷的通道。多少有些出其不意，英国对法国所有的贸易据点发动闪电突袭。贝勒孔布手下只有不到一千五百名法军及印度部族部队，用来抵挡东印度公司的两千佣兵，即便阿里已派出自己的部队帮助这些贸易据点防御英军，仍然

282 很快便被击败。1778 年 10 月,英军围困本地治理七周后,法军投降。1779 年 3 月,马埃陷落,此后贝勒孔布及其手下被递解回法国。现在,印度已经变成遥远的北美独立战争战场的延伸,而海德尔·阿里则成为一名战友。在印度全境再无法军存在的情况下,海德尔·阿里能够指望的最近支援,是散落在印度洋,相距几乎三千英里之遥的两处法国贸易据点,即被称为法兰西岛的留尼汪以及毛里求斯。

法国海军虽然对上述局面有所认识,但因为德斯坦的远征,以及计划对英国本土发动进攻而力量单薄,因此只能派遣两支小型舰队前往增援,分别于 1779 年由托马斯·德奥维斯(Thomas d'Orves)准将及 1780 年由雷内·约瑟夫·布维(René Joseph Bouvet)上尉率领。布维船上搭载了最近刚被提升为海军中尉的邦沃勒尔,他曾于 1775 年在费城担任过韦尔热讷的间谍,之后便离开北美,梦想能够为法国对英作战。分舰队抵达时,海德尔·阿里已经拉起了八千人的队伍,公开反对英国。法属领地的总督,一边与苏丹协商缔结同盟条约的事宜,一边命令德奥维斯通过展示海军实力,对苏丹的军队提供帮助。1781 年 2 月,德奥维斯抵达印度沿海,海德尔·阿里则请求其封锁古达罗尔的港口,切断英军的补给线。德奥维斯因为缺乏补给,且兵力不足,仅仅待了三周便放弃封锁沿海,返回了法兰西岛。这导致海德尔·阿里随即输掉了努瓦港之战,这场失利也让阿里对自己之前指望的法国盟友彻底丧失了信心。

当皮埃尔·安德尔·叙弗朗于 1782 年 2 月率军出现在印度沿海时,海德尔·阿里对法国人的不信任彻底烟消云散。叙弗朗于 1781 年 3 月与德·格拉斯一道从布雷斯特启航,而这正是新晋海军大臣卡斯特里的主意。和前任沙丁不同,卡斯特里认为东印度战线具有比西印度战线"更为重要的本质意义"。之所以如此,部分原因在于他之前曾担任法属东印度公司董事会成员。仪表堂堂、好斗成性、战术精湛的叙弗朗,正是卡斯特里选择领军远征的理想人选。在抵达印度之前,这位被英国人称为“撒旦上将”的危险人物便已展现出自己的坚强决心及高超的作战技巧。驶离布雷斯特一个月后,他在佛得角的普拉亚港遭遇到了一支英国舰队。和叙弗朗一样,这支英军舰队也是准备 283
在驶向印度前,于开普敦的荷兰殖民地停留休整。自从第四次英荷战争打响以来,英国舰队一直觊觎该殖民地,而法国舰队则试图保护荷兰这一事实上的抗英盟友的利益。叙弗朗对锚泊在普拉亚港的英国舰队发动奇袭,随后马上撤出,数周后又在开普敦对这支舰队予以痛击。之后,他成功地为荷兰盟友提供援助,让其抵御住了英国的进一步攻击。接下来,他于10月安全抵达法兰西岛。

舰队合并一处后,德奥维斯和叙弗朗于1782年2月抵达本地治理附近的印度沿岸。但因为德奥维斯在海上暴毙,叙弗朗此时指挥着十艘战列舰,以及若干运输舰。他开始在英国位于马德拉斯的基地进行战备。英国海军少将爱德华·休斯(Edward Hughes)早已率领八艘英国军舰守卫在那里。而叙弗朗,如其往常那样,选择采取攻势。这场被称为“撒德拉斯海战”的战斗,跟后来十六个月叙弗朗与休斯之间进行的五场海战那样,均未产生战术层面的决定意义。叙弗朗对休斯的舰队造成了重创,更为重要的是,叙弗朗得以将部队送上努瓦港,以支持海德尔·阿里的作战行动,双方合作攻占了古达罗尔。因为叙弗朗的及时出手相助,海德尔·阿里对法国业已丧失殆尽的信心得到修复,他还与前者会晤,共同商讨下一步的作战计划。叙弗朗让自己的盟友了解到,更多的法军增援部队正在路上,而他将再次与休斯寻机开战。虽然并未将休斯赶出之前由荷兰控制的纳加帕蒂南港,但进入9月,叙弗朗攻占了几个月前被休斯从荷属东印度公司手中夺取的锡兰,并将这里作为补给基地。

直到1783年3月,早前承诺增援的法军才在夏尔·约瑟夫·帕蒂舍·布希(Charles Joseph Patissier de Bussy)准将的率领下抵达印度,并与蒂普苏丹(Tipu Sultan)领导的印度部队会合——几个月前,海德尔·阿里去世,蒂普苏丹即位。这个时候,交战各方尚不知道英法双方此时正在凡尔赛宫商量媾和,并且已经在草案上签字。英法双方爆发的最后一次主要冲突,是1783年6月的“古达罗尔之围”——此战中,东印度公司的雇佣军包围了法国及印度土兵的兵营——以及与之
284 同时打响的“古达罗尔海战”。这也是叙弗朗和休斯的最后一次对决,结果依然没有哪一方取得决定性胜利。当英国皇家海军护卫舰“美狄亚号”(Medea)于6月末送来英法双方初步达成和平协议的消息后,围城行动结束。英法两军进入休战状态的原因,也可以部分归于“第二次盎格鲁-迈索尔战争”因为蒂普苏丹与东印度公司媾和而宣告终结的事实。至此,英国势力依然未被逐出南亚次大陆。法国支持迈索尔的事实不足以改变南亚次大陆上的力量格局,这里的政治环境显著不同于北美,也就是说,这里绝对不会发生类似于“约克镇之围”那样的决定性逆转。这也是为什么即将赶赴临近的马拉塔帝国担任特使的弗朗索瓦·伊曼纽尔·德·蒙蒂尼(François Emmanuel de Montigny)不无悔恨地向布希准将承认,“我们有理由认为,像北美那样计划完美的革命,将永远不会在这里发生”。

战争临近尾声之际,双方损兵折将的主要原因,与其说是战伤,不如说是疾病。1783年4月的古达罗尔,在位于曼甲库帕姆(Manjakuppam)的法国陆军医院,死难者中有一位名叫朱利安-亚历山大·阿卡迪·邦沃勒尔-卢瓦约特的中尉,他因罹患当时肆虐的“瘟疫”而不幸病逝,享年三十四岁。八年前,是他在那间昏暗的“木匠厅”与北美方面代表的会面,促使法国提供帮助,支持一个主张独立的共和国,从而将一场规模不大的内战,演变为让十余个国家卷入其中,范围涉及全球的浩大战争。

欧洲地区作战行动渐趋尾声

在参与北美独立战争的六个主权国家中，有四个——法国、西班牙、英国及荷兰——来自欧洲，而在“约克镇之战”前后，整场战事中最为激烈的战斗，同样爆发于欧洲海域。叶卡捷琳娜二世于1780年成立的“武装中立同盟”，以及使用武装军舰保护中立国家航行权的承诺，未能阻止英国于1780年12月向荷兰主动宣战，即便后者于1781年2月加入该同盟，其他成员也没有选择出手相救。英国方面以迅雷之势清除如芒刺在背的荷兰威胁，发动闪击战夺取圣尤斯特歇斯，同时封锁荷兰沿海，禁止其进入北海及英吉利海峡。少数试图突破英国 285
封锁的荷兰舰船悉数遭英方拿捕，并转入英军服役——其中就包括1781年1月，装备了五十门舰炮的荷兰军舰“鹿特丹号”(Rotterdam)被英国皇家海军“华威号”(Warwick)捕获的事件。

1781年7月，已升任海军中将的海德·帕克率领护航舰队从波罗的海返航之际，收到密报，据信荷兰人将在泰瑟尔岛有大动作。七个月的封锁，严重挫伤了荷兰经济，他们如困兽犹斗，唯有放手一搏。荷兰海军少将约翰·邹特曼(Johan Zoutman)率领十六艘战舰以及七十艘商船前出北海，并于8月5日航行至道格滩时，被海德·帕克率领的七艘战列舰拦个正着。两军一直隐忍不发，直到接近至两百码距离时才开火。这就使得彼此的侧翼暴露在对方的近距离射程内。经过三个小时的持续炮战，双方均受损严重。收兵时，两军伤亡均过五百。大航海时代的炮战，虽然往往因为吃水线以上舰体遭受炮击而丧失航行能力，但很少会因此彻底沉没。而“道格滩海战”因为异常激烈，直到第二天才发现，荷兰战列舰“荷兰号”(Holland)船底已经坐在了六十英尺深的海床上，只有最高处的桅杆顶端露出海面，旒旗依然飘扬。

从战术层面来看,英、荷双方在此战中达成平手——双方都宣称对方主动撤出战斗,双方均未俘获对方战舰,双方护航舰队均安全逃离,双方水手均为自己的勇敢倍感自豪。不过,英国的封锁并未被打破,直到战争结束,没有一艘荷兰舰船再敢出港。

叶卡捷琳娜二世成立的"武装中立同盟"虽然未能有效协防荷兰共和国,但也的确起到了从政治上孤立英国,使其无法在北美独立战争期间寻到盟友的效果。1780 年,同盟成立伊始,丹麦及瑞典便立即加入进来。翌年加入的还有荷兰、奥地利以及普鲁士。甚至连英国往昔的盟友葡萄牙,都选择于战争结束前加入"武装中立同盟"。想尽办法寻找潜在的反波旁王朝同盟的斯托蒙特子爵大卫·默里——他在返回巴黎后出任负责北方部的国务大臣——于 1780 年想出了收买俄国加入同盟的主意。他下令英国派驻圣彼得堡的大使詹姆斯·哈里斯(James Harris)以梅诺卡岛为代价,诱使俄国站在英国一边。叶卡捷
286 琳娜二世的情人,同时也是其近臣格里高利·波将金(Grigory Potemkin)则认为可以借此获得地中海的据点,从而使得俄国有机会主导奥斯曼帝国。两国的协商拖拖拉拉,持续至 3 月底,叶卡捷琳娜二世最终决定,拒绝英方的提议,理由是吞下梅诺卡岛,会让俄国始终欠英国人情,未来将不得不帮助其协防法国或西班牙的进攻。

叶卡捷琳娜二世拒绝英国方面抛出的肥肉,事后证明,此举颇为英明,因为西班牙及法国早已在当时依然秘而不宣的《1779 年阿兰胡埃斯协定》中约定重新夺回梅诺卡岛。西班牙首相佛罗里达布兰卡认为继续将该岛留在英国人手中,无疑是"养痈遗患",滋生盗匪,危害西班牙的航运安全。至关重要的是,夺取此岛,将清除直布罗陀的补给基地,切断占据直布罗陀的英军的生命线。佛罗里达布兰卡从其派出的间谍处了解到,即便经过了二十余年的英国统治,当地居民依然将自己视为西班牙籍奴隶,并不想为负责该岛防卫的英国总督詹姆斯·

默里(James Murray)中将提供帮助。当他从派驻圣彼得堡的大使及法国间谍处了解到英国方面准备向俄国献出梅诺卡岛的时候,进攻该岛的计划早已铺开。而这也迫使其必须更为迅速、更为隐蔽地开展进攻准备。

1781 年春,佛罗里达布兰卡向韦尔热讷提议,两国联合进攻梅诺卡岛。韦尔热讷与卡斯特里达成合意,从布雷斯特派遣舰队,帮助西班牙军队完成进攻。7 月初,基申抵达加的斯,与科尔多巴取得联系——两年前,他曾与后者一道试图进攻英国本土。与此同时,佛罗里达布兰卡指派克里伦公爵负责率领部队登陆作战。克里伦是负责联合作战的理想人选,在"七年战争"爆发初期,他曾担任法军中将,后来于 1762 年调入西班牙军队任中将。和克里伦一样,科尔多巴以及基申都为发动进攻进行了最后的准备,这个时候,法西联军取得的另外一场大捷——攻占彭萨科拉——消息传来,军方鸣放 21 响礼炮以资庆祝。7 月 21 日,浩浩荡荡的舰队从加的斯港启航,总计 58 艘战列舰,以及运载 8000 名士兵的 75 艘运输船。此时,英军舰队散落在英吉利海峡、北海、纽约以及西印度和东印度地区,根本无力迎战如此规模的庞大舰队,或者为梅诺卡岛上的英国守军提供援助。

即便英军舰队力量薄弱,依然是一块难啃的硬骨头。科尔多巴与基申不得不蜿蜒曲行,以迷惑敌人,隐瞒自己的实际目的地,以至于英国方面直到法西联军 8 月 20 日在梅诺卡岛首府马翁(Mahón)登陆时才发现这一动向。默里中将措手不及,他手下的 2700 名士兵几乎没有时间撤回圣菲利佩堡。克里伦在美籍副官刘易斯·科特佩奇(Lewis Littlepage)的陪同下,封锁了该城。随后,西班牙及法国增援部队于 10 月抵达此地。克里伦如今坐拥 14000 名士兵,可占领全岛,同时包围圣菲利佩堡——后者在历经数月炮火洗礼后,坏血症等疾病肆虐。当默里最终于 1782 年 2 月投降时,他手下只有 600 人能够在不被搀扶的情况下自己走出来。胜方看到从城堡中抬出的骨瘦如柴的俘虏，也吃惊不小。对他们来说，占领一座“医院”而不是城堡，似乎没有什么可供炫耀之处。

随着梅诺卡岛的陷落，地中海地区唯一掌握在英军手中的据点，只剩直布罗陀。而法西联军也将注意力转移至此，希望一举拿下，结束对该处长达四年之久的封锁。罗德尼于1780年1月为其进行的补给，以及1781年4月海军中将乔治·达比（George Darby）护航一百余艘商船抵达，使得乔治·艾略特及其手下兵强马壮、士气高昂。除此之外，从葡萄牙、摩洛哥以及梅诺卡岛，携带粮食以及预防坏血病所亟需的柑橘类水果的小规模运输船，可以轻而易举穿越海军中将安东尼奥·巴塞洛（Antonio Barceló）设置的封锁线——后者自大地认为，只需要三分之一兵力，便可牢牢封锁这片石头以及上面驻扎的英国士兵。来自西班牙军队从陆上及海上的持续炮击，达到平均每天两百多发，摧毁了直布罗陀大部分城镇，以及位于岸边的防御工事，但未能撼动崖壁上的英军炮台。在长期遭受包围的过程中，英国人也想出了一些创新科技，其中就包括在面向北侧的石壁上手工开掘石灰岩坑道，同时压低炮车，居高临下地向西班牙炮兵阵地进行炮击。

法国和西班牙方面也在积极进行科技创新以突破僵局。就在罗德尼的支援船队于1780年离开直布罗陀后不久，一位名叫让·勒·
288 米肖·德阿康（Jean Le Michaud d’Arçon）的法国工兵上校，向西班牙驻法国大使阿兰达提出了制造浮动武装炮台的建议。后者则将这份建议转呈马德里。船载炮台的主意早已有之，很多类似的建议都被提交给西班牙王室，其中就包括法籍西班牙造船工程师让-弗朗索瓦·戈蒂埃设计的十二座浮动武装炮台。德阿康的建议得到了马德里及凡尔赛方面的认可，而他也被选作七位法国顾问之一，前去辅佐克里伦。在此期间，德阿康花费了颇多时间在直布罗陀地区调查，起草浮动炮台的计划书。这个概念其实非常直观：因为英国防御工事的薄弱环节位于其西侧，面向阿尔赫西拉斯湾，西班牙方面应当建立足以比肩“约克镇之战”时的海上火力，从而在此处撕开缺口，确保部队开展登陆作战。德阿康并未独自埋头绘制浮动炮台的蓝图，而是像所有梅济耶尔皇家工程学院毕业生那样，为这次大规模进攻行动准备了一套完整的计划书及时间表。凡尔赛方面同意为这一计划提供额外的舰船，而西班牙方面也调出了十艘商船船体，停靠在阿尔赫西拉斯的港口，等待改装为浮动炮台。

1782 年 2 月梅诺卡岛陷落后，数千名法国及西班牙士兵可以放手参与包围直布罗陀，为总攻作准备。克里伦则返回马德里接受任命，同时被确定为进攻直布罗陀的负责人，在那里，他第一次见到了德阿康的计划书。尽管克里伦对这一计划能否奏效表示怀疑——他认为浮动炮台无法近距离接敌以对其造成重大损失——并留下了一份密封的信笺，试图在进攻失利时洗白自己的责任。但他还是承担了进攻指挥的责任，同时调用其在梅诺卡岛负责海军事务的中将布埃纳文图拉·莫雷诺（Buenaventura Moreno）负责移动炮台相关事宜。整个夏天，这些船壳在港内被装上了重炮，而甲板则由一层又一层的木片和绳索遮盖，以避免遭遇火炮袭击。德阿康最具创造性的点子，莫过于设置了若干抽取海水的管子，“像动物的动脉一样”，这些管子中流动的海水，可以为船体的木质结构降温，防止其遇热燃烧。

1782 年 9 月，包围直布罗陀的法西两国军队超过 35000 人。9 月
12 日，科尔多巴与基申率领的波旁王朝舰队的 39 艘战列舰拔锚驶过 289
阿尔赫西拉斯湾。此前一晚举行的军事会议气氛热烈。克里伦希望马上发动进攻，但德阿康所关注的问题是，虽然浮动炮台业已完工，但无论火力系统，还是海水管道降温系统，均未进行实际测试，其他关键准备也未开展。根据德阿康精心计划的时间表，总攻应该安排在十二

天之后。另一方面,克里伦深知英国方面正在调集舰队前往直布罗陀解围,因此任何拖延都可能使整个行动计划泡汤。最终,军事及政治考量压倒了技术性安排,迫在眉睫的英军增援危险性过大,或许同样重要的是,西班牙方面业已在阿尔赫西拉斯搭设了看台,供贵族,以及从法国长途跋涉赶来的贵宾——包括路易十六的小弟弟阿托瓦伯爵夏尔·菲利普(Charles Philippe, Comte d'Artois)——前往观摩进攻。同时,旁边的山上还有八万民众正翘首以待,期盼见证这一历史大戏。总攻遂定于次日清晨进行。

1782 年 9 月 13 日,周五,上午 7 点,大戏正式拉开帷幕。莫雷诺带领十艘浮动炮台排成一列,驶向直布罗陀要塞西侧。上午 10 点,他们行驶到距离堡垒 1000 码左右的距离,因为克里伦认为,距离过远将无法发挥威力。西班牙方面的陆上及浮动炮台火力全开,而英方也利用堡垒后面及坑道里的火炮予以回击。最为密集的炮火,出现在西班牙浮动炮台,以及英军岸防炮火之间。起初,双方均未受损太多。西班牙方面的炮火虽然打中城墙,但并未迫使英国停止射击,而英军射出的炮火从西班牙浮动炮台的斜顶弹开,也未造成起火燃烧。

战至下午,战斗局面开始向不利于西班牙浮动炮台方面转变,其中一些炮台因为抽取的海水枯竭而起火燃烧,而水手毫无办法扭转这一不利局面。很快,他们便被浓烟所笼罩。海湾这一侧,海军老将科尔多巴目睹这一切,虽然忧心忡忡,但按兵不动,并未下令让自己的 47 艘战舰投入战斗——起初是不希望将自己一点就着的战舰暴露在敌
290 人的火热炮火下,后来是因为风力过强,最后则是为时已晚。尽管经历数月精心准备,但计划中的两栖登陆作战也未落实,实际开展的军事行动过于草率,缺乏协同。傍晚时分,所有浮动炮台全部哑火,西班牙的陆上火力也因为打完炮弹而无法继续轰击。午夜时分,科尔多巴下令将浮动炮台付之一炬,以免落入敌人之手。凌晨 5 点,火势蔓延

至弹药舱，这些浮动炮台接二连三地爆炸沉没，升起的蘑菇状烟雾直入天际，高达1000英尺。次日，浮动炮台内的700名死难者遗体被海水冲刷至直布罗陀岸边，这也占到了此战牺牲者的半数以上。9月13日对直布罗陀要塞发起的进攻，成为整个战争过程中最为激烈的一次——发射炮弹超过4万发，也就是说，战斗期间每一秒钟便发射一枚。然而，当硝烟散尽，英军堡垒依然挺立，并坚持到战争结束。

《1782年9月13日，直布罗陀山地堡垒包围战》
约翰·马丁·威尔刻版

正如克里伦担心的那样，英国舰队正在准备为直布罗陀要塞进行下一次补给，而他不知道的是，这一补给行动因为天气和事故原因出现了拖延。1782年9月11日，34艘战列舰及31艘运输舰从朴茨茅斯
离港，驶向直布罗陀。旗舰“胜利号”上，飘扬着新晋被拔擢为英吉利 291
海峡舰队司令的海军上将理查德·豪的军旗。虽然陆上遭遇风暴，但舰队还是于10月10日晚抵达阿尔赫西拉斯，当时，正有一股暴风从西南方向刮来。破晓时分，事情变得十分清楚，法国及西班牙方面无法阻止英国舰队驶入阿尔赫西拉斯湾，很多军舰被吹断系缆，随风漂

泊,更有一些惨遭搁浅,而豪的舰队却安然无恙,并在毫无抵抗的情况下对英军据点进行了亟需的补给作业。

一周后,豪的34艘战舰驶离直布罗陀,科尔多巴和基申则调集36艘战舰予以追击。尽管科尔多巴的旗舰“至圣三一号”敷设了铜底,但大多数波旁舰队的战舰均未进行过如此高端的改装,航速颇慢。雪上加霜的是,航速的不同意味着科尔多巴的编队是跛脚的,快速的铜底战舰必须放慢速度以迁就慢速木质底壳战舰。形成鲜明对比的是,豪的战舰全部敷设铜质底壳,可以干脆利落地保持队形。起初,豪对战胜对手颇有信心,遂刻意放慢航速。但当两军于10月20日在摩洛哥外海的斯帕特尔角遭遇,并胡乱对射一气后,豪判定,与科尔多巴规模庞大的舰队硬碰硬,危险过大,毕竟自己已经完成了补给直布罗陀的使命,遂下令全面撤退。趁着夜幕降临,豪率领舰队拉大了与波旁舰队的距离;第二天拂晓时,两支舰队已经相距12英里之遥,后者无论如何都无法追赶上来了。战争期间欧洲地区最后一场主要海战,便在一片哭诉而非欢呼声中宣告终结。豪毫发无损地返回英国,而返回西班牙的科尔多巴则让西班牙海军被迫承认,“未敷设铜底的战舰,一无是处,毫无用益”。

就在两支舰队退出战斗之际,往北边的地平线远眺,他们或许能够看到,在直布罗陀海峡另一侧,有一处名为特拉法加的海角。23年后,很多参与过“斯帕特尔角海战”的船员和战舰,又将在“特拉法加海战”中再次聚首,而这次大战将在很大程度上改变历史的进程。

美洲地区的作战行动渐趋尾声

在“约克镇之战”最后的炮声轰鸣响起一个月前,北美看起来已经
292 像一个获胜的主权国家而非战败的殖民地,即便他们自己的军事力量

依然处于十分疲弱的状态。勉强挨过莫里斯敦的严冬,宾夕法尼亚及新泽西大陆军出现兵变,以及本尼迪克特·阿诺德对弗吉尼亚发动的奇袭,这些负面事件严重挫伤了北美军官兵的军心士气。北美的经济同样风雨飘摇。当罗伯特·莫里斯于1781年2月被大陆会议选为财政负责人时,接下的是一个堪称“过度通胀”的烂摊子。大陆会议停止发行纸币一年后,其所发行的纸币价值仅相当于面值的七百分之一,愤怒的暴民扬言要将抗议行动全面升级为一场骚乱。然而,就在上述信任危机此起彼伏之际,1781年3月,13个州分别批准了《邦联条例》,首次赋予美利坚合众国一个正式——即便存在缺陷——的宪法,以设定政府运行的基本规则。《邦联条例》也代表着1776年理查德·亨利·李为建国所设定的三部曲——宣布独立、与外国缔结盟约以及创设邦联草案——全部完成。最后一部分其实在1777年便已完成,但直到四年后才被批准。美国的缔造者们是在争取国家独立的军事行动尚未最终取胜的情况下实现了上述伟业。

即便在约克镇大捷之后,对大陆军及其法国盟军而言,胜利并非板上钉钉。康沃利斯虽已成手下败将,但他们尚未击败强敌克林顿。虽然在弗吉尼亚损失了几千英军,但他在北美及西印度地区重新征募了四万士兵,其中的一万五千人据守纽约,其余的九千英军则被派至南卡罗来纳及佐治亚。即便如此,克林顿在面对刚刚取得大捷的美法联军时,依然需要收缩自己的军力。“约克镇之战”结束仅仅数周,留守北卡罗来纳威明顿的英军和保皇派武装撤至查尔斯顿。这里被格林将军新组建的南方大陆军紧紧包围。缺乏法国海军支持而无法发动新一波攻势的华盛顿,在纽约哈德逊河沿岸的纽堡建立新的司令部,以随时监视克林顿的动向。罗尚博则驻扎在威廉斯堡,负责弗吉尼亚的防卫工作,同时为华盛顿与格林所率军队提供联系通道。这三位军队领导人的具体布阵是:华盛顿位于北部,格林位于南部,而罗尚 293

博居中。此后的八个月间,再无任何大的战略行动发生。

没有大的战略动作,并不意味着没有战斗打响。从“约克镇之战”到英军撤出纽约的一年间,大大小小发生过一百多次战斗,共有五百余人在战斗中丧生。大部分交战都属于革命者与保皇派之间发生的小规模冲突,诸如袭击偏远的英军据点,或者与北美土著发生冲突等。皮特要塞作为北美西线作战的司令部所在地,被当成了诸如乔治·罗杰斯·克拉克等人领导的讨伐或远征行动的跳板。1782 年春,安托万·菲利克斯·韦伯特奉命赴皮特要塞报到,担任工兵主管。韦伯特自从 1776 年北美方面宣布独立以来,在这个新生国家取得了堪称辉煌的业绩——作为最早一批法国志愿者,他同时也是第一个接到“美利坚合众国”委任的军官。后来,他曾参与在纽约的华盛顿堡展开的战斗行动,被俘后关在富顿监狱长达两年。1779 年,他率领搭乘“好人理查德号”的爱尔兰籍士兵俘获了英国皇家海军“塞拉皮斯号”战列舰。1780 年 3 月,他又一次在海上被英军俘获,但在牙买加获释,之后搭乘北美大陆军海军的护卫舰“邦联号”(Confederacy)返回法国。不幸的是,这艘船于 1781 年 4 月被英国海军俘获,韦伯特第三次成为俘虏,被关入那艘停泊在纽约港,臭名昭著,别号“地狱”的囚船“泽西号”(Jersey)。1781 年 9 月获释后,他官复原职,担任大陆军的工兵中校。他的老长官杜波泰尔虽然赞赏他勇猛可嘉,但考虑到他长期蹲狱而缺乏实战经验,遂将其委派至皮特要塞。韦伯特此前刚刚于 1782 年 2 月与一位名叫阿尔塔茜·加里森(Altathea Garrison)的寡妇结婚,但在 3 月便离开居住在费城的新婚燕尔的妻子,前往皮特要塞,并在之后的数年负责那里的防备工作。

到了 1782 年夏,战争明显步入尾声。伦敦政府权力更迭,上台的政党更加倾向于媾和,纽约城里的新任英国将军宣布休战,驻守萨凡纳的英军撤出后补充至查尔斯顿和纽约。就在此时,罗尚博接到了发自弗朗索瓦角的沃德勒伊的消息，后者声称自己的舰队依然未从“桑特海战”的惨败中恢复元气。罗尚博向沃德勒伊表示，最好今年秋季 294
与自己在波士顿会晤，以便其军队搭乘自己的舰队前往西印度，从而让法国和西班牙于来年对牙买加发动联合进攻。罗尚博此前干等了八个月，马上就将耗尽给养。在无仗可打的情况下，7 月 1 日，罗尚博的部队拔营，开始向波士顿方向进发，行军方式与路线均一如往常——凌晨两点起床后行军至晌午——恰似一年前向约克镇的强行军。但这次他们的行军速度大大放缓，有时间欣赏被自己刚刚救出生天的这个国家的风土人情。罗尚博颇具书卷气的副官切斯特鲁克斯抓住这个机会，提笔撰写游记，这便是后来在北美和法国均成为畅销书的《北美之旅》(*Travels in North America*)。

罗尚博从沃德勒伊处得到消息，另外一支法国舰队已于 5 月底离开弗朗索瓦角，远征加拿大的哈德逊湾。为了传递上述消息，这支舰队绕道切萨皮克湾，匆匆而过。远征的主意，出自异想天开的第 15 舰队司令让·弗朗索瓦·拉·彼鲁兹。远征队目标是哈德逊湾公司(Hudsons Bay Company)，这是大英帝国在加拿大主要的财源所在。拉·彼鲁兹于 8 月进入哈德逊湾时，并未遇到任何抵抗。随后他通过一连串的进攻，占领了威尔士亲王多面堡及约克工厂(York factory)，截获了足够的皮毛及贸易物资。此番重挫，令哈德逊湾公司在十余年内一蹶不振。这次远征堪称惨胜，舰船和船员在极北苦寒之地的千里冰原饱受折磨，回到欧洲时均已破鄙不堪。

同时，罗尚博稳扎稳打，开赴波士顿。7 月 19 日，华盛顿与其在费城会晤，考察二人是否可以联手发动攻势。当华盛顿建议出兵加拿大时，罗尚博表示了反对，礼貌而坚定。这位法国将军深知，韦尔热讷始终对攻城略地、扩大地盘持反对意见，并曾给自己下令，不得卷入北美军队在十三个殖民地以外地区开展的作战行动。华盛顿则放弃了这一动议，双方再次言归于好。9 月 14 日，罗尚博获邀在纽约韦普朗克（Verplanck）对北美大陆军进行阅兵。此次阅兵在很大程度上归功于施托伊本的最初训练。北美军队在约克镇的表现颇为威武，但士兵们
295 总体而言衣衫不整、装备破旧，军容风纪显然与罗尚博手下的法军士兵不能相提并论。而在韦普朗克，改变可谓天翻地覆。登场的北美军队盔明甲亮，训练有素，足以匹敌欧洲军队。一向对自己的朋友华盛顿知无不言的罗尚博，转过身对前者说道，“你一定是与普鲁士国王结盟了”。这或许是他能够给予的最高评价。10 月 19 日，庆祝约克镇大捷一周年的欢送晚宴结束后，罗尚博的部队继续向波士顿行进，而华盛顿则准备将部队移防至纽堡的越冬营地。

12 月 6 日，法国军队抵达波士顿，随即登上沃德勒伊的军舰。他的舰队早在 8 月便驶入波士顿，但刚一进港，配备了 74 门火炮的战列舰“璀璨号”（Magnifique）就在洛威尔岛触礁沉没。大陆会议立即投票表决，将本方唯一的战列舰——装备了 74 门火炮，当时依然在缅因的基特里（Kitterg）建造的“美利坚号”（America）作为补偿。法国方面欣然接受。12 月末，沃德勒伊舰队的修缮工作告一段落，开始驶往委内瑞拉的汇合地，计划来年 2 月与何塞·索拉诺的舰队共同向牙买加发动进攻。罗尚博将不随军行动。负责指挥的是其手下的二号人物维曼尼尔男爵。罗尚博在造访安纳波利斯之前再度拜访华盛顿，1783 年，他从这里返回祖国。他将在法国又一次陷入战火前安享片刻和平，只不过下一次法国的敌人不是英国，而是她自己。

和平条约

获悉“约克镇之战”失利后，英国首相诺斯便已确信，“一切都结束了”，但显然这种感受并非所有人都能体认。他的对手韦尔热讷——

在莫尔帕逝世后，便事实上成为路易十六的首席大臣——所持观点却是，“从英国的习性来看，他们不会轻言放弃”。这种习性，在英国乔治三世身上体现得最为明显。他在诺斯之后数小时获知了康沃利斯失利的消息，但国王的反应却丝毫不见首相流露出的绝望。这个新闻完全没有改变他对战争的看法，他只是要求在两天后英国国会开幕时发 296
表讲话，承认康沃利斯的失利非常不幸，但强调这仅仅是一时的挫败。国王告诉国会成员，他坚信，从自己承担的上帝赋予的使命出发，将继续坚持作战。对他而言，保住北美还具有另外一层重要意涵，他担心一旦北美独立，将引发多米诺骨牌效应，爱尔兰、西印度、加拿大以及印度会纷起效尤。他发誓“将竭尽所能，挽救整个帝国”。

尽管对继续战争持悲观态度，诺斯还是想办法让自己的政府勉强撑了几个月。负责殖民事务的国务大臣，唯一公开支持战争的乔治·杰曼，于 1782 年 2 月下台。诺斯被夹在了希望继续交战的国王，以及希望停止战争的内阁中间，进退不得，最终不得不于 3 月末辞职。新任首相罗金汉侯爵查尔斯·沃特森 - 文特沃斯(Charles Watson-Wentworth)致力结束战争，并且立即着手行动，包括派遣盖伊·卡尔顿(Guy Carleton)少将前往纽约，接替克林顿担任总司令，同时肩负将城内英军撤出，转移至西印度群岛的使命。之前负责殖民事务的南方部和北方部合并，由负责外交事务的国务大臣查尔斯·福克斯(Charles Fox)负责，从而保证多边谈判或和谈协商能够政出一门。而由他选任负责内政及殖民事务的国务大臣谢尔本侯爵，自从“萨拉托加之战”开始便积极反战，坚决主张与北美方面和谈。而谢尔本跟本杰明·富兰克林也算是老相识。

事出偶然，对谢尔本履新毫不知情的富兰克林，在前者得到任命后几个小时，曾给其写过一封口风毫无遮拦的私人信件。“一花一世界”。富兰克林后来说，这是因为一封引发临时谈判的信函，最终却导致了终结战争的永久条约。4 月中旬,就在谢尔本读到富兰克林的信件一周后,帕西村瓦伦蒂诺大宅前堂的门铃便响了起来。谢尔本的顾问理查德·奥斯瓦尔德(Richard Oswald)奉命前来与北美特使商谈整体媾和的问题。对此问题,富兰克林表现得相当谨慎。他将奥斯瓦尔德带至凡尔赛宫,而韦尔热讷同样态度谨慎。奥斯瓦尔德带回的消息非常明确,下一步需要谢尔本亲自出马。

尽管态度谨慎,但无论是富兰克林还是韦尔热讷,均渴望和平。在韦尔热讷看来,停战既符合经济利益,也符合政治及军事状况。毕竟,时至 1782 年,法国政府已几近崩溃。就在《呈国外陛下的报告书》发表,现实预算盈余的一年后,内克尔因被指控叛国及渎职而辞职。面对亏空近 4 亿里弗尔(折合现值 200 亿美元)的财政预算,新任财政大臣让·弗朗索瓦·乔利·德·弗勒里(Jean François Joly de Fleury)不禁面露苦色。海军方面一直呼吁增加预算,而富兰克林和拉法耶特刚刚又要走 600 万里弗尔贷款。在政治方面,卷土重来的俄国正在威胁发动战争,从奥斯曼帝国手中夺取克里米亚。法国囊中羞涩,除非北美独立战争结束,否则无力支持自己的奥斯曼盟友。最终,法国在切萨皮克及约克镇所取得的军事胜利,跟卡斯特里及韦尔热讷眼中确保法国在欧洲重要地位的印度及加勒比地区的胜利两相对照,完全不具备可比性。

富兰克林翻看北美方面的资产损益表后发现,几乎所有的记录,都在独立战争期间负责运营罗德里戈·霍塔莱兹公司的博马舍借方名下,这让他想起自己之前因为法国方面销售商品而欠下的 300 万里弗尔,虽然延期至 1779 年,但也马上到期,需要大陆会议方面支付。接待富兰克林的地主肖蒙,也坚持让其为诸多服务及商品买单。而他的底账上贷方余额已所剩不多。约翰·杰伊在马德里待了两年多,一事无成。约翰·亚当斯在荷兰逗留的时间与此仿佛,但仍未能让荷兰共和国承认美利坚合众国,仅仅搞到了一小笔贷款,并且全部需要用来支付给法国的债主。而罗伯特·莫里斯能够提供的,全部都是些价值还不如求偿单的纸币。富兰克林充分认识到,类似宾夕法尼亚及新泽西大陆军兵变之类的事件,随时都可能再次上演。

此时,富兰克林已成为在欧洲唯一有能力缔结和平条约的北美人士。他将自己的请求提交给大陆会议于前一年任命的特使——约翰·亚当斯、约翰·杰伊、亨利·劳伦斯(刚刚在伦敦被保释出来)以及托马斯·杰斐逊——但杰斐逊对此婉言谢绝,其他人赶到巴黎仍需时日。与此相比,除了作为谢尔本代表的奥斯瓦尔德之外,查尔斯·福克斯还选派了一位年轻的外交官托马斯·格林威尔(ThomasGre- 298
nville)参与谈判。富兰克林和韦尔热讷分别与上述两位特使会晤。他们必须决定选择福克斯还是谢尔本作为自己的谈判对手。他们大致于7月1日作出了决定,这时,因为罗金汉侯爵感染风寒去世,谢尔本继任首相,而福克斯则宣布辞职。谢尔本亲自控制条约谈判进程,并派出奥斯瓦尔德,不仅跟美国和法国,还同时跟西班牙和荷兰完成最终条约的起草工作。目标只有一个,立即终结这场波及全球的战争。

为了加速谈判进程,韦尔热讷告诉富兰克林,他可以单独与奥斯瓦尔德协商,条件是富兰克林必须与韦尔热讷合作,且两国必须在同一天签署条约。此举将不会被视为违反了1778年法美同盟条约中规定的任何一方不得单独媾和这一条款。7月10日,富兰克林向奥斯瓦尔德提交了一系列必要的“媾和条件”,其中就包括全面承认美利坚合众国的独立国家地位,以及一些“建议条款”,比如将加拿大划入美国管辖。7月末,谢尔本决定,仅仅依据必要条件进行和平条约的谈判工作。但此后不久,富兰克林因为罹患肾结石(或膀胱结石)而无法工作,最为关键的六周谈判被交给约翰·杰伊负责。杰伊永远都无法像富兰克林那样清楚意识到法国是基于自身利益参战,同时也为了自身利益媾和，因此，当他发现韦尔热讷正在单独与谢尔本谈判时，火冒三丈，将其斥为叛徒，险些让谈判进程功亏一篑。

杰伊所指控的叛徒一说毫无根据。韦尔热讷和富兰克林早已达成一致意向，分别与英国商谈和平条件，而这位法国大臣正在对谢尔本重启对话的提议作出回应——就在英美谈判进行期间，英法两国的谈判进程却已中断数月。相关提议事实上应当归因于德·格拉斯，在“桑特海战”被俘后，他刚刚于 8 月得到释放，并在伦敦遇到了谢尔本。罗德尼在此役中取得的辉煌胜利，以及由此让英国海军获得主导西印度地区的绝对优势，使得谢尔本在谈判时占据了强势地位。他向德·格拉斯列举具体建议——全面承认北美独立，将直布罗陀归还西班牙，以及交换西印度群岛各自属地——格拉斯意识到，对方这样做，是
299 希望自己向韦尔热讷传达英国方面能够接受的媾和条件。因此，他一返回凡尔赛宫，便将这一消息传递出去。韦尔热讷则在获得西班牙方面允许自己单独与法国方面媾和后，派出自己的秘书雷尼维尔，于 9 月初在谢尔本的乡间别墅与之会面。谈判历时一周，内容十分具体，也为双方的谈判者建立起了坚实的互信基础，特别是谢尔本强调，“英法两国并非天生宿敌……可以基于共同利益走到一起”。韦尔热讷于 9 月底聆听了雷尼维尔的报告，尽管依然十分警惕，但也感觉到可以将英国拉到法国一边，共同对抗俄国。

雷尼维尔与谢尔本首轮谈判完结后不久，亚当斯从阿姆斯特丹赶过来，而稍后不久亨利·劳伦斯便能抵达。加上富兰克林和杰伊，四人开始打磨与奥斯瓦尔德谈判的最终条约文本。双方早已就完全承认北美的独立地位，以及英国完全撤军达成了一致意见；拖延数周的谈判，主要关注美利坚合众国的北部以及西部疆界划定、密西西比河使用权以及在纽芬兰地区的捕鱼权等。11 月 30 日，其他特使在富兰克林表示反对的情况下，在和平条约初稿上签字。当富兰克林告知韦

尔热讷签约的消息时,后者惊呆了,这和富兰克林的预期相去不远。此举违反了双方在谈判过程中协调配合,保持在同一天签约的默契。而且,这完全打乱了雷尼维尔与谢尔本马上就将完成的第二轮谈判。英国当时已经做好准备放弃直布罗陀,以换取法国与西班牙整合二者在北美及欧洲的属地,对此,韦尔热讷及西班牙大使阿兰达均已表示同意。谢尔本认识到,丢掉北美或许可以被议会接受,但议员们无论如何不会接受同时放弃北美及直布罗陀——特别是几个星期前消息刚刚传来,防守直布罗陀的英国军队成功抵御住了西班牙方面发起的大规模进攻。迫不得已,他只好放弃此前对西班牙方面作出的承诺。

对各方来说,完成条约的关键,在于时间。韦尔热讷和阿兰达都
知道,德斯坦目前人就在加的斯,等待率领一支庞大的波旁舰队——
共有 40 艘战列舰——准备于 1783 年伊始与沃德勒伊及何塞·索拉诺
汇合,最终攻占牙买加。显然,继续打一场没有人愿意打的战争是故 300
作姿态。12 月 16 日,阿兰达自作主张,直接违反佛罗里达布兰卡的命
令,同意接受梅诺卡岛和佛罗里达,以代替直布罗陀。这为最后和平谈
判的开始清除了战争的威胁。佛罗里达布兰卡在冷静下来后,也不太情
愿地接受了上述交易,而非继续坚持作战。韦尔热讷借机代表荷兰共和
国进行谈判,尽管在开始的时候他并没有得到荷兰共和国的授权。

尽管某些细节,如密西西比河的航行权,直到 10 年之后都未能厘清,但英美双方的条约与 11 月 30 日的初稿相比大体未变。在法国的文本中,法国通过向英国方面交出若干加勒比小岛,换来了在纽芬兰的捕鱼权,并且重新获得了在印度的殖民地。西班牙则得到了梅诺卡岛,东、西佛罗里达,同时将巴哈马还给英国。另外,在一个单独缔结,直到 1786 年依然并未完结的条约文本中,英国将放弃在中美洲的所有定居点,只保留在洪都拉斯的一小块飞地。根据最近从叙弗朗处获得的其在亚洲地区作战的战报,荷兰共和国虽然丢掉了在印度的纳迦

帕迪南,但重新得到了锡兰的亭可马里。直到 1784 年,荷兰还未完成与英国之间的上述谈判。

1783 年 1 月 20 日,周日,上午十点,富兰克林与亚当斯抵达凡尔赛宫的"南北大臣会馆",拾级而上,进入韦尔热讷的房间。十一点,阿兰达与英国特命全权大使圣海伦斯男爵阿莱恩·菲茨赫伯特(Alleyne FitzHerbert)到场。各位大臣签署并交换和平条约及停战条约文本。雷尼维尔虽然因操劳而精疲力竭,仍难掩兴奋,将这一协议称为"奇迹"。亚当斯在写给爱人阿比盖尔的信中表达得更为冷静:"这出沉痛的悲剧终于拉上帷幕。同时,为我们露出欢喜的容颜。"尽管大幕已落下,但要求返场的呼声尚未断绝。

初步协议签订,敌对状态中止的告示,迅速传遍全球。只消数日,位于加的斯的德斯坦便收到了这一消息,3 月 24 日,消息送抵委内瑞拉的沃德勒伊。印度的叙弗朗在 6 月底收到消息。纽约的卡尔顿将军,则是在从萨凡纳及查尔斯顿撤军多时之后,才收到上述消息。1783 年伊始,纽约汇集的英军达到两万人,但这些人的目的地不是西印度群岛,而是通过普利茅斯返回英国本土。几乎用了一年的时间,
301 才凑齐足够的舰船运载数量如此庞大的人员及装备,其中还包括选择返回英国或迁居加拿大的保皇派及家属。还有一些英国人选择留下来,接受西班牙人的统治。

各方外交人员签订的协议草案很大程度上忽视了民意。英国人民虽然呼吁终止战争,但同时也要求进行某种程度的报复,而不是一味妥协。法国的大臣们希望在印度获得更大的存在感,而西班牙则希望收回直布罗陀。然而,只有谢尔本为自己的行为付出了政治代价。他在谈判过程中体现出的理性态度,被国会斥责为过分大方,因此在协议草案签订数周后他便被迫黯然辞职。接替他担任英国首相的查尔斯·福克斯指派自己的代表进行谈判:曼彻斯特公爵乔治·蒙塔古

(George Montagu)负责与法国和西班牙的谈判;与北美方面谈判的,是富兰克林的老相识大卫·哈特利(David Hartley);至于荷兰共和国,则安排了单独的谈判。条约的最后文本,完成于1783年颇为寒冷的冬天——这是冰岛拉基火山(Laki Volcano)熔岩喷发的结果,富兰克林记录称,这一事件导致"整个欧洲陷入一片烟雾"。

英国与美国的条约,跟英国和波旁王朝的条约均在1783年9月3日签订,只是地点有所不同。上午九点,美国特使富兰克林、杰伊、亚当斯来到大卫·哈特利位于雅各布大街65号的约克大宅这个当时巴黎为数不多可以使用英文的寓所二楼。这里距离为终结"七年战争"签订《1763年巴黎和约》的贝德福德公爵旧宅不过三个街区。寥寥数笔后,《1783年巴黎和约》终结了北美大陆上爆发的这场战争。信差将这一消息送至韦尔热讷的寓所,就在这里,下午三点之前,韦尔热讷、阿兰达以及曼彻斯特公爵分别在和约上签字,终结了北美独立战争所引发的全球纷争。

从1783年到1784年,马德里丽池公园上空数次燃起焰火,以庆祝和平条约的签订。西班牙当然有理由对此大肆庆祝。在所有参与北美独立战争的国家中,西班牙最为接近实现预期目标:收复梅诺卡岛,重新夺回佛罗里达,将英国人赶出中美洲及墨西哥湾。只有直布罗陀 302
这个目标未能实现。西班牙收复佛罗里达,也同样为美国稳定了南部边境,从而防止英国在未来通过政治和经济手段干预这一地区。依然让英国控制加拿大则非常符合韦尔热讷的心意,借此可以制衡美国这个新生国家,防止其向外扩张,甚至侵略自己在这一地区的领土。

11月时,《1783年巴黎和约》传到北美,但直至1784年1月14日,大陆会议才最终在安纳波利斯的临时场地对之予以批准。当时,费城依然是这个国家的政治、经济中心,1月22日晚,这里计划上演盛大的焰火表演。入夜时分,一个装饰物意外起火,导致了大爆炸,焰火不断引爆,致数人死伤。

法国在领土方面的收获乏善可陈,仅仅维持了现状。但至少在短期,法国达成了回到欧洲中心位置,同时削弱英国的目标——韦尔热讷终于可以在听到奥地利的约瑟夫二世宣称英国“不再被视为欧洲的主要威胁”这一论断时心安理得了。条约签订后不久,巴黎市政厅上空便绽放起绚烂的花火。1783 年岁末,巴黎上空还升起了另外一项奇观——人们首次乘坐热气球及氢气球升空。这些升空者当中最为知名的,当属蒙戈菲尔兄弟(Joseph and Étienne Montgolfier)。两人听说直布罗陀之战的消息后,萌生了开发热气球的念头,希望借此找到从空中进攻山顶的方法。本杰明·富兰克林曾多次观摩气球飞行,当被问及“这些实验有何长处”的时候,他说出下列至理名言(大体与此类似),“刚出生的婴儿有何长处?”

“新生之婴”

如果美利坚合众国也算是一个新生儿,那么富兰克林就曾最为贴切地将法国国王路易十六视为其亲生父亲。当 1782 年 6 月法国再次为北美提供贷款,供这个新生之国打造自身舰队的时候,富兰克林致
303 信罗伯特·莫里斯,“[路易十六]对我方持续不断做的好事,使我将他视为我们的父亲,并给予尊敬、爱戴”。数月后,他还曾向韦尔热讷做过类似的表述,将法国国王形容为“亦父亦友”。富兰克林从未提到西班牙王室,或许情有可原。而后者即便算不上父亲,至少也能算得上一位和善的叔叔。富兰克林的焦点几乎全部集中在凡尔赛宫,至于迭戈·加多奎运送的军服装备,乃至科尔多巴、加维斯以及索拉诺所取得的胜利,很大程度上都被大多数北美民众忽略了。

不过,当和约缔结的消息传到北美,和富兰克林一样担任特使的

某些要员以及政客随即便对盟友产生出的敌意态度,却无法让人原谅。马萨诸塞派驻大陆会议的代表塞缪尔·奥斯古德(Samuel Osgood)致信约翰·亚当斯,指责法国在美国最为岌岌可危的时刻对其施加了系统性的恶劣影响。“在这个关键时刻,我们非常眼尖的盟友政客[韦尔热讷伯爵],发现了他的主子[路易十六]提供援助,从而主导美利坚合众国关键局势的重要性。这就使得大陆会议将其派出的缔结合约的特使,置于外国王室绝对控制之下。”约翰·亚当斯并未采取任何措施说服奥斯古德消除上述情绪,反而在事实上支持北美将法国带入战争,其实是在助长他的观点。他认为,法国从战争中“获益匪浅,借此让自己从跌倒在尘土中爬起来,攀到了迄今为止能够达到的最高位置。”但这种乡下人的情绪,并未在北美公众中获得太大的市场。正如当和约最终文本签订的消息传到北美时塞缪尔·亚当斯提醒自己的侄子约翰那样,“我将因为各位乡党保留意见。他们事实上,或者看起来,都非常感激法国的帮助。都准备好承认因为法国帮助我们打赢了上一次战争而对其感恩戴德。依靠忠实盟友的帮助,美国才建构并确保了自己的独立及自由”。

如约翰·亚当斯所承认的那样,美利坚合众国的诞生本是出悲剧,而这出悲剧的结果,曾经相当不确定。本来,英国有若干种途径可以避免1775年独立战争的爆发,其中就包括在列克星敦及康科德之战发生后放弃敌意态度,或者保持积极的无视态度。英国本来也有很多机会赢得这场战争,无论是最初在长岛取得的胜利,还是于1778年放弃直布罗陀,从而确保西班牙不再继续参与这场冲突。相反,在长 304
达七年的时间里,这场战争甚至发展到英国公众都无力也不愿继续支持的程度。1781年10月“约克镇之战”发生时,英国已经同时与五个国家交战:美利坚合众国、西班牙、法国、荷兰共和国以及迈索尔王国。以一敌众对英国来说并不罕见——在“七年战争”期间,英国面临同样数量的敌人，而且能够占据优势——不过，这一回，英国首次在缺乏盟友的情况下孤身参战。在“七年战争”期间，1759 年这个奇迹迭出之年出现甚早，以至于公众还保持着对战争的支持态度，但在北美独立战争中，英国的民意持续下行，甚至唯一得到英国媒体盛赞的人物，反倒是乔治·华盛顿。在“约克镇之战”后，民众对战争支持的态度跌至谷底，连诺斯内阁都必须下台，用一个支持和平的内阁取而代之。最终，英国在军事和政治两个方面均处于下风。

即便英国能够在北美大陆赢得军事方面的胜利，也很难认为其可以因此获得在这一地区的政治胜利。英国政府及其军方都过高估计了北美地区保皇党的规模及其能够提供的支援水平，持续低估了民众对独立的支持态度。与此相对，法国则洞若观火。早在 1778 年，如杜波泰尔所观察的那样，“英国无法通过武力遏制北美”。后来，在 1782 年，计划和谈的时候，维曼尼尔男爵的副官布雷塔诺男爵向查尔斯·福克斯的一位朋友透露，“尽管欧洲训练有素的军队或许可以征服北美人民，但这个国家是不可征服的”。

即便如此，如果没有训练有素的欧洲军队——特别是西班牙及法国海军——北美依然无法摆脱英国获得独立。这场战争的胜利，不是靠北美方面的步兵，而是靠众多国家共同应对强敌才最终赢得。在“约克镇之战”后不久，韦尔热讷曾提醒拉法耶特，“胜利是由伟大的部队决定的。”的确，这里有伟大的部队和舰队，不过，为了帮助美国获得独立而赴汤蹈火、慷慨赴义的死难者的价值，更加难以估量。北美方面当然付出了巨大的代价，参战人数 25 万至 38 万，其中 25000 人为独立大业捐躯。

305 对法国及西班牙作出的贡献也有所统计。1903 年法国外交部为美国国会图书馆提供的名单显示，超过 40000 名法国官兵曾在美国及其领海内从事过战斗，共有 2112 人战死。还有其他研究列举了参战法国军官的生平。但这些统计并未充分考虑在欧洲、加勒比以及亚洲等地参战的法国将士。据信,北美独立战争期间,超过 10 万名法国士兵参战,其中 5000 多人战死。西班牙方面尚不存在确切的统计数据。但仅仅以主要战斗为基础进行统计,其参战人员不应低于 10 万人,直布罗陀一战便有超过 60000 名陆军及海军士兵参与,在历时 4 年的保卫战中,共有 3700 名西班牙士兵阵亡。至于荷兰及迈索尔,也有大量陆海军士兵参战,其确切人数无法统计,迄今为止甚至鲜被提及。

美法两国都有意铭记参战的将士。在 1783 年 3 月所谓“纽堡阴谋”一触即发的关头,一些大陆军军官几乎发动兵变,计划逼迫大陆会议支付拖欠的军饷,好在华盛顿及时制止,要求其尊重大陆会议的合法权威。这使得亨利·诺克斯重新感受到了在这个兄弟般的组织中紧密的纽带关系。1783 年 4 月,他为辛辛那提协会起草纲领时,专门指出协会名称取自公元前五世纪的罗马将军辛辛纳图斯(Lucius Quinctius Cincinnatus)——此人临危受命担任罗马执政官,以保卫罗马;退敌后,他归隐农庄。1783 年 5 月,这一兼具慈善功能,同时旨在保留独立革命记忆的组织,在施托伊本的司令部成立,6 月,华盛顿当选为首任主席。不到数月,由曾参与该组织的军官成立的分支机构便在北美十三个殖民地遍地开花。1783 年 12 月,设计徽标的朗方帮忙在巴黎成立了辛辛那提协会的分支机构,这一组织得到了路易十六的批准,同时由德斯坦担任首任主席。在随后的几年中,协会成员间的交流颇为热络,特别是 1784 年拉法耶特返回北美,造访弗农山庄,拜见老战友华盛顿。

和辛辛纳图斯一样,战争结束后,华盛顿放弃总司令头衔,回乡务
农。1784 年 2 月,就在返回弗农山庄之前,华盛顿曾致信同样可能正 306
在法国的自家庄园欣赏河景的老友罗尚博。华盛顿告诉自己的朋友,去年 12 月,英国舰队已经开始准备离开纽约。他还希望自己的老朋友将来不再遭受两人共同经历的各种磨难。本杰明·富兰克林将法

国及法国人比成父亲，华盛顿却在致信罗尚博时，将辛辛那提协会的这种兄弟之情埋在心底：“我将愉快地回忆彼此在追求自由大业的过程中所付出的血汗，以及由此结下的同侪厚谊。彼此今后将以兄弟之情和谐相处，共同生活。”这种美好的感情，当两个国家在未来的数十年乃至数个世纪面临分道扬镳时，难免经历令人心酸的考验。

第九章　不朽传奇

就在两个和约签署的同一天，韦尔热讷提笔给自己派驻马德里的 307
大使写信，表达此时心中所感。对刚刚完成多边协议签署大任的现代外交官而言，这种情感应当并不陌生。韦尔热讷对自己苦心达成的协议似乎并未感到有多么自豪，而是开始担心迫在眉睫的下一场危机。战时欧洲事务的进程并未停摆。就在他配合美国日益高企的要求，施以更多经济援助，同时配合倔强的西班牙调整自身外交日程之际，韦尔热讷还在调节欧洲大陆上的利益纷争。他最担心的，依然是继续对法国盟友奥斯曼帝国构成极大威胁的俄国，后者最近刚刚吞并了奥斯曼属地克里米亚。韦尔热讷一直忙于协调奥地利及普鲁士共同在叶卡捷琳娜二世发动下一场战争之前阻止她的野心，但未有成效。“当我想到北美问题解决后还有黎凡特（Levant，指奥斯曼帝国）问题亟待解决，心情就久久无法平静。”

尽管法国再次成为欧洲的中心，但其与美利坚合众国的关系却每况愈下。1783 年，马里兰派驻大陆会议的代表之一詹姆斯·麦克亨利（James McHenry）提出，既然两国基于各自击败不列颠的目标结成同盟，那么在目标实现的情况下，同盟自动终结，两国之间并无任何其他
之永恒关系。几乎同时，鲁泽尼也向韦尔热讷大胆预言，“英美之间共 308
同的语言及源远流长的贸易网络这种先天利益属性”，一定将对法国的贸易活动造成障碍。他的预测完全正确。1781 年后，法美之间的贸易活动骤降，而英美之间的贸易活动则开始触底反弹。

韦尔热讷认为，对此无需过度干涉，毕竟法国从未将改善与北美贸易作为参战的主要理由。“我方从未将对美政策建立在其对法态度的基础之上。”他这样向鲁泽尼解释。相反，韦尔热讷关注的焦点，在于巩固法国在欧洲的地位，特别是在和谈触礁后，对英重新采取再接触的政策。他和自己的秘书雷尼维尔于 1786 年与英国负责商贸的上院议员威廉·艾登合作，协商缔结贸易条约的相关事宜，试图在有利于英方的前提下，降低英吉利海峡两岸的关税。与此同时，韦尔热讷还与欧洲大陆的十多个国家商讨缔结贸易协定的问题，其中甚至包括从 1787 年开始与叶卡捷琳娜二世商讨签署双方长期以来梦寐以求的通商条约，想借此缓和英国对俄国贸易的遏制，提升欧洲的稳定，同时在无需政治结盟的情况下，强化法国对俄国的商贸影响力。

与俄国签约，事实证明，将成为韦尔热讷最后的外交成就。1787 年 1 月末，这位老臣开始出现发热、乏力、皮肤黑斑等病症，路易十六认为实属“过度操劳”，但实际上看起来更像是坏血症。三周后，1787 年 2 月 13 日，韦尔热讷溘然辞世，享年 69 岁。国王对这位亦师亦友的重臣离世悲痛万分。韦尔热讷并未亲眼目睹法俄条约流产的事实，就在几个月后，俄国和奥地利对奥斯曼帝国发动进攻，对此，法国根本无力阻止。他也没有办法看到自己所致力于实现的伟大目标，即让法国在和平的欧洲发挥主导作用——这也是其坚持参与北美独立战争的首要动因。事态最终偏离预期，罪魁祸首并非外部势力，而是法国政治斗争本身。后续的法国大革命所导致的内战、革命，以及拿破仑在欧洲各地的征伐，都将英国的地位强化至无以复加的程度，还改变了
309 西班牙的帝国属性，重塑欧洲版图，同时让新生的美利坚合众国迈上了扩张至北美大陆全境的台阶。

独立战争之后的美利坚

回到1784年，当华盛顿写信送别罗尚博之时，一心只想解甲归田，重新过上“种植园主、大地主及乡绅的平静生活”。但好景不长，这种状态仅仅持续了三年。1787年，他再一次回到公众视线当中，在新宪法取代《邦联和永久联合条例》后，华盛顿于1789年4月6日当选美利坚合众国首任总统。就职典礼计划于4月末在当时还是美利坚合众国首都的纽约举办。当他于4月23日抵达纽约时，受到了西班牙战舰“加维斯敦号”鸣放的十五响礼炮欢迎。然而，物是人非，这已经不是当年帮助加维斯赢得彭萨科拉大捷的那艘战舰。1785年，当伯纳多·德·加维斯成为首府位于墨西哥城的新西班牙总督时，他下令建造一艘新战舰来取代饱受战火摧残、垂垂老矣的“加维斯敦号”。新舰在纽约城建造，并于1787年正式服役；此前一年，伯纳多·德·加维斯英年早逝，享年仅40岁，病因不明。

4月30日中午，华盛顿的卫队抵达其位于樱桃街的寓所，将他迎接至由朗方重新设计的联邦厅，这里将作为就职仪式的举办地点，以及未来的国会大楼。参议院大厅第一排，紧挨着内阁官员及参议员的位置，端坐着西班牙驻美大使迭戈·加多奎，以及法国驻美大使莫斯迪尔。在仪式司仪的指引下，华盛顿缓步登上二楼的阳台，面对街道，宣誓就任。陪伴他一同来到阳台的，是战争部长亨利·诺克斯，以及已经成为美国公民的老教官施托伊本。宣誓结束后，周遭响起“美利坚合众国总统乔治·华盛顿万岁”的欢呼声，聚集的群众纷纷附和。“加维斯敦号”战舰作为当时在场的唯一一艘外国战舰，鸣放十五响礼炮。回到参议院大厅后，华盛顿发表就任讲话，发誓这个新生国家将会“赢得世界的尊敬”。当晚，夜空被焰火点亮，从法国及西班牙大使 310

宅邸中投射出来的烛光，将外面的街道照得分外明亮。

《凡尔赛和约》签署之际，西班牙王室便任命战时主导西班牙对美军事援助的加多奎，担任派驻美国的首任特命全权大使。加多奎于1785年抵达后，接替此前的弗朗西斯卡·雷登。无独有偶，莫斯迪尔于1787年接替鲁泽尼，担任法国驻美大使。作为在战争打响之前便积极支持并最终挽救北美独立运动的国家的代表，这两位大使在美国总统就任典礼上获得了最高礼遇，也是次日首批得到华盛顿总统召见的人士之一。他们所见证的，不仅仅是一个新国家的呱呱坠地，还包括法国和西班牙两国所缔造的传奇。美利坚合众国则不仅仅与自己的盟友并肩作战，还非常开放地接受法、西两国的观点及理念，并且对这两个国家的移民大开方便之门。早在独立革命开始前，北美便已成为首选的移民目的地，因为这里的生活标准甚高，还因为这里和其他国家不同，对移民的适应程度丝毫不亚于移民对这片土地的适应程度。简而言之，新来人口与新鲜想法，无时无刻不在改变着这片北美大陆。

莱克星顿及康科德之战后，从国外延揽人才、借鉴理念的做法有增无减。“北美独立革命的胜利，”约翰·亚当斯写道，“实际上就是这个时代的人类史。”这一点在战后美国陆军的改变方面体现得尤为明显。在其存续期间，大陆军陆军从法国、西班牙及其他欧洲国家吸收了大量志愿者、武器、部队乃至训练模式，借此从散兵游勇转变为作战骁勇的模范之师。战后，华盛顿、诺克斯及其继任者——必须承认，并非毫无间断地一以贯之——基于自身经验，持续改造这支部队。取代大陆军的北美陆军依然在很多方面将施托伊本的“蓝皮书”作为自身的官方条例，并一直适用至“1812年战争”。法国制式的点六九口径
311 步枪尽管在多地均有生产，依然被称为“沙勒维尔式”，并成为战时的制式武器。1794年，斯普林菲尔德兵工厂成为北美首家制式兵工厂，

选择的也是法式步枪而非英式步枪作为设计模板。这一模板直到战争结束前,一直是斯普林菲尔德兵工厂及哈泼斯·费里兵工厂的制式选择。

北美不仅使用法式步枪,还采用了格里博瓦尔开创的武器部件标准化生产模式,在此基础上建立起上述部件完全通用的武器制造体系。事实上,将这一体系引入北美的,正是接任富兰克林·罗斯福担任驻法国特使的托马斯·杰斐逊。在法期间,他得以结识格里博瓦尔的继任者霍诺雷·布兰科(Honoré Blanc),并试图将其挖角至北美。虽然最终未果,但杰斐逊还是想办法让诺克斯了解到布兰科的相关设计改进。1798年,美国战争部(War Department)跟伊莱·惠特尼(Eli Whitney)及西蒙·诺斯(Simeon North)两人为首的私人制造商签订合同,大量订购步枪,后者则开始适用布兰科的标准化生产模式,为枪炮制造提供标准化制式零部件。而这一工序后来还扩展至农业、交通运输业、住宅建造以及其他产品制造,这便是为后世所称颂的“美国式生产方式”。虽然长达数十年间真正的通用化并未实现,但这个时期,标准化生产以及内部零件通用,早已演变为推动十九世纪美国工业大发展的大规模生产体系。

托马斯·杰斐逊还将另外一种法国创想在美国践行,这便是创建美国自己的军事院校。事实上,早在1783年,杜波泰尔便曾整合并提出过类似建议,当时,他的战友古维翁正好从法国返回,短暂停留。经历过“约克镇之战”的大陆军部队以及之前的工兵团,都处于马放南山的状态。杜波泰尔由此发现,有必要建立一支常备化的工兵及炮兵军官团,因此,在返法前夕,他向乔治·华盛顿提交了一份巨细靡遗的备忘录。“军事院校,”他写道,“作为军官的摇篮,其必要性显而易见,无需赘言。”但在此后的十余年间,这一建议如石沉大海,直到1794年,大陆会议才决定在西点创建一支小规模的炮兵及工兵军官团,并由杜

312 波泰尔那批工兵专家中的史蒂芬·罗谢方丹(Stephen Rochefontaine)中校担任首席教官。又过去了十多年,国会最终于1802年批准了时任总统托马斯·杰斐逊的主张,组建一支工兵军官团,常驻西点,并以其为基础,组建一所军事学府。随后很多年,这里所用教材乃至教官均来自法国。1812年,西点军校的首任总监乔纳森·威廉姆斯设计出至今依然使用的陆军工兵标志,其中就包括"凡尔登城堡"(Castle at Verdun),以及"让我们来试试看"(We Shall Try)这样的座右铭,以纪念这所军校的法国血统。

和法美两国军事关系密切的情况形成鲜明对比的是,除了少数范例——"巴吞鲁日之战"及"拿骚之战"——西班牙与北美的联合军事行动乏善可陈。结果就是,因为参与程度不够,西班牙对美利坚合众国的影响力也相对较弱。即便如此,"拿骚之战"带来的意想不到的冲击与影响,甚至一直持续到了下个世纪。在1782年5月联手成功夺岛后,胡安·曼纽尔·卡吉格及弗朗西斯科·米兰达与亚历山大·吉伦的关系始终不睦。即便在卡吉格和米兰达返回哈瓦那之后,事态依然没有好转的迹象。伯纳多·德·加维斯对两人抗命不从,未放弃远征的行为大发雷霆(事实上两人并未获悉上述命令)。通过在马德里的家族人脉,加维斯想办法让卡吉格被罢黜并遭到逮捕,以捏造的罪名押送至加的斯。米兰达也面临相同的命运,1783年6月他借由古巴逃亡美国。因为受到加维斯家族的指控,他开始转变立场,致力反西。但此时他还不知道,只有抵达北美后,这场所谓的反叛才最终得以成型。

造访北美,使得这位甘心为祖国赴汤蹈火的忠实的殖民主义者,转变为一位梦想将自己的祖国委内瑞拉从西班牙殖民统治下解放出来的革命者。在历时两年,纵贯北美东部海岸线的游历中,他参访了"布兰迪万之战"以及"邦克山之战"的战场遗迹,同时从参与革命的战友处疯狂取经，他曾拜访的人包括乔治·华盛顿、托马斯·潘恩、塞缪尔·亚当斯、托马斯·杰斐逊以及亨利·诺克斯。随着他逐渐明了北美人民如何砸开锁在身上的镣铐，他也形成了让南美摆脱西班牙殖民统治的宏图大计。虽然又过了二十多年上述计划才最终付诸实践，但革命的火种已悄然播撒。

亚历山大·吉伦的不满，却孕育了截然不同的结果。他虽然借拿 313
骚一战将南卡罗来纳夺回至美利坚合众国，但胜利未能带来实惠，他一直声称，卡吉格承诺的报酬从未兑现。而他在查尔斯顿的投资者前往国会要求补偿，后者则于1784年5月将这一问题交给北美派驻西班牙的特使负责解决。威廉·卡迈克尔在被指派随同约翰·杰伊前往马德里度过两年痛苦时光前，曾在巴黎担任希拉斯·迪恩的秘书。就在1782年杰伊即将离职赴任之际，卡迈克尔被任命为其秘书。但和杰伊不同的是，他对西班牙的文化语言了然于胸，因此得到了西班牙宫廷的热烈欢迎。卡迈克尔开始接触佛罗里达布兰卡，为北美寻求经济援助。几乎与此同时，乔治·华盛顿也在为自己的种植园寻找被认为是世界上最强壮、体型最大的安达卢西亚公驴，希望用来与本地母马配种，最终繁衍骡子。作为对南卡罗来纳事件的部分补偿，佛罗里达布兰卡在得到卡洛斯三世批准后，下令迭戈·加多奎通过其开办的卡萨·约瑟夫·加多奎·希约斯公司，将两头公驴运往北美。其中只有一头撑到了航程的终点波士顿，而这头被称为“皇家礼物”的动物，接下来被小心翼翼地通过陆路运往弗农山庄。在西班牙驭手的驱赶下，公驴于1785年12月顺利到达目的地。

华盛顿立即让“皇家礼物”走马上任。作为一位颇有经验的动物饲育者，他首先通过让“皇家礼物”与雌驴交配，不到一年培育出一个被称为“北美猛犸”的新品种。接下来，再让“北美猛犸”跟母马杂交，培养出骡子，这种动物作为役畜，胜过马或驴子。

华盛顿的"北美猛犸"骡子供不应求,而每头公驴一年便可以繁殖一千头后代。到了 1810 年,超过八十万头"北美猛犸"骡子在田间或道路上工作,范围甚至辐射至美国南部,以及阿勒格尼河一线的西部边境。随着这个国家不断西进,"皇家礼物"的后代成为北美地区最受青睐的畜力来源。成千上万头此类牲畜在美国内战以及西进运动过程中(被用在"俄勒冈小径"上)拖拽战争物资及普通货物。第一次世
314 界大战期间,接近一百万头后腿烙有 US(美利坚合众国简称)字样的"北美猛犸"骡子被运至欧洲,充当这场冲突的有生畜力。

大革命中的法国及西班牙

亚历山大·吉伦在获得战时报酬方面遭遇难题的现象,与博马舍和肖蒙在战后遭遇的困境"相映成趣"。"约克镇之战"后,英军在陆地上的军事行动事实上已经宣告终结,但这并不意味着英国同样放弃了海上封锁,相反,英国在这方面变本加厉。1782 年,封锁切断了罗伯特·莫里斯从法国及古巴方面获得银币的通道,同时极大遏制了北美地区的贸易活动及收入。拖欠欧洲及北美地区债主的债务高居不下,莫里斯开始怀疑自己可能无法向博马舍支付 1782 年 6 月到期的三百万里弗尔货款。在从鲁泽尼处了解到可能会跳票的反馈后,莫里斯致信富兰克林,要求其暂停支付。但这封信为时过晚,早已料到莫里斯可能会拖延不付的博马舍,将自己的收款凭证折价卖给了自己的债主。富兰克林或许可以设法对某个商人拖欠货款,但他无法在危及美利坚合众国的良好声誉及信用的情况下,对一群商人拒不认账。富兰克林的账户现在被莫里斯取得一干二净,博马舍还在提醒美国人,有更多债务未能偿还——根据其账目明细显示,罗德里格·霍塔莱兹公司在独立战争期间为北美提供的商品及服务价格总计超过六百万里弗尔。

甚至连富兰克林垫付的头款都无力解决的莫里斯,根本没有办法应付多余的债务。当大陆会议下令审计博马舍的会计账簿时,他暂时找到了拒不付款的借口。在和博马舍从事交易的过程中,曾遭到希拉斯·迪恩排挤的阿瑟·李后来返回北美,在大陆会议上指控博马舍这位武器贩子,宣称其在诈骗北美的军火货款。法国政府提供的所有援助其实都是无偿的。迪恩则因为此前曾向大陆会议吹嘘“[博马舍]所说、所写、所为的一切内容,实际上都代表法国内阁”,无意间坐实了李的指控。但事实上法国政府早已明确向富兰克林表示过,从1777 315
年开始,博马舍向北美方面提供的武器装备并非法国国王的馈赠,北美方面必须向博马舍支付货款。即便如此,在和约签署后,大陆会议依然在支付货款问题上裹足不前。此后数年间,博马舍虽然屡次找到富兰克林及拉法耶特寻求帮助,但都一无所获。到了1789年,法国大革命的爆发使得一切都化为泡影;次年,博马舍去世,支付货款的主张成为历史悬案。此案拖宕的过程之长,经历了美国另外三位总统,以及无数次法庭审理,最终,在1837年,博马舍的后人才在大约六十年后从美国方面得到了相当于最初欠款的十分之一,即相当于十五万美元的款项。

博马舍的商业对手肖蒙面临的命运与此大同小异,但并非遭到大陆会议方面的直接拒付。事实上,肖蒙几乎所有被服、武器以及其他物资的货款,悉数被支付给了他的代理人约翰·霍尔克。问题在于,美方使用纸币支付,但在1780年北美政府停止供应纸币后,这些纸币的币值猛跌,形同废纸。在其他金融投机活动中损失惨重的肖蒙,此后不久便不得不宣布破产。战争结束后,肖蒙派遣自己的儿子——同样名叫雅克——前往美国,提醒大陆会议需要承担向他这样冒着经济风险支援独立战争的欧洲商人进行补偿的道德义务。雅克·肖蒙花费了五年时间,直到1790年,华盛顿的财政部长亚历山大·汉密尔顿决定折价赔偿。在逗留期间加入美国国籍的雅克——现在的名字变成了詹姆斯·勒雷(James Le Ray)——携带九千美元,以及一位美国籍新娘,回到法国。他们很快便将重返美国,计划参与一项土地投机买卖,以挽回损失。

博马舍和肖蒙在北美独立战争期间遭受的债权损失,和美国政府积欠法国政府的一千八百万里弗尔相比(1795年,汉密尔顿将这笔债务转让给一位私人投资者)微不足道,而后者在法国战时积欠的巨额债务之前,也显得颇为苍白。战事告终后,高达十亿里弗尔的债务,折合现价五千亿美元,几乎全部都是借款,其中大多数都投入到了海军
316 建设当中。即便身为一名银行家,内克尔也无法像英格兰银行那样在欧洲市场以百分之五的利息融到资金。因为法国财政状态岌岌可危,内克尔不得不为自己的借款支付接近百分之十的高息。因此,到了1786,法国财政收入的一半都被用来支付借款利息。单纯从债务本身来看,法国的债务负担并不大,特别是考虑到英国同时期举债规模是法国的两倍,但仍然可以通过一系列精心组织的财政措施,诸如增税,以及改革偿债基金,一旦出现财政结余,便直接用于偿还借款,而不是用于部会的什么项目。此前,法国也通过增税、收紧税收豁免、强化征税等一系列措施,成功清偿了“七年战争”期间欠下的债务。因此,这次停战后,财政相对稳定的法国看似前景一片光明。

将法国拖入金融危机,最终引发大革命的根本原因,不是战时举债,而是和平时期糟糕的财政政策——尽管参与北美独立战争毋庸置疑属于要因之一。继内克尔之后接任法国财政总监的是颇具声誉的卡洛纳子爵。他对财政和行政的改革加速导致了危机,因为重新强化对农民征收沉重赋税,以及雇用私人企业替政府征税,法国财政彻底失控。王室开支及借款成本高企,财政收入每况愈下,卡洛纳并未效法内克尔,尝试将财政状况公之于众,而是任由借款秘密增加。很快,

法国的情况就演变为必须进行激烈改革，以防止财政崩溃。法国财政如此摇摇欲坠，让卡洛纳于1786年和1787年为财政改革召开的由高等级教士、贵族参与的“显贵会议”（Assembly of Notables）成员都吃惊不已。即便面临财政危机，他们依然拒绝卡洛纳的改革建议，如对全社会各阶层征收之前只有第三等级（即平民）才需要缴纳的土地税。显贵会议坚持税务问题必须提交给“三级会议”讨论通过，而后者在1614年后再未召开。

在法国已经事实上陷入破产的情况下，路易十六于1789年5月召开“三级会议”，目标是从整体上解决本次财政危机。然而，第三等级的目标却主要集中于如何应对因为农业歉收所导致的法国大饥荒，以 317
及更深层次的社会不平等问题。因为目标不同，导致第三等级于6月退出三级会议，组成了“制宪会议”（National Constituent Assembly）。7月14日，第三等级的平民为获得武器弹药攻占“巴士底狱”，法国国王被迫承认制宪会议的合法性。这个7月不仅标志着法国大革命的开始，更解开了法国各地农民暴动的历史大幕，最终导致法国的封建制度走向末路。《人权与公民权利宣言》（Declaration of the Rights of Man and of the Citizen）获得通过，法兰西第一共和国在宪法意义上正式确立。

大革命还导致了持续一年之久的恐怖统治。作为这场血腥内战的至暗时刻，这一期间遭到暴民残害致死的平民，或互相残杀的革命者，死难数量以万计。但这一数字跟1792年开始的“法国大革命战争”中惨遭涂炭的生灵相比，实在微不足道。从这一年爆发的“瓦尔密之战”开始，法国单挑包括奥地利、普鲁士、英国在内的各国联军，这些国家认为，武装介入新生的法兰西共和国，对维护自身的君主政体至关重要。当法国开始在欧洲连战连捷、所向披靡之际，其在欧洲大陆乃至大西洋对岸的传统盟友，却接二连三地倒戈。

1798 年，法国与美国之间，部分因为中立贸易权的问题，爆发了一场不宣而战的冲突。1800 年冲突的终结，也意味着法美同盟关系的正式崩解。1802 年，随着《亚眠和约》(Treaty of Amiens)的签署，法国大革命战争暂时告一段落。好景不长，翌年，由于法国独裁者、后来成为法国皇帝的拿破仑·波拿巴(Napoleon Bonaparte)公然违约，英国正式向法国宣战。更为血腥的“拿破仑战争”，最终将全球超过二十多个国家裹挟进来，等到 1815 年 6 月的“滑铁卢之战”结束整场战争时，死难的平民及军人达到五百万。从政治上标志这场大战终结的“维也纳会议”(Congress of Vienna)——虽然会议的总决议是在“滑铁卢之战”前数日签订的——为欧洲列强所设定的国际政治框架，一直维持到第一次世界大战。而在此之前，英国则牢牢把持着十九世纪剩余时期的世界霸主地位。

正如法国因参与北美独立战争而背负巨额债务可以算作其在 1789 年遭遇金融危机的缘由之一，但绝非必不可少的成因，同样，北美
318 独立革命对法国大革命也仅是具有推动意义，绝非必要条件或直接原因。报刊书籍中对勇敢的北美民众积极争取自由的歌功颂德虽已家喻户晓，但真正颇具启发性的，是他们成功地进行斗争并赢得了自由的事实，而非他们的政治主张。参与独立战争后返乡的法籍老兵，也无需为革命精神的广泛流传承担责任。1789 年前出版的老兵回忆录屈指可数，内容大多仅涉及这个北美国家的风土人情，而非此地所奉行的政治理念。相反，导致法国大革命最终爆发的根源，在于其国内不同等级人士的经年积怨，这事实上也正是伏尔泰及孟德斯鸠等哲人启蒙思想的真正来源，后者则是杰斐逊撰写《独立宣言》的灵感所在。

尽管二者不存在直接因果关系，但法国大革命中，同样闪耀着某些曾在北美独立战争中大放异彩的明星。其中不少人支持人民的革命斗争。被提名参与显贵会议的拉法耶特，后来被选入三级会议，并

在咨询托马斯·杰斐逊的前提下,撰写了《人权与公民权利宣言》。他后来成为法国国民卫队这一民兵组织的领导人,该组织成员还包括罗尚博那支特混远征军故人,比如贝尔蒂埃、康尼以及其他若干出身于苏瓦松奈依团的军官。在圣多曼格,从1791年开始的海地革命推翻了法国殖民政府,废除了奴隶制,并于1804年创建了独立国家海地,诸多曾参与"萨凡纳之战"的圣多曼格志愿轻步兵团成员卷入这一事件。然而,大多数曾参与北美独立战争的法国老兵,选择忠于法国王室,同时,因为在北美作战的军功,他们往往在部队中身居高位。例如,罗尚博就曾作为法国北方军团统帅,在1792年率军抗击奥地利军队。杜芬率领保皇党武装在布列塔尼半岛镇压叛军。而杜波泰尔则于1790年至1791年出任陆军大臣。随着法国大革命及拿破仑战争不断蔓延,这些从北美归来的老兵目睹了远超此前所知规模的战争冲突。在1809年的"瓦格拉姆之战"中,双方交战兵力超过三十万;四年之后,共有五十万士兵参与了"莱比锡之战"。相比之下,无论是萨拉托加大捷,还是约克镇一役,走向战场的全部士兵加起来也不过两万五千人。正如拉法耶特向拿破仑的兄长约瑟夫·波拿巴(Joseph Bona- 319
parte)所解释的那样,在独立战争期间,"这个新世界中发生的重大事件,只不过是巡逻队之间爆发的遭遇战"。

与法国大革命战争同时期出现的恐怖统治,发生在1793年1月21日路易十六被处死之后数月。公安委员会(Committee of Public Safety)可以对任何被认定为革命敌人者施加包括死刑在内的惩罚措施,即便这些人发自内心地支持自由诸原则。和陆军相比,法国海军的大量军官遭到监禁、流放、斩首及枪决。这些海军军官不仅属于遭人痛恨的贵族阶层,更是科技精英。但是,如法国顶尖化学家安托万·拉瓦锡被推上断头台时媒体所言,在这场革命中,知识分子毫无用武之地。最为知名的受害人莫过于海军中将德斯坦。作为法国海军位阶最高的军官，他通过加入国民卫队的实际行动，向外界彰显了自己支持革命的态度，但仍于1794年被指控与法国王室通谋，并被斩首。据说，他告诉执行死刑的刽子手，“把我的脑袋砍下来之后，不妨送给英国人，可以换个好价钱”。损失大批经验丰富的海军军官，后果将会在法英两国海军长达十多年的作战过程中逐一显露——从1794年的“光荣的六月一日之战”战术层面的惜败，到“尼罗河河口海战”遭遇重创，再到1805年“特拉法加海战”连同西班牙舰队几被全歼。

曾在北美独立战争期间派出军舰与法国海军并肩作战的西班牙，在法国大革命之初并未选择和自己的传统盟友站在一起。《1783年巴黎和约》签署后，两国的发展道路便渐行渐远，分歧越来越大。和法国不同，西班牙对自身的财政政策控制甚严，甚至专门设立了一个金融机构负责处理战时负债问题。战时庞大的军费开支（大多数用于海军建设）主要通过举债，以及专门为此成立的国家银行（“圣卡洛斯银行”）等一系列经济措施加以解决。西班牙财政大臣弗朗索瓦·卡瓦鲁斯（François Cabarrus）成立这所银行的目的，便是为自己开具本票提供短期担保。西班牙同时具备强大的殖民地经济支撑。新西班牙殖民地（包括现在的墨西哥及中美洲）在战时的银产量不降反升，确保伯
320 纳多·德·加维斯及何塞·索拉诺有资金进行远征，墨西哥同时还成为周边其他西班牙殖民地的“面包篮子”及军火库。西班牙的经济十分强健，足以确保其可以通过博马舍、波洛克及加多奎直接向北美提供约四十万比索的经济援助（折合现值约十亿美元，根据1794年加多奎向约翰·杰伊提出的货物明细，并由亚历山大·汉密尔顿代表美国全部清偿）。翌年，两国政府就后续债务清偿问题签订了《圣洛伦佐条约》（Treaty of San Lorenzo），西班牙正式承认美国，并最终完成了密西西比河的航行权谈判。

同时，西班牙还通过在最有可能爆发革命热潮的西属美洲殖民地实施无情的血腥镇压，避免了重蹈法国大革命的覆辙。自从西班牙武力征服美洲后，每隔十年，从墨西哥到委内瑞拉再到秘鲁，这片大陆频频出现剧烈的政局动荡。几乎无一例外，均是赤贫的土著民众为了争取自治、减税或改善恶劣的工作环境而发起的反抗西班牙大地主的斗争。又毫无例外遭到西班牙军队及当地民兵的血腥镇压。西班牙之所以拒绝在 1778 年至 1779 年与北美结盟，便是因为其担心此举会诱发自己的殖民地人民纷起效尤，出现更多的暴乱。同时西班牙还采取措施，严密封锁北美独立革命的消息。即便如此，1780 年至 1781 年，在秘鲁的库斯科及玻利维亚的拉巴斯还是爆发了分别由何塞·孔多尔坎基及图帕克·卡塔里领导的土著暴动，这与西班牙卷入北美独立战争的高潮——“彭萨科拉之战”——时间大致吻合。因为极度担心革命风潮席卷各地，西班牙统治者不但处心积虑地将这两位领导人残忍杀害——枭首并四马分尸——同时还将遗体残块分送秘鲁总督区各处展示，以儆效尤。

海地革命，特别是路易十六被处死之后，西班牙统治者开始担心法国大革命的风潮会越过比利牛斯山，甚至扩展至在加勒比地区的殖民地，遂于 1793 年与自己的传统盟友法国断绝关系，反而和世代宿敌英国联手，企图扼杀法兰西第一共和国。这个时候，波旁王朝联盟的框架已然坍塌，卡洛斯三世于 1788 年离世，他的儿子卡洛斯四世（Carlos IV）继承王位。期间，佛罗里达布兰卡及后来于 1792 年继任的阿兰达被迫下台，由更为激进的曼努埃尔·戈多伊（Manuel Godoy）接任。在与法国开战两年后，西班牙发现自己未能占得便宜，随即改弦更张， 321
于 1796 年加入法国一方对抗英国。在科尔多巴及何塞·索拉诺率领下红极一时的西班牙海军，此际早已江河日下，并于 1797 年在“圣文森特角海战”中，尽管战舰数量占优，多出一倍，依然最终败北。

跟此前的战争那样,法西两国海军唯有组成一支波旁王朝联合舰队,才有机会战胜英国海军。

1805 年,法国大革命战争告一段落后,两国本来有机会结成联合舰队共同抗英。当时,西班牙已经将路易斯安那割让给法国,而拿破仑也指示自己的财政大臣——此前担任鲁泽尼秘书的弗朗索瓦·巴伯-马博瓦——将这块土地出售给美国,以换取发动新战争所需军费。上述努力的重点,便是记取 1765 年德·布洛依进攻英国作战计划的经验,及 1779 年进攻英国未果的教训。为了继续推动进攻计划,法、西两国舰队应当首先控制英吉利海峡的主导权,之后再使用平底船,运输进攻部队至近在咫尺的肯特地区登陆。尽管拿破仑的作战计划与之前大体无异,但规模却大相径庭。1779 年,等待实施登陆作战的部队人数不过两万人;这一次拿破仑在布涝涅和布鲁日之间屯集的兵力十倍于此。

但在进攻实际开始前,海军力量便出了问题。虽然两国海军从之前的经验中总结了若干教训,但显然在另外一些方面没有长记性。现在,虽然所有战舰都已经敷设了铜质底壳,但法国舰队和西班牙舰队却从未就复杂机动问题展开过共同训练。1805 年伊始,拿破仑设计出一整套复杂但不实用的战术策略,首先让法、西舰队从各自位于大西洋及地中海的港口突围,避开英军舰队,进而急速驶过大西洋,抵达位于加勒比的集结地,之后再急速折返回英吉利海峡与承担主攻的舰队汇合。春去夏至,只有土伦一地的舰队成功突围,到了 8 月,依然未能完成与主攻舰队的必要汇合。入秋之后,拿破仑下令波旁王朝联合舰队离开位于加的斯的母港,为其计划进攻那不勒斯运送部队。在法国海军中将皮埃尔·夏尔·西尔韦斯特·维伦纽夫(Pierre Charles Silvestre de Villeneuve)及西班牙海军上将费德里克·格拉维纳(Federico
322 Gravina)率领下,三十三艘战列舰于 10 月 20 日离开加的斯,驶向直布罗陀海峡。等待他们的,是英国海军上将霍雷肖·尼尔森率领的二十七艘战舰。

10 月 21 日,当两支舰队逐渐接近特拉法加角时,各自都有一些军官感觉到此情此景似曾相识。北美独立战争在欧洲的最后一战,即“斯帕特尔角海战”,二十年前正是在从这里目力所及的不远处打响。在“斯帕特尔角海战”中还是年轻军官的罗伯特·穆尔索姆(Robert Moorsom)和菲利普·杜尔汉姆(Philip Durham),现在已经成为英国战列舰的舰长。在西班牙舰队方面,曾参与“斯帕特尔角海战”的费德里克·格拉维纳、安东尼奥·德·艾斯卡诺(Antonio de Escaño)、何塞·加多奎(José Gardoqui)以及伊格纳西奥·马里亚·阿拉瓦(Ignacio María Álava),如今已升任指挥官,而科斯莫·达米安·丘鲁卡(Cosme Damián Churruca)以及弗朗西斯科·阿瑟多(Francisco Asedo)则已担任舰长。场面犹如昨日重现,原因还在于当年的那些主角——双方的旗舰“胜利号”和“至圣三一号”,还有英军战舰“布列塔尼亚号”以及西班牙战舰“闪电号”(Rayo)和“圣胡斯托号”(San Justo)——此番悉数参战。不过,画面的相似到此戛然而止。如果说“斯帕特尔角海战”双方未分胜负的话,那么“特拉法加海战”则是英国一边倒的完胜。照用罗德尼与胡德在“桑特海战”中开创的切断敌军战线的策略,尼尔森将法西舰队分割包围、逐一歼灭。持续一天的战斗结束时,被英国方面击毁或俘获的法西两国军舰超过三分之二。尼尔森在战斗中伤重不治,并因此被奉为英伦举国膜拜的战神。自此,拿破仑因为无法指望海军执行任何大规模的海外作战,只能将进军计划集中于欧洲大陆。英国海军在“特拉法加海战”中取得的胜利,影响范围远超欧洲版图,并不可撼动地宣告一个新世纪的到来——英国无可争议地在之后的百年间成为海上霸主,以至于直到第一次世界大战前,再无任何一支海军堪与匹敌。

一度统领西班牙海军的科尔多巴,并未活到亲眼目睹“特拉法加海战”的那一天。而他的同侪何塞·索拉诺,在此战结束后不久溘然离世,也未见证此战所导致的毁灭性的深远影响——西属美洲殖民地的分离与独立由此开始铺平道路,而西班牙海军也仅剩二十余艘战列舰,此后的半个世纪未能再建一艘。剩下的海军将士士气尽失,毫无再战之力。西班牙举国上下皆被紧随其后的战事压得喘不过气来。
323 1807 年,戈多伊批准拿破仑借道西班牙,进犯葡萄牙,而换来的却是后者借机占领西班牙,并将其交给自己的哥哥约瑟夫·波拿巴进行独裁统治。无论是在伊比利亚半岛,还是在美洲殖民地,西班牙人民纷纷揭竿而起,反抗外国入侵。西班牙、葡萄牙以及英国组成的联军,最终于 1814 年将法国人从伊比利亚半岛赶出。此后数十年间,西班牙皆由佛罗里达布兰卡及桑格罗尼斯等人摄政治理,直到伊莎贝拉二世于 1843 年开始亲政。

在西班牙的美洲殖民地,因为拿破仑的入侵以及法国人篡夺王位,此前反抗西班牙殖民统治的斗争也随之一变,转化为全方位的独立斗争。殖民地人民不仅不再相信自己需要效忠业已下野的西班牙政府,让他们更加有胆量闹革命的是,“特拉法加海战”之后,西班牙已经不再拥有一支随时可以派兵跨洋杀来的强大舰队了。就在西属殖民地人民跃跃欲试发动革命时,美国独立战争以及《独立宣言》也在西属殖民地的革命派心中点燃了星星之火,当地偏自由派的媒体不断刊载宣扬启蒙思想以及美国独立经验的文章及社论。1809 年,争取自由的革命啼声初闻。《基多人民宣言》(Manifesto of the People of Quito)直接照搬《独立宣言》中的“在人类事件的进程中,当一个民族必须解除其与另一个民族之间业已存在的政治联系”,并将其直译为“*Cuando un pueblo sea el que fuere, muda el orden de un gobierno establecido largo tiempo*”。类似的宣言随即在美洲各地纷纷涌现:1810 年,哥伦比亚;

1811 年，委内瑞拉；1813 年，墨西哥。

西属美洲殖民地宣布独立，和当年的北美独立运动一样，都属于
战争的序曲。其军事领袖之一，便是弗朗西斯科·德·米兰达。他在
离开北美之后，曾参与法国大革命战争，为法国而战。1811 年，米兰达
则将矛头瞄准西班牙，宣布建立委内瑞拉第一共和国，但翌年便遭到
西班牙军队的镇压。其衣钵随即便被在南美大陆北部开展斗争的西
蒙·玻利瓦尔，以及南美大陆南部的何塞·圣马丁接下。墨西哥及中
美洲也发生了类似的斗争。即便在 1814 年西班牙政府重新掌权后，
殖民地的战事依然继续。到了 19 世纪 20 年代，西班牙已经被拖得精 324
疲力竭，政治立场也虚弱不堪。此时，西班牙早已将佛罗里达割让给
美利坚合众国，根本无力维持一个庞大的帝国版图。到了 1825 年，半
个世纪前还是欧洲诸强势力延伸的美洲，已经分立为二十多个未来充
满希望与变数的国家。

美国敞开双臂，
欢迎法国及其他欧洲国家的流亡者

参加过北美独立革命的法国老兵和水手返回祖国，短短几年后，便又再次直面法国大革命及随之而来的内战，未来看似毫无希望可言，更缺乏确定性。于是，在恐怖统治开始前，便有很多老兵选择远走美利坚这片自己曾帮忙创建的热土，寻求庇护。和他们一同前来北美避难的，还有数以千计的贵族，虽然大多数来自法国，但也不乏其他欧洲国家侥幸逃脱革命者残忍追杀的贵族阶层。有些人只是短暂停留，待祖国内战一停，便选择返回。其他人则选择了永久留在这片大陆，开枝散叶，组建自己的家庭，其中不乏成就一番事业者，给美国社会留下了不可磨灭的印记。

一些欧洲老兵在北美独立战争结束前,便已经在美国娶妻生子。在海陆两片战场以及监狱中历劫重重的韦伯特,在结束皮特要塞的派驻任务,并短暂返回位于圣多曼格的老家后,于1786年定居费城。1788年,他和妻子离婚,后于1805年与寡妇珍妮·波尔森特再婚,除了后者带来的两个孩子外,两人又养育了两个孩子。曾经在圣多曼格目睹过奴隶制的不堪结局,因此,韦伯特成为宾夕法尼亚废奴运动的急先锋。1806年之后,他的相关记录便已无处可觅,唯一的例外,便是1833年他的女儿珍妮·玛丽结婚的消息。另外一位早期志愿者里埃尔于1776年抵达北美后不久,便在费城与利蒂希娅·英格拉哈姆结婚,显然,利蒂希娅并不知道自己的丈夫在马提尼克早有家室子女的事实,反之亦然。其实,在1779年参与围攻萨凡纳后,他曾有意让自己在美国的家人以为自己已阵
325 亡;实际上,里埃尔被俘后,被押回英国,但随即获释,后来返回西印度群岛继续担任法国炮兵军官。1784年,他在乘船返回法国的途中病逝,身后抛下了在费城以及在马提尼克的两个家。后来,他在马提尼克的家人选择返回法国,而在费城的家人则在美国中西部生生不息,其后人在艾奥瓦州创办的里埃尔公司(Lisle Corporation)运营至今。施托伊本的副官杜·彭骚也选择留在费城,并将自己的名字改为彼得·斯蒂芬·杜·彭骚(Peter Stephen Du Ponceau)。离开军界后,他曾为北美政府服务过数年,之后从1785年开始律师执业。杜·彭骚不仅在律师事务方面取得了颇为不俗的业绩,同时还成为美国语言学的先驱,在北美土著语言研究方面作出了巨大贡献。

当罗尚博的部队于1782年及1783年开始启程离开北美之际,留下了四百名左右的士兵。这些人算不上变节者,更不是被踢出部队——说到底,不是胆怯,而是对这块新土地深深着迷,才选择驻足,其中不乏因为自己热恋的女人。例如,1781年,皇家双桥团的尼古拉斯·安西奥克斯(Nicolas Anciaux)申请退役,与来自佐治亚的琳达·

理查森喜结连理。由于缺乏日记,无法准确知悉这些人选择留下的真正原因,不过,其中的大多数人都来自日耳曼裔为主的皇家双桥团,以及洛赞公爵所率领的军团——似乎和法国战友相比,他们更喜欢北美的风土人情。

随着恐怖统治的大幕徐徐拉开,此前忠于法国的很多老兵,开始改变立场,接受美国的相对优势。曾在皇家双桥团中服役,并曾留下极为罕见日记的弗洛尔,返回法国研究药学。1793 年,路易十六被处死的当天,弗洛尔就在巴黎。一群暴民残忍地杀害了弗洛尔身边的一位不知名者,还将一块尸体朝他扔过来。这一事件,使他从研究药学转为研究宗教,并从法国前往美国。后来,饱经世事磨难的弗洛尔在弗吉尼亚潜心宗教学的研究,并成为美国南部非常知名的布道者,享誉多年。

还有一位逃到北美躲避法国大革命恐怖风暴的老兵,便是杜波泰尔。此前担任陆军大臣的经历,让他和革命者关系不睦,1792 年 8 月,他被革命运动早期领导人乔治·丹东(Georges Danton)以“阴谋侵害 326
人民民主与主权”的罪名定罪。为躲避死刑,杜波泰尔不得已潜逃。1795 年,他前往美国,在宾夕法尼亚斯库基尔河沿岸的斯韦德福德(即现在的布里奇波特以及诺里斯敦一带)购买了一处种植园。此后数年,他一直过着田园牧歌般的生活——种植燕麦,还在河上建起了一处窝棚用于垂钓——而将自己的所有法律问题都甩给了转行律师的老友杜·彭骚。1801 年,面对祖国(特别是拿破仑)的召唤,报国壮志再一次压倒了解甲归田、安享晚年的决心。将种植园变卖后,杜波泰尔在纽约登上“索菲亚号”(Sophia),不料却于 1801 年 8 月 11 日在海上暴卒,死因可能是阑尾炎引发的肠破裂。他身后并无子嗣。

在美国留下烙印的大人物中,德·格拉斯值得一提。他作为英军战俘获释后,因为“桑特海战”失利接受了军事审判,但被判无罪。

1788 年，德·格拉斯逝世，身后留下一子四女。当这些人了解到父亲的老战友德斯坦的悲惨结局后，他们想办法逃至南卡罗来纳的查尔斯顿，而大陆会议则批准拨予津贴。德·格拉斯的子女最终成为当地的头面人物，而且由于他们在北美、西印度以及法国均有资产，家族后代也频繁往来于这些地方。格拉斯后人之一阿尔迪玛·德·格拉斯（Altima de Grasse），于 1897 年出生在英属内维斯岛，他的孙子尼尔·德·格拉斯·泰森（Neil de Grasse Tyson）后来成为纽约“海登天文馆”（Hayden Planetarium）馆长，是当今最为知名的天体物理学家之一。

就在美国向曾经为北美独立浴血奋战的老兵及其家人敞开大门的同时，拥有一技之长的平民，也因此拿到了成为美国公民的通行证。恰如大批法国人及其他国家公民为了躲避大革命与随后肆虐欧洲大陆的“拿破仑战争”而远走北美，很多人为了躲避海地革命，逃难北上，并在北美大陆各地安家扎根。他们的主要目的地是纽约和费城，以及在宾夕法尼亚、俄亥俄和纽约东北部的若干法国定居点。当时的美国首都费城是最为繁华的大都市。大量移民从法国前来定居，哪怕是路过的法国贵族，都喜欢在此驻足。

327 位于核桃街转弯处，前街 84 号的小书店，是这群流亡者的聚集地。书店的主人米德里克·圣梅里此前曾作为马提尼克代表参与法国的国民制宪会议。他的朋友塔列朗则是教会的代表。另外一位代表，是从“约克镇之战”后返回法国的诺艾利斯子爵路易·马利。这些人形成了 1793 年至 1798 年法国流亡者圈子的核心，该群体最盛期人数占到了费城法国移民的百分之十。很多造访者只是短暂停留，有几位法国王室成员是在流亡期间从一地赶往下一地的过程中在此驻足。1796 年，塔列朗返回法国，成为拿破仑手下的外交大臣，并主导了“路易斯安那购地案”，后来还成为“维也纳会议”的重要建构者。而曾于 1797 年企图领导波兰反抗俄国未果的柯斯丘什科，也曾在费城短暂停留,之后再次返回波兰坚持作战。其他的常客则选择定居于此,追逐自己的美国梦,其中最为著名的莫过于 E. I. 杜邦。他曾追随拉瓦锡学习火药制造,并于 1801 年在特拉华的布兰迪万建立了自己的火药工厂,后来,这间公司演变为化学工业巨头杜邦公司。与此同时,来自法国的珠宝制造商、家具匠人以及大厨纷至沓来,为费城的各界名流服务,并重新构建了这个国家的审美情趣。

一些曾经的贵族试图通过从事美国边疆地区的土地投机生意,重新积累已经化为乌有的财富。在独立战争之后的美国,法国贵族投机土地的风潮蔚为大观。其中,俄亥俄河谷的土地无序热炒情况最为严重。战后,这里被划分为权属存在重叠冲突的小地块,有些是大陆会议及相关各州批准的(例如,为老兵预留的作为薪金折抵的军事用地),其他则掌握在公司及私人手中,准备卖给前来拓荒的开拓者,其中就包括乔治·华盛顿在卡诺瓦河流域拥有的土地。这些土地的地契通常存在争议,甚至纯属伪造。例如,由威廉·杜尔(William Duer)于 1787 年成立的西奥托公司(Scioto Company),就完全是一家实施骗术的皮包公司,杜尔后来也因为另外一起诈骗而被判终身监禁。西奥托公司在法国的投资者甚至包括时任陆军大臣杜波泰尔。该公司声称可以向潜在的法籍定居者销售其从入股的俄亥俄公司分得的数千 328
英亩土地,并在宣传手册中表示,这里土地肥沃、气候宜人。1791 年,当购买了土地的五百多名法国定居者抵达美国后,却发现该公司所作出的一切承诺都是空中楼阁,完全无法兑现。没有人将他们带到俄亥俄,而那些的确抵达俄亥俄河畔加里波利斯的法国定居者发现,西奥托公司根本就没有什么土地,更没有俄亥俄公司的股份。他们费尽周折开始耕作时,土地贫瘠不说,气候还十分恶劣。在大陆会议及俄亥俄公司的帮助下,选择留下的法国定居者得以购买土地,并通过努力而最终建成了一个至今依然欣欣向荣的小镇。

位于宾夕法尼亚北部的法国人定居点阿吉鲁姆（Azilum）规模稍小，虽然相比之下更为幸运，但也更为短命。1793年，贪婪成性的土地投机者罗伯特·莫里斯向费城以诺艾利斯子爵为首的一个法国贵族团体销售了一千六百英亩土地。跟面向普通法国人的加里波利斯不同，阿吉鲁姆，如其名字所暗示的那样，是专为少数侥幸摆脱恐怖统治的法国贵族精英量身定制的避难天堂。诺艾利斯子爵沿着萨斯奎哈纳河的马蹄状河湾处，精心设计了布局精巧的城镇，内部设有中心市场、商铺、酒馆、学校、剧场、教堂，以及大型客栈——他们认为，一定会有大量保皇派移民蜂拥而来。后来的法国国王路易·菲利普的确曾造访此地，但法国王室从未想过要在海外建立流亡宫廷。无论买主还是投资者都屈指可数——塔列朗曾实地考察，但并未出手购买——定居者始终未超过五十户。事实证明，这里的土地不足以维持温饱，即便是这批为数不多的定居者，也在1800年前后纷纷选择离开。十年过后，这里便成为连过客都无意问津之地。

纽约公司（The Company of New York）是试图将从北美土著及保皇派人士手中没收的纽约东北部土地打包转售的土地投机商之一。1792年，若干巴黎投资者，包括詹姆斯·勒雷，购买了黑水河（Black River）的一千英亩土地，再次转卖给法国定居者。投机者将这一地块称为卡斯特兰德（Castorland）。投机者于1793年派出两位代表——西蒙·德斯贾丁斯以及皮埃尔·法罗克思——前来实地调查。他们的
329 同行者之一，是逃出恐怖统治的马克·伊萨姆巴德·布鲁内尔，他在纽约刚下船便同意和这两人一同前往卡斯特兰德；同时，他早已为纽约州开挖运河水道的计划而兴奋难耐、跃跃欲试。实地调查发现，这片土地的实际情况和他们的预期大相径庭，很难管理。虽然詹姆斯·勒雷于1802年从法国动身前来和自己的家庭团聚，并且通过亲自管理卡斯特兰德而收回了此前的损失，但法国定居者们却难以在此取得

成功。不出几年,这里便彻底沦落。但勒雷设法为自己建起豪宅,并成为当地名人,最后还将这些产业成功销售给拿破仑倒台后第二波逃离至此的法国移民。

帮忙调查卡斯特兰德后,布鲁内尔于1795年返回纽约,这里的法国流亡者聚居地已经生机日显。获得美国公民身份之后,他便设立了一家工作室,开始就运河、剧院以及其他民用工程的设计积极投标竞标,其中最值得称道的,应该是他与法罗克思一同赢得的帕克剧院(Park Theater)的部分设计。对布鲁内尔来说,纽约市堪称沃土——独立战争期间,法国工程师和建筑师赢得了极佳口碑,以至于战后军方及民间的相关需求持续高企。1793年,一位名叫约瑟夫-弗朗索瓦·曼金的法国移民来到美国后,开始担任美军助理工程师,后来负责强化美国的港口防御工事。到了1796年,曼金被任命为纽约市的规划测量员。就在几年前,为这座城市设计过诸多纪念碑、舞会厅以及亭台楼阁的朗方接到了新任务,重新装修举办过华盛顿就职典礼的联邦厅。

这三位法籍人士的职业生涯都堪称杰出。华盛顿就职典礼后不久,朗方便被总统点名要求在波托马克河岸边设计一座联邦新城。虽然任期仅仅持续了一年多,他便因为与政府官员关系不睦而被华盛顿解除职务。但他设计方案中网格状的城市布局,以及作为其间连接的宏大广场这种理念,却在很大程度上得到采用。他的这份计划,经修改后,成为哥伦比亚特区的设计蓝图。曼金则扎根纽约市,并建立了自己的建筑事务所,留下很多具有历史意义的设计成果,包括纽约市政厅以及位于曼哈顿下城的圣帕特里克大教堂。与此不同,布鲁内尔的传奇成就则主要是在美国之外实现的。1798年,在亚历山大·汉密尔顿家中餐叙的过程中,他被告知,英国海军在制造大质量舰船滑轮组的时候遇到难题。在开发出一种新的大规模制造体系后,第二年, 330

他携带自己的科研成果来到英国,并将这一发明适用于朴茨茅斯的船坞。凭借在纽约获得的工程及技术经验,马克·布鲁内尔这位法籍移民摇身一变,成为备受尊崇的英国工程师。值得一提的是,他更为出名的儿子——伊桑巴德·金德姆·布鲁内尔——因为在隧道建造、桥梁修建以及汽船设计等方面建树颇丰,跻身工业时代奠基者之列。

乔治·法拉格特则是父凭子贵的另外一位移民,而这也以某种方式帮助世人更为细致地审视这位父亲的过往。这位生于西班牙的海员曾在"查尔斯顿之战"中被俘,后来获释,在退役之前,还曾投身"考彭斯之战"。1807 年,法拉格特和家人搬迁至新奥尔良。妻子过世后,他将儿子大卫托给密友、海军上尉大卫·波特(David Porter)照顾。耳濡目染之下,大卫·法拉格特也加入海军。独立战争后,乔治·法拉格特踏足的美国依然因为畜奴问题存在分裂。1861 年,美国内战爆发时,大卫·法拉格特已经是北方联邦海军中最为积极好战的军官,他最终也成为首位真正意义上的海军上将。大卫率领北方联军在墨西哥湾及莫比尔湾战胜南方邦联海军——也正是在这片战场,他喊出了著名的口号,"该死的鱼雷"(Damn the torpedoes),身先士卒,率领部队猛攻——有力地确保了美国在建国八十年后终于实现真正意义的统一。

"拉法耶特,我们来了!"

1824 年到 1825 年,拉法耶特来到美国。当时,他已经六十出头,容易睹物伤情。1777 年,不到二十岁的他为了"荣耀声名",登上"维克多利号"前往北美;年仅三十二岁,他就得以跻身三级会议。尽管也曾参与起草《人权与公民权利宣言》,但他却在 1792 年被贴上了"反革命”的标签，被迫离开祖国。此后，遭奥地利军队逮捕的拉法耶特蹲了五年监狱，而他的儿子乔治·华盛顿·拉法耶特（Georges Washington 331
Lafayette），则被安排逃至美国，前往弗农山庄，和自己的教父华盛顿生活在一起。在拿破仑统治时期，拉法耶特远离公众视野，默默度过了中年时代。1807 年，他失去了自己的妻子艾德琳。拿破仑倒台后，波旁王朝于 1814 年复辟，拉法耶特得以重返政坛，但自然而然地站在了民主派一边，与保皇派针锋相对。

1823 年岁末，他惊悉和自己共同参加过“布兰迪万之战”的老战友约瑟夫·布隆菲尔德（Joseph Bloomfield）过世。在写给美国总统、同时也是北美独立战争老兵的詹姆斯·门罗（James Monroe）的信中，拉法耶特表达了失去“战友加兄弟”的沉痛哀悼，同时还提出，他发自内心地渴望能够和跟自己拥有共同回忆的战友再次会面，并重新造访自己挥洒热血青春的那片新生之地。一个月后，这封信便送到了门罗手上，后者随即请求国会向拉法耶特发出官方邀请。虽然 1824 年大选已证明美国国内政党派别林立、分歧巨大，但国会依然通过了一份联合决议，表达了热烈欢迎拉法耶特到访的态度。后者则丝毫没有浪费时间，接到邀请后便着手安排儿子乔治·华盛顿·拉法耶特及秘书奥古斯特·勒瓦瑟尔（Auguste Levasseur）与自己同行，并由秘书详细记载此次美国之旅的所有细节。拉法耶特兼具北美独立战争老兵及亲历法国大革命之资深政治家的双重身份，在大西洋两岸都深受爱戴。1824 年 7 月 13 日，当他搭乘的船舶驶离勒阿弗尔的时候，为数众多的送行者前来致意。而当他于同年 8 月 16 日抵达纽约时，受到了同样隆重的欢迎。纽约市官员将接待计划精确到了每分钟。整整四天的时间内，拉法耶特经历了夹道欢迎、各种冗长的欢迎致辞、奢华晚宴，以及最新科技成果的展示——无意间，纽约市消防员令人印象深刻地扑灭了一场真实发生的火灾。8 月 20 日，拉法耶特一行前往波士顿，美军贴身随行，沿路保驾。

接下来的十三个月，在拉法耶特从北到南，又由南至北遍寻二十四个州的游历过程中，上述情景一再上演。每一站迎接他的宴请、庆典以及盛会，都是北美独立五十周年大庆的预演。1826年，美国迎来了独立建国五十周年，这个时候，建国元勋要么撒手人寰，要么垂垂老矣。和拉法耶特一样，彼时的美国也充满了对革命岁月的缅怀，特别
332 是对联手抗敌传奇的念兹在兹。这个时候，人们口中的美国，还只是"联邦诸州"(these United States)。这片土地有着严重的南北分歧——更为准确地说，是废奴还是畜奴——跟五十年前革命派与保皇派之间的矛盾别无二致。

然而，托拉法耶特的福，这个国家暂时统一起来，披上了令人炫目的盛装。和他上次造访(即1784年)相比，美国的改变堪称天翻地覆。州的数量翻了一番，社会繁荣程度更创新高。在蒸汽科技方面，美国的适用广度远超欧洲大陆。尽管里昂建造了世界上首批汽船，但在当时的法国，这仍然属于稀罕之物。而在美国，无论哪里，搭载拉法耶特的都是蒸汽推动的汽船。10月，当他参观完弗农山庄，并在乔治·华盛顿的墓前洒泪挥别后，一艘汽船将他载到"约克镇之战"的战场。此时，距离这场关键胜利，已经过去了四十三年。放眼所及，跟他当年离开被战火烧成废墟的康沃利斯据守的要塞时几乎毫无区别——根据勒瓦瑟尔的记载，"残垣断壁，遍布黑色的烧痕及弹坑"。

拉法耶特在宾夕法尼亚的波因特布里兹稍作停留，以拜访约瑟夫·波拿巴。1816年，拿破仑倒台后，约瑟夫便买下了这处距费城二十英里的物业，1832年之前，他在此接待那些忠于拿破仑的法国流亡者。(夏天，约瑟夫待在纽约东北部那处从詹姆斯·勒雷手中买到的狩猎别墅。)之后，拉法耶特又前往蒙蒂塞洛拜会杰斐逊，参观在加里波利斯的法国流亡者定居点；1825年新年，他在华盛顿特区接受美国

《1824年10月19日，拉法耶特将军在约克镇战役胜利纪念大会上》
阿里·谢弗1824年至1834年间绘制，威廉·拉塞尔·伯奇铜板雕刻

国会的款待。3月，他访问于1783年以自己的名字命名、位于北卡罗来纳的法耶特维尔（Fayetteville）；5月，他访问1780年以法国已故国王名讳命名、位于肯塔基州的路易斯维尔（Louisville）。进入7月，拉法耶特来到布兰迪万这个自己初历战火之地。老兵和他们的后代跟随拉法耶特再次走上战场，追忆往昔，寻找半个世纪之前的战场地标。随后两月，就在准备启程返回法国之际，拉法耶特又一次在弗农山庄稍作停留，并与新当选的美国总统约翰·昆西·亚当斯（John Quincy Adams）会面。为表彰拉法耶特的贡献，美国总统和国会给他提供了十分优厚的津贴，借此，这位曾经家境殷实的侯爵终于有能力解决自己在法国积欠的巨额债务。他还得到了美方的另外一项礼遇：美国将最

333 新建造的一艘装备了四十四门舰炮的护卫舰重新命名为“布兰迪万号”,以纪念拉法耶特的首战;同时,这艘护卫舰 1825 年 9 月的处女航,将专门负责将拉法耶特及其随行人员送回法国。十年后,1834 年 5 月 20 日,拉法耶特逝世,被葬于巴黎皮卡普斯公墓,墓碑外撒上了他从北美携带回来的邦克山上的泥土。他被大西洋两岸共同追认为“两个不同世界的英雄,确保北美独立成功的法美联军代表人物”。

在拉法耶特离开的第二年,即美国独立五十周年大庆开始之际——不可忘却的,便是在庆祝《独立宣言》签署五十周年纪念日这天,托马斯·杰弗逊及约翰·亚当斯在不到五个小时内相继辞世这一令人吃惊的消息——对美国人来说,时间流逝已久,即便连他们自己,也都开始杜撰对革命及独立的传奇故事,同时也开始用历史概念思考上述问题。在五十周年大庆后,号召美国民众践行革命精神的演讲或
334 文章,开始使用“美国例外主义”(American exceptionalism)的辞藻来对这场革命加以叙述。“北美独立乃历史上最为伟大之政治事件”,一份报纸这样宣称。“开辟了人类历史的新纪元”,“是人类历史的分水岭”——全美各地纪念仪式上,发言者纷纷如是表态。

凡此种种,以及之后许多类似的叙事话语,杂糅了将发展民主共和视为美国独有之事业的观念,而这种观念,源于其所具有的例外属性。所谓的美国例外主义,与其他国家自始至终存在明显不同。不是从乡土、族裔或文化,美国人认为自己的例外属性来自于其恪守的共和主义和自由主义的意识形态,或者,换个通俗的表达,即自由和平等。约翰·温斯洛普(John Winthrop)的著名论断——美国将会成为“山巅之城”(City upon a hill)——就是被用来服务于这种例外主义理念:美国将致力摆脱横行欧洲的腐败现象,垂范于世。

美国人自身对北美独立战争的看法,受乔治·班克罗夫特(George Bancroft)于 1834 年至 1874 年陆续出版的多卷本鸿篇巨制——《美国

史:从发现新大陆开始》(*History of the United States from the Discovery of the Continent*)——影响至深,而其最后一卷的出版时间,恰逢美国在筹备建国一百周年庆典。班克罗夫特笔下的历史,也成为后世很多通俗历史学家研究的基础,被用作界定美国未来世代对自身历史感受的试金石。班氏叙事秉承的便是例外主义范式:自从来到新大陆之后,北美人民便矢志不渝地摆脱欧洲控制,争取自由独立。因为成书于用所谓“天命论”(Manifest Destiny)来为美国孜孜不倦地西进运动正名的时代,这种带有强烈个人主义色彩的叙事,并未给外来(尤其像法国或西班牙这样的欧洲列强)的影响或帮助提供太多空间。在这一时期,这些外力与美国的意识形态背道而驰。根据班克罗夫特以及无数后来照搬者的叙事,拉法耶特成为推动法国参战的主要代表,而罗尚博及德·格拉斯则只是最后时刻参与进来,帮忙在约克镇击败康沃利斯,仅此而已。换句话说,除此之外,北美人民主要依靠自身力量赢得了这场战争。如果说法国的作用遭到弱化,那么西班牙干脆被彻底忽略。班氏叙述中找不到有关加多奎的蛛丝马迹,对伯纳多·德·加维斯一带而过,对彭萨科拉及直布罗陀的战事只字未提。即便晚近的流 335
行文学、教科书、影视作品以及大众传媒,关于法国对北美独立作出的贡献,大多点到为止,至于西班牙方面的牺牲更是无人问津。

认为北美军队依靠自身的力量改变了这片土地的殖民地属性,自给自足地打赢了这场革命战争并最终获得独立,作为一种拟制的神话,从根本上而言绝不正确,更不合适。早在北美独立战争正式打响,甚至连北美殖民地人民自己都不知道这场革命运动可能会引发独立战争之前,法国和西班牙便开始提供援助。1815 年,约翰·亚当斯在写给杰斐逊的信中,将革命与独立战争联系起来,“所谓革命,究竟何意?一场战争?革命,只不过是战争所引发的结果”。诚如亚当斯的解释,“七年战争”之后,因为英国方面在处理北美殖民地问题时屡屡犯错，才不可避免地导致了独立战争的爆发。然而，对此问题，西班牙与法国早已心知肚明。《1763 年巴黎和约》刚一签订，法、西两国重臣便预估到北美人民对英国殖民统治的不满，将会引发下一场战争。为此，他们各自派遣谍报人员，密切把握革命动向，同时未雨绸缪，大肆建造战舰，为日后与英国的海战做准备。

当独立战争最终爆发，在《独立宣言》呼吁其施以援手之前，法国和西班牙便严阵以待，从未缺席任何关键阶段。战争伊始，这两个国家通过商人间的私下渠道，向北美提供援助；后来，随着冲突不断升级，两国开始通过海路运输公开向北美叛军提供支持。甚至在《独立宣言》起草前，法国的志愿者及军火已纷至沓来。与此同时，西班牙方面则始终向西线作战的北美武装力量提供弹药补给。最终，北美军队使用的武器，有百分之九十来自海外。法国及西班牙方面提供的超过现值三百亿美元的资金，确保了独立战争之火没有中途熄灭。法、西两国为北美独立战争所做贡献，还远远不止提供武器金钱。1778 年法美盟约的签署，消除了英国在北美沿海的军事优势，等到 1779 年西班牙方面参战，这场局部冲突已转变为全球战争。法、西两国的介入削弱了英国的军力，动摇了英国的意志，最终迫使其正式认输。

加多奎、博马舍、韦尔热讷、拉法耶特、罗尚博、德·格拉斯、科尔多巴以及伯纳多·德·加维斯——这些与北美方面并肩御敌的战友，
336 在为本国利益服务的同时，也在客观上拯救北美独立战争于水火。北美人民则用位于北卡罗来纳的“法耶特维尔”、位于肯塔基的“路易斯维尔”、位于阿拉斯加的“科尔多巴”、位于佛蒙特的“韦尔热讷”、位于弗吉尼亚的“普瓦斯基”、位于印第安纳的“柯斯丘什科”以及位于得克萨斯的“加维斯顿”来缅怀铭记。同时，诸如在费城市中心的“加多奎纪念雕像”，以及美国陆军工程兵团颁发的“弗勒里纪念章”，美方还为这些异国兄弟树立起数不清的纪念碑和雕塑。在美国，有很多大

街、公园及道路，是用这些革命英雄的名讳命名的。后来，美国国会宣布，授予拉法耶特侯爵、卡齐米日·普瓦斯基及伯纳多·德·加维斯以美国荣誉公民的称号。同样，西班牙投桃报李，在加维斯的家乡马拉加用“华盛顿”为一条大道命名，法国则用“本杰明·富兰克林”为其曾长期居住的帕西村附近一条街道命名。标志第一次世界大战结束的《凡尔赛条约》签署后，重建中的凡尔赛，将韦尔热讷曾长期办公的南北大臣会馆前的大街改名为北美独立大街（Rue de l'Indépendance américaine），以示庆祝。

真实的故事，绝非自给自足的英雄史诗，美国之诞生，乃是各国合纵连横、共抗强敌的核心篇章。没有法国的支持，北美就无法赢得独立，而缺少了西班牙的帮助，法国也无法成功。通过实际行动，法国和西班牙率先成为美国的过命弟兄。这一点，到现在为止，依然未变。当然，和所有兄弟一样，美国与这两个国家的关系堪称跌宕起伏。1798 年，美、法两国曾爆发过准军事战争；1898 年，“美西战争”爆发。但在这些国家逐渐成熟后，还是能够将各自的政治、军事利益整合起来，更多地予以互助。第一次世界大战期间，1917 年，美国远征军在约翰·潘兴（John J. Pershing）将军的率领下，抵达法国，共同抗击同盟国。7 月 4 日，潘兴将军的副官查尔斯·斯坦顿（Charles E. Stanton）站在拉法耶特的墓前，发表了十分钟的演说，详细解释了美军为何而来的缘由。他用英语告诉在场的众人，拉法耶特曾与美国人民并肩作战，对此，美国人民有义务作出回报。他发誓，美军将用“全部的荣誉和热忱”争取胜利。最后，他提高了声调：“拉法耶特，我们来了！”这篇演讲无疑感人至深，但也多少有失焦点。对这些国家来说，问题从来都不在于当对方需要的时候是否有义务施以援手。兄弟之间，更深层次的纽带，乃是对崇高荣誉的捍卫与遵守。

致 谢

337 首先,尤为感谢 Knopf 出版公司负责本书的编辑基思·戈德史密斯(Keith Goldsmith)给予作者的宽容及卓有见地的批评。

其次,感谢作者的经纪人米歇尔·特斯勒(Michelle Tessler)在本书写作过程中给予的鞭策和激励,以及为本书精准锁定了最为理想的编辑人选。

对在调研过程给予作者无私帮助,以及在审阅初稿中不吝赐教的诸位师友,作者亏欠良多。在此,按照姓氏字母及国别顺序,予以鸣谢。与他们的交流令作者获益匪浅,但本书一切错讹之责,皆由作者独担。

比利时

Marion Huibrechts

法国

Château de Versailles; École navale, Brest; Musée de l'Armée, Paris; Société des Cincinnati, Paris.

Pascal Beyls; Olivier Chaline; Raynald, Duc de Choiseul Praslin; Patrice Decencière; Jean-Marie Kowalski; Jean Langlet; Pierre Lévêque; Élisabeth Maisonnier; Christophe Pommier; Charles-Philippe Gravier, Marquis de Vergennes; Laurent Veyssière; Patrick Villiers.

英国

Robert Gardiner; Peter Hore; Andrew Lambert; Munro Price; Sam

Willis.

墨西哥

Iván Valdez-Bubnov

荷兰

Alan Lemmers

西班牙

Asociación Bernardo de Gávez, Máaga; Museo Naval, Madrid; Patrimonio Nacional, Madrid. 318

José María Blanco Núñez; Reyes Calderón Cuadrado; José Luis Cano de Gardoqui; Francisco Fernández González; Agustín Guimerá Ravina; Juan Hernández Franco; Sylvia Hilton; Lorena Martínez García; Valentín Moreno Gallego; Manuel Olmedo Checa; Gonzalo Quintero Saravia; Agustín Ramón Rodríguez González; José María Sánchez Carrión; Juan Torrejón Chaves; José Yaniz.

美国

Army Center of Military History, Washington, DC; Daughters of the American Revolution, Washington, DC; Fred W. Smith National Library, Mount Vernon, VA; Naval History and Heritage Command, Washington, DC; National Park Service; Regimiento Fijo de la Luisiana Española (Fixed Regiment of Spanish Louisiana); Smithsonian Institution, National Museum of American History, Washington, DC; Society of the Cincinnati, Washington, DC; Sons of the American Revolution, Louisville, KY.

Joshua Beatty; Eliud Bonilla; Michael Carroll; Thomas Chávez; Ellen Clark; John Cloud; Douglas Comer; Dennis M. Conrad; Michael Crawford; James Delgado; Héctor Díaz; Richard Doty; Jonathan Dull; James Garner;

Martha Gutiérrez-Steinkamp; John Hattendorf; John T. Kuehn; Karen Lee; Cliff Lewis; Darren Lickliter; John R. Maass; Albert "Durf" McJoynt; David Miller; Brian Morton; Sarah Myers; Charles Neimeyer; Julia Osman; Elaine Protzman; Ray Raphael; Eric Schnitzer; Emily Schulz; Robert A. Selig; Donald Spinelli; Albert "Skip" Theberge; Anthony Tommell; Samuel Turner; Robert Whitaker; Glenn F. Williams.

注　释

名讳、头衔及表达方法

作者对相关名讳的拼写，始终以“西班牙国家图书馆”（the Biblioteca Nacional de España）以及“法国国家图书馆”（the Bibliothèque nationale de France）作为主要参考来源。同时，因为同一人物的头衔会随着时间的发展出现变化（例如，从侯爵擢升为公爵），作者一般在书中选用的是最为公众所熟知的头衔。

在表达方法及范式层面，作者沿用的是“法兰西学院”（the Académie française）以及“西班牙皇家学院”（the Real Academia Española）所设定的标准。尤为值得一提的是，根据法兰西学院的标准，“de”只包括在单音节的姓氏中，如果姓氏为多音节，就应当将其加以排除。因此，德·格拉斯伯爵弗朗索瓦·约瑟夫·保罗（François Joseph Paul, Comte de Grasse），应表示为德·格拉斯，而韦尔热讷伯爵夏尔·格拉维耶（Charles Gravier, Comte de Vergennes）中的“de”被省略，应称为韦尔热讷。

当时，不单单英国，大多数海军都属于皇家海军，例如，法国皇家海军（LaRoyale）以及西班牙皇家舰队（Real Armada），因此本文在将西语或法语翻译为英文的表述过程中，通常仅以国别标称，省略“皇家”二字。同时，作者还在翻译中对拼写以及标点等进行了优化，以迎合当代读者的表达习惯。

货币单位

作者经常将当时的货币转换为现在的币值，从而让读者能够了解其在当时所具有的价值。但这一过程远比看起来更复杂，毕竟十八世纪末的经济状况与二十一世纪时的情况存在显著不同——马匹已被汽车取代，而且，举个例子，事实上，当时的食品价格，要远高于现代。

然而，经济学家还是找到了对比不同时期商品价格的若干方法。根据比较对象的不同，作者主要从中选取了两种对比范式。在讨论个别商品、支出或薪酬时，作者选用的是基于“消费物价指数”(CPI)，主要衡量消费品及服务的真实价格对比法。而在讨论大规模国家支出，如政府项目、借款及大宗武器交易时，作者选用的则是基于“国内生产总值”(GDP)的经济成本对比法。这就使得换算出来的现时价格出现极大差别，理由是在过去的二百四十余年间，GDP 的增速要远远高于 CPI。

概言之，作者选择 1775 年作为基准年，理由在于，对所有国家来说，这一年都算得上价格稳定的终点年份。之后，因为战争的原因，物价及汇率均出现了大幅波动。货币兑换价格，正是基于当年的汇率：1 英镑(英国) = 5 美元(北美) = 23.5 里弗尔(法国) = 6.3 比索(西班牙)。

最后，所有换算过来的现时价格，都锁定于 2010 年，并根据“购买力平价”换算为美元。

国别	货币	真实价格对比法	经济成本对比法
美国	美元	\$29.4	\$77500(以 1790 年基准)
英国	英镑	\$149	\$13127
法国	里弗尔	\$6.30	\$560
西班牙	比索	\$24	\$2083

来　源：

Mckusker, John J. *Money and Exchange in Europe and America, 1600–1775: A Handbook*. Chapel Hill: University of North Carolina Press, 1978.

Maddison, Angus. "Historical Statistics for the World Economy: 1 – 2003 AD," http://www.ggdc.net/maddison/oriindex.htm.

Measuring Worth: www.measuringworth.com.

OECD PPP: Organisation for Economic Co-operation and Development (OECD) Purchasing Power Parities (PPP) Data: http://ww.oecd.org/std/prices-ppp/purchasingpowerparitiespppsdata htm.

序　言

xvi **hired regiments from the German states:** Phillips, *1775*, 387–91.

xvi **"to declare the colonies in a state of independent sovereignty":** Cited in Ferling, *Almost a Miracle*, 114.

xvi **"immediately to cast off the British yoke"**: Cited in Ketcham, *James Madison: A Biography*, 70.

xvi **"the Army had not five rounds of powder a man"**: *PBF*, 23:237–38.

xvii **The standard account regarding the Declaration of Independence**: Here I synthesize writings from my children's primary and secondary school curricula and textbooks from the Commonwealth of Virginia and the Department of Defense Dependents Schools; university-level textbooks; and several online encyclopedias.

xvii **The Declaration was not meant**: Garry Wills makes similar arguments in his *Inventing America*, 325.

xvii **"is manifestly carried on"**: Bobrick, *Angel in the Whirlwind*, 156.

xvii **the Corsican Republic; the Act of Abjuration**: Armitage, *The Declaration of Independence*, 41–45; Lucas, "The 'Plakkaat van Verlatinge': A Neglected Model for the American Declaration of Independence."

xvii **Stemming from British legal practice**: Maier, *American Scripture*, 51; Armitage, *The Declaration of Independence*, 31.

xviii **adopted a series of declarations and resolves**: See Shain, ed., *The Declaration of Independence in Historical Context*, 190–250, for a thorough accounting and analysis.

xviii **Declaration of the Causes and Necessity of Taking Up Arms; Olive Branch Petition**: Ibid., 274–93.

xviii **Thomas Paine; *Common Sense***: Liell, *46 Pages;* Ferling, *Independence*, 217–23; additional thanks to Ray Raphael for pointing out the coincidence with the arrival of George III's speech.

xix **"Every thing that is right or natural"**: Liell, *46 Pages*, 174.

xix **"Nothing can settle our affairs so expeditiously"**: Ibid., 196.

xx **the scientific experiments of Benjamin Franklin**: See Shachtman, *Gentlemen Scientists and Revolutionaries*, 47–63.

xxi **Calls for independence**: Ferling, *Independence*, 258–77; Shain, ed., *The Declaration of Independence in Historical Context*, 438–59.

xxi **"America may yet owe her salvation"**: Potts, *Arthur Lee*, 148.

xxi **"I am clearly of opinion"**: Wills, *Inventing America*, 328.

xxi **"danger . . . may be prevented"**: Lee and Ballagh, eds., *The Letters of Richard Henry Lee*, 1:176–79.

xxi **"to concur with the delegates of the other Colonies"**: Alden, *The South in the Revolution*, 211.

xxi **"declare the united colonies free and independent states"**: Shain, ed., *The Declaration of Independence in Historical Context*, 462–64.

xxii **"We should be driven to the Necessity"**: Adams, ed. Adams, *The Works of John Adams*, 2:503.

xxii **"It is not choice then"**: Lee and Ballagh, eds., *The Letters of Richard Henry Lee*, 1:198.

xxii **three interconnected resolutions**: Shain, ed., *The Declaration of Independence in Historical Context*, 461–62; Maier, *American Scripture*, 41–46. Ferling, *Independence*, 3–7; Wills, *Inventing America*, 325–33.

xxiii **"entangle us in future wars in Europe"**: Adams, ed. Adams, *The Works of John Adams*, 2:505.

xxiv **John Hancock, officially used the term "The United States"**: Nettles, "A Link in the Chain of Events Leading to American Independence," 36–37.

xxiv **The revised draft of the Declaration**: Ellis, ed., *What Did the Declaration Declare?*, 15–21.

xxiv **a copy of the Declaration aboard a ship**: Kite, "How the Declaration of Independence Reached Europe," 410.

xxv **He was reaching instead**: Bailyn, *The Ideological Origins of the American Revolution*, 26–27.

xxv **"We hold these truths"**: Shain, ed., *The Declaration of Independence in Historical Context*, 490–93. For a comparison of Jefferson's text with George Mason's Virginia Declaration of Rights, from which he borrowed heavily, see Raphael, *Founding Myths*, 125–29.

第一章　走向战争

3 **On the surprisingly warm evening**: *Gazette de France*, no. 13 (February 14, 1763); Bedford, *Correspondence of John, Fourth Duke of Bedford*, 3:190–96, 208; Evans, "The Embassy of the 4th Duke of Bedford to Paris, 1762–1763." Bedford's residence, the Hôtel de Grimberghen, 16 rue Saint Dominique, was demolished in the 1870s as part of Baron Haussmann's renovation of Paris. Its original site is now occupied by French government ministry offices at 244 boulevard Saint-Germain.

4 **"supremely gifted in the art of reconciling political agreement"**: Bourguet, *Le duc de Choiseul et l'alliance espagnole*, 187.

4 **"sensible, laborious"**: Bedford, *Correspondence of John, Fourth Duke of Bedford*, 149.

4 **"gives balls every week"**: Gibbon, *Private Letters of Edward Gibbon*, 1:28–29.

4 **"stateliness and avarice"**: Ibid.

4 **"a very good man"**: Blampignon, *Le duc de Nivernais*, 119.

5 **"a system of equilibrium"**: Grivel, "Balance politique" (quote at 279). On balance of power in theory and practice, see Black, "The Theory of the Balance of Power in the First Half of the Eighteenth Century."

6 **"as he wished to conduct the peace"**: Voltaire, *Siècle de Louis XV*, 1:209.

6 **The Seven Years' War**: Among the many accounts of the Seven Years' War, I have made particular use of: Dull, *The French Navy and the Seven Years' War;* Baugh, *The Global Seven Years War;* Anderson, *Crucible of War;* Szabo, *The Seven Years' War in Europe;* and Waddington, *La guerre de Sept Ans: Histoire diplomatique et militaire.*

7 **"preventing them from coming there"**: Waddington, *Louis XV et le renversement des alliances*, 21.

7 **"I do not think myself obliged to obey it"**: Anderson, *Crucible of War*, 45.

7 **"in case of resistance"**: Ibid., 51.

8 **"a few acres of snow"**: Although Voltaire most famously trotted out this phrase in chapter 23 of his novella *Candide*, he used variations of it in several letters and essays.

8 **"Diplomatic Revolution"**: Black, "Essay and Reflection: On the 'Old System' and the 'Diplomatic Revolution' of the Eighteenth Century," 314–16; Szabo, *The Seven Years' War in Europe*, 12–15; Anderson, *Crucible of War*, 128–29.

9 **"was not a country with an army"**: Quote from Prussian minister Friedrich von Schrötter, cited in Szabo, *The Seven Years' War in Europe*, 21.

9 **Prussia became a highly militarized society**: Corvisier, *Armies and Societies in Europe*, 113–14.

11 **Choiseul . . . assumed that role in all but name**: Waddington, *La guerre de Sept Ans*, 3:447.

12 **outbuilt and outcaptured France's navy**: Glete, *Navies and Nations*, 1:272.

12 **Choiseul now proposed to Spain a combined amphibious invasion**: Fernández Duro, *Armada española,* 7:53–58.
12 **built more warships than any shipyard in Spain**: Harbron, *Trafalgar and the Spanish Navy,* 15.
12 **"Since we do not know how to make war"**: Flassan, *Histoire générale et raisonnée diplomatie française,* 5:376.
13 **"Does the king of Spain want war or peace?"**: Blart, *Les rapports de la France et de l'Espagne,* 33.
13 **The three men negotiated the final terms**: Rashed, *The Peace of Paris 1763,* 159–200.
14 **trained roughly one-third of the navy's sailors**: Dull, *The French Navy and the Seven Years' War,* 249.
14 **"an uninhabited country"**: Gipson, *The British Empire before the American Revolution,* 8:307.
14 **"succeed greatly beyond my expectations"**: Bedford, *Correspondence of John, Fourth Duke of Bedford,* 190.
14 **spectacular fireworks display**: These are the subject of a series of watercolors in *BNF* Stamps and Photographs, LI–72 and QB–201.
15 **prices and trade quickly returned to prewar levels**: Riley, *The Seven Years' War and the Old Regime in France,* 12, 106.
15 **"not to spend more money"**: Playstowe, *The Gentleman's Guide,* title page.
15 **"anglomania"**: See Grieder, *Anglomania in France 1740–1789.*
15 **"London abounds in French"**: Lennox, *The Life and Letters of Lady Sarah Lennox,* 212.
15 **Jean-Jacques Rousseau . . . immersed himself in botanical science**: Damrosch, *Jean-Jacques Rousseau,* 472.
15 **Jérôme Laland and Charles-Marie de La Condamine**: Lalande, *Journal d'un voyage en Angleterre.*
15 **"We had drubbed those fellows"**: Boswell, *The Life of Samuel Johnson,* 1:419.
16 **Bourbon strategy of *revanche*:** Abarca, "Bourbon 'Revanche' Against England."
16 **"constant information from you"**: Wickham Legg, *British Diplomatic Instructions,* 86.
17 **"Everything is closed to civilians and foreigners"**: Oraison, "Mémoire sur l'Amirauté anglaise."
17 **military spies were reconnoitering**: Morison, "The Duc de Choiseul and the Invasion of England."
17 **"It was at Deal where Julius Caesar"**: Stanhope, *History of England,* 5:363–64.
17 ***Secret du Roi*:** See Perrault, *Le secret du roi.*
18 **De Broglie . . . also hit upon the idea**: De Broglie, "Plan de guerre contre l'Angleterre"; Lacour-Gayet, *La marine militaire de la France sous le règne de Louis XV,* 430–55; Patterson, *The Other Armada,* 6–12; Kates, *Monsieur d'Éon Is a Woman,* 91–94; Das, *De Broglie's Armada,* 4–21.
18 **Finally, after years of inaction on the king's part**: Perrault, *Le secret du roi,* 2:173–75.
19 **France had only forty-seven ships of the line**: Abarca, "Bourbon 'Revanche' Against England," 459; Dull, *The French Navy and the Seven Years' War,* 245–48.
19 **the portion of revenues**: Riley, *The Seven Years' War and the Old Regime in France,* 231.
19 **Choiseul issued a sweeping Naval Ordinance**: Ferreiro, *Ships and Science,* 286–87.

20 **"My duty is to regard French and Spanish vessels"**: Sánchez Carrión, *De constructores a ingenieros de marina*, 236.

20 **Jean Maritz**: Valdez-Bubnov, *Poder naval y modernización del estado*, 312–19.

20 **The war plan that was agreed to by both nations**: Das, *De Broglie's Armada*, 18–20; Abarca, "Classical Diplomacy and Bourbon 'Revanche' Strategy, 1763–1770"; Scott, "The Importance of Bourbon Naval Reconstruction to the Strategy of Choiseul after the Seven Years' War."

20 **Choiseul . . . a memorandum to Louis XV**: Soulange-Bodin, *La diplomatie de Louis XV et le pacte de famille*, 236–53.

21 **"This peace is a remarkable epoch"**: Rain, *La diplomatie française d'Henri IV à Vergennes*, 257.

21 **Pontleroy de Beaulieu**: Agay, *La Provence au service du roi*, 2:582.

21 **"Americans were never more British than in 1763"**: Shy, "The American Colonies in War and Rebellion, 1748–1783," 308.

22 **For generations Britain had taken**: Calloway, *The Scratch of a Pen*, 12.

23 **Pontleroy reported that the American colonies**: ANF Marine, B4 106 folio 144, 1763; B4 107 folio 92, 1764; B4 folio 4, 1766. See also Lacour-Gayet, *La marine militaire de la France sous le règne de Louis XV*, 415; and Van Tyne, "French Aid before the Alliance of 1778," 24–26.

23 **the Stamp Act and the Quartering Act**: Anderson, *Crucible of War*, 641–51, 664–76. Additional thanks to Michael Crawford for his insights into the nature of colonial taxation.

24 **selling barrels of "choice prime" Madeira**: *PGW*, 7:458–59.

24 **he was furiously taking notes**: "Journal of a French Traveller in the Colonies, 1765"; Beatty, "The 'French Traveller,' Patrick Henry, and the Contagion of Liberty." The anonymous journal was unearthed in the Paris archives of the French navy in the early twentieth century, but the identity of the traveler as Charles Murray was not uncovered until 2011 with some particularly insightful sleuthing by Joshua Beatty.

25 **Johann de Kalb**: Perrault, *Le secret du roi*, 3:241–47; Kapp, *The Life of John Kalb*, 46–73; Zucker, *General de Kalb*, 65–79.

26 **"There is no doubt"**: Kapp, *The Life of John Kalb*, 288.

27 **North America was a continent on the move**: Calloway, *The Scratch of a Pen*, 57–61, 164.

27 **British efforts to populate the two Florida colonies**: Raab, *Spain, Britain and the American Revolution in Florida, 1762–1783*, 7–92.

27 **the French population of Canada**: See Imbeault, Vaugeois, and Veyssière, *1763: le traité de Paris bouleverse l'Amérique.*

28 **a network of observers**: Cummins, *Spanish Observers and the American Revolution*, 6–26.

29 **he dispatched Jean Surriret**: Ibid., 22–24. On Surriret's militia service (where his name is sometimes spelled Juan Suriray), see Churchill, *Spanish Records*, 1:49, 93, 96, 114, 121, 123, 130, and 2:326.

30 **"the destruction of the tea"**: Adams, ed. Adams, *The Works of John Adams*, 2:323.

30 **"accommodation of our differences"**: Skemp, *The Making of a Patriot*, xi.

第二章　鸿商巨贾

32 **The American insurrection; the Jacobite rising**: Black, *War for America*, 13–18.

32 **act in unison against their common adversary**: Among the many histories of,

and guides to, the War of American Independence, I have made particular use of: Boatner, *Encyclopedia of the American Revolution;* Bobrick, *Angel in the Whirlwind;* Dupuy and Dupuy, *An Outline History of the American Revolution;* Ferling, *Almost a Miracle;* Mackesy, *The War for America;* Middlekauff, *The Glorious Cause;* and Middleton, *The War of American Independence.*

33 **The Pennsylvania Committee of Safety**: Brown, *Firearms in Colonial America*, 306.

33 **a number of the militia volunteers**: Lindgren and Heather, "Counting Guns in Early America," 1835; Churchill, "Gun Ownership in Early America," 626; Phillips, *1775*, 296.

33 **the colonists' access to local stockpiles of arms and powder**: Raphael and Raphael, *The Spirit of '74*, 146–59; Bunker, *An Empire on the Edge*, 306–7; Russell, *The American Revolution in the Southern Colonies*, 52–53.

34 **gunsmiths . . . across the thirteen colonies**: Moller, *Colonial and Revolutionary War Arms*, 99–105; Brown, *Firearms in Colonial America*, 347–55. Additional information thanks to David Miller, associate curator in the Division of Armed Forces History, Smithsonian Institution National Museum of American History. Free population from Selesky and Boatner, eds., *Encyclopedia of the American Revolution*, 2:922.

34 **no cannon forges . . . not a single mill**: Gordon, *American Iron, 1607–1900*, 202; Stephenson, "The Supply of Gunpowder in 1776," 271.

34 **"a prodigious amount for exportation"**: Fitzmaurice, *Life of William Earl of Shelburne*, 1:404.

34 **little in the way of manufacturing**: Peskin, *Manufacturing Revolution*, 56–57; McCusker, "British Mercantilist Policies and the American Colonies," 346, 352.

35 **with an average household income**: Lindert and Williamson, "American Incomes before and after the Revolution," 757–58.

35 **Americans were in fact richer**: McCusker, "British Mercantilist Policies and the American Colonies," 352.

35 **"they experience neither famine nor barren harvests"**: Kapp, *The Life of John Kalb*, 292.

35 **colonial merchants focused on domestic procurement and trade**: Peskin, *Manufacturing Revolution*, 58.

35 **"everybody has property"**: Marshall, "Travellers and the Colonial Scene," 20.

35 **"By riches I do not mean gold"**: Crèvecoeur, *Letters from an American Farmer*, 39.

35 **The colonies had no mints**: Lasser, *The Coins of Colonial America*, 1–5; Mossman, *Money of the American Colonies and Confederation*, 35–36, 58, 63, 93–94. Additional information thanks to Karen Lee and the late Richard Doty, curators in the National Numismatic Collection, Smithsonian Institution National Museum of American History.

36 **American farmers**: Buel, *In Irons*, 8–10.

37 **"do not come into this port"**: Schulte Nordholt, *The Dutch Republic and American Independence*, 35.

37 **Robert Crommelin, William Hodshon, and Isaac van Dam**: Matson, *Merchants and Empire*, 147.

37 **the Montaudouin firm**: Rouzeau, "Aperçus du rôle de Nantes," 234; Martin, "Commercial Relations between Nantes and the American Colonies," 821.

37 **Casa Joseph Gardoqui e hijos**: Magra, *The Fisherman's Cause*, 166.

37 **In the summer and autumn of 1774**: Huibrechts, "Swampin' Guns and Stabbing Irons," 147–48.

37 **"such a dangerous traffic"**: Ibid., 174–75.
38 **one hundred pounds of gunpowder**: Schulte Nordholt, *The Dutch Republic and American Independence*, 35.
38 **"would sell arms and ammunition"**: Huibrechts, "Swampin' Guns and Stabbing Irons," 174–75.
38 **some of the finest gunpowder in the world**: Spooner, *Risks at Sea*, 99–100.
38 **in the principality of Liège**: Huibrechts, "Swampin' Guns and Stabbing Irons," 306–24; Moller, *Colonial and Revolutionary War Arms*, 372–78.
38 **Liège muskets accounted**: Moller, *Colonial and Revolutionary War Arms*, 484–85.
38 **"our traders"**: Huibrechts, "Swampin' Guns and Stabbing Irons," 320, 544.
39 **"Pro Libertate"**: Ibid.
39 **Munitions were sent**: Ibid., 363–64, 444–52.
39 **Arthur and Jean-Gabriel Montaudoin**: Rouzeau, "Aperçus du rôle de Nantes"; Martin, "Commercial Relations between Nantes and the American Colonies."
39 **Bilbao appeared to be:** Lamikiz, *Trade and Trust in the Eighteenth-Century Atlantic World*, 17.
39 **Joseph Gardoqui y Mezeta:** Calderón Cuadrado, *Empresarios españoles*, 192–96.
40 **Cabot and Gardoqui**: Lydon, *Fish and Flour for Gold*, 87, 97; Basurto Larrañaga, "Linajes y fortunas mercantiles de Bilbao," 356.
40 **Provincial Congress; Committee of Supplies**: Magra, *The Fisherman's Cause*, 162–68; Bunker, *An Empire on the Edge*, 339–43.
41 **"each of the minutemen"**: Huibrechts, "Swampin' Guns and Stabbing Irons," 66–67.
41 **Gardoqui replied**: *NDAR*, 1:401. Gardoqui stated that Jeremiah Lee's letter was dated December 16. However, he received it on December 23, and it would have been impossible for an eighteenth-century sailing vessel to have made the voyage from Marblehead to Bilbao, a distance of over thirty-three hundred nautical miles, in just seven days. Four weeks would have been considered an exceptionally fast voyage.
41 **the Spanish government apparently knew**: Calderón Cuadrado, *Empresarios españoles*, 142; Chávez, *Spain and the Independence of the United States*, 235.
42 **"new Spanish guns"**: *Muster and Pay Rolls of the War of the Revolution*, 185–87.
42 **Thomas Gage had sent his own dispatches**: Bunker, *An Empire on the Edge*, 343–65.
42 **On the evening of April 18**: Boatner, *Encyclopedia of the American Revolution*, 620–32.
42 **laying siege to the city**: Ibid., 95–97, 120–30.
43 **The devastating want of gunpowder**: Phillips, *1775*, 297; Risch, *Supplying Washington's Army*, 339; Stephenson, "The Supply of Gunpowder in 1776," 272–73.
43 **Benjamin Franklin; his Conciliatory Proposal**: O'Shaughnessy, *The Men Who Lost America*, 56.
44 **"The General was so struck"**: Risch, *Supplying Washington's Army*, 340.
44 **Washington requested**: Knox, *The Naval Genius of George Washington*, 7–11.
44 **"prohibiting the needless expense of gunpowder"**: *AA*, 3:325.
44 **supply Washington's proposed twenty-thousand-man army**: Risch, *Supplying Washington's Army*, 341–51.
44 **"good pistol and cannon powder"; "friendship of foreign factors"**: *NDAR*, 1:818.
44 **Americans were facing trouble paying**: Harlow, "Aspects of Revolutionary Finance," 47; Sumner, *A History of American Currency*, 44; Buel, *In Irons*, 159.
44 **agricultural surpluses available for export**: Buel, *In Irons*, 30–49.

45 **had been living in precarious exile in London**: Kates, *Monsieur d'Éon Is a Woman*, 119–36, 182–88.

45 **Their solution was straightforward**: Ibid., 216–19.

46 **Pierre-Augustin Caron de Beaumarchais**: Among the almost two hundred biographies of Beaumarchais, I have found two English-language works particularly useful: Morton and Spinelli, *Beaumarchais and the American Revolution*, and Lever, *Beaumarchais: A Biography*, a single-volume synopsis of his three-volume French work *Pierre-Augustin Caron de Beaumarchais*.

47 **on the calle de Hortaleza**: Corral, *La Gran Vía: historia de una calle*, 32–33, 40.

47 **Beaumarchais, encouraged by his discussions**: Lever, *Beaumarchais: A Biography*, 21–30.

47 **"D'Éon's secret"**: Kates, *Monsieur d'Éon Is a Woman*, 220. Beaumarchais actually quoted a sum of 100,000 écus, equivalent to $2 million today.

48 **"about the situation in America"; "not one farmer"**: *BC*, 2:140; Morton and Spinelli, *Beaumarchais and the American Revolution*, 24.

48 **untrained but capable farmers**: Philbrick, *Bunker Hill*, 242.

49 **introduce him to Arthur Lee**: Wilkes, ed. and Eagle, *The Diaries of John Wilkes*, 86; Morton and Spinelli, *Beaumarchais and the American Revolution*, 33, 50; Paul, *Unlikely Allies*, 134–41; Cash, *John Wilkes*, 319–21; Potts, *Arthur Lee*, 151–55.

49 **Gardoqui had already shipped muskets**: Calderón Cuadrado, *Empresarios españoles*, 15. No correspondence between Gardoqui and Hayley exists today to determine whether they remained in contact after Gardoqui's apprenticeship (acknowledgments to Dr. José Luis Cano de Gardoqui for searching the Gardoqui family archives).

49 **Beaumarchais addressed the proposal**: *DP*, 1:100–15; *NDAR*, 3:525–30; Beaumarchais, *For the Good of Mankind*, 38–39, 75–81.

50 **The Perfect Merchant**: Savary, *Le parfait négociant*, 76–80; Dussert, *La machinerie Beaumarchais*, 278.

50 **Beaumarchais had just been named**: Johnson, *Climate and Catastrophe*, 128–29.

50 **All of the information on the American crisis**: *DHPF*, 1:253.

50 **De Broglie likely received news**: Perrault, *Le secret du roi*, 3:179–82.

50 **"make a faithful account"**: *DHPF*, 1:153–59. On Bonvouloir, see Hamon, *Le chevalier de Bonvouloir*.

51 **invasion of Canada**: Dupuy and Dupuy, *An Outline History of the American Revolution*, 29–33.

51 **"colonies are in open and avowed rebellion"; "manifestly carried on"**: Bobrick, *Angel in the Whirlwind*, 156.

51 **Secret Committee of Trade**: See Nuxoll, *Congress and the Munitions Merchants*.

51 **Pierre Penet and Emmanuel de Pliarne**: Rappleye, *Robert Morris*, 48–49.

51 **"for the sole purpose of corresponding"**: *AA*, 3:1936.

52 **"elderly lame gentleman"; "[they] shall have it"**: Jay, ed., *The Life of John Jay*, 1:39–40.

52 **"the writing would only appear"**: *DHPF*, 1:266.

52 **Bonvouloir began his report**: Ibid., 1:267–69, 1:287–92; *NDAR*, 3:279–85.

53 **The committee had already sent letters**: *PBF*, 22:287, 296, 298, 369–74.

53 **"Peace or War"**: *BC*, 2:171–76.

54 **"consider the best means"**: *DHPF*, 1:370–71.

54 **"must always be cloaked"**: *DHPF*, 1:284.

54 **"I received from M. Duvergier"**: *BC,* 2:219.

54 **Beaumarchais became a whirlwind of activity**: Morton and Spinelli, *Beaumarchais and the American Revolution,* 46–49, 75; Lever, *Pierre-Augustin Caron de Beaumarchais,* 2:181–86.

55 **"On your part"; "This is not a commercial transaction"**: *DP,* 3:296–98.

55 **Beaumarchais was in Bordeaux**: Morton and Spinelli, *Beaumarchais and the American Revolution,* 53–54.

55 **Jacques Barbeu-Dubourg**: See Aldridge, "Jacques Barbeu-Dubourg," and Schaeper, *Edward Bancroft.*

56 **Edward Bancroft**: Ibid.

56 **Deane arrived in Paris**: Schiff, *A Great Improvisation,* 7.

56 **"purchase a large quantity"**: *DP,* 1:198–202.

56 **"the quietest man in France"**: *BC,* 2:235.

57 **"everything he says, writes, or does"**: *DP,* 1:217.

57 **"perpetually shrouded [it] in coal smoke"**: Alder, *Engineering the Revolution,* 163.

57 **most commonly used muskets**: Moller, *Colonial and Revolutionary War Arms,* 291–363; Alder, *Engineering the Revolution,* 163–220. Additional information thanks to Robert A. Selig.

58 **In September 1776 the minister of war sent Coudray**: *PCC,* Roll 176, 626–27; Nardin, *Gribeauval,* 291–92. Additional information from Christophe Pommier, Musée de l'Armée, Paris.

58 **Although the Congress gave him no authority**: Schiff, *A Great Improvisation,* 12; Morton and Spinelli, *Beaumarchais and the American Revolution,* 80.

58 **Deane signed the contract**: Alder "Forging the New Order," 51–58; Huibrechts, "Swampin' Guns and Stabbing Irons," 303–5; Morton and Spinelli, *Beaumarchais and the American Revolution,* 67–76; Rouzeau, "Aperçus du rôle de Nantes," 226, 243–44. Additional information thanks to Donald Spinelli.

59 **"not to attempt to buy cannons or other arms"**: *BC,* 3:13.

59 **Deane also met with Chaumont**: Schaeper, *France and America in the Revolutionary Era,* 77–79.

59 **Bancroft returned to London**: Schaeper, *Edward Bancroft,* 52–64, 94–106, 124–33, 147–48.

60 **brick-red carriages**: Smithsonian military history collection, French M1732 four-pounder field cannon, Catalog #12182 Accession #54996.

60 **loaded only at night**: Morton and Spinelli, *Beaumarchais and the American Revolution,* 80–88; Lever, *Beaumarchais: A Biography,* 152–54; *BC,* 2:238; *NDAR,* 10:937–38. Additional information thanks to Donald C. Spinelli and Robert A. Selig.

60 **"I am at a loss"**: *NDAR,* 6:560.

61 **News of Franklin; "We look only to heaven"**: Morton and Spinelli, *Beaumarchais and the American Revolution,* 92; Schiff, *A Great Improvisation,* 7, 29.

61 **Gardoqui's shipments to New England**: Calderón Cuadrado, *Empresarios españoles,* 211.

62 **With Pollock translating**: Cummins, *Spanish Observers and the American Revolution,* 49–53; James, *Oliver Pollock,* 61–70 (dollar mark "$," 356–59).

62 **those reports taken together helped**: Chávez, *Spain and the Independence of the United States,* 28–32.

62 **"to encourage the insurgents"**: Yela Utrilla, *España ante la independencia de los Estados Unidos,* 2:25–26.

63 **ordered Unzaga to send a new observer**: Cummins, *Spanish Observers and the*

American Revolution, 44–51. An abstract of Beauregard's report indicated that he met with members of the Congress, but the original reports have been lost, and I have not found his name mentioned in the correspondence of the members of the Continental Congress.

63 **devastating series of droughts**: Johnson, *Climate and Catastrophe,* 95–96, 131–37.

63 **deliver supplies to the American rebels**: Thomson, *Spain: Forgotten Ally,* 135–40; Cummins, *Spanish Observers and the American Revolution,* 51–53, 78–81; Chávez, *Spain and the Independence of the United States,* 92; Yaniz, "The Role of Spain in the American Revolution," 50–51.

64 **he wrote a long dispatch**: Thomson, *Spain: Forgotten Ally,* 36–41.

64 **"cease working with that man"**: Vergennes, ed. Hardman and Price, *Louis XVI and the Comte de Vergennes,* 239.

64 **John Adams's Plan of Treaties**: *PJA,* 4:290–302.

64 **they met the Spanish ambassador**: Emmanuelli, "Spanish Diplomatic Policy," 64.

65 **the American commissioners expanded their wish list**: Dull, *A Diplomatic History of the American Revolution,* 55–56, 75–78; Murphy, *Charles Gravier, Comte de Vergennes,* 243–44; Schiff, *A Great Improvisation,* 31–32; Granet, *Images de Paris,* 59.

65 **Pierre Penet and Emmanuel de Pliarne**: *DHPF,* 1:506–9; *NDAR,* 6:524–25, 7:1000–1003; Shomette, *Shipwrecks, Sea Raiders, and Maritime Disasters,* 59–65; Crout, "The Diplomacy of Trade," 130–31. Hedges, *The Browns of Providence Plantations,* 230–33.

65 **some of their muskets burst during proofing tests**: *PGW,* 10:152–53.

65 **"one of those fortune seekers"**: *NDAR,* 6:399–400.

66 **"to house for free"**: *SFME,* 23:245–50.

66 **he would act as the commissioners' gatekeeper**: Schaeper, *France and America in the Revolutionary Era,* 92–107, 156–65; Schiff, *A Great Improvisation,* 50–53.

66 **uniforms . . . began arriving in New England in the spring of 1778**: *PGW,* 15:29–30; Risch, *Supplying Washington's Army,* 293–95.

66 **Rodolphe-Ferdinand Grand**: Lüthy, *La banque protestante en France,* 339, 452–55, 612–19.

67 **Grimaldi now instructed Lee**: Potts, *Arthur Lee,* 167–72; Beerman, *España y la independencia de Estados Unidos,* 27–35; Thomson, *Spain: Forgotten Ally,* 48–62; Chávez, *Spain and the Independence of the United States,* 61–63. Acknowledgments to Reyes Calderón Cuadrado for additional information regarding Gardoqui's smuggling activities.

68 **to Elbridge Gerry in New England**: *NDAR,* 10:1130–33; Moller, *Colonial and Revolutionary War Arms,* 404–5. Spanish muskets had been built to the same 0.69 caliber as French muskets ever since the War of the Spanish Succession (1701–14) created a Bourbon family dynasty: see Chartrand and Rickman, *The Spanish Army in North America,* 41.

68 **Howe gradually cleared out Washington's troops**: Mackesy, *The War for America,* 89–91.

68 **Battle of Trenton [and Princeton]**: Middleton, *The War of American Independence,* 60–63; Selesky and Boatner, eds., *Encyclopedia of the American Revolution,* 2:933–37, 1161–65.

69 **at least ten thousand muskets and close to one million pounds of gunpowder**: Estimated from Moller, *Colonial and Revolutionary War Arms,* 484, and Stephenson, "The Supply of Gunpowder in 1776," 277–78.

69 **his own musket and sixty rounds**: McCullough, *1776,* 274.

69 **survey of shot recovered**: Selig et al., "Archaeology, Computer Technology, and the

Battle of Princeton as a Cross-Cultural, Trans-Atlantic Encounter," in Comer, ed., *The Archaeology of Interdependence*, 27–33.

69 **their larger plan for dividing the American forces**: Middleton, *The War of American Independence*, 69–80.

69 **Philadelphia**: Dupuy and Dupuy, *An Outline History of the American Revolution*, 80–96.

70 **Ticonderoga**: Ibid.

70 **Beaumarchais's ships were on their way to America**: Morton and Spinelli, *Beaumarchais and the American Revolution*, 97–112, 207.

70 ***Mercure* was the first to arrive**: Ibid., 125–27; *PGW*, 9:336–37, 440–44.

71 **to the Springfield Armory**: *PGW*, 9:579–80, 10:152–53; Smith, "A Veritable . . . Arsenal of Manufacturing," 2–5. Acknowledgments to Anthony Tommell for additional information.

71 **newspapers . . . carried stories**: Morton and Spinelli, *Beaumarchais and the American Revolution*, 128.

71 **dispatch more cannon to the front lines**: Elting, *The Battles of Saratoga*, 88; Ketchum, *Saratoga*, 334; *PGW*, 10:152–53, 216–18. Acknowledgments to Eric Schnitzer, National Park Service Saratoga, for additional information.

71 **arrival of Beaumarchais's arms**: Carroll, "New Hampshire Marked French Revolutionary War Muskets."

72 **Orders flowed out of Gates's camp**: Luzader, *Saratoga*, 189–92.

72 **the first Battle of Saratoga**: Elting, *The Battles of Saratoga*, 48–67; Luzader, *Saratoga*, 201–96.

73 **"The first opportunity"**: Stark, *Memoir and Official Correspondence*, 357.

73 **loss of nearly a quarter of Britain's forces**: Mackesy, *The War for America*, 524–25.

73 **"courage and obstinacy"**: Ketchum, *Saratoga*, 369.

74 **Beaumarchais learned of Saratoga**: Schiff, *A Great Improvisation*, 109; Beaumarchais, *For the Good of Mankind*, 254; Morton and Spinelli, *Beaumarchais and the American Revolution*, 130.

74 **saw their losses mount**: Schaeper, *France and America in the Revolutionary Era*, 196–98; Buel, *In Irons*, 60–61.

74 **received naval salutes**: Tuchman, *The First Salute*, 5–7.

第三章　国之重臣

75 **"Sir, *is* Philadelphia taken?"**: Schiff, *A Great Improvisation*, 109–10.

75 **"was received in France"**: Franklin, *Memoirs of the Life and Writings of Benjamin Franklin*, 2:59.

75 **the accounts published in French newspapers**: Censer, *French Press in the Age of Enlightenment*, 176–77; Ascoli, "The French Press and the American Revolution."

76 **Similarly in Spain**: García Melero, *La independencia de los Estados Unidos de Norteamérica a través de la prensa española; Gaceta de Madrid*, December 30, 1777, 512–15; *Mercurio Histórico y Político*, March 1778, 226–30.

76 **absolute, if enlightened, monarchs**: See Scott, ed., *Enlightened Absolutism*.

76 **Carlos III**: Domínguez Ortiz, *Carlos III y la España de la Ilustración;* Vaca de Osma, *Carlos III;* Hull, *Charles III and the Revival of Spain*.

77 **Carlos III and his court led a peripatetic existence**: My thanks to Lorena Martínez García and Valentín Moreno Gallego, both of the Spanish Patrimonio Nacional (National Heritage) for providing Carlos III's annual itinerary.

78 **a handful of administrative secretaries**: Acknowledgments to Lorena Martínez García and Juan Hernández Franco for their knowledge and assistance.

78 ***covachuelistas***: See López-Cordón, "Administración y política en el siglo XVIII." My thanks to José María Blanco Núñez, Agustin Guimerá, and José María Sánchez Carrión for uncovering and explaining this underreported aspect of Spanish diplomatic history.

78 **Floridablanca; Castejón; Ricla; Gálvez**: Chávez, *Spain and the Independence of the United States*, 9–10; Cummins, *Spanish Observers and the American Revolution*, 7–8, 31; Blanco Núñez, *La Armada española en la segunda mitad del siglo XVIII*, 109–10. On Floridablanca, see Pardos, *El modernizador*.

80 **Under Floridablanca, these ministers created a new approach**: Emmanuelli, "Spanish Diplomatic Policy," 28–44, 50.

80 **Louis XVI**: See Lever, *Louis XVI*; Hardman, *Louis XVI*.

81 **the king himself so seldom visited Paris**: Manceron, *Twilight of the Old Order*, 408.

81 **Louis XVI traveled**: Hardman, *French Politics, 1774–1789*, 254–56.

81 **"two oiled billiardballs"**: Lever, *Louis XVI*, 146.

81 **The ministers lived and worked**: See Baudez, Maisonnier, and Pénicaut, *Les hôtels de la Guerre et des Affaires Étrangères à Versailles*, 85–93, 112–13. Additional information thanks to Élisabeth Maisonnier.

82 **Necker had replaced**: Hardman, *Louis XVI*, 57–64; Harris, *Necker: Reform Statesman of the Ancien Régime*; Dull, *The French Navy and American Independence*, 14–15, 108; Villiers, *La marine de Louis XVI*, 19–24; Castex, *Les idées militaires de la marine du XVIIIme siècle*, 164.

83 **Vergennes**: See Murphy, *Charles Gravier, Comte de Vergennes*, and Labourdette, *Vergennes*.

83 **with assistance from the Grand family**: Schaeper, *France and America in the Revolutionary Era*, 98.

83 **"put a brake on"**: Bonneville de Marsangy, *Le chevalier de Vergennes: Son ambassade en Suède*, 64.

83 **"I chat with M. de Maurepas"**: Murphy, *Charles Gravier, Comte de Vergennes*, 345.

84 **"honesty and restraint"**: Hardman, *Louis XVI*, 93.

84 **"arrived at Versailles"**: Murphy, *Charles Gravier, Comte de Vergennes*, 211.

84 **his four long-serving *premiers commis***: *Almanach Royal*, 1777, 218, 1779, 219. Biographies: Hudson, *The Minister from France*; Luraschi, *Conrad-Alexandre Gérard*.

84 **Noailles**: *Recueil des instructions données aux ambassadeurs*, vol. 12 bis, 359–67; Vergennes, ed. Hardman and Price, *Louis XVI and the Comte de Vergennes*, 28–30.

84 **"an honest gentleman"**: That earlier diplomat was Henry Wotton, 1568–1639.

84 **Ossun; Montmoris**: *Recueil des instructions données aux ambassadeurs*, vol. 12 bis, 359–67; Vergennes, ed. Hardman and Price, *Louis XVI and the Comte de Vergennes*, 28–30.

85 **For some time France had used its influence**: Murphy, *Charles Gravier, Comte de Vergennes*, 211–21; Labourdette, *Vergennes*, 89–90; Vergennes, ed. Hardman and Price, *Louis XVI and the Comte de Vergennes*, 157–59, 166.

85 **"restless and greedy"**: Labourdette, *Vergennes*, 89.

85 **Spain was less troubled**: Domínguez Ortiz, *Carlos III y la España de la Ilustración*, 95–115; Batista González, *España estratégica*, 366–76; García Diego, *Jano en Hispania*, 400–442; Chávez, *Spain and the Independence of the United States*, 33–44.

86 **the Spanish navy added thirty new ships**: Kuethe and Andrien, *The Spanish Atlan-*

tic World in the Eighteenth Century, 332, 350–52; Harbron, *Trafalgar and the Spanish Navy,* 168–71; Glete, *Navies and Nations,* 1:271–76.

86 **France was supposed to increase**: Glete, *Navies and Nations,* 1:271–76; Dull, *The French Navy and American Independence,* 11–13.

87 **Spain and Portugal had been disputing**: Hernández Franco, "El gobierno español ante la independencia de los Estados Unidos," 171; Hull, *Charles III and the Revival of Spain,* 221–25; Kuethe and Andrien, *The Spanish Atlantic World in the Eighteenth Century,* 290–91; Alden, "The Marquis of Pombal and the American Revolution"; Walker, "Atlantic Dimensions of the American Revolution," 261–63.

88 **"War is inevitable"**: Murphy, *Charles Gravier, Comte de Vergennes,* 222–31; Labourdette, *Vergennes,* 96–97. Grimaldi's dispatch of October 18, 1775, and Vergennes's response of November 29, are reprinted in *DHPF,* 1:299–312.

88 **His missives to Grimaldi**: Labourdette, "Vergennes et le Portugal," 180.

88 **his richly inlaid Brazilian hardwood desk**: Louvre Atlas database, inventory number OA 6600, bureau plat dit "de Vergennes."

88 **For Vergennes, it must have been**: Murphy, *Charles Gravier, Comte de Vergennes,* 239; Vergennes, ed. Hardman and Price, *Louis XVI and the Comte de Vergennes,* 223.

89 **Vergennes sent Grimaldi a letter**: *DHPF,* 1:370–71; Murphy, *Charles Gravier, Comte de Vergennes,* 239.

89 **"Considerations"; "Reflections"**: Murphy, *Charles Gravier, Comte de Vergennes,* 232–41; Labourdette, *Vergennes,* 96–97; Meng, "A Footnote to Secret Aid in the American Revolution"; Dull, *The French Navy and American Independence,* 30–65; Dull, *A Diplomatic History of the American Revolution,* 57–65, 70. The text of the memoranda are in *DHPF,* 1:243–49, 273–86.

90 **one of the coldest winters in living memory**: Manceron, *Twilight of the Old Order,* 274.

90 **Louis XVI quickly made several critical pronouncements**: *DHPF,* 1:345–46.

90 **the navy budget**: Villiers, *La marine de Louis XVI,* 66; Villiers, "La stratégie de la marine française," 215. The modern French navy budget is about €7.7 billion: see French Navy Information File 2011.

90 **The king also replaced Turgot**: *DHPF,* 2:261.

91 **The ship that had set sail**: Kite, "How the Declaration of Independence Reached Europe." The text of Garnier's letter to Vergennes is in *DHPF,* 1:585–86.

91 **"Considerations on the position France should take"**: Murphy, *Charles Gravier, Comte de Vergennes,* 240–41; Labourdette, *Vergennes,* 97–98; Gérard et al. *Despatches and Instructions of Conrad Alexandre Gérard,* 64–65. The text of the memorandum and the one outlining an amphibious assault are in *DHPF,* 1:567–77 and 2:158–70.

92 ***attente expectative:*** Gérard and Vergennes, *Despatches and Instructions of Conrad Alexandre Gérard,* 65–66.

92 **The Spanish court debated:** Yela Utrilla, *España ante la independencia de los Estados Unidos,* 1:72–95; Kuethe and Andrien, *The Spanish Atlantic World in the Eighteenth Century,* 290–91.

92 **Carlos III sent a fleet of nineteen warships and nine thousand soldiers**: Chávez, *Spain and the Independence of the United States,* 42–43; Blanco Núñez, *La Armada española en la segunda mitad del siglo XVIII,* 115–17.

93 **decided that an invasion of Portugal**: *DHPF,* 2:228.

93 **Vergennes . . . was once again petitioned**: Dull, *A Diplomatic History of the American Revolution,* 79; Schiff, *A Great Improvisation,* 65.

94 **left the American commissioners perplexed**: Dull, *A Diplomatic History of the American Revolution,* 75–88; Schiff, *A Great Improvisation,* 81–93; Patton, *Patriot Pirates,* 163–84.
95 **"to reciprocally bind ourselves"**: *PBF,* 23:412.
95 **Rayneval drew up plans**: Dull, *A Diplomatic History of the American Revolution,* 90; Dull, *The French Navy and American Independence,* 84–85.
95 **"The time has come to decide"**: Dull, *A Diplomatic History of the American Revolution,* 90–91; Labourdette, *Vergennes,* 99–100. Text of Vergennes's memorandum: *DHPF,* 2:460–69. Text of Floridablanca's response: Yela Utrilla, *España ante la independencia de los Estados Unidos,* 2:122–29.
95 **was determined to forge an alliance with the United States**: Dull, *A Diplomatic History of the American Revolution,* 91–96; Dull, *The French Navy and American Independence,* 89–92.
96 **somewhat optimistic reports**: Murphy, "The Battle of Germantown and the Franco-American Alliance of 1778," 60–64.
96 **"no doubt of the ability"**: Lee, *Life of Arthur Lee,* 1:357.
96 **"uncommon politeness"**: Ibid., 358–60; Schiff, *A Great Improvisation,* 137.
97 **Vergennes tried one last time**: Dull, *The French Navy and American Independence,* 92–96; text of the dispatches *DHPF,* 2:637–67.
97 **"the most interesting conjunction"; "nothing can justify"**: *DHPF,* 2:645, 666.
97 **"it was determined to acknowledge"**: *PBF,* 25:305; Luraschi, *Conrad-Alexandre Gérard,* 210.
97 **Floridablanca's reply**: Chávez, *Spain and the Independence of the United States,* 75–76; text of the reply, Yela Utrilla, *España ante la independencia de los Estados Unidos,* 2:165–70.
97 **On January 8 they opened negotiations**: Dull, *The French Navy and American Independence,* 95; Schiff, *A Great Improvisation,* 126–28.
98 **"my brother [monarch] and uncle"; "the destruction of Burgoyne's army"**: Vergennes, ed. Hardman and Price, *Louis XVI and the Comte de Vergennes,* 255–56.
98 **the dispatches arrived at El Pardo**: Yela Utrilla, *España ante la independencia de los Estados Unidos,* 1:247–303; text of the disptaches and memoranda, 2:165–223.
98 **"His whole body trembled"**: *DHPF,* 2:751.
98 **Floridablanca's irate response**: Corwin, *French Policy and the American Alliance of 1778,* 106; Chávez, *Spain and the Independence of the United States,* 76–77.
99 **a treaty of amity and commerce**: For the text of the treaty, see *A Century of Lawmaking,* 8–31.
99 **The signing was delayed**: Hudson, *The Minister from France,* 77–79.
99 **"the ambassadors of the Thirteen United Provinces"; "wisest, most reserved conduct"**: Castries, *La France et l'indépendance américaine,* 187; Croÿ-Solre, *Journal inédit du duc de Croÿ,* 4:78.
99 **in actual fact they had had little influence**: Dull, *A Diplomatic History of the American Revolution,* 95–96.
100 **Edward Bancroft had already given it to them**: Schaeper, *Edward Bancroft,* 115.
100 **While the Paris aristocracy; Vergennes quickly deployed the French and European press**: Censer, *The French Press in the Age of Enlightenment,* 177; Osman, "American Nationality: A French Invention?"
100 **Silas Deane's brother Simeon**: *DP,* 2:465–66.
100 **Weymouth's stunned reaction**: Castries, *La France et l'indépendance américaine,* 186.

100 **Gérard issued his passports so promptly**: Hudson, *The Minister from France*, 80–81.
101 **Simeon Deane landed in Falmouth**: *NDAR*, 12:121–22; Stinchcombe, *The American Revolution and the French Alliance*, 14–15.
101 **"I believe no event"**: *PGW*, 15:5.
101 **"Long Live the King of France"**: Fleming, *Washington's Secret War*, 248–50.
101 **"America is at last saved"**: Stinchcombe, *The American Revolution and the French Alliance*, 14.
101 **The civilian reaction to the alliance**: Ibid., 14–17.
102 **"articles of entangling alliance"**: McCullough, *John Adams*, 161.
102 **the Second Continental Congress had been divided**: Henderson, *Party Politics in the Continental Congress*, 164–71.
102 **Deane recalled on unspecified charges**: Potts, *Arthur Lee*, 194–95; Van Vlack, *Silas Deane*, 158–62; McCullough, *John Adams*, 196.
103 **Vergennes further gilded these tributes**: Schiff, *A Great Improvisation*, 151.
103 **The seventeen ships**: Dull, *The French Navy and American Independence*, 109–12; Hudson, *The Minister from France*, 82–85, 217–20; Gérard and Vergennes, *Despatches and Instructions of Conrad Alexandre Gérard*, 125–30.
104 **the Carlisle Commission**: Giunta, ed., *Documents of the Emerging Nation*, 68–73.
104 **"You have come to our rescue"**: Gérard and Vergennes, *Despatches and Instructions of Conrad Alexandre Gérard*, 175; Hudson, *The Minister from France*, 91–93.
105 **Samuel Adams had met; Adams was also opposed to a congressional resolution**: Stinchcombe, *The American Revolution and the French Alliance*, 34–35; Gérard and Vergennes, *Despatches and Instructions of Conrad Alexandre Gérard*, 98–99.
105 **"will not conclude peace or truce"**: *DP*, 3:257.
105 **Gérard believed that the competing interests**: Gérard and Vergennes, *Despatches and Instructions of Conrad Alexandre Gérard*, 92–95; Hudson, *The Minister from France*, 138–41; Stinchcombe, *The American Revolution and the French Alliance*, 41–43.
105 **the Congress held multiple hearings**: Henderson, "Congressional Factionalism and the Attempt to Recall Benjamin Franklin"; Potts, *Arthur Lee*, 228–39; Van Vlack, *Silas Deane*, 168–71; Hudson, *The Minister from France*, 139–40.
105 **"Why should we bind"**: Gérard and Vergennes, *Despatches and Instructions of Conrad Alexandre Gérard*, 571.
106 **negotiations with the Congress**: Gérard and Vergennes, *Despatches and Instructions of Conrad Alexandre Gérard*, 96–115, 480, 561.
106 **a home on Chestnut Street**: Hudson, *The Minister from France*, 94–96.
106 **"many frivolous & unwarrantable applications"**: *PGW*, 16:338.
107 **While Francy waited for the Congress to take action**: Morton and Spinelli, *Beaumarchais and the American Revolution*, 129–31, 145–62, 178–85, 229–35.
108 **John Holker**: Schaeper, *France and America in the Revolutionary Era*, 200–203; Gallagher, "Private Interest and the Public Good."
108 **Juan de Miralles**: Cummins, *Spanish Observers and the American Revolution*, 105–51; Böttcher, "Juan de Miralles"; McCadden, "Juan de Miralles and the American Revolution"; Ribes-Iborra, "Nuevos datos biográficos sobre Juan de Miralles"; Ribes-Iborra, "La era Miralles."
109 **The two men were even invited**: Cummins, *Spanish Observers and the American Revolution*, 124.
110 **"one man of inflexible integrity"**: McCullough, *John Adams*, 174.

110 **Adams noted that the countryside was calm**: McCullough, *John Adams*, 188–213; Schiff, *A Great Improvisation*, 154–58, 183–202.
111 **For Vergennes, it was critical**: Murphy, "The View from Versailles," 122–23.
111 ***Belle Poule* returned fire**: Dull, *The French Navy and American Independence*, 118–22.
111 **"show the French flag in all its glory"**: Villiers, *La marine de Louis XVI*, 88.
111 **Battle of Ouessant**: Tunstall, *Naval Warfare in the Age of Sail*, 136–40; Villiers, *La marine de Louis XVI*, 88–89, 95–98, 109–12.
111 **"secure naval superiority"**: McCullough, *John Adams*, 210–14.
112 **Adams gratefully left**: Ibid.
112 **Their conversations, like their correspondence**: Stockdale, *The Parliamentary Register*, 12:446.
112 **Spain could mediate a peaceful solution**: Hernández Franco, "El gobierno español ante la independencia de los Estados Unidos," 177–80; Dull, *The French Navy and American Independence*, 114, 126–35.
113 **"I have no doubt"**: Fortescue, *The Correspondence of King George the Third*, 4:208.
113 **"this pile of rocks called Gibraltar"**: Danvila y Collado, *Reinado de Carlos III*, 5:33–39.
113 **"a most fortunate fleet"**: Blanco Núñez, *La Armada española en la segunda mitad del siglo XVIII*, 117–20.
114 **a sudden invasion of Britain might yield territorial gains**: Patterson, *The Other Armada*, 40.
114 **Floridablanca now proceeded**: Chávez, *Spain and the Independence of the United States*, 126–36; Dull, *A Diplomatic History of the American Revolution*, 108–9; Patterson, *The Other Armada*, 39, 47.
114 **his special agent Francisco Gil y Lemos**: Gil Aguado, "Francisco Gil y Lemos: Marino, virrey y ministro," 131–67.
114 **Vergennes was appalled**: *DHPF*, 3:760–67.
114 **"gigantic"**: Vergennes, ed. Hardman and Price, *Louis XVI and the Comte de Vergennes*, 269–70.
114 **double the navy's funding**: Dull, *The French Navy and American Independence*, 135.
115 **The Treaty of Aranjuez**: Hernández Franco, *Aspectos de la política exterior de España en la época de Floridablanca*, 178–79.
115 **Louis XVI thanked his "brother and uncle"**: *DHPF*, 3:773.
115 **wrote letters to his viceroys**: Dull, *The French Navy and American Independence*, 135–39, 150; Yela Utrilla, *España ante la independencia de los Estados Unidos*, 1:359–60.
115 **Britain had in effect sacrificed the United States**: Chávez, *Spain and the Independence of the United States*, 81, 132, 135.
116 **Anne-César de La Luzerne**: O'Donnell, *The Chevalier de La Luzerne*, 42–46.
116 **"whether it would be agreeable"**: *DCAR*, 3:321.

第四章　普通一兵

118 **a matter of numbers**: British troop numbers: Mackesy, *The War for America*, 524–25; American troop numbers: Upton, *The Military Policy of the United States*, 20.
118 **wage war both offensively and defensively**: Anderson, *Crucible of War*, 103.
119 **Washington had observed**: Wright Jr., *The Continental Army*, 26; Brumwell, *George Washington: Gentleman Warrior*, 125–26; Kelly, *Band of Giants*, 6–7; Lengel,

General George Washington: A Military Life, 64, 78; Middlekauff, *Washington's Revolution,* 52.

119 **military books and treatises**: Starkey, *War in the Age of Enlightenment,* 195; Brumwell, *George Washington: Gentleman Warrior,* 219–20; Lengel, *General George Washington: A Military Life,* 79; Kelly, *Band of Giants,* 15.

119 **"Discipline and subordination"**: Lengel, *General George Washington: A Military Life,* 106–7.

120 **general staff**: Risch, *Supplying Washington's Army,* 8–10; Wright Jr., *The Continental Army,* 25–40. Additional acknowledgments to John T. Kuehn, U.S. Army Command and General Staff College.

120 **"disadvantages [under which] we labor"; "The want of engineers"**: *PGW,* 1:85–97, 145–51.

121 **well above the life expectancy of an adult male in the eighteenth century**: The life expectancy of an adult American male who had survived childhood diseases was about sixty-three years. See Pope, "Adult Mortality in America before 1900," 280.

121 **The best engineers and artillerists . . . had been trained in France**: For accessible histories of French military engineers and artillerists, see Langins, *Conserving the Enlightenment,* and Vérin, *La gloire des ingénieurs.* Additional information thanks to Glenn F. Williams and Joseph Seymour, U.S. Army Center of Military History.

121 **Corps du génie**: Note that the French word *génie* can be translated as both "engineering" and "genius."

121 **"find out and engage"**: *RDC,* 2:63.

121 **"everyone here is a soldier"**: *DHPF,* 1:269.

122 **"France is fully capable"**: Ibid.

122 **"We are in great want of good engineers"**: *PBF,* 22:287.

122 **"but above all we need engineers"**: *BC,* 2:190.

122 **"memorials from officers and engineers"**: *DP,* 1:202.

122 **Louis O'Hicky d'Arundel**: *DOAR,* 366; Gill Jr., "Dohicky's Folly."

123 **Antoine Felix Wuibert**: The spelling of his family name had many variants. At birth it was Wibert; the Congress commissioned him as Weibert; it was reported at various times as Wybert, Wuybert, Vibert, and Viebert; and later in life he went by the spelling Wuibert. Sources: birth certificate, ADA microfilm 5Mi 15 R 8 323 (acknowledgments to Jacques de Trentinian for discovering it); general biography, Kilbourne, *Virtutis Praemium,* 2:1004–7 (thanks to Cliff Lewis of the Society of the Cincinnati for alerting me to it).

123 **Fort Washington**: Walker, *Engineers of Independence,* 140–45.

123 **"a number of French gentlemen"**: *AA,* 2:1108–9.

123 **Marie Louis Amand Ansart de Maresquelle**: Maresquelle genealogy notes, IIC 4.1.7.1; Smith Jr., *The French at Boston during the Revolution,* 23–29; Martello, *Midnight Ride, Industrial Dawn,* 87–88.

124 **Pierre Benjamin Faneuil**: *AA,* 2:1109–10; Faneuil, Last Will and Testament (thanks to Sarah Myers at the Fred W. Smith National Library for the Study of George Washington for discovering it).

124 **Pélissier; the First Canadian Regiment**: Walker, *Engineers of Independence,* 96–97; Wright Jr., *The Continental Army,* 59–60.

124 **Thaddeus Bonaventure Kosciuszko**: Kajencki, *Thaddeus Kosciuszko;* Storozynski, *The Peasant Prince.*

125 **Romand de L'Isle**: ANOM COL E 356 bis, Romand de L'Isle, François, capitaine

d'artillerie des colonies à Saint-Domingue; *DOAR,* 410; Lisle, *The Lisle (de Lisle) Family in America,* 1–2; Beyls, "Un Dauphinois dans la guerre d'Indépendance des États-Unis." Additional information thanks to Pascal Beyls.

125 **Barbeu-Dubourg had already been busy**: Aldridge, "Jacques Barbeu-Dubourg," 349–51; Butterfield, "Franklin, Rush, and the Chevalier de Kermorvan"; *DOAR,* 23–24, 216.

126 **Charles Armand Tuffin**: Carrer, *La Bretagne et la guerre d'Indépendance américaine,* 171–98.

126 **"be received with gratitude"; "would certainly be recompensed"**: *SFME,* 23:51–56.

126 **"I cannot satisfy your requests"**: *BC,* 3:13–14.

127 **As to which officers to select**: *DP,* 1:229–32, 1:380–81.

127 **passengers for America**: Morton and Spinelli, *Beaumarchais and the American Revolution,* 91–92.

127 **Pierre Charles L'Enfant**: Caemmerer, *The Life of Pierre Charles L'Enfant,* 9, 37–38; Berg, *Grand Avenues,* 29.

128 **Coudray disobeyed those orders; "first engineer of the kingdom"; "disappointment"**: Morton and Spinelli, *Beaumarchais and the American Revolution,* 102, 125–26; *DP,* 1:213, 468–69; *NDAR,* 9:275.

128 **"the direction of whatever"; "fill the place of an Adjutant"; "at least as good terms"**: *DP,* 1:218, 229, 381.

128 **"he is to command"**: *PGW,* 9:472–73.

129 **"could not fail to occasion"**: *PGW,* 10:647–48.

129 **Deane had yet to receive any instructions**: Schiff, *A Great Improvisation,* 56, 72.

129 **Vergennes apparently sent**: Perrault, *Le secret du roi,* 3:247–48.

129 **likely proposing Thomas Conway**: Charles-François de Broglie was a cousin of Elzéar Marie Joseph Charles, Vicomte de Broglie, who had been the commander of the Regiment of Aquitaine in which Thomas Conway served. Given that Deane selected Conway shortly after his meeting with de Broglie, it seems likely that de Broglie had recommended him to Deane, based on Conway's service to his cousin.

129 **"let slip an opportunity"**: *DP,* 1:342.

129 **de Broglie outlined his plan**: Stillé, "Comte de Broglie, the Proposed Stadtholder of America"; Zucker, *General de Kalb,* 94–107.

130 **"voluntarily put on the chains"**: Adams, ed. Adams, *The Works of John Adams,* 3:147.

130 **Gilbert du Motier, Marquis de Lafayette**: Of the almost two hundred biographies of Lafayette, I have primarily relied on the following: Gottschalk, *Lafayette in America;* Bernier, *Lafayette, Hero of Two Worlds;* Chatel de Brancion and Villiers, *La Fayette: Rêver la gloire;* Taillemite, *La Fayette;* and Auricchio, *The Marquis.*

130 **"love of glory"**: La Fayette, *Mémoires,* 1:6; Diderot and d'Alembert, eds., *Encyclopédie,* 2:409. Additional thanks to Patrick Villiers for further clarification on the role of "glory" in eighteenth-century thought.

130 **"curiosity was deeply excited"**: *SWGW,* 5:445; Villiers, "La Fayette and the Passage of the Ship *La Victoire* in 1777."

131 **Lafayette himself was also detained**: The cat-and-mouse game that Lafayette and de Kalb played to get to America is detailed in: Gottschalk, *Lafayette in America,* book 1, 83–142; Manceron, *Twilight of the Old Order,* 240–44, 391–96; Bernier, *Lafayette, Hero of Two Worlds,* 23–41; Chatel de Brancion and Villiers, *La Fayette: Rêver la gloire,* 60–73; Auricchio, *The Marquis,* 28–35; Kapp, *The Life of John Kalb,* 80–110; Zucker, *General de Kalb,* 108–19.

132 **a Spanish observer was in Pensacola**: Gold, "Governor Bernardo de Gálvez and Spanish Espionage in Pensacola, 1777."

133 **Bernardo de Gálvez**: Caughey, *Bernardo de Gálvez in Louisiana,* remains his most accessible biography (**"I alone,"** 63). A far more extensive study of his life is Quintero Saravia, "Bernardo de Gálvez y América a finales del siglo XVIII."

134 **Gálvez was bolder; an American raiding party**: James, "Spanish Influence in the West during the American Revolution"; Abbey, "Peter Chester's Defense of the Mississippi after the Willing Raid"; Neimeyer, "Continental Marines: The 1778 Willing Expedition."

134 **George Rogers Clark; successful expeditions against British settlements**: Nester, *George Rogers Clark,* 65–154.

136 **"we must see war as inevitable"**: Yela Utrilla, *España ante la independencia de los Estados Unidos,* 2:204.

136 **One of Spain's primary fears**: Chávez, *Spain and the Independence of the United States,* 119–21; Fernández Duro, *Armada española,* 7:284; Floyd, *The Anglo-Spanish Struggle for Mosquita,* 128, 142. The British did intend to divide the empire and construct a road to connect the two oceans, but had no interest in building a canal. Acknowledgments to Andrew Lambert for his insights into the British campaign strategy.

136 **his mission was to spy upon the defenses**: Caughey, "The Panis Mission to Pensacola, 1778."

137 **Navarro . . . needed his own sources of information**: Cummins, *Spanish Observers and the American Revolution,* 95–98.

138 **"ignora[nt] of our language"; "It has taken up half my time"**: *PGW,* 8:377–78, 381–83.

138 **Thomas Conway; Tronson du Coudray**: Freeman, *George Washington: A Biography,* 4:421–24, 454–57.

139 **Louis Lebègue Duportail**: Kite, *Brigadier-General Louis Lebègue Duportail;* Le Pottier, *Duportail ou le génie de George Washington.*

139 **Augustin Mottin de La Balme**: Magnin, *Mottin de La Balme.*

139 **Casimir Pulaski**: Kajencki, *Casimir Pulaski;* Kajencki, *The Pulaski Legion.*

139 **Michael Kovats de Fabriczy**: Lyons, *Foreign-Born American Patriots,* 133–40.

139 **"You cannot conceive"**: *PGW,* 9:453–54.

139 **"Either we must refuse to commission them at all"**: *PBF,* 24:440–43.

140 **It was in this hostile climate**: Zucker, *General de Kalb,* 132–38; *DHPF,* 3:218–19.

141 **"mercenaries"**: Ferling, *Almost a Miracle,* 114.

141 **Americans had little experience**: Hatch, *The Administration of the American Revolutionary Army,* 48; Zucker, *General de Kalb,* 9–11.

141 **"Wild Geese"**: McLaughlin and Warner, *The Wild Geese: The Irish Brigades of France and Spain.*

141 **Few of the more than four hundred volunteer applications**: Prelinger, "Less Lucky Than Lafayette," 267.

142 **a series of reforms in the French army**: Blaufarb, *The French Army, 1750–1820,* 29–32; Gottschalk, *Lafayette in America,* book 1, 53–54, 157–58.

142 **"great men of antiquity"**: Osman, "The Citizen Army of Old Regime France," 168–80.

142 ***"les insurgents"***: Prevost, *Manuel lexique,* 1:580.

142 **one Alsatian officer**: Prelinger, "Less Lucky Than Lafayette," 267.

142 **"love of liberty"**: Magnin, *Mottin de La Balme,* 252.
142 **"that liberty which I idolize"; "coming as a friend"**: Bernier, *Lafayette, Hero of Two Worlds,* 36.
142 **"I was then a stern Republican"**: Du Ponceau and Whitehead, "The Autobiography of Peter Stephen Du Ponceau," part 1, 201.
143 **"as so many spies in our camp"**: Gottschalk, *Lafayette in America,* book 2, 25.
143 **Some of the more aristocratic French volunteers**: Seeber, trans., *On the Threshold of Liberty,* 104; Echeverria and Murphy, "The American Revolutionary Army: A French Estimate in 1777," 158.
143 **"The Cause"**: Ellis, *Revolutionary Summer,* x.
143 **"There is one hundred times more enthusiasm"; "in a certain sense"**: Le Pottier, *Duportail ou le génie de George Washington,* 62; Kite, *Brigadier-General Louis Lebègue Duportail,* 59.
143 **The campaign of General William Howe . . . and subsequent rearguard action**: The general outlines are from Boatner, *Encyclopedia of the American Revolution,* 104–10, 426–30, 856–65; Lengel, *General George Washington,* 211–65; and Middlekauff, *Washington's Revolution,* 140–65.
144 **"father and friend"**: Gottschalk, *Lafayette in America,* book 2, 25.
144 **Second Canadian Regiment**: Everest, *Moses Hazen and the Canadian Refugees in the American Revolution,* 52–54.
145 **Lafayette stayed behind with Conway**: Gottschalk, *Lafayette in America,* book 2, 44–47.
145 **Casimir Pulaski had also been following**: Kajencki, *The Pulaski Legion,* 18–21.
146 **"A great number of French officers"**: *PBF,* 25:244.
146 **"This dispensation will save us much altercation"**: Adams, ed. Adams, *The Works of John Adams,* 2:437–38.
146 ***"peut être un heureux accident"***: Lasseray, *Les Français sous les Treize Étoiles,* 2:452.
147 **Howe's troops easily captured**: Walker, *Engineers of Independence,* 157–74.
147 **the Conway Cabal**: Selesky and Boatner, eds., *Encyclopedia of the American Revolution,* 1:266–68; Lengel, *General George Washington,* 277–78; Freeman, *George Washington: A Biography,* 4:555–60; Middlekauff, *Washington's Revolution,* 175–77.
148 **"We should on all occasions"**: *PGW,* 6:248–51.
148 **Now Duportail had independently come to the same conclusion**: Ford, "Defences of Philadelphia in 1777," 20:95–115; Walker, *Engineers of Independence,* 177–83; Kite, *Brigadier-General Louis Lebègue Duportail,* 35–43; Le Pottier, *Duportail ou le génie de George Washington,* 67–75.
149 **"The [soldiers] appeared to me"**: *PBF,* 26:478–89.
149 **With over a thousand huts; America's fourth-largest city**: Fleming, *Washington's Secret War,* 9, 129, 160; Bureau of the Census, *A Century of Population Growth,* 11.
149 **average temperatures were actually above freezing**: Brier, "Tolerably Comfortable," 2–3.
150 **"the entrenched situation of the enemy"**: *RDC,* 1:286.
150 **Pulaski had wanted to equip and train**: Kajencki, *Casimir Pulaski,* 45–61.
150 **"The Marquis Lafayette"**: Cited in Gottschalk, *Lafayette in America,* book 2, 109.
150 **Benjamin Franklin, accompanied by Bonvouloir**: Hamon, *Le chevalier de Bonvouloir,* 56–68.
150 **an invasion of the Canadian provinces**: Everest, *Moses Hazen,* 56–59; Zucker, *General de Kalb,* 156–58; Bernier, *Lafayette, Hero of Two Worlds,* 61–68.

151 **Friedrich Wilhelm, Baron von Steuben**: See Lockhart, *The Drillmaster of Valley Forge,* for a thorough and engaging biography.
153 **Each day new drills were added**: Lockhart, *The Drillmaster of Valley Forge,* 95–113.
153 **"come and swear for me in English"**: Du Ponceau and Whitehead, "The Autobiography of Peter Stephen Du Ponceau," part 1, 219.
154 **"treat as if [he] were my own son"**: La Fayette, *Mémoires,* 1:105.
154 **clinch him in an embrace**: Auricchio, *The Marquis,* 61.
154 **a Grand Review**: Lockhart, *The Drillmaster of Valley Forge,* 114–16; Fleming, *Washington's Secret War,* 250–52.
154 **"The more I reflect upon the matter"**: Kite, *Brigadier-General Louis Lebègue Duportail,* 70–71.
154 **a single decisive British victory**: My analysis follows that of Mackesy in *The War for America,* 510–15, and Black, *War for America,* 246–47.
155 **Troops began to fill the ranks**: Middlekauff, *The Glorious Cause,* 426.
155 **They were also well clothed**: Risch, *Supplying Washington's Army,* 293.
155 **The British cabinet had just sent orders**: Mackesy, *The War for America,* 214.
156 **"how sorry, distressed they were"**: *PGW,* 15:529.
156 **settled near the Monmouth Courthouse crossroads**: Boatner, *Encyclopedia of the American Revolution,* 716–25; Middlekauff, *The Glorious Cause,* 427–34; Papas, *Renegade Revolutionary,* 235–55; Fleming, *Washington's Secret War,* 311–24; Lockhart, *The Drillmaster of Valley Forge,* 141–68; Gottschalk, *Lafayette in America,* book 2, 204–33.
157 **"The behavior of the officers and men"; "discipline"**: *PAH,* 1:497–501, 513–14.
158 **the Blue Book**: Lockhart, *The Drillmaster of Valley Forge,* 169–96.
158 **a corps of engineers**: Walker, *Engineers of Independence,* 34–49, 203–52; Kite, *Brigadier-General Louis Lebègue Duportail,* 79–135; Le Pottier, *Duportail ou le génie de George Washington,* 97–151; Kajencki, *Thaddeus Kosciuszko,* 61–119; Storozynski, *The Peasant Prince,* 52–93.
159 **"I have a high opinion"**: *PGW,* 18:168–69.
160 **capturing the Stony Point fort**: Selesky and Boatner, eds., *Encyclopedia of the American Revolution,* 2:1116–20.
160 **Bernardo de Gálvez convened a *junta de generales***: Caughey, *Bernardo de Gálvez in Louisiana,* 149–53; Chávez, *Spain and the Independence of the United States,* 110, 134–35.
161 **Manchac; Baton Rouge; Natchez; Lake Pontchartrain**: Caughey, *Bernardo de Gálvez in Louisiana,* 153–62; Beerman, *España y la independencia de Estados Unidos,* 52–59.
161 **"the keys to the Gulf of Mexico"**: Haarmann, "The Spanish Conquest of British West Florida," 108.
162 **The British and Spanish next turned their attention**: Beerman, *España y la independencia de Estados Unidos,* 237–46; Chávez, *Spain and the Independence of the United States,* 150–57.
162 **Horatio Nelson**: Lambert, *Nelson: Britannia's God of War,* 10–11.
162 **"[Havana] is worth more"**: Chávez, *Spain and the Independence of the United States,* 174.
162 **Continental Army and militia units from Georgia**: Raab, *Spain, Britain and the American Revolution in Florida,* 97–112.
162 **Juan de Miralles worked assiduously**: Cummins, *Spanish Observers and the American Revolution,* 156–59.

162 **Even George Rogers Clark's Virginia militia**: Chávez, *Spain and the Independence of the United States*, 179–81.

163 **Mobile was within his grasp**: DuVal, *Independence Lost*, 167–68.

163 **HMS *West Florida*; *Galveztown***: Fernández González, "El bergantín *Galveztown*."

163 **Spanish laid in a weeks-long siege**: Medina Rojas, *José de Ezpeleta, gobernador de La Mobila*, 1–30; Caughey, *Bernardo de Gálvez in Louisiana*, 177–88; Wright Jr., *Florida in the American Revolution*, 79–82; Thomson, *Spain: Forgotten Ally of the American Revolution*, 208–14.

第五章 勇敢水手

165 **Vice Admiral Edward Vernon's attack in 1741 on Cartagena de Indias**: Harding, *Amphibious Warfare in the Eighteenth Century*, 83–122; Blanco Núñez, *La Armada española en la primera mitad del siglo XVIII*, 139–83.

166 **American Regiment; Lawrence Washington**: Jones, "The American Regiment in the Carthagena Expedition"; Lengel, *General George Washington: A Military Life*, 3–6; Brumwell, *George Washington: Gentleman Warrior*, 21–26. Many British accounts of the assault on Varadero give the Julian calendar date of March 18.

166 **The young George Washington**: Lengel, *General George Washington: A Military Life*, 12–16; Brumwell, *George Washington: Gentleman Warrior*, 29–34.

167 **Washington saw at first hand:** Knox, *The Naval Genius of George Washington*, 24–25; Gardiner, ed., *Navies and the American Revolution*, 24–29, 42–45, 62–63.

167 **"the amazing advantage"**: *PGW*, 10:410.

168 **The actual construction of warships**: Miller, *Sea of Glory*, 205.

168 **naval gun discipline and seamanship**: Rodger, *The Wooden World*, 42.

168 **The previous century of defying the Navigation Acts**: Chapelle, *The Search for Speed under Sail*, 4, 5, 79.

168 ***Guerre de course***: Gardiner, ed., *Navies and the American Revolution*, 66–71.

168 **Washington asked the colonies of Massachusetts and Rhode Island**: Patton, *Patriot Pirates*, 25–45.

169 **"distressing the enemy"**: Adams, ed. Adams, *The Works of John Adams*, 3:7–8.

169 **"short, easy, and infallible method"**: Ibid., 7:258.

169 **The Continental Navy never represented much of a threat**: Miller, *Sea of Glory*, 372, 379; NHHC, "Vessels of the Continental Navy"; Glete, *Navies and Nations*, 1:278, 2:778.

170 **Nor were the privateers particularly damaging**: Crawford, "The Privateering Debate in Revolutionary America," 223–24; Gardiner, ed., *Navies and the American Revolution*, 69. Note that in the 1690s, England and Scotland were still separate nations, so while I use the word "British" in the text for consistency, it would be more accurate to state that the French adopted a *guerre de course* strategy against the superior *English* fleet.

170 **"are convinced they cannot defend themselves"**: *DHPF*, 1:288; *NDAR*, 3:280.

170 **"one obstacle remains"**: Kapp, *The Life of John Kalb*, 128.

171 **"be stimulated to complete their battalions"**: Freeman, *George Washington: A Biography*, 5:3; Knox, *The Naval Genius of George Washington*, 39–45.

171 **The British . . . understood far more quickly**: Dull, *The French Navy and American Independence*, 105–7; Brown, "The Anglo-French Naval Crisis, 1778."

172 **"deliverer of America"; "distinguished talents"**: *PGW,* 16:38–39, 88–89.
172 **"attack the enemy"**: *DHPF,* 3:237–39.
172 **Charles-Henri, Comte d'Estaing**: See Calmon-Maison, *L'Amiral d'Estaing (1729–1794);* Michel, *La vie aventureuse et mouvementée de Charles-Henri, comte d'Estaing;* and Taillemite, "Les officiers généraux de la guerre d'Indépendance américaine."
172 ***La Royale:*** See especially Vergé-Franceschi, *La marine française au XVIIIe siècle.*
172 **the highest-ranking officers**: The title of admiral, the rank above vice admiral, was honorific and given to a member of the royal household. Acknowledgments to Patrice Decencière for this information.
174 **a squadron of reinforcements under Rear Admiral John Byron**: O'Shaughnessy, *The Men Who Lost America,* 335.
174 **The entrance to New York harbor . . . was obstructed**: Des Barres, *The Atlantic Neptune,* 4: "A Chart of New York Harbour." Acknowledgments to John Cloud, James Delgado, and Albert "Skip" Theberge of the National Oceanic and Atmospheric Administration (NOAA) for additional hydrographic information.
174 **only the smallest ships**: For the drafts of British vessels, see Gardiner, ed., *Navies and the American Revolution,* 54. For those of French vessels, see Demerliac, *La marine de Louis XVI,* 15–16. All measurements have been converted to modern English units.
174 **The city of Newport:** I have made particular use of McBurney, *The Rhode Island Campaign;* Hattendorf, *Newport, the French Navy and American Independence;* and Crawford, "The Joint Allied Operation at Rhode Island, 1778."
176 **Maresquelle . . . as Sullivan's aide-de-camp**: Smith Jr., *The French at Boston during the Revolution,* 23–24.
176 **"this militia would at least rattle the enemy"**: Murphy, "The French Professional Soldier's Opinion of the American Militia in the War of the Revolution," 195; Doniol, "Correspondance inédite de La Fayette," 416.
176 **"so violent that nothing approaches it"**: Michel, *La vie aventureuse et mouvementée de Charles-Henri, comte d'Estaing,* 199.
176 **"with all haste"**: *DHPF,* 3:376.
178 **"refus[ing] to assist"**: McBurney, *The Rhode Island Campaign,* 153.
178 **"I never saw a man so glad"**: *PGW,* 16:461–64.
178 **Washington received word**: Ibid., 17:68–72.
179 **"The truth of the position"**: Ibid., 18:149–52.
179 **"I made it my pride and pleasure"**: Gottschalk, *Lafayette in America,* book 2, 290.
179 **Pierre Landais**: Balch, *The French in America during the War of Independence of the United States,* 2:158; Lasseray, *Les Français sous les Treize Étoiles,* 1:255–64.
179 **Lafayette arrived unannounced in Versailles**: Bernier, *Lafayette, Hero of Two Worlds,* 81–83.
180 **He was a whirlwind of ideas**: Gottschalk, *Lafayette in America,* book 3, 7–19; Schaeper, *France and America in the Revolutionary Era,* 232–38.
180 **captured the British island of Dominica; Saint Lucia**: Mahan, *The Major Operations of the Navies in the War of American Independence,* 99–104.
181 **"the first officer"**: Mackesy, *The War for America,* 234.
181 **Vergennes himself was not enamored**: Pritchard, "French Strategy and the American Revolution," 90.
181 **plans for invading Britain**: Patterson, *The Other Armada,* 12–20.
182 **Montbarey and Sartine . . . drew up plans for a joint attack**: Perugia, *La tentative*

d'invasion de l'Angleterre de 1779, 71–73; Patterson, *The Other Armada*, 46–53; Dull, *The French Navy and American Independence*, 142–50.

182 **The Conde de Aranda . . . sent to Carlos III his own plan of assault**: Blanco Núñez, *La Armada española en la segunda mitad del siglo XVIII*, 123.

183 **had overhauled and improved the Spanish dockyard system**: Sánchez Carrión, *De constructores a ingenieros de marina*, 118.

183 **Most of the dockyards' efforts**: Villiers, "Sartine et la préparation de la flotte de guerre française 1775–1778."

183 **"unpardonable error in calculation"**: Ferreiro, *Ships and Science*, 242.

183 **both navies were delayed**: I have drawn from the accounts in: Patterson, *The Other Armada*, 160–229; Dull, *The French Navy and American Independence*, 143–58; Villiers, "La tentative franco-espagnole de débarquement en Angleterre de 1779"; Lacour-Gayet, "La campagne navale de La Manche en 1779"; Perugia, *La tentative d'invasion de l'Angleterre de 1779*, 75–176; Fernández Duro, *Armada española*, 7:233–47; Blanco Núñez, *La Armada española en la segunda mitad del siglo XVIII*, 125–27; Alsina Torrente, *Una guerra romántica 1778–1783*, 142–49.

183 **Lieutenant General . . . d'Orvilliers**: *Lieutenant-général des armées navales* (lieutenant general of the naval armies) was an *ancien régime* flag rank that has no real equivalent in modern terms. It was similar to rear admiral in operational terms, but unlike for admiral ranks, these men had little influence in naval planning. See Pritchard, *Louis XV's Navy, 1748–1762*, 58.

184 **Captain-General . . . Luis de Córdova y Córdova; the *Real Armada;* sixty-five-year existence**: *Capitan general de la Armada* was a Spanish naval rank generally equivalent to admiral. The *Real Armada* was formed when the Bourbon dynasty took power in 1714 and combined nine separate fleets into one centralized navy. See Blanco Núñez, *La Armada española en la primera mitad del siglo XVIII*, xix–xx. In Spanish, the word *armada* can signify both the entire navy as well as a fleet of ships.

185 **communications between the fleets; signal flags**: Tunstall, *Naval Warfare in the Age of Sail*, 135–45. It is worth pointing out that in the twentieth and twenty-first centuries, joint military force organizations like NATO focus extensively on training and communications as the primary means of interoperability, while spending comparatively few resources on creating common weapons systems between nations.

185 **"I was very surprised"**: Chevalier, *Histoire de la marine française pendant la guerre de l'indépendance américaine*, 161.

186 **a nervously impatient Lafayette received**: Gottschalk, *Lafayette in America*, book 3, 29–34.

186 **even the Chevalier d'Éon volunteered**: Patterson, *The Other Armada*, 153–54.

186 **a massive exercise in Vaussieux**: Alder, *Engineering the Revolution*, 113–17.

186 **It was in fact part of a massive dysentery epidemic**: Kohn, *Encyclopedia of Plague and Pestilence*, 133–34.

187 **"The Lord has taken from me"**: Lacour-Gayet, "La campagne navale de La Manche en 1779," 1653.

187 **"incapable of carrying out any action"**: Perugia, *La tentative d'invasion de l'Angleterre de 1779*, 159.

187 **The British navy was already well aware**: Schaeper, *Edward Bancroft*, 188–90; Syrett, *The Royal Navy in European Waters during the American Revolutionary War*, 66–69; Patterson, *The Other Armada*, 74–76, 96–100.

188 **the Bourbon fleet was steadily losing**: Perugia, *La tentative d'invasion de l'Angleterre de 1779*, 104–7.

188 **"fleet in being"**: Corbett, *Some Principles of Maritime Srategy*, 199; Hattendorf, "The Idea of a 'Fleet in Being' in Historical Perspective."

188 **d'Orvilliers received orders**: Patterson, *The Other Armada*, 208–11.

188 **"the French vessels"**: Villiers, "La tentative franco-espagnole de débarquement en Angleterre de 1779," 28.

189 **more than two hundred lengthy articles**: Search results from *America's Historical Newspapers, 1690–1922*, conducted July 2013.

189 **Jones readily agreed to this mission**: Out of several hundred books on these subjects, I have relied on two: Boudriot, *John Paul Jones and the* Bonhomme Richard; and Schaeper, *John Paul Jones and the Battle of Flamborough Head.*

190 **France's Irish Regiment; Wuibert**: Kilbourne, *Virtutis Praemium*, 2:1004–7; Smith, *Marines in the Revolution*, 227–35. On Wuibert and Forton Prison, see Cohen, *Yankee Sailors in British Gaols*, 128. Additional thanks to Charles Neimeyer for clarifying the roles of the marines aboard Jones's ships.

190 **"[He] has something little in his face and air"**: *PJA*, 2:364–79.

191 **"I may sink, but I'm damned if I'll strike!"**: These words, or words to that effect, were recorded in contemporary accounts of the battle. The apocryphal "I have not yet begun to fight!" was only cited almost a half century later by one of Jones's officers, Richard Dale. See Boudriot, *John Paul Jones and the* Bonhomme Richard, 82.

191 **Wuibert, wounded in the thigh and arm:** *Mercure de France*, Saturday, December 18, 1779, 187–88.

192 **Jones was warmly welcomed**: See Enthoven, "Sir, I Have Not Yet Begun to Fight!"

192 **"scarce anything was talked of"**: *PBF*, 30:537.

192 **"return as soon as possible"**: Ibid., 30:511.

192 **He was once again made prisoner**: Kilbourne, *Virtutis Praemium*, 2:1005.

193 **the British cabinet . . . decided**: Mackesy, *The War for America, 1775–1783*, 327–28; Syrett, *The Royal Navy in European Waters during the American Revolutionary War*, 83–84; Knight, "The Royal Navy's Recovery after the Early Phase of the American Revolutionary War," 11.

193 **Floridablanca had not given up hope**: Blanco Núñez, *La Armada española en la segunda mitad del siglo XVIII*, 136–38; Dull, *The French Navy and American Independence*, 163–69; Pritchard, "French Strategy and the American Revolution," 97; Villiers, *Marine royale, corsaires et trafic dans l'Atlantique*, 2:582–83; Lacour-Gayet, *La marine militaire de la France sous le règne de Louis XVI*, 305.

193 **"pile of rocks called Gibraltar"**: Danvila y Collado, *Reinado de Carlos III*, 5:33–39.

193 **George Elliott; Joaquin Mendoza**: McGuffie, *The Siege of Gibraltar*, 35–47.

194 **The Spanish navy was incapable of massing a fleet**: Fernández Duro, *Armada española*, 7:253–55; Alsina Torrente, *Una guerra romántica 1778–1783*, 149–50.

194 **Rodney was lucky; the relief of Gibraltar; The Moonlight Battle**: Blanco Núñez, *La Armada española en la segunda mitad del siglo XVIII*, 130–33; Syrett, *The Royal Navy in European Waters during the American Revolutionary War*, 84–89; McGuffie, *The Siege of Gibraltar*, 48–62.

195 **"taken more line-of-battle ships"**: Cited in Mahan, *The Major Operations of the Navies in the War of American Independence*, 124–25.

195 **whose renewed confidence in the government allowed**: Middleton, *The War of American Independence*, 162.

195 **Copper sheathing**: See Ferreiro, "Development and Tactical Advantages of Copper Sheathing."

195 **"the finest invention in the world"**: Cock, "The Finest Invention in the World," 453.

196 **"For God's sake and our country's"**: Barham and Laughton, ed., *Letters and Papers of Charles, Lord Barham*, 1:55.

196 **coming on top of a naval buildup**: Knight, "The Royal Navy's Recovery after the Early Phase of the American Revolutionary War," 19–20.

196 **equivalent to $4.5 billion, the cost of a modern British aircraft carrier**: To put the enormous cost of the coppering program into a modern naval perspective, £400,000 is equivalent to $4.5 billion today, which is the cost for the British aircraft carrier *Queen Elizabeth*. See Ferreiro, "Development and Tactical Advantages of Copper Sheathing."

196 **"senile"**: *DHPF*, 4:447.

196 **One of those sorties departed Cádiz**: Blanco Núñez, *La Armada española en la segunda mitad del siglo XVIII*, 134–36; Syrett, *The Royal Navy in European Waters during the American Revolutionary War*, 136–37.

197 **The perception that the British navy could no longer control the seas**: Sutton, *The East India Company's Maritime Service*, 137–38.

197 **the Hussey-Cumberland mission**: See Bemis, *The Hussey-Cumberland Mission and American Independence*.

198 **For six months, d'Estaing and Byron watched each other's comings and goings**: Michel, *La vie aventureuse et mouvementée de Charles-Henri, comte d'Estaing*, 190–91.

198 ***Fier Roderigue***: Morton and Spinelli, *Beaumarchais and the American Revolution*, 229–35.

198 **recapture another former French sugar colony**: Michel, *La vie aventureuse et mouvementée de Charles-Henri, comte d'Estaing*, 203–9.

198 **upon learning of Grenada continued on to confront**: Mahan, *The Major Operations of the Navies in the War of American Independence*, 106–10.

199 ***Fier Roderigue* had suffered the most damage**: Morton and Spinelli, *Beaumarchais and the American Revolution*, 237.

199 **"if his seamanship had equaled his bravery"**: Villiers, *La marine de Louis XVI*, 121.

199 **[D'Estaing] began reading the letters that awaited him at Cap François**: Michel, *La vie aventureuse et mouvementée de Charles-Henri, comte d'Estaing*, 221–24.

200 **"Never has this country"**: *DHPF*, 4:297.

200 **chasing them from Savannah**: Boatner III, *Encyclopedia of the American Revolution*, 982–85.

201 ***"aux Armes de Sa Majesté Le Roy de France"*; "the King, my master"**: Lawrence, *Storm over Savannah*, 35, 57.

201 ***Sagittaire* captured HMS *Experiment***: Michel, *La vie aventureuse et mouvementée de Charles-Henri, comte d'Estaing*, 235.

201 **"all of them"; "vigorous blow"**: Lawrence, *Storm over Savannah*, 93.

202 **Charles Romand de L'Isle**: Sheftall, Mordecai Sheftall papers, 1777–1778, Subseries IX: Provision Returns for the Artillery, 1771–1778, has over two hundred provision returns for the artillery unit of the Continental Army of Georgia, primarily signed by Captain Romand de L'Isle.

202 **Lincoln's American troops fought**: Boatner III, *Encyclopedia of the American Rev-*

olution, 985–87; Lawrence, *Storm over Savannah,* 100–112; Kajencki, *The Pulaski Legion in the American Revolution*, 205–19.

202 **Chasseurs-Volontaires de Saint-Domingue**: Rhodes, "Haitian Contributions to American History."

202 **"great bravery"; "has the interest"; "the uncertain events of war"; "chaos"**: Lawrence, *Storm over Savannah,* 108, 135.

203 **"D'Estaing is the first"**: Michel, *La vie aventureuse et mouvementée de Charles-Henri, comte d'Estaing,* 244.

203 **Rodney was heading north and Guichen south**: Mahan, *The Major Operations of the Navies in the War of American Independence,* 128–45; Gardiner, ed., *Navies and the American Revolution,* 108–9; Villiers, *La marine de Louis XVI,* 129–34; Tunstall, *Naval Warfare in the Age of Sail,* 165–67.

204 **In Cádiz, a fleet**: Chávez, *Spain and the Independence of the United States,* 141–44.

204 **Solano was a competent sailor**: Santaló Rodriguez de Viguri, *Don José Solano y Bote,* 110.

205 ***Vizcondado previo del Feliz Ardid:*** *Vizcondado previo* (former viscount) was a noble title granted when the higher-ranking titles of conde or marqués were simultaneously conferred.

206 **The forty French ships of the line now in Cádiz**: Mahan, *The Major Operations of the Navies in the War of American Independence,* 158; Lewis, *Admiral de Grasse and American Independence,* 95.

第六章　聚沙成塔

207 **"whether it would be agreeable"**: *DCAR,* 3:321.

208 **He most notably demonstrated this**: Murphy, *Charles Gravier, Comte de Vergennes,* 151–54. See also Bonneville de Marsangy, *Le chevalier de Vergennes: Son ambassade à Constantinople.*

208 **rationally calculate France's interests and limitations**: Hardman, *French Politics, 1774–1789,* 123; Murphy, "The View from Versailles," 111; Vergennes, ed. Hardman and Price, *Louis XVI and the Comte de Vergennes,* 60.

209 **"some ideas on an expedition"; "more than ever necessary"**: *SFME,* 17:57–116.

209 **"perhaps we should resolve"**: *DHPF,* 4:276, 323.

209 **Luzerne's report of his West Point meeting with Washington**: *DHPF,* 4:329.

209 **"a corps of gallant French"**: *PGW,* 22:557–62.

210 **"clothes, arms, money"**: *SFME,* 17:167–97.

210 **"no orders to request troops"; "nothing of the sentiments"**: *PBF,* 30:424, 470.

210 ***"projet particulier":*** *DHPF,* 4:283.

210 ***Expédition Particulière:*** *DHPF,* 4:352; Stinchcombe, *The American Revolution and the French Alliance,* 134–35. Kennett, *The French Forces in America,* 10–11.

210 **"a learned, dedicated general officer"**: Montbarey, *Mémoires autographes de M. le prince de Montbarey,* 2:339.

210 **"under the high command"**: *DHPF,* 4:282–83.

210 **Lafayette impressed upon him**: *DHPF,* 5:315–16; Whitridge, *Rochambeau,* 74; Gottschalk, *Lafayette in America,* book 3, 69.

211 **Ternay and Rochambeau had set sail**: Kennett, *The French Forces in America,* 12–13; Gottschalk, *Lafayette in America,* book 3, 71.

211 **Some fifty-five thousand British and Hessian soldiers**: Mackesy, *The War for America,* 274–76.

212 **Southern Strategy**: Ibid., 110, 157–59, 267; O'Shaughnessy, *The Men Who Lost America,* 162–63, 186–92, 229–30.

212 **all saltwater estuaries . . . were frozen solid**: Raphael, *Founding Myths,* 108–9.

212 **Almost seven thousand British, Hessian, and Loyalist troops**: Russell, *The American Revolution in the Southern Colonies,* 130–31.

213 **They were assisted by L'Enfant**: Berg, *Grand Avenues,* 47.

213 **including sixty from d'Estaing's fleet**: Murdoch, "A French Account of the Siege of Charleston, 1780," 144.

213 **Marquis de Bretigny . . . escaped**: Raab, *Spain, Britain and the American Revolution in Florida,* 126.

213 **Jordi (Jorge) Ferragut Mesqueda**: Caleo, "'A Most Serious Wound': The Memorial of George Farragut"; Lyons, *Foreign-Born American Patriots,* 91–95.

213 **Charleston**: Borick, *A Gallant Defense: The Siege of Charleston, 1780.*

214 **"yelling at the same time"**: Uhlendorf, ed. and trans., *The Siege of Charleston,* 70–71.

215 **"town in a desperate state"**: Kite, *Brigadier-General Louis Lebègue Duportail,* 172.

215 **the single largest capture of American forces during the war**: Lumpkin, *From Savannah to Yorktown,* 49; Boatner III, *Encyclopedia of the American Revolution,* 212–13.

215 **Cornwallis wasted little time**: Lumpkin, *From Savannah to Yorktown,* 49–56; Russell, *The American Revolution in the Southern Colonies,* 148–61.

216 **The Revolution in the South became**: Raphael, *Founding Myths,* 228–39.

216 **Charles Armand Tuffin; Johann de Kalb**: Zucker, *General de Kalb,* 197–231; Carrer, *La Bretagne et la guerre d'Indépendance américaine,* 184–86.

216 **post of honor on the right wing**: Spring, *With Zeal and with Bayonets Only,* 95–96.

217 **The Battle of Camden**: Lumpkin, *From Savannah to Yorktown,* 57–67; Russell, *The American Revolution in the Southern Colonies,* 162–75.

217 **Kings Mountain**: Lumpkin, *From Savannah to Yorktown,* 91–104; Russell, *The American Revolution in the Southern Colonies,* 176–96.

218 **"If we are saved"**: *PAH,* 2:347–49.

218 ***Expédition Particulière***: In addition to the references cited below, I made extensive use of the *W3R: Washington-Rochambeau Revolutionary Route* website (with enormous gratitude to its chief historian, Robert A. Selig), and the Xenophon Group website (with equal gratitude to its webmaster, Albert "Durf" McJoynt).

218 **Thomas Graves; Ternay**: Kennett, *The French Forces in America,* 14–35; Hattendorf, *Newport, the French Navy and American Independence,* 42–61.

219 **they sighted a pair of white-and-gold Bourbon flags**: Blanchard, *The Journal of Claude Blanchard,* 38–39.

219 **"We are now, sir, under your command"**: *SWGW,* 7:511.

219 **war is always a continuation of politics by other means**: This dictum was most famously expressed by Carl von Clausewitz in his 1832 book *On War.*

220 **"The shops were closed"**: Rice Jr. and Brown, trans. and ed., *The American Campaigns of Rochambeau's Army,* 1:17.

221 **"their countenances brightened"**: Weelen, *Rochambeau, Father and Son,* 205.

221 **the Congress had just stopped issuing paper money**: Ferguson, *The Power of the Purse,* 46–47.

221 **The next tasks for Ternay and Rochambeau**: Kennett, *The French Forces in America,* 36–47; Hattendorf, *Newport, the French Navy and American Independence,* 62–67.

221 **Any initial fears that the French were an invading force**: Stinchcombe, *The American Revolution and the French Alliance,* 136–37.

222 **"tormented"; "grief"**: Kennett, *The French Forces in America,* 22.

222 **"taste for a profession"**: Berthier, *Alexandre Berthier,* 15; Rice and Brown, trans. and ed., *The American Campaigns of Rochambeau's Army,* 1:221.

222 **The rank-and-file soldiers and noncommissioned officers**: Scott, *From Yorktown to Valmy,* 6–12.

222 **Georg Daniel Flohr**: Selig, "A German Soldier in America, 1780–1783: The Journal of Georg Daniel Flohr."

223 **Lafayette, Washington's emissary to Rochambeau**: Kennett, *The French Forces in America,* 50–52; Auricchio, *The Marquis,* 88–89.

223 **"a cord stretched to the limit"**: *DHPF,* 5:354.

223 **"our force is so reduced"**: *RDC,* 3:498.

223 **"I assure you that action is important"**: Lafayette, *Mémoires,* 1:248–49.

223 **"My dear marquis"**: Weelen, *Rochambeau, Father and Son,* 89–90; *DHPF,* 4:380–81.

224 **"air of sadness"**: Fersen, *Lettres d'Axel de Fersen à son père,* 31.

224 **Rochambeau, stocky with an aura of calm self-possession**: Whitridge, *Rochambeau,* 87.

224 **the home of Jeremiah Wadsworth**: The site is now occupied by the Wadsworth Atheneum.

224 **Over the course of the next two days**: The Hartford conference took place on September 21 and 22, 1780. See Izerda, ed., *Lafayette in the Age of American Revolution,* 3:175–76; Hattendorf, *Newport, the French Navy and American Independence,* 69–70; Manceron, *The Wind from America,* 300–302; Gottschalk, *Lafayette in America,* book 3, 121–34.

224 **"naval superiority"; "New York should become the object"**: *WGW,* 20:79.

225 **"should add to our many other obligations"**: Tower, *The Marquis de La Fayette in the American Revolution,* 2:162.

225 **John Jay had arrived in Madrid**: On John Jay's failed mission to the Spanish court, see: Brecher, *Securing American Independence: John Jay and the French Alliance,* 145–58; Rodriguez, *La Revolución americana de 1776 y el mundo hispánico,* 116–50.

225 **When John Laurens arrived in Paris**: Stinchcombe, *The American Revolution and the French Alliance,* 140–41; Schiff, *A Great Improvisation,* 262–77.

225 **Back at Newport**: Hattendorf, *Newport, the French Navy and American Independence,* 72–76.

226 ***Gazette Françoise:*** Poulin and Quintal, eds. and trans., *"La Gazette Françoise," 1780–1781.*

226 **Benedict Arnold; John André; Lafayette**: Manceron, *The Wind from America,* 303–7; Gottschalk, *Lafayette in America,* book 3, 134–42.

227 **quite literally ate their own shoes**: Raphael, *Founding Myths,* 110.

227 **a horse that sold for $40,000 in the spring now cost $150,000**: Lengel, *General George Washington,* 326.

227 **ran out of funds to pay his couriers**: Hattendorf, *Newport, the French Navy and American Independence,* 79.

227 **"an end to all subordination in the Army"**: Lengel, *General George Washington,* 327.

227 **That Clinton and Arbuthnot could not agree**: Syrett, *The Royal Navy in American Waters,* 145–47.

227 **"as so many spies in our camp"**: Gottschalk, *Lafayette in America,* book 2, 25.

228 **The Battle of Cowpens and the crossing of the Dan River**: Boatner III, *Encyclopedia of the American Revolution,* 291-301; Lockhart, *The Drillmaster of Valley Forge,* 234–37; Storozynski, *The Peasant Prince,* 129–37.

228 **Arnold torched Richmond**: Lockhart, *The Drillmaster of Valley Forge,* 238–45; Russell, *The American Revolution in the Southern Colonies,* 217–18; Maass, *The Road to Yorktown,* 29–31.

229 **des Touches assigned Captain Armand Le Gardeur de Tilly**: Hattendorf, *Newport, the French Navy and American Independence,* 80–83; Mahan, *The Major Operations of the Navies in the War of American Independence,* 169–70.

229 **Washington . . . determined to detach**: Freeman, *George Washington: A Biography,* 4:255–63; Maass, *The Road to Yorktown,* 42–58; Gottschalk, *Lafayette in America,* book 3, 189–208.

229 **"Do no act whatever with Arnold"**: *WGW,* 21:255.

230 **Washington would return with him to Newport**: Closen, *The Revolutionary Journal of Baron Ludwig von Closen,* 59–64; Kennett, *The French Forces in America,* 98; Hattendorf, *Newport, the French Navy and American Independence,* 83–86.

230 **The ten warships in des Touches's fleet weighed anchor:** Mahan, *The Major Operations of the Navies in the War of American Independence,* 170–74; Kennett, *The French Forces in America,* 98–100; Hattendorf, *Newport, the French Navy and American Independence,* 88–91; Ferreiro, "Development and Tactical Advantages of Copper Sheathing of French, British and Spanish Ships during the War of American Independence."

231 **"I will now only mention"**: Johnson, *Sketches of the Life and Correspondence of Nathanael Greene,* 2:52.

231 **"a great piece of generalship"**: Gottschalk, *Lafayette in America,* book 3, 215.

232 **"swore vengeance against me"**: Ibid., book 3, 223.

232 **Phillips did die in front of Lafayette's guns**: Davis, *Where a Man Can Go,* 179–80.

232 **Lafayette now had the major independent command he had longed for**: Gottschalk, *Lafayette in America,* book 3, 232–33; Russell, *The American Revolution in the Southern Colonies,* 255–56.

232 **"the boy cannot escape me"**: This myth is debunked in Gottschalk, *Lafayette in America,* book 3, 431–32.

232 **"I am determined to skirmish"**: Lafayette, *Memoirs, Correspondence and Manuscripts,* 3:417.

233 **Lafayette's instructions**: Maass, *The Road to Yorktown,* 57–147. Acknowledgments to John Maass for additional insights.

233 **supply depots**: For an overview of provisioning French troops during the campaign, see Bodle, "La logistique et l'Armée française en Amérique."

234 **Joseph II . . . something of an unknown quantity**: Kennett, *The French Forces in America,* 89–90; Dull, *A Diplomatic History of the American Revolution,* 131–32.

234 **Sartine had been replaced as minister of the navy**: Caron, *La guerre incomprise ou la victoire volée: Bataille de la Chesapeake, 1781,* 359–65; Dull, *The French Navy and American Independence,* 194–202.

235 ***Compte rendu au roi:*** Harris, *Necker: Reform Statesman of the Ancien Régime,* 217–35.

235 **"a surplus sufficient"**: Ibid., 225; Manceron, *The Wind from America,* 321–32.

235 **The debates over American independence**: Caron, *La guerre incomprise ou la victoire volée: Bataille de la Chesapeake, 1781,* 367–73; Weelen, *Rochambeau, Father and Son,* 99–100, 214–17; Whitridge, *Rochambeau,* 127–34; Kennett, *The French Forces in America,* 89–111; Stinchcombe, *The American Revolution and the French Alliance,* 145–46.

235 **"were thoroughly examined and discussed"**: *DHPF,* 4:585.

235 **So when John Laurens came**: Schiff, *A Great Improvisation,* 274; Massey, *John Lau-*

rens and the American Revolution, 277. Laurens told Vergennes that he might be "compelled to draw [his sword] against France, as a British subject" if the loan were not granted.

236 **The dispatches that *Concorde* carried**: Kennett, *The French Forces in America,* 104–5.

236 **The most important news by far**: Bonsal, *When the French Were Here,* 81–82; Kennett, *The French Forces in America,* 104–5.

237 **The Wethersfield conference**: Freeman, *George Washington: A Biography,* 4:284–90; Kennett, *The French Forces in America,* 105–6; Whitridge, *Rochambeau,* 135–41.

237 **"naval superiority"**: *DGW,* 3:369.

237 **Rochambeau penned several letters**: Lewis, *Admiral de Grasse and American Independence,* 117–26; Antier, *L'Amiral de Grasse,* 189–94; O'Donnell, *The Chevalier de La Luzerne,* 176–79; Kennett, *The French Forces in America,* 106–9. Transcripts of the correspondence are in *DHPF,* 5:475–90.

239 **Twelve American pilots boarded the frigate *Concorde*:** This was the number that the Spanish official Francisco de Saavedra counted when *Concorde* arrived at Cap François. Reparaz, *Yo solo,* 248; Reparaz, *I Alone,* 248.

239 **The future of the entire campaign**: On *Hermione* and *Concorde,* see Villiers and Lemineur, *L'*Hermione, *La Fayette, Latouche-Tréville;* Lemineur and Villiers, *L'*Hermione, *frégate de 12;* Kalbach and Gireaud, *L'*Hermione *au vent de la Liberté.* On Chevillard and the École du génie maritime, see Ferreiro, *Ships and Science.*

239 **By then, Rochambeau's army had already departed**: Selig, *The March to Victory,* 13–23; Scott, *From Yorktown to Valmy,* 53–58; Chartrand and Back, *The French Army in the American War of Independence,* 20–34.

240 **"most neatly dressed"**: Closen, *The Revolutionary Journal of Baron Ludwig von Closen,* 59–64.

240 **Clinton's forces numbered ten thousand soldiers**: Mackesy, *The War for America, 1775–1783,* 410.

240 **Duportail's report**: Kite, *Brigadier-General Louis Lebègue Duportail,* 200–202.

240 **"the location which it seems to me"**: *DHPF,* 4:651, 5:520–21; Lewis, *Admiral de Grasse and American Independence,* 138–39.

240 **sailing almost twice as fast as other similar warships**: *Concorde*'s average speed over ground of four knots was double that achieved by Arbuthnot's squadron between Long Island and the Chesapeake in March 1781.

241 **"give up all idea of attacking New York"**: *DGW,* 3:410.

第七章　渐入佳境

242 **Before Columbus's second voyage in 1494**: Neely, *The Great Hurricane of 1780,* 56–60.

243 ***juntas de generales*:** Chávez, *Spain and the Independence of the United States,* 180–81; Reparaz, *Yo solo,* 46; Reparaz, *I Alone,* 46; Medina Rojas, *José de Ezpeleta, gobernador de La Mobila,* 399–413; Medina Rojas, "José de Ezpeleta and the Siege of Pensacola," 108–9; Santaló Rodriguez de Viguri, *Don José Solano y Bote,* 109–10.

243 **the Great Hurricane of 1780**: Neely, *The Great Hurricane of 1780,* 102–8, 122–34; Gardiner, ed., *Navies and the American Revolution,* 109; Alsina Torrente, *Una guerra romántica 1778–1783,* 228–30. Additional assistance thanks to Patrick Villiers.

244 **Solano's Hurricane**: Neely, *The Great Hurricane of 1780,* 102–34; Santaló Rodriguez

de Viguri, *Don José Solano y Bote,* 111–12; Beerman, "José Solano and the Spanish Navy at the Siege of Pensacola," 126–29.

245 **"will we retreat upon suffering a single setback?"**: Reparaz, *Yo solo,* 48–49; Reparaz, *I Alone,* 48–49.

245 **attempt a recapture of Mobile**: Medina Rojas, *José de Ezpeleta, gobernador de La Mobila,* 521–54 (quote, 551–52); Medina Rojas, "José de Ezpeleta and the Siege of Pensacola," 113; Wright Jr., *Florida in the American Revolution,* 84–85.

245 **Rodney returned to his base**: Tuchman, *The First Salute,* 217; Neely, *The Great Hurricane of 1780,* 127–30.

246 **By comparison**: Blanco Núñez, *La Armada española en la segunda mitad del siglo XVIII,* 139; Villiers, "La stratégie de la marine française," 232.

246 **The importance to Spain of recapturing Pensacola**: Odom, *The Longest Siege of the American Revolution: Pensacola,* 45, 67; Wright Jr., *Florida in the American Revolution,* 74–76.

247 **League of Armed Neutrality**: Madariaga, *Britain, Russia and the Armed Neutrality of 1780;* Gilje, "Ideology and Interest: Free Trade, the League of Armed Neutrality, and the American Revolution"; Willis, *The Struggle for Sea Power,* 399–407.

247 **the Fourth Anglo-Dutch War; capture Sint Eustatius**: Edler, *The Dutch Republic and the American Revolution,* 95–187; Jameson, "St. Eustatius in the American Revolution"; Breen, "Sir George Rodney and St. Eustatius in the American War: A Commercial and Naval Distraction, 1775–81"; Alsina Torrente, *Una guerra romántica 1778–1783,* 266.

248 **"communicate to the military leaders"**: Saavedra, *Diario de Don Francisco de Saavedra,* 46; Saavedra, *Journal of Don Francisco Saavedra de Sangronis,* 11.

249 **"total expulsion of the English"; "ready to execute the royal intention"**: Saavedra, *Diario de Don Francisco de Saavedra,* 45, 137; Saavedra, *Journal of Don Francisco Saavedra de Sangronis,* 10, 112.

249 **Pensacola**: Reparaz, *Yo solo;* Reparaz, *I Alone;* Odom, *The Longest Siege of the American Revolution.*

250 **"had his cannon ass-backwards"**: Reparaz, *Yo solo,* 87. This is the closest translation of the original, *"que tenía los cañones por culata."*

251 **"I alone"**: Quintero Saravia, "Bernardo de Gálvez y América a finales del siglo XVIII," 475.

251 **"We partake in this war"; "defend this post to the last"**: Reparaz, *I Alone,* 87, 103.

252 **had recaptured the Inmaculada Concepción fortress**: Chávez, *Spain and the Independence of the United States,* 157.

252 **The combined fleet had been hastily formed**: Saavedra, *Journal of Don Francisco Saavedra de Sangronis,* 143–45.

252 **never actually bothered to reach Pensacola**: Mackesy, *The War for America,* 416.

252 **The Spanish forces**: Chartrand and Rickman, *The Spanish Army in North America, 1700–1793,* 14–24.

253 **He confided to Saavedra**: Saavedra, *Journal of Don Francisco Saavedra de Sangronis,* 168–69.

255 **Miralles's secretary Francisco de Rendón succeeded him**: Cummins, *Spanish Observers and the American Revolution,* 160–86.

255 **"[I] congratulate you"**: *WGW,* 22:243.

256 **Spain's driving out the British from West Florida**: Dull, *The Miracle of American Independence,* 141–42.

256 **François Joseph Paul, Comte de Grasse**: Lewis, *Admiral de Grasse and American Independence;* Antier, *L'Amiral de Grasse.*

256 **"The Comte de Grasse stands six foot four"**: Droz, *Histoire du règne de Louis XVI,* 128. The original text read, *"Le comte de Grasse a six pieds, et six pieds un pouce les jours de combat."* One *pied* was an *ancien régime* measurement equating to about one foot and three-quarter inches.

257 **On March 22**: Dull, *The French Navy and American Independence,* 222–24; Antier, *L'Amiral de Grasse,* 173–79; Lewis, *Admiral de Grasse and American Independence,* 106–16.

257 **"British ships are faster than ours"**: Chevalier, *Histoire de la marine française pendant la guerre de l'indépendance américaine,* 227.

257 **"Never . . . was more powder and shot thrown away"**: Mahan, *The Major Operations of the Navies in the War of American Independence,* 165.

258 **"Spain had not yet formally recognized"; "expel [the English]"**: Saavedra, *Journal of Don Francisco Saavedra de Sangronis,* 192–209; Reparaz, *Yo solo,* 247–52; Reparaz, *I Alone,* 247–52.

258 **de Grasse approached Saavedra for a loan**: Lewis, "Las Damas de la Havana, El Precursor, and Francisco de Saavedra"; Tejera, *La ayuda de España y Cuba a la independencia norteamericana,* 187–228; Gutiérrez-Steinkamp, *Spain: The Forgotten Alliance,* 191–92. One of the legends that subsequently arose from this incident was that de Grasse had received his loan from "las damas de la Havana," who sold their jewelry to finance the American Revolution. In actual fact only one of the twenty-eight contributors was a woman (Bárbara Santa Cruz, Marquesa de Cárdenas), and none of the contemporary accounts makes any mention of her selling her jewelry to raise the contribution.

259 **a promise that was barely kept**: It would turn out that despite Saavedra's constant badgering, Solano did not release the four promised Spanish warships to protect Cap François until November, and then only for a week before returning to Havana. See Saavedra, *Journal of Don Francisco Saavedra de Sangronis,* 272.

259 **Rodney; dispatched HM Sloop *Swallow;* ordering Hood**: Syrett, *The Royal Navy in American Waters,* 185–86; Graves, *The Graves Papers,* 33, 44–45, 52.

259 **completely bypassing the Chesapeake Bay**: On August 30, after his arrival in New York, Hood reported to the Admiralty that he had "made the land" at Cape Henry on August 25 and, "finding no enemy had appeared either in the Chesapeake or Delaware," sailed for Sandy Hook (Graves, *The Graves Papers,* 58). Graves never believed that story, and he was correct. The logbooks of two ships in Hood's fleet, HMS *Alfred* and HMS *Shrewsbury,* showed that the fleet never approached closer than forty miles from Cape Henry, well over the horizon. (NAUK Admiralty 52/2125 and 51/905. Personal communication by Michael Crawford, November 2015.)

259 **By 1781 almost half the French fleet had been copper-sheathed**: Ferreiro, "Development and Tactical Advantages of Copper Sheathing of French, British and Spanish Ships during the War of American Independence."

260 **Saint-Simon began landing his troops**: Larrabee, "A Neglected French Collaborator in the Victory of Yorktown, Claude-Anne, Marquis de Saint-Simon."

260 **"You shall never give birth to a rebel"**: Tornquist, *The Naval Campaigns of Count de Grasse,* 57. This account was substantially verified by a French officer of the Royal Deux-Ponts, Jean-Baptiste de Verger (Rice and Brown, trans. and eds., *The American Campaigns of Rochambeau's Army,* 1:137).

260 **The morning of September 5**: The Battle of the Chesapeake was also called the Battle of the Chesapeake Capes, the Battle of the Virginia Capes, and the Battle of the Capes. In addition to biographies of de Grasse, Hood, and Graves, as well as more general histories of the Yorktown campaign, I have found the following works to be particularly useful: Tornquist, *The Naval Campaigns of Count de Grasse;* Shea, *The Operations of the French Fleet under the Count de Grasse in 1781–2;* Larrabee, *Decision at the Chesapeake;* Société en France des Fils de la Révolution Américaine, *La glorieuse campagne du comte de Grasse;* McGee, *The French Victory in the Battle of the Chesapeake.*

261 **a maneuver that requires a large number of expert sailors**: Willis, *Fighting at Sea in the Eighteenth Century,* 45–46.

261 **endless analyses and recriminations**: See, for example, Breen, "Graves and Hood at the Chesapeake," and Sulivan, "Graves and Hood."

263 **"state of the position of the enemy"**: Graves, *The Graves Papers,* 83–84.

263 **"we discerned in the distance General Washington"**: Closen, *The Revolutionary Journal of Baron Ludwig von Closen,* 123; Selig, "The Washington-Rochambeau Revolutionary Route in the State of Delaware," 76.

264 **"to use me promptly and efficiently"**: *DHPF,* 5:521.

264 **The march south had been organized in haste**: Selig, *The March to Victory; W3R: Washington-Rochambeau Revolutionary Route* website; and many long conversations with Bob Selig, to whom I am utterly grateful.

264 **Louis-Alexandre Berthier; map out the route**: Berthier's maps, which exist today at Princeton University, are remarkable for their precision and clarity; they can be laid over modern georeferenced aerial photographs with almost no distortion, and archeological sites have been accurately identified based upon them. See Berthier, Louis-Alexandre Berthier Collection; and Comer, "Phase I and II Archaeological Investigations at the Rochambeau Campsite." My thanks to Doug Comer for showing me the archeological site at Colchester, Virginia, and highlighting for me the importance of Berthier's maps.

265 **Loir River**: Not to be confused with the larger Loire River, of which the Loir is a tributary.

265 **his much-improved English**: In his *Mémoires,* Rochambeau describes two conversations with a wheelwright in Connecticut who repaired his coach, with every indication that he conducted them directly in English without interpreters. Rochambeau, *Mémoires militaires,* 1:251–52.

265 **"with an ardor not easily described"**: Gottschalk, *Lafayette in America,* book 3, 305.

265 **He did not yet appreciate**: O'Shaughnessy, *The Men Who Lost America,* 279.

265 **de Grasse dispatched the sloop *Queen Charlotte*:** Trentinian, "Washington, de Grasse et la *Reine Charlotte*."

266 **"'mon petit général!'"**: Custis, *Recollections and Private Memoirs of Washington, by his Adopted Son, George Washington Parke Custis,* 236.

266 **The meeting was rather more professional in nature**: Washington and Comte de Grasse, *Correspondence of General Washington and Comte de Grasse,* 34–42; Lewis, *Admiral de Grasse and American Independence,* 174–75; Freeman, *George Washington: A Biography,* 4:333–38.

266 **Lieutenant Jean Audubon**: Four years after the Battle of Yorktown, he would become the father of America's foremost naturalist, John James Audubon.

266 **"Great Mind"**: Washington and Comte de Grasse, *Correspondence of General Washington and Comte de Grasse,* 54.

266 **the great weight of the coin caused the storeroom floor to collapse**: Blanchard, *The Journal of Claude Blanchard,* 143.

266 **Brigadier General Claude Gabriel de Choisy**: Rice and Brown, trans. and eds., *The American Campaigns of Rochambeau's Army,* 1:137–38.

266 **the Battle of Yorktown**: In addition to standard histories of the War of American Independence and biographies of the principal participants, I have made particular use of: Bonsal, *When the French Were Here;* Grainger, *The Battle of Yorktown, 1781;* Rice and Brown, trans. and eds., *The American Campaigns of Rochambeau's Army;* Ketchum, *Victory at Yorktown;* Selig, *The March to Victory;* and *W3R: Washington-Rochambeau Revolutionary Route* website.

267 **the wagon trains**: Selig, "Revolutionary War Route and Transportation Survey in the Commonwealth of Virginia, 1781–1782," 454, 488.

267 **Yorktown would be a classic European siege; Siege of Kassel**: Wright, "Notes on the Siege of Yorktown in 1781"; Szabo, *The Seven Years' War in Europe,* 376.

268 **The Battle of Yorktown, like most sieges**: Selig, "Artillery at Yorktown: A Statistical Overview."

268 **high rate of nine rounds per hour; *Load! Ram! Fire!*:** Greene, *The Guns of Independence,* 472. The official gun commands were longer, but in the heat and noise of battle they could be truncated to single words. I extend my gratitude to the Regimiento Fijo de La Luisiana Española (Fixed Regiment of Spanish Louisiana), especially Héctor Díaz, James Garner, and Eliud Bonilla, for allowing me to participate as part of the artillery crew during several battlefield reenactments in Maryland and Virginia.

269 **"a fire that was superb to see"**: Closen, *The Revolutionary Journal of Baron Ludwig von Closen,* 146–47. While the shot was heated to red-hot in a pit or over a brazier, the gun barrel was packed with powder and then with sod or damp hay to act as insulation to keep the powder from igniting when the hot shot was rammed into the barrel; the moment the shot was in place, the gun was fired. Greene, *The Guns of Independence,* 373.

269 **"Our bombardment produced great effects"; "The heavy fire"**: Grainger, *The Battle of Yorktown, 1781,* 128–29.

270 **"our fire was increasing"**: Deux-Ponts, *My Campaigns in America,* 59, 146.

271 **"if he required some American help"**: La Fayette, *Mémoires, correspondance et manuscrits,* 1:279.

271 **"intrepidity and intelligence"; "accustomed to difficult things"**: Deux-Ponts, *My Campaigns in America,* 67, 157.

271 **Clinton . . . was unable to formulate any response**: Syrett, *The Royal Navy in American Waters,* 192, 210, 216, 217.

272 **the French lost twice as many men as did the Americans**: Washington and Comte de Grasse, *Correspondence of General Washington and Comte de Grasse,* 127. France lost 253 killed or wounded, the Americans 135.

272 **Rochambeau wordlessly pointed**: Bonsal, *When the French Were Here,* 164; Freeman, *George Washington: A Biography,* 4:389–91; Grainger, *The Battle of Yorktown, 1781,* 148–49.

272 **"I have the honor to inform Congress"**: *SWGW,* 8:182–83.

272 **"as he would have taken a ball"**: O'Shaughnessy, *The Men Who Lost America,* 2–3.

友 军

第八章　和平之路

273 **For once, news from America**: Lauzun, *Mémoires de M. le duc de Lauzun,* 375–76; Deux-Ponts, *My Campaigns in America,* 154–55; *PBF,* 36:79; Fleming, *The Perils of Peace,* 79–80; Schiff, *A Great Improvisation,* 289; Syrett, *The Royal Navy in American Waters,* 217.

273 **The news from Yorktown**: Gottschalk, *Lafayette in America,* book 3, 329–56. Washington and Comte de Grasse, *Correspondence of General Washington and Comte de Grasse,* 145–47.

274 **"I am not marvelously pleased"**: Gottschalk, *Lafayette in America,* book 3, 353.

274 **"It is not in the English character to give up so easily"**: *DHPF,* 4:688.

274 **the British navy was hardly a spent force**: Knight, "The Royal Navy's Recovery after the Early Phase of the American Revolutionary War."

275 **Washington asked for assistance**: Washington and Comte de Grasse, *Correspondence of General Washington and Comte de Grasse,* 121–59.

275 **de Grasse's fleet majestically sortied; Hood departed; Graves also departed**: Syrett, *The Royal Navy in American Waters,* 219.

275 **These would be the first in a series of lightning assaults**: Lewis, *Admiral de Grasse and American Independence,* 208–21; Mahan, *The Major Operations of the Navies in the War of American Independence,* 195–96.

275 **"vigorous attack"**: Chávez, *Spain and the Independence of the United States,* 205; Fernández Duro, *Armada española,* 7:292.

276 **he and Monteil returned to France**: Lacour-Gayet, *La marine militaire de la France sous le règne de Louis XVI,* 426; Monteil, Chevalier de Monteil logbook.

276 **Vaudreuil, had departed Brest**: Mahan, *The Major Operations of the Navies in the War of American Independence,* 195–96; Alsina Torrente, *Una guerra romántica 1778–1783,* 289. The Marquis de Vaudreuil's younger brother Louis de Rigaud, Comte de Vaudreuil, commanded the seventy-four-gun *Sceptre* in the Battle of the Chesapeake and in the Battle of the Saintes. See Villiers, *La marine de Louis XVI,* 277.

276 **Rodney . . . had left Portsmouth in January**: Mackesy, *The War for America,* 446–57.

276 **"French and Spanish vessels"**: Sánchez Carrión, *De constructores a ingenieros de marina,* 236.

277 **the strait . . . known as the Saintes**: For the Battle of the Saintes, see: Saavedra, *Journal of Don Francisco Saavedra de Sangronis,* 306–15; Santaló Rodriguez de Viguri, *Don José Solano y Bote,* 122; de Grasse, *Mémoire du comte de Grasse sur le combat naval du 12 avril 1782;* Tornquist, *The Naval Campaigns of Count de Grasse,* 91–109; Mackesy, *The War for America,* 458–59; Lewis, *Admiral de Grasse and American Independence,* 230–54.

278 **blamed . . . the lack of coppering for his defeat**: First Lord of the Admiralty Sandwich claimed that in intercepted letters of de Grasse, he attributed his loss to the improved maneuverability that coppering afforded Hood's ships: "[De Grasse] expressly says that he should have annihilated Admiral Hood's fleet if it had not been for his ships being coppered, which enabled him to maneuver as he thought proper, and take any advantage that wind or weather might give him to avoid an action if he judged it advisable to do so." Sandwich, *The Private Papers of John, Earl of Sandwich,* 4:286.

278 **The Battle of the Saintes soon became**: See, for example, Mahan, *The Major Oper-*

ations of the Navies in the War of American Independence, 206–26; Tunstall, *Naval Warfare in the Age of Sail,* 179–84; and Trew, *Rodney and the Breaking of the Line.*

278 **"Their hulls were all riddled from cannon shot"**: Saavedra, *Diario de Don Francisco de Saavedra,* 301; Saavedra, *Journal of Don Francisco Saavedra de Sangronis,* 321.

278 **Matías de Gálvez had won important victories at Caribe and Roatán**: Chávez, *Spain and the Independence of the United States,* 161–65; Beerman, *España y la independencia de Estados Unidos,* 243–46.

278 **"it was impossible to attack Jamaica"**: Saavedra, *Diario de Don Francisco de Saavedra,* 305; Saavedra, *Journal of Don Francisco Saavedra de Sangronis,* 325.

278 **French warships would escort two major sugar convoys**: Tornquist, *The Naval Campaigns of Count de Grasse,* 109–13.

278 **Cagigal, was planning an attack**: See Lewis, *Neptune's Militia;* Beerman, "The Last Battle of the American Revolution."

280 **The West Indies; the East Indies**: *[The] Present State of the West-Indies,* 3.

280 **the East India Company**: Willis, *The Struggle for Sea Power,* 267–68.

281 **"The principal object of our politics in India"**: Das, *Myths and Realities of French Imperialism in India,* 1–19, 129–217 (quote, 151). See also Ruggiu, "India and the Reshaping of the French Colonial Policy (1759–1789)," and Haudrère, "La Révolution de l'Inde n'aura pas lieu."

281 **a shortcut across the Nile River and the Red Sea**: Willis, *The Struggle for Sea Power,* 269–71.

282 **Lieutenant Bonvouloir**: Hamon, *Le chevalier de Bonvouloir,* 94–107.

282 **Castries saw the East Indies theater of operations**: Haudrère, "La Révolution de l'Inde n'aura pas lieu," 153. On Castries, see also: Montbarey, *Mémoires autographes de M. le prince de Montbarey,* 2:243; Dull, *The French Navy and American Independence,* 263–64; Das, *Myths and Realities of French Imperialism in India,* 154–55.

282 **The portly, pugnacious, and tactically brilliant Suffren; "Admiral Satan"**: Several recent, accessible biographies of Suffren are: Cavaliero, *Admiral Satan;* Klein, *Mais qui est le bailli de Suffren Saint-Tropez?;* and Monaque, *Suffren: Un destin inachevé.*

283 **the five battles that Suffren and Hughes would fight**: Tunstall, *Naval Warfare in the Age of Sail,* 185–87; Dupuy, Hammerman, and Hayes, *The American Revolution: A Global War,* 236–62.

284 **"The revolution which we had every right to expect"**: Haudrère, "La Révolution de l'Inde n'aura pas lieu," 168.

284 **Among those who had passed away**: Hamon, *Le chevalier de Bonvouloir,* 108–9.

284 **nor did the league come to the Dutch Republic's aid**: Madariaga, *Britain, Russia and the Armed Neutrality of 1780,* 292, 308–12.

285 **the fifty-gun *Rotterdam*:** Winfield, *British Warships in the Age of Sail, 1714–1792,* 161.

285 **the Battle of Dogger Bank**: Syrett, *The Royal Navy in European Waters during the American Revolutionary War,* 129–32; Edler, *The Dutch Republic and the American Revolution,* 191–93. Additional information courtesy of Alan Lemmers.

285 **Stormont; ordered James Harris**: Madariaga, *Britain, Russia and the Armed Neutrality of 1780,* 239–63, 295–302.

286 **"nest of pirates"; "get rid of a resource"**: Blanco Núñez, *La Armada española en la segunda mitad del siglo XVIII,* 147.

287 **Crillon, accompanied by his American aide-de-camp**: Brecher, *Securing American Independence,* 155.

287 **lay siege to San Felipe**: For the campaign and capture of Minorca, see: Chávez, *Spain and the Independence of the United States*, 145–47; Beerman, *España y la independencia de Estados Unidos*, 249–60; Blanco Núñez, *La Armada española en la segunda mitad del siglo XVIII*, 145–50; Dull, *The French Navy and American Independence*, 232–36; Mackesy, *The War for America*, 436–38.

288 **"like the blood in the veins of animals"**: D'Arçon, *Mémoire pour servir à l'histoire du siège de Gibraltar*, 11.

288 **Gibraltar**: For the siege of Gibraltar, see: McGuffie, *The Siege of Gibraltar, 1779–1783*, 83–167; Chartrand and Courcelle, *Gibraltar, 1779–83*, 57–87; Fernández Duro, *Armada española*, 7:309–28; Blanco Núñez, *La Armada española en la segunda mitad del siglo XVIII*, 154–60. Additional information thanks to Agustín Ramón Rodríguez González.

291 **When the two met off Cape Spartel**: For the Battle of Cape Spartel, see: McGuffie, *The Siege of Gibraltar, 1779–1783*, 168–75; Fernández Duro, *Armada española*, 7:329–44; Blanco Núñez, *La Armada española en la segunda mitad del siglo XVIII*, 160–63.

291 **"uncoppered ships are worthless"**: Juan-García Aguado, *José Romero Fernández de Landa*, 188.

291 **America was already acting like a triumphant nation**: Fleming, *The Perils of Peace*, 106–14.

292 **Clinton . . . could still call upon another forty thousand men**: O'Shaughnessy, *The Men Who Lost America*, 360–61; Raphael, *Founding Myths*, 244–46.

293 **another hundred battles . . . five hundred casualties**: See Peckham, ed., *The Toll of Independence*.

293 **Antoine Felix Wuibert reported to Fort Pitt**: Kilbourne, *Virtutis Praemium*, 2:1006–7.

294 **"his last penny"**: Whitridge, *Rochambeau*, 243.

294 ***Voyages dans l'Amérique septentrionale***: Chastellux, *Voyages de M. le marquis de Chastellux dans l'Amérique septentrionale;* Chastellux, *Travels in North-America*.

294 **a daring expedition to Hudson Bay**: Alsina Torrente, *Una guerra romántica 1778–1783*, 302–6.

295 **"You must have formed an alliance"**: Thacher, *A Military Journal during the American Revolutionary War*, 386.

295 **Vaudreil's fleet; Rochambeau visited with Washington**: Whitridge, *Rochambeau*, 240–51; Dull, *The French Navy and American Independence*, 299–301.

295 **Vergennes . . . was effectively Louis XVI's principal minister**: Dull, *A Diplomatic History of the American Revolution*, 123.

296 **"very unfortunate"; "do what I can to save the empire"**: O'Shaughnessy, *The Men Who Lost America*, 4, 41; Fleming, *The Perils of Peace*, 102.

296 **By happenstance; "Great affairs"**: Schiff, *A Great Improvisation*, 295–97.

296 **began a flurry of negotiations**: I have used the following works to construct the account of the peace negotiations: Morris, *The Peacemakers;* Fleming, *The Perils of Peace;* Stockley, *Britain and France at the Birth of America;* Dull, *A Diplomatic History of the American Revolution*.

297 **a budget shortfall of 400 million livres**: Dull, *The French Navy and American Independence*, 279–80, 297–98.

297 **Beaumarchais . . . reminded Franklin**: Morton and Spinelli, *Beaumarchais and the American Revolution*, 275.

297 **all he could obtain was a small loan**: Edler, *The Dutch Republic and the American Revolution,* 214.

298 **John Jay took over negotiations**: Stockley, *Britain and France at the Birth of America,* 71–72; Morris, *The Peacemakers,* 308–10; Schiff, *A Great Improvisation,* 310–11.

298 **The overture was actually due to the Comte de Grasse**: Lewis, *Admiral de Grasse and American Independence,* 275–79.

299 **"not natural enemies"**: Fitzmaurice, *Life of William Earl of Shelburne,* 2:180–81.

300 **On Monday, January 20, 1783; "a miracle"; "Thus drops the curtain"**: Morris, *The Peacemakers,* 408–10. Additional information thanks to Élisabeth Maisonnier of the Château de Versailles.

300 **Vaudreuil in Venezuela by March 24**: Tornquist, *The Naval Campaigns of Count de Grasse,* 123.

300 **By the beginning of 1783**: Syrett, *The Royal Navy in American Waters,* 225–26.

301 **In both East and West Florida**: Wright Jr., *Florida in the American Revolution,* 145.

301 **The preliminary peace accords**: Dull, *The French Navy and American Independence,* 293–94.

301 **"constant fog over all Europe"**: Franklin, *Memoirs of the Life and Writings of Benjamin Franklin,* 3:288.

301 **the Hôtel d'York at 56 rue Jacob**: Jouve, Jouve, and Grossman, *Paris: Birthplace of the U.S.A.,* 42–44. The building has now been occupied for over a century by the engraving and typography company Firmin Didot.

301 **fireworks lit the night sky**: Sambricio, "Fiestas en Madrid durante el reinado de Carlos III."

302 **a massive fireworks display was planned**: Barber and Voss, *Blessed Are the Peace Makers,* 44.

302 **"no longer be considered"**: Stockley, *Britain and France at the Birth of America,* 206.

302 **fireworks lit the heavens**: These are the subject of a series of watercolors in BNF Stamps and Photographs, folio QB–201.

302 **Joseph and Étienne Montgolfier; "What is the good of a newborn babe?"**: Chapin, "A Legendary *Bon Mot*? Franklin's 'What Is the Good of a Newborn Baby?'"

302 **"These repeated instances"**: *PBF,* 37:539–44, 38:289–90.

303 **"our friend and father"**: Ibid.

303 **"system of influence"; "immense advantages"**: *PJA,* 15:398–414; 16:126–29.

303 **"I will say it for my countrymen"**: *PJA,* 15:342.

303 **Britain could have won the war**: See Dull, *The Miracle of American Independence.*

304 **the only person to be universally praised**: O'Shaughnessy, *The Men Who Lost America,* 358–59.

304 **continually overestimated the level of Loyalist support**: Ibid., 186–93.

304 **"impossible that the English can reduce America by arms"**: Kite, *Brigadier-General Louis Lebègue Duportail,* 70–71.

304 **"although the people of America might be conquered"**: Mackesy, *The War for America,* 510.

304 **"Victories . . . are decided by the great battalions"**: *DHPF,* 4:688.

304 **the numbers who fought and died:** Boatner III, *Encyclopedia of the American Revolution,* 264; Peckham, ed., *The Toll of Independence,* 130.

305 **A list compiled in 1903**: Ministère des Affaires étrangères, *Les combattants français de la guerre américaine, 1778–1783*; Dawson, "Les 2112 Français morts aux États-Unis." See also *DOAR;* La Jonquière, *Les marins français sous Louis XVI;* Lasseray, *Les Français sous les Treize Étoiles;* Balch, *The French in America during the War of*

Independence of the United States; Trentinian, "France's Contribution to American Independence."

305 **For Spain, no thorough compilations yet exist**: Lists of Spanish soldiers who served in North America during the War of American Independence are: Hough and Hough, *Spanish Borderland Studies;* and Martinez, *From across the Spanish Empire.* My estimates for Spain's global contribution is based on secondary sources, and include engagements where there was likely to be little or no overlap of the participating soldiers and sailors, for example, concurrent battles in Europe and the West Indies.

305 **at Gibraltar alone**: Chartrand and Courcelle, *Gibraltar 1779–83*, 80, 86.

305 **Society of the Cincinnati**: See Gardiner, *The Order of the Cincinnati in France;* Myers, *Liberty without Anarchy;* Hünemörder, *The Society of the Cincinnati.* The Society of the Cincinnati went dormant on both sides of the Atlantic through much of the nineteenth century, but was reconstituted by the beginning of the twentieth.

306 **"I shall recollect with pleasure"**: *WGW,* 27:317.

第九章　不朽传奇

307 **"I do not feel tranquil"**: Morris, *The Peacemakers,* 455–56.

307 **"the alliance is therefore completed"**: Stinchcombe, *The American Revolution and the French Alliance,* 200–203.

308 **"natural interests"**: Ibid.

308 **"We have never based our policy"**: Morris, *The Peacemakers,* 454.

308 **he was now focused on cementing France's position in Europe**: Murphy, *Charles Gravier, Comte de Vergennes,* 432–72.

308 **developed a fever; "overwork"; septicemia**: Vergennes, *Louis XVI and the comte de Vergennes,* 390; Murphy, *Charles Gravier, Comte de Vergennes,* 473; Bachaumont, *Mémoires secrets pour servir à l'histoire de la République des Lettres en France,* 34:71. His condition was described as *dissolution de sang,* "dissolution of the blood," indicating granularity and clotting, which are also symptoms of septicemia.

309 **"tranquil walks of domestic life"**: *WGW,* 27:317.

309 **the Spanish war sloop *Galveztown*:** Fernández González, "El bergantín *Galveztown*"; Olmeda Checa, "El *Galveztown*." Gálvez had sent the order for the new ship to Diego de Gardoqui, who contracted with New York City shipbuilder James Seaman, via the merchant firm of Dominick Lynch and Thomas Stoughton, for its construction. The new *Galveztown* subsequently participated in the Spanish-American wars of independence.

309 **At noon on April 30**: Bowen, ed., *The History of the Centennial Celebration of the Inauguration of George Washington as First President of the United States.*

310 **the Spanish court had named Gardoqui**: Garteiz-Aurrecoa, "El embajador Don Diego María de Gardoqui y la Independencia de los EE.UU," 188–89.

310 **"The history of the American Revolution"**: Adams, *The Works of John Adams,* 5:494.

310 **Steuben's Blue Book**: Lockhart, *The Drillmaster of Valley Forge,* 301.

311 **Springfield Armory; settled on the French musket**: Whittlesey, "The Springfield Armory: A Study in Institutional Development," 166–67.

311 **the American system of manufacturing**: Hounshell, *From the American System to Mass Production, 1800–1932,* 25–30.

311 **"The necessity of an academy"**: Kite, *Brigadier-General Louis Lebègue Duportail,* 269.
311 **West Point**: See Ambrose, *Duty, Honor, Country;* McDonald, ed., *Thomas Jefferson's Military Academy.*
312 **the castle at Verdun and the motto *Essayons:*** Vogel, "Engineer Buttons and Castle."
312 **Matters did not improve for Cagigal and Miranda:** Chávez, *Spain and the Independence of the United States,* 208–9; Beerman, *España y la independencia de Estados Unidos,* 182–83.
312 **Miranda's visit to America**: Racine, *Francisco de Miranda,* 24–66.
313 **Royal Gift**: Beerman, "The Last Battle of the American Revolution: Yorktown. No, the Bahamas!" 93–95; Chávez, *Spain and the Independence of the United States,* 1–2; Buck, *The Oregon Trail,* 32–35.
314 **the postwar travails of Pierre-Augustin Caron de Beaumarchais**: Morton and Spinelli, *Beaumarchais and the American Revolution,* 183–84, 275–325; Rappleye, *Robert Morris,* 240–42, 317–19; Buel Jr., *In Irons,* 230–34. Beaumarchais's detailed invoices are shown in Morris, *The Papers of Robert Morris, 1781–1784,* 5:322–25.
314 **"everything [Beaumarchais] says, writes, or does"**: *DP,* 1:217.
315 **Chaumont suffered a similar fate**: Schaeper, *France and America in the Revolutionary Era,* 290–326.
315 **the 18 million livres that the United States owed the French government**: *PBF,* 37:633–38.
315 **a debt that Hamilton sold**: The debt was bought by Boston financier James Swan and resold on secondary markets. See Rice, "James Swan: Agent of the French Republic, 1794–1796," 478.
315 **the total cost to France was 1 billion livres**: Price, *The Road from Versailles,* 22.
316 **It was peacetime fiscal policy . . . that plunged France into the financial crisis**: Harris, "French Finances and the American War, 1777–1783"; White, "Was There a Solution to the *Ancien Régime*'s Financial Dilemma?"
317 **five million civilian and military deaths**: Bell, *The First Total War,* 7.
318 **it was the fact that they had successfully fought and won that liberty**: Library of Congress, *The Impact of the American Revolution Abroad,* 11–13.
318 **Neither were the French veterans**: Scott, *From Yorktown to Valmy,* 120–21.
318 **French National Guard; included members of Rochambeau's *Expédition Particulière:*** Ibid., 138–40.
318 **In Saint-Domingue, the Haitian Revolution . . . , counted numerous members of the Chasseurs-Volontaires**: Rhodes, "Haitian Contributions to American History." One of the leaders of the Haitian Revolution was Henry Christophe, who was twelve years old when he served at Savannah.
318 **Most veterans . . . remained loyal; Duportail served as minister of war**: Le Pottier, *Duportail ou le génie de George Washington,* 255–74; Scott, *From Yorktown to Valmy,* 136–37.
319 **"the world's most important consequences"**: Lafayette, *Mémoires, correspondance et manuscrits,* 5:167; Taillemite, *La Fayette,* 404.
319 **Officers of the French Navy**: Vergé-Franceschi, "Marine et Révolution: Les officiers de 1789 et leur devenir."
319 **"When you take off my head"**: Calmon-Maison, *L'Amiral d'Estaing (1729–1794),* 431.

319 **Spain had kept a tight rein on its fiscal policy**: Lancho Rodríguez, "La ayuda financiera española a la independencia de EE.UU."; Sánchez, "Possibilities and Limits: Testing the Fiscal-Military State in the Anglo-Spanish War of 1779–1783"; Kuethe and Andrien, *The Spanish Atlantic World in the Eighteenth Century*, 306–11; Lewis, "New Spain during the American Revolution, 1779–1783," iii–v; Glascock, "New Spain and the War for America, 1779–1783," 277–78.

320 **two largest indigenous uprisings**: See Walker, *The Tupac Amaru Rebellion*.

321 **drawn in part from Charles-François de Broglie's assault plan of 1765**: Das, *De Broglie's Armada*, xi.

322 **The sense of déjà vu would have been all the stronger**: Rodríguez González, *Trafalgar y el conflicto naval Anglo-Español del Siglo XVIII;* Hore, *Nelson's Band of Brothers*. My thanks to the authors Agustín Rodríguez and Peter Hore, as well as Pierre Lévêque, for the help in locating the ships and men who fought both at Cape Spartel and at Cape Trafalgar.

322 **Trafalgar's devastating and widespread effects**: Dull, *The Age of the Ship of the Line*, 178; Harbron, *Trafalgar and the Spanish Navy*, 173.

323 **In Spanish America**: For an overview of the wars of independence, see McFarlane, *War and Independence in Spanish America*. For an examination of its most charismatic character, see Arana, *Bolívar: American Liberator*.

323 **the more liberalized press carried articles and essays**: Novales, "La independencia de América en la conciencia española."

323 **Manifesto of the People of Quito; Similar declarations**: Keeding, *Surge la nación*, 618–19; Armitage, *The Declaration of Independence*, 145–49.

324 **Antoine Felix Wuibert**: Kilbourne, *Virtutis Praemium*, 2:1006–7; Wuibert, Correspondence 1788–1803.

324 **Charles Romand de L'Isle**: Beyls, "Un Dauphinois dans la guerre d'Indépendance des États-Unis"; Lisle, "The Lisle (de Lisle) Family in America."

325 **Pierre-Étienne du Ponceau**: Tieck, "In Search of Peter Stephen Du Ponceau."

325 **When Rochambeau's troops departed the United States**: Scott, *From Yorktown to Valmy*, 103–7.

325 **Georg Daniel Flohr**: Selig, "Private Flohr's Other Life."

325 **Louis Lebègue Duportail**: Le Pottier, *Duportail ou le génie de George Washington*, 269–79; Kite, *Brigadier-General Louis Lebègue Duportail*, 278–86. Note that Duportail's farm is not the same as the Duportail House, still extant, which served as a headquarters in 1777–78 near Valley Forge.

326 **Comte de Grasse; Neil deGrasse Tyson**: Lewis, *Admiral de Grasse and American Independence*, 308–9; Tyson, *The Sky Is Not the Limit*, 23.

326 **While the United States opened its doors**: On French exiles in Philadelphia, see: Furstenberg, *When the United States Spoke French;* Harsanyi, *Lessons from America*.

328 **Gallipolis; Azilum**: Rosengarten, *French Colonists and Exiles in the United States;* Murray, *The Story of Some French Refugees and Their "Azilum."*

328 **Castorland**: Desjardins and Pharoux, *Castorland Journal;* Schaeper, *France and America in the Revolutionary Era*, 337–39.

329 **New York City . . . where a French exile community was already thriving**: Kennedy, *Orders from France;* Caemmerer, *The Life of Pierre Charles L'Enfant;* Berg, *Grand Avenues;* Belhoste, "Les Brunel père et fils"; Bagust, *The Greater Genius?*, 17–21.

330 **George Farragut**: Caleo, "'A Most Serious Wound': The Memorial of George Farragut"; Lyons, *Foreign-Born American Patriots,* 91–95.

331 **"brother in arms"; "to rejoin the friends"**: Lafayette, *Mémoires, correspondance et manuscrits,* 6:160–61.

331 **asked Congress to extend an official invitation**: On Lafayette's visit to America, see: Levasseur, *Lafayette in America;* Burstein, *America's Jubilee,* 8–33; Auricchio, *The Marquis,* 295–303. For a lighthearted look at Lafayette's trip, see Vowell, *Lafayette in the Somewhat United States.*

332 **one of the first steamboats was actually invented in Lyon**: Claude François Dorothée, Marquis de Jouffroy d'Abbans, developed the steamboat *Pyroscaphe* in Lyon in 1783.

332 **"houses in ruins, blackened by fire"**: Levasseur, *Lafayette in America,* 199.

332 **Lafayette stopped at Point Breeze**: Stroud, *The Man Who Had Been King.*

333 **speeches and articles exhorting Americans**: Bercovitch, *The American Jeremiad,* 143–44.

334 **American exceptionalism had always been different**: Greenfeld, *Nationalism,* 447; Kagan, *Dangerous Nation,* 42; Deconde, "Historians, the War of American Independence, and the Persistence of the Exceptionalist Ideal."

334 **Bancroft's *History* . . . served as the touchstone**: Bancroft, *History of the United States from the Discovery of the Continent;* Raphael, *Founding Myths,* 249, 258, 292–93.

335 **"What do we mean by the Revolution?"**: Adams, ed. Adams, *The Works of John Adams,* 10:172.

335 **90 percent of the arms . . . close to $30 billion equivalent in direct monetary aid**: Moller, *American Military Shoulder Arms,* 1:103; Schaeper, *France and America in the Revolutionary Era,* 156. The direct aid included 47 million livres from France and 400,000 pesos from Spain.

336 **rue de l'Indépendance américaine**: Many thanks to Élisabeth Maisonnier for this information.

336 **"America defaults no obligations"; "Lafayette, we are here!"**: Gilmer, "Lafayette, We Are Here!" manuscript, chapter 3.

参考文献

缩略语

AA:美国档案(*American Archives*):*Documents of the American Revolutionary Period, 1774–1776* . 9 vols. Compiled by Peter Force. Northern Ilinois University Libraries, http: //dig. ibniuedu/amarch/.

ADA:阿登部会档案(Archives Départementales des Ardennes). Charleville-mezieres, France.

AGI:印地档案汇总(Archivo General de Indias). Seville, Spain.

ANF:法国国家档案(Archives nationales de France). Paris.

ANOM:法国国家海外档案(Archives nationales d'outre-mer). aix-en Provence, France.

BC:博马舍:往来通信(*Beaumarchais: Correspondance*). Compiled by Brian N. Morton and Donald C. Spinelli. 5 vols. Paris:Editions A-G Nizet, 1969–2010.

BNE:西班牙国家图书馆(Biblioteca Nacional de España). Madrid.

BNF:法国国家图书馆(Bibliothèque nationale de France). Paris.

DCAR:北美革命外交通信(*The Diplomatic Correspondence of the American Revolution*). 12 vols. Compiled by Jared Sparks. Boston:N. Hale and Gray and Bowen, 1829–30.

DGW:乔治·华盛顿日记(*The Diaries of George Washington*). 6 vols. Compiled by Donald Jackson and Dorothy Twohig. Charlottesville:University of Virginia Press, 1978.

DHPF:法国参与北美建国史略(Doniol, Henri. *Histoire de la participation de la France a l'etablissement des Etats-Unis d'Amérique*). 6 vols. Paris:Imprimerie nationale, 1886–99.

DOAR:美国独立战争期间参战将校名录(*Dictionnaire des oficiers de l'armee royale qui ont combattu auxetats-unis pendant la guerre d'independance*). Vincennes:Servicehistorique deParmee de terre, 1982.

DP:迪恩文存(*The Deane Papers, 1774–1790*), *by Silas Deane*. 5 vols. Compiled by CharlesshamNewYork:new-york Historical Society, 1887–91.

IIC:英格拉姆工业特藏(Ingram Industrial Collection), Stonehill College, Easton, MA.

NAUK:National Archives of the United Kingdom, Kew, Richmond, Surrey.

NDAR:北美独立革命海军档案(*Naval Documents of the American Revolution*). 12 + vols. Washington, DC:Government Printing Office, 1964—

NHHC:海军史学会网站(Naval History and Heritage Command website), http://www. history. navy. mil/

PAH:亚历山大 · 汉密尔顿文存(*The Papers of Alexander Hamilton*). 27 vols. Compled by Harold C. Syrett. New York: Columbia University Press, 1961–87.

PBF: *The Papers of Benjamin Franklin*. 40 + vols. Compiled by Yale University. http: //franklinpapers. org/.

PCC:大陆会议文件:往来信函,期刊,委员会报告及议事记录(*Papers of the Continental Congress: The Correspondence, Journals, Committee Reports and Records of the Continentalz/Congress, 1774–1789*). NARA Microflm publication M247, 204 rolls. National Archives and Records Administration, College Park, MD.

PGW:乔治 · 华盛顿文存数字版:独立革命系列(*The Papers of George Washington Digital Edition*, Revolutionary War Series). 22 + vols, Compiled by Theodore J. Crackel et al. Charlottesville:University of Virginia Press, Rotunda, 2007. Founders Online, National Archives, http://founders. archives. gov.

PJA:约翰 · 亚当斯文存(*Papers of Jobn Adams*)17 + volumes. Compiled by Robert J Taylor. Cambridge, MA Belknap Press of Harvard University Press, 1977 – . Adams Papers Digital Editions, http://www. masshist. org/publications/apde2/.

RDC:美国革命外交通信(*The Revolutionary Diplomatic Correspondence of the United States*). 6 vols. Compiled by Frances Wharton. Library of Congress, http: //memory. loc. gov/amme/amlaw/wwdc. html.

RHM:陆军史期刊(*Revista de Historia Militar*), Madrid, 1957—.

RHN:海军史期刊(*Revista de Historia Naval*), Madrid, 1983—.

SFME:史蒂文 · 菲斯米尔涉美欧洲档案手稿(*B. F. Stevens Facsimiles of Manuscripts in European Archives relating to America*, 1773–1783):*With Descriptions, Editorial Notes, Collations, References and Translations*. 25 vols. Compiled by Benjamin Franklin Stevens. Wilmington, DE:Mellifont Press, 1970.

SWGW:乔治 · 华盛顿箴言录(*Sparks Writings of George Washington*). 12 vols.

Compiled by Jared Sparks. Boston: American Stationers Company, John B. Russell, 1834–37.

WGW:华盛顿原文手稿(*The Writings of Washington from the Original Manuscript Sources, 1745–1799*), 39 vols, Compiled by John C. Fitzpatrick. Washington, DC:Government Printing Office, 1931–44.

首要文献

Adams, John. *The Works of John Adams.* Edited by Charles Francis Adams. 10 vols. Boston: Little, Brown, 1850–56.

Almanach Royal [Royal almanac. Paris: Houry/Le Breton, 1700–1792

America's Historical Newspapers, 1690–1922, http: //wwwreadex. com/content/Americas-historical-newspapers.

d'Arçon, Jean Le Michaud. *Mémoire pour servir a/histoire du siege de Gibraltar, par auteur des batteries fottantes* [Memoir to serve as the history of the siege of Gibraltar, by the Inventor of the floating batteries]. Cadiz: Chez Hermil freres, 1783.

Bachaumont, Louis Petit de. *Mémoires secrets pour servir a l'histoire de la repz blique des Lettres en France depuis 1762 Jusqu' a nos jours* [Secret memoirs serving as a history of the Republic of Letters in France from 1762 unt Adamson, 1777–89 until today]. 36 vols. London: James Adamson, 1777–89.

Barham, Charles Middleton, and John Laughton, eds. *Letters and Papers of Charles, LorBarban, Admiral of the Red Squadron, 1758–1873.* 3 vols. London: Navy Records Society, 1807–11.

Beaumarchais, Pierre-Augustin Caron de. *For the Good of Mankind: Pierre-Augustin Caron de Beaumarchais Political Correspondence Relative to the American Revolution.* Translated and edited by Antoinette Shewmake. Lanham. MD: University Press of America, 1987.

Bedford, John Russell, Fourth Duke of. *Correspondence of John, Fourth Duke of Bedford.* 3 vols. London: Longman, Brown, Green Longmans, 1842–46.

Berthier, Louis-Alexandre. *Alexandre Berthier: Journal de la campagne d'Amérique*, Iomai 1780–26 aout 178r[Alexandre Berthier: American campaign diary, May IO, 780-august 26, 1781]. Edited by Gilbert Chinard. Easton, PA: American Friends of Lafayette, 1952.

——. Louis-Alexandre Berthier Collection. Princeton, NJ: Princeton University Library, Department of Rare Books and Special Collections, Manuscripts Division, call number C0022.

Blanchard, Claude. *The Journal of Claude Blanchard.* Translated by William Duane, edited by Thomas Balch. Albany, NY: J Munsell, 1876; New York: Arno Press, 1969.

Boswell, James. *The Life of samuel Johnson.* 2 vols. London: Baldwin, 1799.

Brier, Marc A "Tolerably Comfortable: A Field Trial of a Recreated Soldier Cabin at Valley Fore." National Park Service, valley Forge National Historical Park, 2004

de Broglie, Charles-francois. "Plan de guerre contre l'angleterre" Iwar plan against England]. ANF Marine, B4 132 folio 13 and B4 135 folio 3, 1777.

Bureau of the Census. *A Century of population Growth. Washington*, DC: Government Printing Office, 1909.

A Century of lawmaking for a New Nation. U. S Congressional Documents and Debates, 1774–1875. Library of Congress, http: //wwwmemory Ioc. gov.

Chastellux, FrançoisJean, Maquis de. *Voyages de M. le marquis de Chastellux dans l'Amérique Septentrionale, dans les anées 1780, 1781 & 1782* [Travels of Marquis de Chastellux in North America in the years 1780, 1781& 1782] Paris: Chez Prault, 1786.

——. *Travels in North-America, in the Years 1780, 1781, and 1782.* Translated by George Grieve. London: Printed for G. G. J and J. Robinson, 1787.

Churchill, Charles Robert. *Spanish Records: List of Men under General Don Bernardo de Gálvezin His Campaigns against the British, 1779–1783* (also titled *SAR Spanish Records, Spanish-English War, 1779–1783. Men under Gen Don Bernardo de Gálvezand Other Records from the Archives of the Indies, Seville, Spain*). Typed manuscript. 2 vols, Washington, DC: Daughters of the American Revolution Library, 1925.

Clausewitz, Carl von. *On War.* Translated and edited by Michael Eliot Howard and Peter Paret. Princeton, NJ: Princeton University Press, 1989.

Closen, Ludwig von. *The Revolutionary Journal of Baron Ludwig von Closen, 1780–1783*, Translated and edited by Evelyn M. Acomb. Chapel Hill: University of North Carolina Press, 1958.

Crevecoeur, John Hector St John(Michel Guillaume Jean) de. *Letters from an American Farmer.* London: Thomas Davies Lockyer Davis, 1782.

Croÿ-Solre, Emmanuel, *Duc de Journal inedit du duc de Croy* [Unpublished journal of the Duc de Croy]. 4 vols. Paris: Flammarion, 1906–7.

Custis, George Washington Parke. *Recollections and Private Memoirs of Washington, by His Adopted Son, George Washington Parke Custis*. New York: Derby Jackson 1860.

Des Barres, Joseph F W. *The Atlantic Neptune*. 4 vols. London: The Admiralty, 1777.

Desjardins, Simon, and Pierre Pharoux. *Castorland Journal: An Account of the Exploration and Settlement of New York State by French Emigres in the Years 1793 to 1797*. Translated and edited by John A Gallucci. Ithaca, NY: Cornell University Press, 2010.

Deux-Ponts, Guillaume, Comte de. *My Campaigns in America: A Journal Kept by Count William de Deux-Ponts*, 1780–8r. Translated by Samuel A Green. Boston: J. K. Wigin&Wim. Parsons Lunt, 1868.

Diderot, Denis, and Jean Le Rond d' Alembert, eds. *Encyclopedie ou dictionnaire raisonnedes sciences des arts et des metiers* [Encyclopedia or systematic dictionary of science arts and industries]. 28 vols. Paris: Briasson, 1751–72.

Doniol, Henri. "Correspondance inedite de La Fayette: Lettres ecrites au comte d Estaing du 14 juillet au 20 octobre 1778" [Unpublished correspondence of La Fayette: Letters written to Comte d'estaing from 14 July to 20 October 1778]. *Revue d'Histoire Diplomatique* [Diplomatic history review] 6(1892): 39.

Du Ponceau, Peter Stephen(Pierre – Étienne), and James L Whitehead. "The Autobiography of Peter Stephen Du Ponceau. "5 parts. *Pennsylvania Magazine of History and Biography*63(939): 189–227, 31–43, 432–61; 64(940): 97–20, 243–69.

Faneuil, Pierre Benjamin. Last will and testament of Colonel Pierre Benjamin Faneuil Boston, Mass, 1777. Ithaca, NY: Cornell University Library, Division of Rare and Manuscript Collections, Guide to the Legal documents—massachusetts, New York, Pennsylvania, 1777–1851. Collection Number: 4779, Box 1, Folder 1.

Fersen, Hans Axel von. *Lettres d' Axel de Fersen a son pere, pendant la guerre de l'Indépendance d'Amérique* [Letters of Axel de Fersen to his father, duirng the War of American Independence. Paris: firmin-didot et cie, 1929.

Fitzmaurice, Edmund. *Life of William Earl of Shelburne*. 2 vols. London: Macmillan, 875–76.

Fortescue, John. *The Correspondence of King George the Third from 1760 to December 1783*, *6* vols. London: Macmillan, 1927–28.

Franklin, William Temple. *Memoirs of the Life and Writings of Benjamin Franklin*. 3

vols, London: Henry Colburn, 1818.

French Navy Information File 2011, www. defense. gouvfr/marine.

Gaceta de Madrid. Madrid, 1697–1936.

Gazette de France. Paris, 1631–1792.

Gerard, Conrad Alexandre, and Charles Gravier, Comte de Vergénnes. *Despatches and Instructions of Conrad Alexandre Gerard, 1778–1780: Correspondence of the First French Minister to the United States with the Comte de Vergénnes*. With an historical introduction and notes by John J Meng. Baltimore: Johns Hopkins University Press, 1939.

Gibbon, Edward. *Private Letters of Edward Gibbon* (1753–1794). 2 vols. London: J. Murray, 1896.

Giunta, Mary A, , ed. *Documents of the Emerging Nation: u. s. Foreign Relations, 1775–1789*, Wilmington, DE: Scholarly Resources, 1998.

de Grasse, FrançoisJoseph Paul, Comte. *Mémoire du comte de Grasse sur le combat naval du 12 avril 1782* [Memoir of the Come de (rasse on the naval combat of April 12, 1782.

Graves, Thomas. *The Graves Papers and Other Documents Relating to the Naval Operation of the Yorktown Campaign, July to October, 1781*. Edited by French Ensor Chadwick. New York: Navy History Societ, 1916.

Grivel, Guillaume. "Balance politique." In *Encyclopedie metbodique. Economie politiquet diplomatique* [Methodological encyclopedia: Political economy and diplomacy] 4 vols. Edited by jean-nicolas Demeunier. Paris: Panckoucke, 1784–88.

Izerda, Stanley J, ed. *Lafayette in the Age of American Revolution: Selected Letters and Papers, 1776–1790*. 5 vols. Ithaca, NY: Cornell University Press, 1977–83.

Jay, William, ed. *The Life of Jobn Jay*. 2 vols. New York: J &J. Harper, 1833.

Johnson, Sherry. *Climate and Catastrophe in Cuba and the Atlantic World in the Age of Revolution*. Chapel Hill: University of North Carolina Press, 2011.

"Journal of a French Traveller in the Colonies, 1765." *American Historical Review* 26, no. 4 (July 1921): 726–47, and 27, no 1 (October 1921): 70–89.

Lafayette, Gilbert du Motier de. *Mémoires, correspondance et manscrits du général La Fayette, publiés par sa famille* [Memoirs, correspondence and manuscripts of General LaFayette, published by his family]. 6 vols. Paris: Fournier l'aîné, 1837–38.

——. Memoirs, *Correspondence and Manuscripts of General Lafayette*. 3 vols. London: Saunders &c Otley, 1837.

Lalande, Joseph Jerome Le Francais de. *Journal d'un voyage en Angleterre: 1763* [Journal of a voyage in England, 1763). Edited by Helene monod-cassidy. Oxford: Voltaire Foundation at the Taylor Institution, 1980.

Lauzun Armand Louis de Gontaut. *Duc de Memoires de M. le duc de Lauzun*. Paris: Chez Barrois laine, 1822.

Lee, Richard Henry. *Life of Authur Lee*. 2 vols. Boston: Wills &c Lilly, 1829.

Lee, Richard Henry, and James Curtis Ballagh, eds. *The Letters of Richard Henry Lee*. 2 vols. New York: Macmillan, 1911–14.

Lennox, Sarah. *The Life and Letters of Lady Sarab Lennox*, 1745–1826. London: J. Mumay. 1901.

Levasseur, Auguste. *Lafayette in Ameria in 1824 and 1825: Joumnal of a Voyage to the United States*: Translated by Alan R. Hoffiman. Manchester, NH: Lafayette Press, 2006.

Lisle, James. *The Lisle(de Lisle) Family in America*. Microfilm. Salt Lake City: Genealogical Society of Utah, 2001.

Louvre Atlas database, http://castelen louvre. fr/.

Mercure de France [Mercury of France). Paris, 1672–1825.

Mercurio Historico y Politico [Historical and political mercury. Madrid, 1738–84.

Montbarey, Alexandre Marie Leonor de Saint Mauris(prince de). *Memoires autographes de M. le prince de Montbarey: Ministre secretaire d'tat au Dpartement de la guerre sous Louis XVI* [Autobiography of M. the Prince of Montbarey, minister of war under Louis XVI]. 3 vols. Paris: Alexis Eymery, 1826–27.

Monteil, Frangois Aymar, Chevalier de. Chevalier de Monteil logbook, May20, 1781-March 21, 1782. Ann Arbor: University of Michigan, William L. Clements Library Manuscripts Division.

Morris, Robert. *The Papers of Robert Morris, 1781–1782*, Edited by E. James Ferguson, 9 vols. Pittsburgh: University of Pittsburgh Press, 1973–99.

Muster and Pay Roll of the War of the Revolutiom, 1775–1782. New York: new-york Historical Society, 1914.

Oraison, Henri Fulque d. "Memoire sur i'amiraute anglaise" [Memorandum on the English Admiralty]. ANF Marine B7 475 folio 11, 1764.

Playstowe, Philip. *The Gentleman Guid, in His Tour through France*. London: Kearsley, 1766.

Poulin, Eugena, and Claire Quintal, eds and trans. "*La Gazette Francoise*", *1780–1781: Revolution America's French Newspaper*, Newport. RI: Salve Regina Univeristy, 2007.

[the] present State of the West-Indies Containing an Accurate Description of What Parts Are Possessed by the Several Powers in Europe. London. R. Baldwin, 1778.

Prevost, Antoine Franois. *Mnuelexigue, ou dictionnaire portati des mots frangois* [Lexical manual, or portable French dictionary]. 2 vols. Paris: Libraires associes, 1788.

Remueil des instructions donnes aux amhasdeurs et minites de France dppuis les traites de Westpbalie jusrpuia la Revolution(1648–1789) [Collection of instructions given to the ambassadors of France from the Treaties of Westpahlia until the Revolution. 1648–1789). 3 + vols. Paris: Alcan, 1884-present.

Rice, Howard C Jr, and Anne S K. Brown, trans. and eds. *The American Campaigns of Rocbambeau's Army, 1780, 1781, 1782, 1783*. 2 vols. Princeton, NJ: Princeton University Press, 1972.

Rochambeau, Jean-Baptiste-Donatien de Vimeur, Comte de. *Memoires militaires, historiques et politiques de Rocbambeau: Ancien marechal de France, et grand officier de la Legion d'honner* [Military, historical and political memoirs of Rochambeau: Former marshall of France, and grand officer of the Legion of Honor). 2 vols. Paris: Fain, 1809.

Saavedra, Francisco de. *Diario de Don Francisco de Saavedra* [Journal of Mr. Francisco de Saavedra). Edited by Francisco Morales Padron. Seville: Universidad de Sevilla, 2004.

——. *Journal of Don Francisco Saavedra de Sangronis during the Commission Which He Had in His Charge from 25June 1780 until the 20th of the Same Month of 1783*. Edited by Francisco Morales Padron; translated by Aileen Moore Topping. Gainesville: University of Florida Press, 1988.

Sandwich, John Montagu, Earl of. *The Private Papers of Jobn, Ear of Sandwich*. 4 vols, London: Navy Records Society, 1932–38.

Savary, Jacques. *Le parfait négociant* [The perfect merchant]. Paris: Jean Guignard fls, 1675

Scots Magazine. *Edinburgh*, 1739–1826.

Seeber, Edward Derbyshire, trans. *On the Threshold of Liberty: Journal of a Frenchman's Tour of the American Colonies in 1777*. Bloomington: Indiana University Press, 1952.

Shain, Barry Alan, ed. *The Declaration of Independence in Historical Context: American State Papers, Petitions, Proclamations, and Letters of the Delegates to the First National Congresses*. New Haven, CT: Yale University Press, 2014.

Shea, John D. G. *The Operations of the French Fleet under the Count de Grasse in 1781-2 as Described in Two Contemporaneous Journals*. New York: Bradford Club, 1864.

Sheftall. Meordeal, Mordecai Sheftall papers, 1777-1778. American Jewish Historica Society, New York.

Smithsonian military history collection, http://amhistorysi edu/militaryhistory/collection/.

Stanhope, Philip Henry (Lord Mahon). *History of England*. 7 vols. Leipzig: Tauchnitz, 1853-54.

Stark, Caleb. *Memoir and Offcial Correspondence of Gen. Jobn Stark*. Concord, NH: G. Parker Lyon, 1860.

Stockdale, John. *The Parliamentary Register*, 17 vols. London: T. Gillet, 1802.

Thacher, James. *A Military Journal during the American Revolutionary War, from 1775 to 1783*. Boston: Richardson Lord, 1823.

Tornquist, Karl Gustaf. *The Nacal Campaigns of Count de Grasse during the American Revolution, 1781-1783*. Translated by Amandus Johnson. Philadelphia: Swedish Colon Society, 1942.

Tower, Charlemagne, ed. *The Marguis de La Fayette in the American Rcwolutiom With Some count of the Atitude of France toward the War of Independence*. and ed, 2 vols, Philadelphia: J. B. Lippincott, 1901.

Uhlendorf, Bernhard A, ed, and trans. *the Siege of Charleston: Capts, Johann Ewald, Johann Hinricbs, and Maj Gen, Jobann Christoph von Huyn*, New York: Arno, 1968.

Vergénnes, Charles Gravier, *Comte de. Louis XVI and the Comte de Vergénnes. Corresponed erance1774-1787. Edited by John Hardman and Munro Price*. Oxford: Voltaire Foundation, 1998.

Voltaire(francois-marie Arouet). *Candide, ou l'optimism* [Candide, or optimismd.

Paris: Sirene, 1759.

——. *Siècle de Louis XV* [Louis xv's century]. 2 vols. Geneva: Cramer, 769

Washington, George. *The Papers of George Wasbington*. Colonial Series. 10 vols. Edited by William Wright Abbot and Dorothy Twohig. Charlottesville: University of Virginia Press, 1983–95.

Washington, George, and François Joseph Paul, Comte de Grasse. *Correspondence of General Washington and Comte de Grasse, 1781, August 17-November 4*. Washington, DC: Government Printing Office, 1931.

Wickham Legg, *Leopold George. British Diplomatic Instructions, 1689–1789*, vol 7, *France, Part IV, 1745–1789*. London: Royal Historical Society, 1934.

Wilkes, John. *The Diaries of Jobn Wilkes, 1770–1797*. Edited by Robin Eagle. Woodbridge UK: Boydell Brewer, 2014.

Wuibert, Antoine Felix Correspondence, 1788–1803 MSC 156. Bucks County Historical Society, Mercer Museum Research Library, Doylestown, PA.

次要文献

Abarca, Ramon E. "Bourbon 'Revanche', against England: The Balance of Power, 1770." Phd dissertation, University of Notre Dame, 1965.

——. "Classical Diplomacy and Bourbon 'Revanche' Strategy, 1763–1770." *Review Politics* 32, no. 3 (June 1970): 313–37.

Abbey, Kathryn T. "Peter Chester's Defense of the Mississippi after the Willing Raid". *Mississippi valley Historical Review 22*, no. 1 (June 1935): 17–32.

Agay, Frédéric d'. *La Provence au service du roi (1637–1831): Officiers des vaisseaux et des galeras. Dictionnaire* [Provence in the service of the king: Officers of ships and galleys. Dictionary). 2 vols. Paris: Honore-Champion, 2011.

Alden, Dauril. "The Marquis of Pombal and the American Revolution." *The Americas* 17, 10. 4 (April 1961): 369–76.

Alden, John Richard. *The South in the Revolution, 1763–1789*. Baton Rouge: Louisiana State University Press, 1957.

Alder, Ken. "Forging the New Order: French Mass Production and the Languageof the Machine Age, 1763–1815." Phd dissertation, Harvard University, 1991.

——. *Engineering the Revolution: Arms and Enlightenment in France, 1763–1815* Chicago: University of Chicago Press, 1997.

Aldridge, Alfred Owen. Jacques barbeu-dubourg, a French Disciple of Benjamin Franklin. "*Proceedings of The American Philosophical Society 95*, no. 4 (August 17, 1951) 331–92.

Alsina Torrente, Juan. *Una guerra romantica 1778–1783. España, Francia e Inglaterra en lamar: Trasfondo naval de la independencia de Estados Unidos* [A romantic war, 1778–1783: Spain, France and England on the sea: The naval backdrop of the independence of the United States]. Madrid: Ministerio de Defensa, Instituto de Historia y Cultura Naval, 2006.

Ambrose, Stephen E. *Duty, Honor, Country. A History of West Point.* Baltimore: Johns Hopkins University Press, 1966.

Anderson. Freed. *Crucible of War: The Seven Years War and the Fate of Empire in British North America, 1754–1766.* New York: Alfred A. Knopf, 2000.

Antier, Jean-Jacques. *l'Amiral de Grasse: Heros de l'Indépendance américaine* [Admiral de Grasse: Hero of American Independence]. Paris: Plon, 1965.

Arana, Marie. *Bolivar: American Liberator.* New York: Simon Schuster, 2013.

Armillas Vicente, José A. "Ayuda secreta y deuda oculta, España y la independencia de lo Estados Unidos?" [Secret aid and hidoaden debt, spain and the independence of the United States]. In *NorteAmerica a finales del siglo Xvil. España y los Estadoes Unidos* [North America at the end of the 18th century: Spain and the United States], edited by Eduardo Garrigues Lopez-Chicheri, 171–96. Madrid: Marcial Pons, 2008.

Armitage, David. *The Declaration of Independence: A Global History.* Cambridge, MA: Harvard University Press, 2007.

Ascoli, Peter M. "The French Press and the American Revolution: The Battle of Saratoga." In*Proceedings of the Fifth Annual Meeting of the Western Society for French History*, edited by Joyce Duncan Falk, 46–55. Santa Barbara, CA, 1978.

Augur, Helen. *The Secret War of Independence.* New York: Duell, Sloan Pearce, 1955.

Auricchio, Laura. *The Marquis: Lafayette Reconsidered.* New York: Alfred A. Knopf, 2014.

Bagust, Harold. *The Greater Genius?: A Biography of Marc Isambard Brunel.* Hersham Surrey: Ina Allan Publishing, 2006.

Bailyn, Bernard. *The Ideological Origins of the American Revolution.* Cambridge, MA: Belknap Press of Harvard University Press, 1967.

Balch, Thomas. "*The French in America during the War of Independence of the United States Francais en Amérique pendant la guerre de l Indépendance etats-unis.*" Translated by Thomas Willing Balch, Edwin Swift Balch, and Elise Willing Balch. 2 vols. Philadelphia: Porter Coates, 1891–95.

Bancroft, George. *History of the United States from the Discovery of the Continent.* 10 vols, Boston: Little, Brown, 1834–74.

Bancroft, George, and Adolphe de Circourt. *Histoire de l'action commune de la France et de l'Amérique pour l'Indépendance des etats-unis* [History of the common action of France and America for the Independence of the United States]. 3 vols. Paris: F. Vieweg, 1876.

Barber, James, and Frédérick Voss. *Blessed Are the Peace Makers: A Commemoration of the 200th Anniversary of the Treaty of Paris.* Washington, DC: Smithsonian Institution Press, 1983.

Barthelemy, Edouard de "Le Traité: de Paris entre la France et Angleterre" [The Treaty of Paris between France and England]. *Revue des Questions Historiques* 43(1888).

Basurto Larrañaga, Roman. "Linajes y fortunas mercantiles de Bilbao del siglo XVIII" [Lineages and fortunes in 18th century Bilbao]. *Itsas Memoria: Revista de Estudios Maritimos del Pais Vasco* 4(2003): 343–56.

Batista Gonzalez, Juan. *España estrategia: Guerra y diplomacia en la historia de España* [Strategic Spain: War and diplomacy in the history of Spain]. Madrid: Silex, 2.

Baudez. Basile. *Elisabeth Maisonnier, and Emmanuel Pénicaut. Les Hotels de la guerre et des Affaires Étrangères a Versailles*[The bureaus of war and foreign affairs at Ver salles]. Paris, Nicolas Chaudun, 2010.

Baugh, Daniel A. *The Global Seven Years War, 1754–7763: Britain and France in a Great Power Contest.* New York: Longman, 2011.

Beatty, Joshua. "The French Traveller, Patrick Henry, and the Contagion of Liberty". 2011. http://lemonadeandinformation wordpress com/2011/03/26/french-traveller/.

Beerman, Eric. "José Solano and the Spanish Navy at the Siege of Pensacola." In *Anglo Spanish Confrontation on the Gulf Coast during the American Revolution*, edited by William S. Coker and Robert E. Rea, 125–44. Pensacola, FL: Gulf Coast Histor and Humanities Conference, 1982.

——. "The Last Battle of the American Revolution: Yorktown. No, the Bahamas!: The Spanish-American Expedition to Nassau in 1782." The Americas 45, no 1 (July

1988): 79–95.

——. *España y la independencia de Estados Unidos* [Spain and the independence of the United States]. Madrid: Editorial MAPFRE, 1992.

Belhoste, Jean-Francois. "Les Brunel pere et fils: Deux celebres ingenieurs anglais Made in France" [The Brunels father and son: Two famous British engineers made in France]. *Documents pour l'Histoire des Techniques* 19(December 2010): 131–5.

Bell, David A. *The First Total War: napoleon's Europe and the Birth of Modern Warfare as We Know It*. New York: Houghton Mifflin, 2007.

Bemis, Samuel Flagg. *The hussey-cumberland Mission and American Independence: An Essay in the Diplomacy of the American Revolution*. Princeton, NJ: Princeton Univer Press, 1931.

——. *The Diplomacy of the American Revolution*. Bloomington: Indiana University Press, 1957.

Bercovitch, Sacvan. *The American Jeremiad*. Madison: University of Wisconsin Press, 1978.

Berg, Scott W. *Grand Avenues: The Story of the French Visionary Who Designed Wasbington*, D. C. New York: Pantheon, 2007.

Bernier, Olivier. *Lafayette, Hero of Two Worlds*. New York: E. P Dutton, 1983.

Beyls, Pascal "Un Dauphinois dans la guerre d'Indépendance des etats-unis" [A Dauphine resident in the War of Independence of the United States]. *Genealogie & Histoire, Revue Trimestrielle du Centre d'etudes Genealogiques Rhone-Alpes* [Genealogy and History, Quarterly Journal of the Center of Genealogical Studies of Rhone-Alps] no 12 (March 2007): 38.

Black, Jeremy. "The Theory of the Balance of Power in the First Half of the Eighteenth Century: A Note on Sources." *Review of International Studies* 9, no 1 (January 1983): 55–61.

——. Essay and Reflection: On the Old system' and the Diplomatic revolution'of the Eighteenth Century. *International History Review* 12, no. 2(May 1990): 301–23.

——. *War for America.: The Fight for Independence, 1775–783*. Stroud, UK: Sutton, 1991.

Blampignon, Emile-antoine. *Le duc de Nivernais, ou un grand seigneur au xvie siècle* [the Duke de Nivernais, or a nobleman of the 18th century). Paris: Perrin, 1888.

Blanco Nüñez, *José María La Armada española en la primera mitad del siglo XVIII*

[The Spanish navy in the first half of the 18th century]. Madrid: IZAR Construcciones Nvales, 2001.

——. *La Armada española en la segunda mitad del siglo XVIII* [The Spanish navy in the second half of the 18th century]. Madrid: IZAR Construcciones Navales, 2004.

Blart, Louis. *Les rapports de la France et de l'espagne apres le pacte de famille jusqu'a lafin duinstere du duc de Choiseul* [The relations between France and Spain after the family compact until the end of the ministry of the Duke de Choiseul]. Paris: Alcan, 1915.

Blaufarb, Rafe. *The French Army, 1750–1820: Careers, Talent, Merit*. Manchester: Manchester University Press, 2002.

Boatner III, Mark M. *Encyclopedia of the American Revolution Mechanicsburg*, PA: Stackpole, 1994.

Bobrick, Benson. *Angel in the Whirlwind: The Triumph of the American Revolution*. New York: Simon Schuster, 1997.

Bodle, Wayne. "La logistique et l'armee française en Amérique [Logistics and the French army in America]. In *La France et L'Indépendance américaine* [France and American Independence], edited by Olivier Chaline, Philippe Bonnichon, and Charles Philippe de Vergénnes, 99–113. Paris: Presses de l'universite Paris-sorbonne, 2008.

Bonneeville de marsangy, Louis. *Le chevalier de Vergénnes: Son ambassade a Constantine* [The chevalier de Vergénnes: His embassy at Constantinople]. 2 vols. Paris: E. Plon Nourrit, 1894.

——. *Le chevalier de Vergénnes: Son ambassade son ambassade en Suède, 1771–1774* [The chevalier de Vergénnes: His embassy in Sweden 1771–1774]. 2 vols. Paris: E. Plon Nourrit, 1898.

Bonsal, Stephen. *When the French Were Here*. Garden City, NY: Doubleday, Doran Co., 1945.

Borick, Carl P. A. *Gallant Defense: The Siege of Charleston, 1780*. Columbia: University of South Carolina Press, 2003.

Böttcher, Nikolaus: "Juan de Miralles: Un comerciante cubano en la guerra de indepen dencia norteAmericana?" [Juan de Miralles: A Cuban businessman in the North American War of Independence]. *Anuario de Estudios Americanos* [Yearbook of American studies] 62, no. 1(2000): 171–94.

Boudriot, Jean. *John Paul Jones and the Bonhomme Richard: A Reconstruction of the Ship and an Acount of the Battle with HMS Serapis*. Translated by David H. Roberts Annapolis, MD: Naval Institute Press, 1987.

Bourguet, Alfred. *Le duc de Choiseulet lalliance espagnole* [The Duke of Choiseul and the Spanish Alliance]. Paris: Librairie Plon, 1906.

Bowen, Clarence Winthrop, ed. *The History of the Centennial Celebration of the Inauguration of George Washington as First President of the United States*. New York: D. Appleton, 1892.

Brecher, Frank W. *Securing American Independence: Jobn Jay and the French Alliance*. Westport, CT: Prraeger, 2003.

Breen, Kenneth. "Graves and Hood at the Chesapeake." The Mariners Mirror 66, no1. (1980): 53–6.

——. "Sir George Rodney and St Eustatius in the American War: A Commercial and Naval Distraction, 1775–81." *The Mariner's Mirror* 84, no. 2 (1998): 193–203.

Brown, Gerald S. "The Anglo-french Naval Crisis, 1778: A Study of Conflict in the North Cabinet." *William and Mary Quarterly*, Third Series, 13, no. 1 (January 1956): 3–25.

Brown, Martin L. *Firearms in Colonial America, 1492–1792*. Washington, DC: Smithson ian Institution, 1980.

Brumwell, Stephen. *George Wasbington: Gentleman Warrior*. New York: Quercus, 2012.

Buck, Rinker. *The Oregon Trail: A New American Journey*. New York: Simon Schuster, 2015.

Buel, Richard Jr. *In Irons: Britains Naval Supremacy and the American Revolutionary Economy*. New Haven CT: Yale University Press, 1993.

Bunker, Nick. *An Empire on the Edge: How Britain Came to Fight America*. New York: Alfred A. Knopf, 2014.

Burstein, Andrew. *Americas Jubilee: How in 1826 a Generation Remembered Fifty Years of Independence*. New York: Alfred A. Knopf, 2001.

Butterfield, Lyman Henry. "Franklin, Rush, and the Chevalier de Kermorvan: An Episode of 76." *American Philosophical Society Library Bulletin* (1946): 33–44.

Caemmerer, Hans Paul. *The Life of Pierre Charles Lenfant*. New York: Da Capo, 1970.

Calderon Cuadrado, Reyes. *Empresarios españoles en el proceso de independencia norte Americana: La Casa Gardoqui e hijos de bilbao* [Spanish businessmen in the process of American independence: The House of Gardoqui and Sons of Bilbao]. Madrid Union Editorial, 2004.

Caleo. Robert L. "A Most Serious wound: The Memorial of George Farragut." *Journal of East Tennessee History* 79(2007): 63-79.

Calloway, Colin G. *The Scratch of a Pen: 1763 and the Transformation of North America*, Oxford: Oxford University Press, 2006.

Calmon-Maison, Jean Joseph Robert. *L'amiral d'Estaing* (1729 - 1794). Paris: Calmann-Levy, 1910.

Caron, Francois. *La guerre incomprise ou la victoire volee: Bataille de la Chesapeake, 1781.* [The misunderstood war or the stolen victory: the Battle of the Chesapeake]. Vincennes: Service historique de la Marine, 1989.

Carrer, Philippe. *La Bretagne et la guerre d'Indépendance américaine* [Brittany and the War of American Independence]. Rennes: Les Portes du Large, 2005.

Carroll, Michael R. "New Hampshire Marked French Revolutionary War Muskets." *Bulletin of the American Society of Arms Collectors 100*(September 2009): 35-46.

Cash, Arthur. *Jobn Wilkes: The Scandalous Father of Civil Liberty.* New Haven, CT: Yale University Press, 2008.

Castex, Raoul. *Les idees militaires de la marine du Xvilime siècle. De Ruyter a Suffren* [Naval strategic thought of the 18th century, from Ruyter to Suffren]. Paris: L. Fournier, 1911.

Castries, Rene de La Croix, Duc de. *La France et l'Indépendance américaine. Le livre du bicentenaire de l'Independance*[France and American Independence: The book of the bicentennial of the Independence]. Paris: Perrin, 1975.

Caughey, John Walton. "The Panis Mission to Pensacola, 1778," *Hispánic American Historical Review* 10, no 4(November 1930): 480-89., 1778.

Bernardo de Gálvezin, *Louisiana*, *1776-1783.* Berkeley: University of California Press, 1934.

Cavaliero, Roderick. *Admiral Satan: The Life and Campaigns of Suffren.* London: I. B Taauris, 1994.

Censer, Jack. *The French Press in the Age of Enlightenment.* New York: Routledge, 2002.

Chaline, Olivier, *Philippe Bonnichon*, *and Charles-philippe de Vergénnes*, *eds. La France Indépendance américaine* [France and American Independence]. Paris: Presses de Universite paris-sorbonne, 2008.

——. *Les marines de la guerre d'Indépendance américaine, 1763–73 I Instrument naval* [The navies of the War of American Independence, 1763–1783: I. The naval apparatus]. Paris: Presses de l'universite Paris-Sorbonne, 2013.

Chapelle, Howard. *The Search for Speed under Sail, 1700s–1783s*. New York: Bonanza Books, 1967.

Chapin, Seymour L. "A Legendary *Bon Mot*? Franklin's What Is the Good of a Newborn Baby?" *Proceedings of the American Philosophical Society* 129, no. 3 (September 1985).

Chartrand, Rene. *Louis XVs Army*. 5 vols. London: Osprey, 1996–98.

Chartrand, Rene, and Francis Back. *The French Army in the American War of Independence*. London: Osprey, 1991.

Chartrand, Rene, and Patrice Courcelle. *Gibraltar, 1779–83: The Great Siege*. London Osprey, 2008.

Chartrand, Rene, and David Rickman. *The Spanish Army in North America, 1700–1793*. London: Osprey, 2011.

Chatel de Brancion, Laurence, and Patrick Villiers. *La Fayette: Rever la gloire* [La fayette To dream of glory saint-remy-en-l'eau], France: Editions Monelle Hayot, 2013.

Chavéz, Thomas E. *Spain and the Independence of the United States: An Intrinsic Gift*. Albuquerque: University of New Mexico Press, 2002.

Chevalier, Louis Edouard. *Histoire de la marine frangaise pendant la guerre de l'Indépendance américaine* [History of the French Navy during the War of American Independence] Paris: Hachette, 1877.

Churchill, Robert H. "Gun Ownership in Early America: A Survey of Manuscript Militia Returns." *William and Mary Quarterly*, Third Series, 6o, no. 3 (July 2003): 615–42.

Cock, Randolph. "The Finest Invention in the World: The Royal navy's Early Trials of Copper Sheathing, 1708–1770." *The mariner's Mirror* 87, no 4(2001): 446–59.

Cohen, Sheldon S. Yankee. *Sailors in British Gaols: Prisoners of War at Forton and Mill, 1777–1783*. Newark: University of Delaware Press, 1995.

Coker, William S, and Robert E Rea, eds. *Anglo-Spanis Confrontation on the Gulf Coast during the American Revolution*. Pensacola, FL: Gulf Coast History and Humanities Conference, 1982.

Comer, Douglas C. "Phase I and II Archaeological Investigations at the Rochambeau Campsite in the BLM [Bureau of Land Management] Meadowood Special Recreation Management Area. "Lorton, VA: U. S. Department of thle Interior. Bureau of Land Management, 2012.

——. ed. *The Archaeology of Interdependence: European Involvement in the Development of a Sovereign United States.* New York: Springer, 2013.

Corbett, Julian S. *Some Principles of Maritime Strategy*. London: Longmans, Green, 1918.

Corral, José del. *La Gran Via: Historia de una calle* [The Great Road: History of a street] Madrid: Silex, 2002.

Corvisier, Andre. *Armies and Societies in Europe, 1494–1789*. Translated by Abigail T Siddall. Bloomington: Indiana University Press, 1979.

Corwin, Edward S. *French Policy and the American Alliance of 1778*. Princeton, NJ: Princeton University Press, 1916.

Crawford, Michael J. " The Privateering Debate in Revolutionary America. " *The Northern Mariner/Le Marin du Nord* II, no. 3(July 2011): 219–34

——. "the Joint Allied Operation at Rhode Island, 1778. " In *New relation Naval History: Selected Papers from the Ninth Naval History Symposium*, edited by William R. Roberts, 227–42. Annapolis, MD: Naval Institute Press, 1991.

Crout, Robert R. "The Diplomacy of Trade: The Influence of Commercial Consideations on French Involvement in the AngloAmerican War of Independence 1775–78", Phd dissertation, University of Georgia, 1977.

Cummins, Light Townsend. *Spanish Observers and the American Revolution*, 1775–1783. Baton Rouge: Louisiana State University Press, 1991.

Cunat, Charles. *L'histoire de Bailli de Sufren* [The history of Bailli de Suffren. Rennes Marteville et Lefas, 1852.

Curtis III, George M. "The Goodrich Family and the Revolution in Virginia, 1774–1776. " *Virginia magazine of History and Biography* 84, 34, no I (January 1976): 49–74.

Damrosch, Leo. *Jean-Jacques Rousseau: Restless Genius.* New York: Houghton Mifflin Harcourt, 2007.

Danvila y Collado, *Manuel. Reinado de Carlos III* [Reign of Carlos Il]. 6. vols. Madrid El Progreso Editorial, 1894.

Das, Sudipta. *Mytbs and Realities of French Imperialism in India, 1763–1783*. New York: Peter Lang, 1992.

——. *De Broglie's Armada: A Plan for the Invasion of England, 1765–1777*. Lanham, MD University Press of America, 2009.

Daubigny, Eugene Theodore. *Choiseul et la France d outre-mer apres le traité: de Paris: Etudesur la politique coloniale au Xvllle siècle*[Choiseul and the French colonies after the Treaty of Paris: A study in 18th century colonial politics]. Paris: Hachette, 1892.

Davis, Robert P. *Where a Man Can Go: Major General William Phillips, British Royal Artillery, 1731–1787*. Westport, CT: Greenwood Press, 1999.

Dawson, Warrington. "Les 2112 Francais morts aux etats-unis de 1777 a 1783 en combattant pour Indépendance américaine"[The 2, II2 French who died in the United

States from 1777 – 1783 in fighting for American independence]. *Journal de la Société des Americanists* 28, no 1(1936): 1–154.

Deconde, Alexander. "Historians, the War of American Independence, and the Persistence of the Exceptionalist Ideal." *International History Review* 5, no. 3 (August 1983): 399–430.

Demerliac, Alain. *La marine de Louis XVI: Nomenclature des navires Francais de 1774 a1792* [Louis XVI's Navy: Nomenclature of French ships from 1774 to 1792]. Nice: Editions Omega, 1996.

Dominguez Ortiz, Antonio. *Carlos III y la España de la Ilustracion* [Carlos III and Enlnlightenment Spain]. Madrid: Alianza Editorial, 1988.

Droz, Joseph. *Histoire du règne de Louis XVI* [History of the reign of Louis XVI]. Brussels A Wahlen, 1839.

Dull, Jonathan R. *The French Navy and American Independence: A Study of arms and diplomacy, 1774–1787*. Princeton, NJ: Princeton University Press, 1975.

——. *A Dplomatic History of the American Revolution*. New Haven, CT: Yale University Press, 1985.

——. *The French Navy and the Seven Years' War*. Lincoln: University of Nebraska Press, 2005

——. *The Age of the Ship of the Line: The British and French Navies, 1650–1815*. Barnsley, Seaforth Publishing, 2009.

——. *The Miracle of American Independence: Twenty Ways Things Could Have*

Turned Out Differently. Lincoln: University of Nebraska Press, 2015.

Dupuy, Richard Ernest, and Trevor N. Dupuy. *An Outline History of the American Revoltion*. New York: Harper Row, 1975.

Dupuy, Richard Ernest, *Gay Hammerman, and Grace P. Hayes. The American Revolution: A Global War*. New York: David Mckay Co., 1977.

Dussert, Gilles. *La machinerie Beaumarchais*. Paris: Riveneuve Editions, 2012.

Duval, Kathleen. *Independence Lost: Lives on the Edge of the American Revolution*. New York: Random House, 2015.

Echeverria, Durand, and Orville T. Murphy. "The American Revolutionary Army: A French Estimate in 1777." *Military Afairs* 27 (Spring/Winter 1963): 2–6, 155–61.

Edler, Friedrich. *The Dutch Republic and the American Revolution*. Baltimore: Johns Hopkins University Press, 1911.

Ellis, Joseph J. *Revolutionary Summer: The Birth of American Independence*. New York: Alfred A. Knopf, 2013.

Ellis, Joseph J, ed. *What Did the Declaration Declare?* Boston: Bedford St. Martin's, 1999.

Elting, John R. *The Battles of Saratoga*. Monmouth Beach, NJ: Philip Freneau Press, 1977.

Emmanuelli, Loliannette. "Spanish Diplomatic Policy and Contribution to the United States Independence, 1775–1783." Phd dissertation, University of Massachusetts 1990.

Enthoven, Victor. "That Abominable Nest of Pirates: St. Eustatius and the North Americans, 1680–1780." *Early American Studies: An Interdisciplinary Journal* 10, no. 2 (Spring 2012): 239–301.

——. "Sir, I Have Not Yet Begun to Fight!": John Paul Jones Friends in the Dutch Republic, 1779–1780. "Paper presented at the conference" *The Marquis de lafayette*

and the European Friends of the American Revolution, Mount Vernon, VA, June 13–15, 2015.

Evans, Joan. "The Embassy of the 4th Duke of Bedford to Paris, 1762–1763." *Arcbaeological Journal* 113(1956): 137–56.

Everest, *Allan S Moses Hazen and the Canadian Refugees in the American Revolution*. Syracuse, NY: Syracuse University Press, 1976.

Ferguson, Elmer James. *The Power of the Purse: A History of American Public Fi-*

nance, *1776–1790*. Chapel Hill: University of North Carolina Press, 1961.

Ferling, John. *Almost a Miracle*: *The American Victory in the War of Independence.* Oxford: Oxford University Press, 2009.

——. *Independence*: *The Struggle to Set America Free*. New York: Bloomsbury, 2011.

Fernάndez Duro, Cesareo. *Armada española desde la union de los Reinos de Castilla y Aragon* [The Spanish navy from the union of the kingdoms of Castille and Aragon]. 9 vols Marid: Imprenta Real, 1894–1903.

Fernάndez Gonzalez, Francisco. "El bergantin Galveztown: Reconstitucion del barco de 1781" [The brigantine *Galveztown*: Reconstruction of the ship of 1781] Revista de Historia Naval 118(2012): 9–42.

Ferreiro, Larrie D. Ships and Science: *The Birth of Naval Architecture in the Scientifc Revoltion*, *1600–1800*. Cambridge, MA: MIT Press, 2007.

——. "Development and Tactical Advantages of Copper Sheathing of French, British and Spanish Ships during the War of American Independence." *Les Marines de la guerre d Indépendance américaine*: *Aspects operationnels* [Navies of the War of American Independence: Operational aspects]. Paris: Ecole militaire, February 7–8, 2013.

Flassan, Gaetan de Raxis de. *Histoire genérale et raisonne de la diplomatie frangaise* [General and rational history of French diplomacy]. 6 vols. Paris: Lenormant, 1809.

Fleming, Thomas. *Wasbingtoni's Secret War*: *The Hidden History gf valley Forge*. New York harpercollins, 2005.

——. *The Perils of Peace*: *America's Struggle for Survival after Yorktown*. New York: Collins, 2007.

Floyd, Troy S. *The Anglo-Spanish Struggle for Mesquita*. Albuquerque: University of Ne Mexico Press, 1967.

Ford, Worthington C. "Defences of Philadelphia in 1777." *Pennsylvania Magazine of History and Biography* 18–21(1894–96).

Freeman, Douglas Southall. *George Wasbington* : *A Biography*. 7 vols. New York: Charles Scribners Sons, 1948–57.

Furstenberg, Francois. *When the United States Spoke French*: *Five Refugees Who Shaped a Nation*. New York: Penguin Press, 2014.

Gallagher, Mary A. Y. "Private Interest and the Public Good: Settling the Score for the morris-holker Business Relationship, 1778–1790." *Pennsylvania History* 69, no. 2

(Spring2002): 179–209.

García Diego, *Paulino Jano en Hispania: Una aproximacion a la figura y obra de JeronimoGrimaldi(1739–1784)* [Janus in Spain: An approach to the life e and work of eronimo Grimaldi, 1739–1784]. Madrid: CSIC, 2014.

García melero, Luis Angel. *La independencia de los Estados Unidos de NorteAmerica a través de la prensa española: "Gaceta de Madrid y Mercurio" Histórico y Político: Los precedentes 1703–776* [The Independence of the United States according the the Spanish press: Gaceta de Madrid y Mercurio Histórico y Político; precedents 1763–1776]. Madrid: Ministerio de Asuntos Exteriores, Direccion General de Relaciones Culturales, 1977.

Gardiner, Asa Bird. *The Order of the Cincinnati in France*. Providence: Rhode Island State Society of the Cincinnati, 1905.

Gardiner, Robert, ed. *Navies and the American Revolution, 1775–1783*. Annapolis, MD Naval Institute Press, 1996.

Garteiz-Aurrecoa, Javier Divar. "El embajador Don Diego María de Gardoqui y la independence de los EE UU" [Ambassador Diego María de Gardoqui and the Inde-pendence of the United States]. *JADO: Boletin de la Academia Vasca de derecho 9*, no 20 (December 2010): 183–99.

Gil Aguado, Iago. "Francisco Gil y Lemos: Marino, virrey y ministro: Una vida al servicio de la monarquia española?" [Francisco Gil y Lemos: Sailor, viceroy and minster: A life in the service of the Spanish monarchy]. Phd thesis, UNED (Madrid), 2012.

Gilje, Paul A. "Ideology and Interest: Free Trade, the League of Armed Neutrality, and the American Revolution." Paper presented at the conference *The Marquis de lafayette and the European Friends of the American Revolution*, Mount Vernon, VA, June 3–15, 2015.

Gill, Harold B, Jr. "Dohicky's Folly" Colonial Williamsburg: *The Journal of the Colonial Willamsburg Foundation* I5, no 4(Summer 1993): 44–46.

Gilmer, Albert Hatton. "Lafayette, We Are Here!" Manuscript, Lafayette, We Are Here! Collection, 1917–1954, Folder I, Skillman Library fayette College, Easton, PA.

Gipson, Lawrence Henry. *The Bitis Empire before the American Revolution*, 15 vols. New York: Alfred A. Knopf, 1939–70.

Glascock, Melvin Bruce. "New spain and the War for America, 1779–1783." Phd dissertation, Louisiana State University, 1969.

Glete, Jan. *Navies and Nations. Warships, Navies and State Building in Europe and America*, 1500–1860. 2 vols. Stockholm: Academitryck AB Edsbruk, 1993.

Gold, Robert L. "Governor Bernardo de Gálvezand Spanish Espionage in Pensacola 1777." In *The Spanish in the Mississippi valley 1762–1804*, edited by John Francis Mcdermott, 87–99. Urbana: University of Illinois Press, 1974.

Gordon, Robert B. *American Iron, 1607–1900*. Baltimore: Johns Hopkins University Press 1996.

Gottschalk, Louis. *Lafayette in America*. Arveyres, France: L'esprit de Lafayette Society, 1975.

Grainger, John. *The Battle of Yorktown, 1781: A Reassessment*. Woodbridge, UK: Boydell Brewer, 2005.

Granet, Solange. *Images de Paris: La place de la Concorde*. Paris: Gallimard, 1963.

Greene, Jerome A. *The Guns of Independence: The Siege of Yorktown*, 1781. New York: Savas Beattie, 2009.

Greenfeld, Liah. *Nationalism: Five Roads to Modernity*. Cambridge, MA: Harvard University Press, 1992.

Grieder, Josephine. *Anglomania in France, 1740–1789: Fact, Fiction, and Political discourse*. Geneva: Librairie Droz, 1985.

Gutierrez-Steinkamp, Martha. *Spain: The Forgotten Alliance. Independence of the United States*. Create Space, 2013.

Haarmann, Albert W. "The Spanish Conquest of British West Florida, 1779–1781" *Florida Historical Quarterly* 39, no. 2 (October 1960): 107–34.

Hamon, Joseph. *Le chevalier de Bonvouloir premier emissaire secret de la France aupres du Congres de Philadelphie avant Indépendance américaine* [The chevalier de Bonvouloir, first secret emissary from France as seen by the Philadelphia Congress before American Independence]. Paris: Jouve, 1953.

Harbron, John D. *Trafalgar and the Spanish Navy*. Annapolis, MD: Naval Institute Press 1988.

Harding, Richard. *Amphibious Warfare in the Eighteenth Century: The British Expedition to the West Indies, 1740–1742*. Woodbridge, UK: Boydell Brewer, 1991.

Hardman, John. *Louis XVI*. New Haven, CT: Yale University Press, 1993.

——. *French Politics, 1774–1789: From the Accession of Louis XVI to the Fall of the bastille*. London: Longman, 1995.

Harlow, Ralph V. "Aspects of Revolutionary Finance, 1775–1783." *American Historical Review* 35, no I(October 1929): 46–68.

Harris, Robert D "French Finances and the American War, 1777–1783." *Journal of Modern History* 48, no. 2(June 1976): 233–58.

——. *Necker: Reform Statesman of the Ancien Régime*. Berkeley: University of California Press, 1979.

Harsanyi, Doina Pasca. *Lessons from America: Liberal French Nobles in Exile, 1793–1798*. University Park: Pennsylvania State University Press, 2010.

Hatch, Louis Clinton. *The Administration of the American Revolutionary Army*. New York Longmans, Green Co, 1904.

Hattendorf, John B. *Newport, the French Navy and American Independence*. Newport, RI. Redwood Press, 2005.

——. "The Idea of a Fleet in Being in Historical Perspective." *Naval War College Review* 26, no I(Winter 2014): 43–61.

Haudrere, Philippe. "La Revolution de l'inde n'aura pas lieu" [The Indian Revolution will not happen. In *La France et l'Indépendance américaine* [France and American Independence], edited by Olivier Chaline, Philippe Bonnichon, and Charles-philippe de Vergénnes, 153–68. Paris: Presses de l'universite paris-sorbonne, 2008.

Hedges, James B. *The Browns of Providence Plantations. The Colonial Years*. Providence, RI: Brown University Press, 1968.

Henderson, H. James. "Congressional Factionalism and the Attempt to Recall Benjamin Franklin." *William and Mary Quarterly* 27, no. 2(April 197o): 246–67.

Hernandez Franco, Juan. "El gobierno espanol ante la independencia de los Estados Unidos Gestion de Floridablanca, 1777–1783" [The Spanish government confronted with the independence of the United States: The administration of Floridablanca, 1777–1783]. *Anales de Historia Contemporanea Lannals of contemporary history* 8 (1991): 163–85.

——. *Aspects de la politica exterior de España en la epoca de Floridab*lanca [Aspects of pains external politics in the era of Floridablanca] Murcia: Real Academia Alfonso X El Sabio, 1992.

Holmes, Jack D L. "French and ST panish Military Units in the 1781 Pensacola Campaign." In *Anglo-Spanish Confrontation on the Gulf Coast during the American Revo-*

lution, edited by William S Coker and Robert E. Rea, 145-57. Pensacola, FL: Gulf Coast History and Humanities Conference, 1982.

Hore, Peter. *Nelson's Band of Brothers. Lives and Memorials*. Barnsley, UK: Seaforth Publishing, 2015.

Hough, Granville W and Nancy C Hough. *Spanish Borderland Studies*. 8 vols. Midway City, CA: SHHAR Press, 1998-2001.

Hounshell, David A. *From the American System to Mass Production, 1800-1932: The Development of Manufacturing Technology in the United States.* Baltimore: Johns Hopkins University Press, 1984.

Hudson, Ruth S. *The Minister from France: conrad-Alexandre Gerard, 1729-1790.* Euclid, OH: Lutz, 1994.

Huibrechts, Marion. "Swampin' Guns and Stabbing Irons: The Austrian Netherlands, Liège Arms and the American Revolution, 1770-1783." Phd dissertation, Catholic University of Leuven, 2009.

Hull, Anthony. *Charles III and the Revival of Spain.* Washington, DC: University Press of America, 1980.

Hunemorder, Markus. *The Society of the Cincinnati Conspiracy and Distrust in Early America.* New York: Berghahn Books, 2006.

Imbeault, Sophie, Denis Vauged Laurent Veyssiere. 1763: Le traité: de Paris be verse l'Amérique [1763: The Treaty of Paris turns America upside down]. Quebec Septentrion, 2013.

James, James Alton. "Spanish Influence in the West during the American Revolution" *Mississippi Valley Historical Review* 4, no. 2 (September 1917), 193-208.

Oliver Pollock: *The Life and Times of an Unknown Patriot.* New York: D Appleton Century Company, 1937.

Jameson, John Franklin. "St. Eustatius in the American Revolution". *American Historical Reviews*, no 4 (July 1903): 683-708.

Johnson, William. "Sketches of the Life and Correspondence of Nathanael Greene, Major General of the Armies of the United States," in *the War of the Revolution*. 2 vols. Charleston, SC: A. E. Miller, 1822.

Jones, E. Alfred. "The American Régiment in the Carthagena Expedition." *Virginia Magazine of History and Biography* 30, no 1 (January 1922): 1-20.

Jouve, Daniel, Alice H Jouve, and Alvin Grossman. *Paris: Birthplace of The U. S.*

A : *A Walking Guide for the American Patriot*, Paris: Grind, 1995.

Juan-García Aguado, *José María de José Romero Fernández de Landa: Un ingeniero de marina en el siglo XVIII* [José Romero Fernández de Landa: A naval engineer in the: 8th century]. La Universidade da Coruna, 1998.

Kagan, Robert. *Dangerous Nation.* New York: Alfred A. Knopf, 2006.

Kajencki, Francis Casimir. *Thaddeus Kosciuszko: Military Engineer of the American Revolution.* El Paso, TX: Southwest Polonia Press, 1998.

——. Casimir Pulaski, *Cavalry Commander of the American Revolution.* El Paso, TX Southwest Polonia Press, 2001.

——. *The Pulaski Legion in the American Revolution.* El Paso, TX: Southwest Polonia Press, 2004.

Kalbach, Robert, and Jean-luc Gireaud l'hermione *au vent de la Liberte, 1780–1990*[Hermione before the winds of freedom, 1780–1990..] La roche-rigault: Editions en marge, 1999.

Kapp, Friedrich. *The Life of John Kalb, major-general in the Revolutionary Army.* New York: Henry Holt, 1884.

Kates, Gary. *Monsieur d'Éon Is a Woman: A Tale of Political Intrigue and Sexual masquerade.* New York: Basic Books, 1995.

Keeding, Ekkehart. *Surge la nacion. La Ilustracion en la Audiencia de Quito (1735–1872)* [Emerging nation: The Enlightenment in the Audiencia of Quito]. Quito: Banco Central del Ecuador, 2005.

Kelly, Jack. *Band of Giants: The Amateur Soldiers Who Won America's Independence.* New York: Palgrave Macmillan, 2014.

Kennedy, Roger G. *Orders from France: The Americans and the French in a revolutiona World, 1780–1820.* New York: Alfred A. Knopf, 1989.

Kennett, Lee. *The French Forces in America, 1780–1783.* Westport, CT: Greenwood Press, 1977.

Ketcham, Ralph. *James Madison: A Biography.* Charlottesville: Universiity of Virginia, 1990.

Ketchum, Richard M. *Saratoga: Turning Point of America's Revolutionary War.* New York: Henry Holt, 1999.

——. *Victory at Yorktown: The Campaign That Won the Revolution.* New York: Hent Holt, 2004.

Kilbourne, John D. *Virtutis Praemium: The Men Who Founded the State Society of the Cincinnati of Pennsylvania.* 2 vols. Rockport, ME: Piacton Press, 1998.

Kite, Elizabeth S. " How the Declaration of Independence Reached Europe. " *Daughters of the American Revolution Magazine* 62, no 5 (July 1928): 405–13.

——. *Brigadier-General Louis Lebégue Duportail, Commandant of Engineers in the Continental Army, 1777–1783.* Baltimore: Johns Hopkins University Press, 1933

Klein, Charles Armand. *Mais qui est le bailli de Sufren saint-tropez?* [But who is the Bailli de Suffren saint-tropez?]. Barbentane, France: Equinoxe, 2000.

Knight, Roger J. B. "The Royal Navys Recovery after the early Phase of the American Revolutionary War. " In *The Aftermath of Defeat: Societies, Armed Forces, and the Challenge of Recovery*, edited by George J Andreopoulos and Harold E Selesky, 10–25. New Haven, CT: Yale University Press, 1994.

Knox, Dudley W. *The Naval Genius of George Washington.* Boston: Houghton Mifflin, 1932.

Kohn, George C. *Encyclopedia of plague and Pestilence: From Ancient Times to the Present.* New York: Facts on File, 2008.

Kuethe, Allan F, and Kenneth F. Andrien. *The Spanish Atlantic World in the Eighteenth Century: War and the Bourbon Reforms, 1713–1796.* Cambridge: Cambridge University Press, 2014.

Labourdette, Jean-Francois. "Verggennes et le Portugal, 1774–1787" [Vergénnes and Portugal, 1774–1787]. In *Histoire du Portugal, histoire europeenne* [Portuguese history, Euro pean history, 175–20i. Paris: Centre Cultural Portuguese, 1987.

——. *Vergennes: Ministre principal de Louis XVI* [Vergénnes: Principal minister of Louis XVI]. Paris: Desjonqueres, 1990.

Lacour-Gayet, Georges. "La campagne navale de La manche en 1779" [The naval campaign in the Channel of 1779]. *Rewue Maritime* 150 (July 1901): 1629–73.

——. La marine militaire de la France sous le règne de Louis XVI[The French navy under the reign of Louis XV]. Paris: Honore Champion, 1902.

——. *La marine militaire de la France sous le règne de Louis XVI* [The French navy under the reign of Louis XVI]. Paris: Honore Champion, 1905.

——. *La Jonquiere, Christian de. Les marins Francais sous Louis XV1: Guerre Indépendance américaine* [French sailors under Louis XV1: The War of American Independence) issy-les-moulineaux: Muller, 1996.

Lambert, Andrew. *Nelson: Britannia's God of War*. London: Faber Faber, 2004.

Lamikiz, Xabier. *Trade and Trust in the eighteenth-century Atlantic World: Spanish Merchants and Their Overseas Networks*. Woodbridge, UK: Boydell Brewer, 2013.

Lancho Rodriguez, José Maria. "La ayuda financiera española a la independencia de EE UU" [Spanish financial aid to the independence of the United States]. In *España la independencia norteAmericana* [Spain and American Independence, edited by the Instituto de Historia y cultura naval, 101–18. 44th Conference, October 2014, Cua dermo monografico 70. Madrid: Ministerio de Defensa, 2015.

Langins, Janis. *Conserving the Enlightenment: French Military Engineering from Vauban to the Revolution*. Cambridge, MA: MIT Press, 2004.

Larrabee Harold A. "A Neglected French Collaborator in the Victory of Yorktown, claude-anne, Marquis de saint-simon (1740–1819)" *Journal de la Socíété des Americanister* 24, no. 2(1932): 245–57. Decision at the Chesapeake. New York: Clarkson N. Potter, 1962.

Lasser, Joseph R. *The Coins of Colonial America: World Trade Coins of the Seventeenth and Eighteenth Centuries*. Williamsburg, VA: Colonial Williamsburg Foundation, 1997.

Lasseray, Andre. *Les Francais sous les Treize Étoiles, 1775–1783* [The French under the Thirteen Stars]. 2 vols. Paris: Désiré Janvier, 1935.

Lawrence, *Alexander A Storm over Savannah: The Story of Count d'estaing and the Siege of the Town in 1779*. Athens: University of Georgia Press, 1951.

Lemineur, Jean-Claude, and Patrick Villiers. l'hermione, *fregate de 12* [Hermione, 12-pounder frigate]. Nice: Ancre, 2015. English-language edition: *Hermione, Frigate the American War of Independence, 1779–1793*. Nice: Ancre, 2016.

Lengel, Edward G. *General George Washington: A Military Life*. New York: Random House. 2005.

Le Pottier, Serge, *Duportail ou le genie de George Washington* [Duportail, or the engineereing genius of George Washington]. Paris: Economica, 2011.

Lever, Evelyne. *Louis XVI*. Paris: Fayard, 1985.

Lever, Maurice. *Pierre-Augustin Caron de be bais*. 3 vols. Paris: Fayard, 1999–2004.

——. *Beaumarchais: A Biography*. Translated by Susan Emanuel. New York: Farrar, Naval Straus Giroux, 2009.

Lewis, Charles Lee. *Admiral de Grasse and American Independence*. Annapolis, MD: Institute Press, 1945.

Lewis, James A. "New Spain during the American Revolution, 1779–1783: A Viceroyalty at War." PHD dissertation, Duke University, 1975.

——. *Neptune's Militia: The Frigate South Carolina during the American Revolution.* Kent, OH: Kent State University Press, 1999.

Lewis, James H. "Las Damas de la Havana, El Precursor, and Francisco de Saavedra A Note on the Spanish Participation in the Battle of Yorktown." *The Americas* 37 (July 1980): 83–99.

Library of Congress. *The Impact of the American Revolution Abroad: Papers Presented at the Fourth Symposium, May 8 and 9, 1975.* Washington, DC, 1976.

Liell, Scott. "*46 Pages: Tbomas Paine," Common Sense, and the Turning Point to American Independence.* Philadelphia: Running Press, 2003.

Lindert, Peter H, and Jeffrey G. Williamson. "American Incomes before and after the Revolution". *Journal of Economic History* 73, no. 3(September 2013): 725–64.

Lindgren, James, and Justin L. Heather. "Counting Guns in Early American", *William and Mary Law Review* 43, no 5(2002): 1777–1842.

Lockhart, Paul. *The Drillmaster of valley Forge: The Baron de Steuben and the Making of the American Army.* New York: Harpercollins, 2008.

Lopez-chicheri, Eduardo Garrigues, ed. *NorteAmerica finales del siglo XVII Esparay Estados Unido*s [North America at the end of the 18th century: Spain and the United States]. Madrid: Marcial Pons, 2008.

Lopez-Condon, María Victoria. "Administracion y politica en el siglo XVIII: Las secrearias del despacho" [Administration and politics in the 18th century: The departments of state]. *Chronica Nova* 22(1995): 185–209.

Louis, William Roger, ed. *The Oxford History of the British Empire.* 5 vols. Oxford: Oxford University Press, 1998–99.

Lucas, Stephen E. The 'Plakkaat van verlatinge': A Neglected Model for the American Declaration of Independence." In *Connecting Cultures: The Netherlands in Five Centuries of Transatlantic Exchange*, edited by Rosemarijn Hofte and Johanna C. Kardux, 187–207. Amsterdam: VU University Press, 1994.

Lumpkin, Henry. *From Savannah to Yorktown: The American Revolution in the South.* Columbia: University of South Carolina Press, 1981.

Luraschi. Christophe. *Conrad-Alexandre Gerard (1729 – 1790): Artisan de l'Independence américaine* [Conrad-Alexandre Gerard(1729–1790): Craftsman of the American Independence]. Biarritz: Seguier, 2008.

Luthy Herbert. *La banque protestante en France, de la revocation de l'edit de nantes a Revolution* [The Protestant Bank in France, from the revocation of the Edict of Nantes to the Revolution]. Paris: SEVPEN, 1961.

Luzader, John. *Saratoga: A Military History of the Decisive Campaign ofThe American Revolution.* New York: Savas Beatie, 2010.

Lydon, James G. *Fish and Flour for Gold, 1600–1800.* Philadelphia: Library Company Philadelphia, 2008.

Lyons, Renee Critcher. *Foreign-born American Patriots: Sixteen Volunteer Leaders in the Revolutionary War.* Jefferson, NC: Mcfarland Co, 2013.

Maass, John R. *The Road to Yorktown: Jefferson, Lafayette and the British Invasion of Virginia.* Charleston SC: History Press, 2015.

Mcburney, Christian N. *The Rhode Island Campazgeth The First french and American Operation in the Revolutionary War.* Yardley, PA: Westholme Publishing, 2012.

Mccadden, Helen Matzke. "Juan de Miralles and the American Revolution." *The Americas* 29, no. 3(January 1973): 359–75.

Mccullough, David. Jobn Adams. New York: Simon & Schuster. 2001.

——. *1776.* New York: Simon &Schuster. 2005.

Mccusker, John J. British Mercantilist Policies and the American Colonies." In*The Cambridge Economie History of tbe United States*, vol 1, The Colonial Era, edited by Stanley L Engerman and Robert E Gallman, 33–62. Cambridge: Cambridge University Press, 1996.

Mcdonald, Robert M. S, ed. *Thomas Jefferson Military Academy: Founding West Point.* Charlottesville: University of Virginia Press, 2004.

Mcfarlane, Anthony. *War and Independence in Spanish America.* New York Routledge, 2014.

Mcgee, Peter R. "The French Victory in the Battle of the Chesapeake: The Emerging French Perspective." *Honors paper*, U. S. Naval Academy, 2014.

Mcguffie, Tom Henderson. *The Siege of Gibraltar, 79 – 78.* London: B. T. Batsford, 1965.

Mackesy, Piers. *The War for America, 1775–78.* Cambridge, MA: Harvard University Press, 1964.

Mclaughlin, Mark G, and Christopher Warner. *The Wild Geese: The Irish Brigades of France and Spain*. London: Osprey, 1980.

Madariaga, Isabel de. Britain, Russia and tbe Armed Neutrality of r78o London: Hollis Carter, 1962.

Magnin, Frédéric. *Mottin de La Balme: Cavalier des deux mondes et de la libert* [Mottin de La Balme: Knight of the two worlds and of liberty]. Paris: L'Hartmattan, 2005.

Magra, Christopher P. *The Fishermans Cause: Atlantic Commerce and Maritime Dimensions of the Amerian Revolution*. Cambridge: Cambridge Universiry Press, 2009.

Mahan, Alfred Thayer. *The Major Operations of the Navies in the War ofamerican Independence*. Boston: Little, Brown, 1913.

Maier, Pauline, *Americam Scripture: Making tbe Declaration of Independence.* New York: Alfred A. Knopf, 1997.

Manceron, Claude. "The Age of the French Rewolution". Vol. 1, *Twilight of the Old Order*. Translated by Patricia Wolf. New York: Alfred A. Knopf, 1977.

——. "The Age of the French Rewolutiom". Vol. 2, *The Wind from America. Translated by Nancy Amphoux*. New York: Alfred A. Knopf, 1978.

Marshall, Peter. "Travellers and the Colonial Scene." *Bulletin of the Britisbasrociation for American Studies, New Series*, no. 7 (December 1963): 5–28.

Martello, Robert. *Midnight Ride, Industrial Dawn. Paul Reere and tbe Growtb of American Enterprise*. Baltimore: Johns Hopkins University Press, 2010.

Martin, Gaston. "Commercial Relations between Nantes and the American Colonies during the War of Independence", *Journal of Economic and Business History* 4 (1932) 812–29.

Martinez, Leroy. *From across the Spanish Empire: spanish Soldiers Wbo Helped Win the American Reolutionary War, 1776–1783. Arizona, Calfornia, Louisiana, New Mxico, and Texas Military Rosters*. Baltimore: Clearfield Company, 2015.

Massey, Gregory D. *Jobn Laurens and the American Rewolution*, Columbia: University of South Carolina Press, 2000.

Matson, Cathy. *Merchants and Empire: Trading in Colonial New York*. Baltimore: Johns Hopkins University Press, 2002.

Medina Rojas, Francisco deBorja. *José de Expeleta, Gobernador de La Mobila, 1780*

–1781. Seville: Escuela de Estudios hispano-Americanos de Sevilla, 1980.

——. José de Ezpeleta and the Siege of Pensacola. In *Anglo-Spanish Confrontation on the Gulf Coast during the American Revolution*, edited by William S Coker and Robert E. Rea, 106–24. Pensacola: Gulf Coast History and Humanities Conference 1982.

Meng, John J. "A Footnote to Secret Aid in the American Revolution." *American Historical Review* 43, no. 4(July 1938), 791–95.

Michel, Jacques. *La vie aventureuse et mouvementee de Charles-Henri, comte d'estaing, 1724 – 1794* [The adventurous and eventful life of Charles-Henri, comte d'estaing, 1724–1794] Paris: J. Michel, 1976.

Middlekauff. Robert. *The Glorious Cause: The American Revolution, 1763–1789*. New York: Oxford University Press, 2005.

——. *Wasbington's Revolution: The Making of Americas First Leader*. New York: Alfred A. Knopf, 2015.

Middleton, Richard. *The War of American Independence: 1775–178*3. Harlow, UK: Pearson, 2012.

Miller, Nathan. *Sea of Glory: The Continental Navy Fights for Independence, 1775–1783*. New York: David Mckay Co. , 1974.

Ministere des Affaires Étrangères(French Foreign Ministry). *Les combattants Francais de la guerre américaine, 778–7783*[French combatants in the American war, 1778–1783]Paris: Ancienne maison Quantin, libraries-imprimeries reunies, Motteroz, Martinet, 1903.

Moller, George D. *American Military Shoulder Arms. Vol I, Colonial and Revolutionary War Arms*. Albuquerque: University of New Mexico Press, 2011.

Monaque, Remi. *Sufren: Un destin inacheve* [Suffren: An unfulfilled destiny]. Paris: Tallandier, 2009.

Morison, Margaret Cotter. *The Duc de Choiseul and the Invasion of England, 1768–1770*. Transactions of the Royal Historical Society, Third Series, 4(1910): 83–115.

Morris, Richard B. *The Peacemakers: The Great Powers and American Independence*. New York: Harper Row, 1965.

Morton, Brian N, and Donald C. *Spinelli, Beaumarchais and the American Revolution Lanham*, MD: Lexington Books, 2003.

Mossman, Philip L. *Money of the American Colonies and Confederation: A Numismatic, Economic and Historical Correlation*. New York: American Numismatic

Society, 1993.

Murdoch, Richard K. "A French Account of the Siege of Charleston, 1780." *South Carolina Historical Magazine* 67, no. 3(July 1966): 138–54.

Murphy, Orville T. "The Battle of Germantown and the franco-American Alliance of 1778." *Pennsylvania Magazine of History and Biography* 82, no I(January 1958): 55–64.

——. "The French Professional soldier's Opinion of the American Militia in the War of the Revolution." *Military Afairs* 32, no 4(February 1969): 191–98.

——. "The View from Versailles: Charles Gravier Comte de Vergénnes's Perceptions of the American Revolution." In *Diplomacy and Revolution: The franco-American Alliance of 1778*, edited by Ronald Hoffman and Peter J. Albert, io7–49 Charlottesville: University of Virginia Press, 1981.

——. *Charles Gravier Comte de Vergénnes: French Diplomacy in the Age of Revolution, 1779–1787*. Albany: State University of New York Press, 1982.

Murray, Louise Welles. The Story of Some French Refugees and Their Azilum. Athens, PA Tioga Point Historical Society, 1903

Myers, Minor. *Liberty without Anarchy: A Historyof The Society ofthe Cincinnati*. Charlottes My ville: University of Virginia Press, 2004

Nardin, Pierre. *Gribeauval: Lieutenant général des armées du roi, 1715 – 1789* [Gribeauval Lieutenant general of the king's armies, 1715–1789]. Paris: Fondation pour les etudes de défense nationale, 1982.

Neely, Wayne. *The Great Hurricane of 1780: The Story of the Greatest and Deadliest Hurricane of the Caribbean and the Americas*. Bloomington, IN: iUniverse, 2012.

Nmeyer, Charles. "Continental Marines: The 1778 Willing Expedition." *Leatherneck* 91, no. 9(September 2008): 58–62.

Nester, William R. *George Rogers Clark: "I Glory in War."* Norman: University of Oklahoma Press, 2012.

Nettles, Curtis P. "A Link in the Chain of Events Leading to American Independence." *William and Mary Quarterly*, Third Series, 3, no I (January 1946): 36–47.

Novales, Alberto Gil. "La independencia de America en la conciencia española, 1820–1823" [American Independence in the Spanish conscience, 1820–1823]. *Revista de Indias 39*(January 1979): 235–65.

Nuxoll, Elizabeth Miles. *Congress and the Munitions Merchants: The Secret Commit-*

tee of Trade during the American Revolution, 1775–1777. New York: Garland, 1985.

Odom, Wesley S. *The Longest Siege of the American Revolution*. Pensacola, Pensacola. FL: W. S. Odom, 2009.

Odonnell, William Emmett. *The Chevalier de la luzerne, french Minister to the United StateS, 1779–1784*. Bruges: Desclee De Brouwer, 1938.

Olmeda Checa, Manuel. "El Galveztown." *Pendulo: Revista de Ingenieria y Humanidades* 20(2009): 200–228.

Oltra, Joaquin, and María Angeles Perez Samper. *El Conde de Aranda y los Estados Unidos*[the Conde de Aranda and the United States]. Barcelona: PPU, 1987.

O'shaughnessy, Andrew Jackson. *The Men Who Lost America: British Leadership, the American Revolution, and the Fate of the Empire*. New Haven, CT: Yale University Press, 2013.

Osman, Julia. "The Citizen Army of Old Régime France." PhdDissertation, University of North Carolina, 2010.

——. "American Nationality: A French Invention?" Paper presented at the Conference, *The Marquis de lafayette and the European Friends of the American Revolution*, Mount Vernon, VA, June 13–15, 2015.

Papas, Phillip. *Renegade Revolutionary: The Life of General Charles Lee*. New York: New York University Press, 2014.

Pardos, José Luis. *El modernizador: Una aproximacion a Floridablanca* [The modernizer approach to Floridablanca]. Murcia: Editum, 2012.

Patterson, Alfred Temple. *The Other Armada. The Franco-Spanish Attempt to Invade Britain in 1779*. Manchester: Manchester University Press, 1960.

Patton, Robert H. *Patriot Pirates: The Privateer War for Freedom and Fortune in the American Revolution*. New York: Pantheon, 2008.

Paul, Joel Richard. *Unlikely Allies: How a Merchant, a Playwright, and a Spy Saved theAmerican Revolution*. New York: Riverhead, 2009.

Pavia y Pavia, Francisco de Paula. *Galeria biografica de los genérales de marina, jefes y per-onajes notables que figuraron en la misma corporacion desde 1700 á 1868* [Biographicalencyclopedia of naval admirals, leaders and notable persons who figured in the sameorganization from 17oo to 1868]. 4 volois. Madrid: J. Lopez, 1873–74.

Peckham, Howard H, ed. *The Toll of Independence: Engagements and Battle Casualties of the American Revolution*. Chicago: University of Chicago Press, 1974.

Perrault, Gilles. *Le secret du roi* [The kings secret]. 3 vols. Paris: Fayard, 1992–96.

Perugia, Paul del. *La tentative d'invasion de l'Angleterre de 1779* [The attempted invasion of England of 1779]. Paris: Alcan, Presses universitaires de France, 1939.

Peskin, Lawrence A. *Manufacturing Revolution: The Intellectual Origins of Early American Industry*. Baltimore: Johns Hopkins University Press, 2003.

Philbrick, Nathaniel. *Bunker Hill: A City, A Siege, A Revolution*. New York: Viking, 2013.

Phillips, Kevin. *1775: A Good Year for Revolution*. New York: Viking 2012.

Pope, Clayne L. "Adult Mortality in America before 1900: A View from Family Histories." In *Strategic Factors in Nineteenth Century American Economic History: A Volume to Honor Robert W. Fogel*, edited by Claudia Goldin and Hugh Rockoff, 267–96, Chicago: University of Chicago Press, 1992.

Potts, James M. *French Covert Action in the American Revolution*. Lincoln, NE: iUniverse, 2005.

Potts, Louis W. *Arthur Lee: A Virtuous Revolutionary*. Baton Rouge: Louisiana State University Press, 1981.

Prelinger, Catherine M. "Less Lucky Than Lafayette: A Note on the French Applicants of Benjamin Franklin for Commissions in the American Army, 1776–1785." *Proceedings of the Western Society for French History* 4(1976): 263–76.

Price, Munro. *The Road from Versailles: Louis XVI, Marie Antoinette, and the Fall of the French Monarchy*. New York: St Martins, 2014.

Pritchard, James. *Louis XV's Navy, 1748–1762: A Study of Organization and Administration Kingston*, ON: McGill-Queens University Press, 1987.

——. "French Strategy and the American Revolution: A Reappraisal." *Naval War Colege Review* 47, no. 4(Autumn 1994): 83–108.

Quintero Saravia, Gonzalo M "Bernardo de Gálvezy America a finales del siglo XVIII" [Bernardo de Gálvezand America at the end of the 18th century]. Phd thesis, Universidad Complutense de Madrid, 2015.

Raab, James W. *Spain, Britain and the American Revolution in Florida, 1762–1783*. Jefferson, NC: Mcfarland Co. 2008.

Racine, Karen. *Francisco de Miranda: A Transatlantic Life in the Age of Revolution. Wilmington*, DE: Scholarly Resources Books, 2003.

Rain, Pierre. *La diplomatie française d'Henri IV a Vergénnes*[French diplomacy from

HenriIV to Vergénnes]. Paris: Librairie Plon, 1945.

Raphael, Ray. Founding Myths: Stories That Hide Our Patriotic Past. New York: New Press, 2014.

Raphael, Ray, and Marie Raphael. *The Spirit of 74: How the American Revolution Began*, New York: New Press, 2015.

Rappleye, Charles. *Robert Morris: Financier of The American Revolution*. New York: SimoSchuster, 2010.

Rashed, Zenab Esmat. *The Peace of Paris, 1763*. Liverpool: University Press of Liverpool, 1952.

Reparaz, Carmen de. *Yo Solo: Bernardo de Gálvezy la toma de Panzacola en 1781*[I alon Bibliograph: Bernardo de Gálvezand the taking of Pensacola in 1781]. Madrid and BarcelonaSerbal: ICI, 1986.

——. *I Alone: Bernardo de Gálvez and the Taking of Pensacola in 1781*. Translated byWalter Rubin. Madrid: ICI, 1993.

Rhodes, Leara. "Haitian Contributions to American History: A Journalistic Record", in*Slaveryin the Caribbean francophone World: Distant Voices, Forgotten Acts, ForgedIdentities*, edited by Doris Y. Kadish, 75–90. Athens: University of Georgia Press, 2000.

Rribes-Iborra Vincent. "Nuevos datos biograficos sobre Juan de Miralles"[New biographical information about Juan de Miralles]. *Revista de Historia Moderna* 16 (1997): 363–74.

——. "La era Miralles: El momento de los agentes secretos"[The Miralles era: Themoment of the secret agents]. In *Norteamérica a finales del Siglo XVI: España y losEstados Unidos*[North America at the end of the 18th century: Spain and the UnitedStates], edited by Eduardo Garrigues Lopez-Chicheri, 143–69. Madrid: MarcialPons, 2008.

Rice, Howard C. "James Swan: Agent of the French Republic, 1794–1796". *New EnglandQuarterly*10, no. 3(September 1937): 464–86.

Riley, James C. *The Seven Years' War and the Old Régime in France: The Economic andFinancial Toll*. Princeton, NY: Princeton University Press, 1986.

Risch, Erna. *Supplying Washington's Army*. Washington, DC: Government PrintingOffice, 1981.

Rodger, Nicholas A M. *The Wooden World: An Anatomy of the Georgian Navy*. Annapolis, MD: Naval Institute Press, 1986.

Rodriguez, Mario. *La Revolución Americana de 1776y el mundo bispánico* [The AmericanRevolution of 1776 and the Spanish world]. Madrid: Éditorial Tecnos, 1976.

Rodríguez González, *Agustin Ramón. Trafalgar y el conflicto naval Anglo-espaňol delsiglo XVII* [Trafalgar and the English-Spanish naval confict of the 18th century]. Madrid: Editorial Actas, 2005.

Rosengarten, Joseph George. *French Colonists and Exiles in the United States.* PhiladelphiaJ B. Lippincott, 1907.

Rouzeau, Léon. "Apergus du role de Nantes dans la guerre d'indépendance d'amérique (1775–1783) "]. Insights on the role of Nantes in the War of American Independence, 1775–1783]. *Annales de Bretagne* 74, no. 2(1967): 217–78.

Ruggiu, Francois-Joseph. " India and the Reshaping of the French Colonial Policy (1759–1789). *Itinerario* 35, no. 2(August 2011): 25–43.

Russell, David Lee. *The American Revolution in the Southern Colonies.* Jefferson, NCMcfarland Co. 2000.

Sambricio, Carlos. "Fiestas en Madrid durante el reinado de Carlos III" [Festivals inMadrid during the reign of Carlos III]. In *Carlos II, Alcalde de Madrid*, 575–629, Madrid: Ayuntamiento de Madrid, 1988.

Sánchez, Rafael Torres. "Possibilities and Limits: Testing the fiscal-military State in the Anglo-Spanish War of 1779–1783. "In *War State and Development: Fiscal-MilitaryStates in the Eighteenth Century*, edited by Rafael Torres Sánchez, 437–60, PamplonaE-UNSA, 2007.

Sánchez Carrión, José Maria. *De constructores a ingenieros de marina: Salto tecnológico professional impulsado por Francisco Gautier* [From constructors to naval engineers: Thetechnological and professional leap driven by Francisco Gautier]. Madrid: FondEditorial de Ingenieria Naval, 2013.

Santaló Rodriguez de Viguri, José Luis. *Don José Solano y Bote, primer Marques del Socorrocapitan general de la Armada* [Sir José Solano y Bote, first Marques del Socorro-captain-general of the Armada]. Madrid: Instituto Histórico de Marina, 1973.

Schaeper, Thomas J. *Jobn Paul Jones and the Battle of Flamborough Head: A Reconsideration.* New York: Peter Lang, 1989.

——. *France and America in the Revolutionary Era: The Life of Jacques-Donatien Leray deChaumont*, 1725–1803. Providence, R1: Berghahn Books, 1995.

Edward Bancroft: *Scientist, Author, Spy.* New Haven, CT: Yale University

Press, 2011.

Schiff, Stacy. *A Great Improvisation: Franklin, France and the Birth of America.* New York: Henry Holt, 2005.

Schulte Nordholt, Jan Willem. *The Dutch Republic and American Independence.* Translatedby Herbert H. Rowen. Chapel Hill: University of North Carolina Press, 1982.

Scott, Hamish M. "The Importance of Bourbon Naval Reconstruction to the Strategy ofChoiseul after the Seven years' War " *International History Review*1, No 1 (January1979): 1735.

——. ed. *Enlightened Absolutism: Reform and Reformers in Later eighteenth-century-Europe.* Ann Arbor: University of Michigan Press, 1990.

Scott, Samuel F. *From Yorktown to Valmy: The Transformation of the French Army in an Ageof Revolution.* Niwot: University Press of Colorado, 1998.

Selesky, Harold E, and Mark M. Boatner III, eds. *Encyclopedia of the American Revolution: Library of Military History.* 2nd ed. 2 vols. Detroit: Charles Scribner's Sons, 2006.

Selig, Robert A. "A German Soldier in America, 1780–1783: The Journal of Georg DarFlohr. "*William and Mary Quartery*, Third Series, 50, no. 3 (July 1993): 575–90.

——. "Private flohr's Other Life. "*American Heritage* 4, no 6(October 1994): 94–95.

——. "The Washington-Rochambeau Revolutionary Route in the State of DelawareA Historical and Archeological Survey." Dover: State of Delaware, 2003.

——. *The March to Victory: Washington, Rochambeau, and the Yorktown Campaign of 1781.* Washington, DC: U. S. Army Center of Military History, 2007.

——. "Revolutionary War Route and Transportation Survey in the Commonwealthof Virginia, 1781–1782: An Historical and Architectural Survey, "Richmond: Commonwealth of Virginia,"Department of Historic Resources, 2009.

——. "Artillery at Yorktown: A Statistical Overview. "*Brigade Dispatch: Journal of the Brigade of the American Revolution* 40, no. 3(2010): 2–11, and 40, no 4(2010): 26–32.

Shachtman, Tom. *Gentlemen Scientists and Revolutionaries: The Founding Fathers in the Age of Enlightenment.* New York: Palgrave Macmillan, 2014.

Shomette, Donald. *Shipwrecks, Sea Raiders, and Maritime Disasters along the Delmarva Coast, 1632–2004.* Baltimore: Johns Hopkins University Press, 2007.

Shy, John. "The American Colonies in War and Rebellion, 1748–1783". In*The Ox-*

ford History of the British Empire, vol 2, The Eighteenth Century, edited by P. J. Marshall, 300–323. Oxford: Oxford University Press, 1998.

Skemp, Sheila L. *The Making of a Patriot: Benjamin Franklin at the Cockpit.* New York: Oxford University Press, 2013.

Smith, Charles R. *Marines in the Revolution: A History of the Continental Marines in theAmerican Revolution, 1775–1783.* Washington, DC: Government Printing Office, 1975.

Smith, Fitz-Henry Jr. *The French at Boston during the Revolution.* Boston: Privately printed, 1913.

Smith, Robert F. "A Veritable. Arsenal of Manufacturing: Government Management of Weapons Production in the American Revolution." Phd dissertation, Lehigh University, 2008.

Société en France des Fils de la revolution Américaine. *La glorieuse campagne du Comte de Grasse* [The glorious campaign of the Comte de Grasse]. Paris: SPM, 2010.

Soulange-Bodin, André. *La diplomatie de Louis XV et le pacte de famille* [The diplomacy of Louis XV and the Family Pact]. Paris: Perrin 1894.

Spooner, Frank C. *Risks at Sea: Amsterdam Insurance and Maritime Europe, 1766–1780.* Cambridge: Cambridge University Press, 1983.

Spring, Matthew H. *With Zeal and with Bayonets Only: The British Army on Campaign inNorth America, 1775–1783.* Norman: University of Oklahoma Press, 2012.

Starkey, Armstrong. *War in the Age of Enlightenment, 1700–1789.* Westport, CT: Praeger, 2003.

Stephenson, Orlando W. "The Supply of Gunpowder in 1776". *American Historical-Review* 30, no. 2(January 1925): 271–81.

Stille, Charles J. "Comte de Broglie, the Proposed Stadtholder of America." *PennsylvaniaMagazine of History and Biography*11, no 4(January 1888): 369–405.

Stinchcombe, William C. *The American Revolution and the French Alliance.* Syracuse, NY: Syracuse University Press, 1960.

Stockley, Andrew. *Britain and France at the Birth of America: The European Powers and thePeace Negotiations of r782–1783.* Exeter: University of Exeter Press, 2001.

Storozynski, Alex. *The Peasant Prince: Thaddeus Kosciuszko and the Age of Revolution.* NewYork: St Martins, 2009.

Stroud, Patricia Tyson. *The Man Who Had Been King: The American Exile of NapoleonsBrother Joseph.* Philadelphia: University of Pennsylvania Press, 2005.

Sulivan, J. A. Graves and Hood. *The Mariner's Mirror* 69, no. 2(1983): 175–94.

Sumner, William G. *A History of American Currency*. New York: Henry Holt, 1874.

Sutton, Jean. *The East India Company's Maritime Service, 1746–1834: Masters of the EasternSeas*. Woodbridge, UK: Boydell Brewer, 2010.

Syrett, David. *The Royal Navy in American Waters, 1775–1783*. Aldershot, UK: Scolar Press, 1989.

——. *The Royal Navy in European Waters during the American Revolutionary War*. Columbia: University of South Carolina Press, 1998.

Szabo, Franz A J. *The Seven YearsWar in Europe, 1756–1763*. New York: Peearson/Onman, 2008.

Taillemite, Étienne. *La Fayette*. Paris: Fayard, 1989.

——. "Les officiers généraux de la guerre d' Indépendenceaméricaine" [Generalofficersin the American War of Independence). In *Les marines de la guerre d'indépendance américaine, 1763–1783*, edited by Philippe Bonnichon, Charles-Philippe de Vergénnes, and Ovilier Chaline, 381–89. Paris: Presses de l'universite paris-sorbonne, 2013.

Tejera, Eduardo J. *La ayuda de Españay Cuba a la independencia norteAmericana: Una bistoria olvidada* [Spanish and Cuban aid to American Independence: A forgotten story. Santo Domingo, Dominican Republic: Editorial Luz de Luna, 2009.

Thomson, Buchanan Parker. *Spain: Forgotten Ally of the American Revolution. NorthQuincy*, MA: Christopher Publishing House, 1976.

Tieck, William A. "In Search of Peter Stephen Du Ponceau. *Pennsylvania Magazine ofHistory and Biography* 89, no. I (January 1965): 52–67, 69–78.

Trentinian, Jacques de. "Washington, de Grasse et la Reine Charlotte." *L'Alliance francoaméricaine, Bulletin de la Société en France des fils de la Révolution Américaine* 24 (Spring 2013): 15–17.

——. "France's Contribution to American Independence." Xenophon Group, http://xenophongroup.com/issues/contribution.htm.

Trew, Peter. *Rodney and the Breaking of the Line*. Barnsley, UK: Pen Sword Military, 2006.

Tuchman, Barbara W. *The First Salute*. New York: Alfred A. Knopf, 1988.

Tunstall, Brian. *Naval Warfare in the Age of Sail: The Evolution of Fighting Tactics, 1650–1815*. Annapolis, MD: Naval Institute Press, 1990.

Tyson, Neil de Grasse. *The Sky Is Not the Limit: Adventures of an Urban Astrophysi-*

cist. Amherst. NY: Prometheus Books. 2010.

Upton, Emery. *The Military Policy of the United States*. Washington, DC: GovernmentPrinting Office, 1917.

Vaca de Osma, *José Antonio Carlos III*. Madrid: Ediciones Rialp, 1997.

Valdez-Bubnov, *Ivan Poder naval y modernization del estado: Política de construcción navaespañola* (siglos XVI-XVIII) [Naval power and state modernization: The politics ofSpanish naval construction, 16th–18th centuries]. Madrid: IberoAmericana, 2011.

Van Tyne, Claude H. "French Aid before the Alliance of 1778". *American Historical Review*31, no. I(October 1925): 20–40.

Van Vlack, Milton C. *Silas Deane, Revolutionary War Diplomat and Politician. Jefferson*, NC: Mcfarland Co, 2013.

Vergé-Franceschi, Michel. *La marine française au Xville siècle: Guerres, administration, exploration* [The French navy in the 18th century: wars, administration, exploration] Paris: SEDES, 1996.

——. "Marine et Révolution: Les officiers de 1789 et leur devenir" [Navy and revolution: The officers of 1789 and their fates]. *Histoire, Économie et Société* 9, no. 2 (1990) 259–86.

Vérin, Hélène. *La gloire des ingénieurs: l'intelligence technique du Xvle au Ville siècle* [The glory of the engineers: Technical intelligence from the 16th through the 18th centuries]. Paris: Albin Michel, 1993.

Villiers, Patrick. *La marine de Louis XVI: De Choiseul à Sartine* [Louis XVIS navy: FromChoiseul to Sartine]. Grenoble: J. P. Debbane, 1985.

——. Marine royale, *corsaires et trafic dans atlantique, de Louis XIVàLouis XVI* [RoyalNavy, pirates and smuggling in the Atlantic, from Louis XIV to Louis XVI]. 2 volsDunkirk: Sociéte Dunkerquoise d Histoire et d' Archéologie, 1991.

——. " La tentative franco-espagnole de débarquementen Angleterre de 1779 [North-attempted french-Spanish landings in England in 1779], . In Revue du [Nordern review] *Le Transmanche et les Liaisons Maritimes XVIIIe-XXe Siècle* [CrossChannel and maritime liaisons 18th–20th centuries], Hors-série n°9(1995): 13–29.

——. "La stratégie de la marine française de larriveéde Sartine ȧ la victoire de la-Chesapeake" [The French naval strategy from the arrival of Sartine until the victoryof the Chesapeake]. In *Les marines de guerre européennes: xvtie-xviite siécles* [European navies:

17th to 19th centuries, edited by Martine Acerra, José Merino, JeanMeyer, and Michel Vergé-Franceschi, 211–52. Paris: Presses de l'université ParisSorbonne, 1998

——. "Sartine et la préparation de la fotte de guerre française 1775–1778: Refontesou constructions neuves? "[Sartine and the preparation of the French naval fleet, 1775–1778: Reft or new construction? In *Les marines de la guerre d'Indépendenceaméricaine, 1763–1783* [The navies of the War of American Independence, 1763–17831edited by Philippe Bonnichon, Charles-Philippe de Vergénnes, and Olivier Chaline, 65–75. Paris: Presses de UniversitéParis-Sorbonne, 2013.

——. "La Fayette and the Passage of the Ship *La Victoire* in 1777: New Interpretations" Paper presented at the conference *The Marquis de Lafayette and the European Friendsofthe American Revolution*, Mount Vernon, VA, June 13–15, 2015.

Villiers, Patrick, and Jean-Claude Lemineur. l'hermione, La Fayette, Latouche-Tréville. Nice: Ancre, 2015. English-language edition: *Hermione, Lafayette's Frigate at the Service of the American Independence.* Nice: Ancre, 2015.

Vogel, Herbert. " Engineer Buttons and Castle. *The Military Engineer* 33, no. 188 (March-April 1941): 103.

Vowell, Sarah. *Lafayette in the Somewhat United States.* New York: Riverhead, 2015.

W3R. *Washington-rochambeau Revolutionary Route* website, http://www. w3r-us org/.

Waddington, Richard. Louis *XV et le renversement des alliances: Preliminaires de la guerrede Sept Ans, 1754–1756* [Louis XV and the reversal of alliances: Preliminaries in theSeven Years' War, 1754–1756]. Paris: Firmin-Didot, 1896.

——. *La guerre de Sept Ans: Histoire diplomatique et militaire* [The Seven years'warDiplomatic and military history]. 5 vols. Paris: Firmin-Didot, 1899–1914.

Walker, Charles F. *The Tupac Amaru Rebellion.* Cambridge, MA: Belknap Press of Harvard University Press, 2014.

Walker, Paul K. *Engineers of Independence: A Documentary History of the Army Engineers inthe American Revolution, 1775–1783.* Washington, DC: Government Printing Office, 1981.

Walker, Timothy. " Atlantic Dimensions of the American Revolution: Imperial Prioritiesand the Portuguese Reaction to the North American Bid for Independence (1775–83). *Journal of Early American History* 2(2012): 247–8.

Weelen, Jean-Edmond. *Rochambeau, Father and Son: A Life of the Marechal de Rocbambeau, and the Journal of the Vicomte de Rochambeau*. Translated by Lawrence Lee. NewYork: Henry Holt, 1936.

White, Eugene Nelson. "Was There a Solution to the Ancien Régime's FinancialDilemma?" *Journal of Economic History* 49, no. 3(September 1989): 545–68.

White, Kenton. "The Ordnance Board and Arms Production, 1750–1815: Did an Industrial Revolution Take Place in Birmingham Arms Manufacture? "MA thesis, University of Reading, 2013.

Whitridge, Arnold. *Rochambeau*. New York: Collier, 1974.

Whittlesey, Derwent S. "The Springfield Armory: A Study in Institutional Development". PHd dissertation, University of Chicago, 1920.

Williams, Basil. *The Life of William Pitt, Earl of Chatham*. 2 vols. London: Longmansy, Green, 1913.

Willis, Sam. *Fighting at Sea in the Eighteenth Century*. Woodbridge, UK: Boydell & Brewer, 2008.

——. *The Struggle for Sea Power: A Naval History of the American Revolution*. New York: W. W. Norton, 2015.

Wills, Garry. *Inventing America: Jeffersons Declaration of Independence*. Garden City, NY. Doubleday, 1978.

Winfield, Rif. *British Warships in the Age of Sail, 7714–1792: DesignConstruction, Careersand Fates*. Barnsley, UK: Seaforth Publishing, 2007.

Wright, James Leitch Jr. *Florida in the American Revolution*. Gainesville: University Pressof Florida, 1975.

Wright, John W. "Notes on the Siege of Yorktown in 1781 with Special Reference to theConduct of a Siege in the Eighteenth Century. *William and Mary Quarterly*, Second Series, 12, no 4(October 1932), 239–52.

Wright, Robert K Jr. *The Continental Army*. Washington, DC: Government Printing Office, 1983.

Xenophon Group: http://www.xenophongroup.com/mcjoynt/epwebhtm.

Yaniz, José L. "The Role of Spain in the American Revolution: An Unavoidable Strategic Mistake. MA thesis, Marine Corps University, 2009.

Yela Utrilla, Juan Francisco. *España ante la independencia de los Estados Unidos* [Spain confronted with the Independence of the United States]. 2 vols. Lérida, Spain:

Gráficos Academia Marina, 1925.

Zucker, Adolf Eduard. *General de Kalb: Lafayette's Mentor*. Chapel Hill: University of North Carolina Press, 1966.

Zylberberg, Michel. *Capitalisme et catholicism dans la France moderne: La dynastie Le Couteulx* [Capitalism and christianity in modern France: The Couteulx dynasty]. Paris Publications de la Sorbonne, 2001.

索　引*

* 索引中标示的页码为英文原著页码，即本书边码。